Amr

Schöningh

W0209536

Darstellendes Spiel und Theater

von Thomas A. Herrig
und Siegfried Hörner

www.schoeningh-schulbuch.de
Schöningh Verlag, Jühenplatz 1–3, 33098 Paderborn

Druck 7 6 5 / Jahr 2016 15 14
Die letzte Zahl bezeichnet das Jahr dieses Druckes.

Umschlagabbildung: K. H. Herrig: Visionen
Druck und Bindung: westermann druck GmbH, Braunschweig

ISBN 978-3-14-014060-7

Inhaltsverzeichnis

Darstellendes Spiel und Theater: Hinweise zum Konzept 7
Grundlegende Methoden und Techniken 11

Übung | Vorstellungsrunde 14
Übung | Theatergrundwissen – szenisch dargestellt 14
Übung | Partnerpräsentation 17
Übung | Klare Ansagen 17

Grundbegriff | Ausdrucksträger 18

Text | Jürgen Spohn: Getuschel 20

Methode | Ein Protokoll schreiben 21

Grundbegriff | Gestik 22
Grundbegriff | Mimik 24
Exkurs | Pantomime 24
Übung | Erzählpantomime 26
Übung | Trinken, Essen, Greifen 26

Text | Wolfgang Deichsel: Fernseher 27
Exkurs | Minidrama 28
Übung | Geschichtenwerfen 29
Text | Franz Mon: Zilinski ist tot 29
Methode | Anschlusskommunikation: Bewertung einer Spielszene 31

Übung | Emotional Replay 33

Übung | Szenenkarten-Spiel 33

Grundbegriff | Proxemik 34
Exkurs | Gangarten 35
Übung | Mit Gangarten experimentieren 36

Geschichte | Urtheater 30 000 – 4000 v. Chr. 37

Technik | Freeze 38

Text | Erich Kästner: Sachliche Romanze 40

Technik | Standbild 41
Übung | Schnellstandbilder 42
Übung | Blickkontakt 43
Technik | Tableau 43
Übung | Von Foto bis Film 45

Grundbegriff | Klischee 45

Übung | Powerkreis 46

Grundbegriff | Stimme und Sprache 46
Übung | Zwei-Wort-Spiele 49
Übung | Gromolo 49

Geschichte | Theater der Ägypter 4000 v. Chr. – 400 n. Chr. 50

Grundbegriff | Kommunikation und Körpersprache 52
Übung | Ich grüße Sie! 53
Übung | Nonsens-Präsentation 53
Text | Ernst Jandl: eulen 54

Grundbegriff | Maske und Kostüm 55

Geschichte | Theater der griechischen Antike 500 – 300 v. Chr. **58**
Bühnenform | Orchestrabühne **61**
Text | Sophokles: Antigone **64**
Exkurs | Analytisches Drama **66**
Technik | Choreografie und chorisches Sprechen **67**
Übung | Das also war des Pudels Kern **69**
Theorie | Aristoteles: Poetik **69**
Exkurs | Geschlossene Dramenform **72**
Exkurs | Pyramidaler Bau des Dramas **74**

Text | James Thurber: Drei Fabeln **75**

Grundbegriff | Requisit **77**
Übung | Multifunktionale Requisiten **78**
Übung | Perspektive des Objekts **78**
Übung | Objekt verwandeln **79**

Exkurs | Theater des Fernen Ostens **79**

Grundbegriff | Licht **83**
Exkurs | Schwarzlichttheater und Schattenspiel **86**

Grundbegriff | Rolle **88**
Grundbegriff | Figur **89**

Übung | Eine Haltung kopieren **90**

Grundbegriff | Raum und Bühne **90**
Übung | Raumwahrnehmung **94**
Grundbegriff | Bühnenbild und Kulisse **94**
Projekt | Bühnen bauen **97**

Grundbegriff | Musik, Klang und Geräusche **97**
Übung | Drei Musikübungen **99**
Exkurs | Musik im Drama **100**
Text | Henrik Ibsen, Edvard Grieg und „Peer Gynt" **102**
Übung | Sommernachtstraumklang & Musikgeschichte erzählen **104**

Methode | Eine Spielvorlage schreiben **104**

Übung | Drei Partnerübungen **109**

Geschichte | Theater der römischen Antike 250 v. Chr. – 529 n. Chr. **110**
Text | Titus Maccius Plautus: Aulularia **112**

Technik | Wörterkneten **114**

Methode | Rollenbiografie und Rolleneinfühlung **116**
Methode | Szenisches Interview **124**
Methode | Subtext **125**

Übung | Ja und Nein **127**

Übung | Zwischen Liebe und Hass **127**

Technik | Domino-Effekt **128**

Text | Ilse Aichinger: Das Fenster-Theater **129**

Geschichte | Theater im Mittelalter 950 – 1550 **131**
Bühnenform | Simultanbühne **134**

Technik | Zeitlupe und Zeitraffer **135**

Übung | Im Spiegelbild **136**
Text | Spiegellyrik **136**

Bühnenform | Terenzbühne **137**

Exkurs | Theaterbau in der Renaissance **138**

Übung | Zetteltheater **139**

Geschichte | Commedia dell'Arte 1550 – 1750 **139**
Text | Zwei Lazzi der Commedia dell'Arte **145**
Exkurs | Eine Maske basteln **146**

Text | Curt Goetz: Ingeborg **146**

Übung | Imaginäres Tauziehen **148**

Geschichte | Das Goldene Zeitalter in Spanien 1550 – 1681 **148**
Bühnenform | Corral-Bühne **151**

Geschichte | Das Elisabethanische Zeitalter 1558 – 1603 **152**
Theorie | William Shakespeare **153**
Bühnenform | Shakespearebühne **156**
Text | William Shakespeare: Romeo und Julia **158**
Text | Gottfried Keller: Romeo und Julia auf dem Dorfe **161**
Übung | Sein oder Nichtsein, das ist hier die Frage **163**

Text | Grimmelshausen: Der Abenteuerliche Simplicissimus Teutsch **163**
Bühnenform | Die Guckkastenbühne und ihr Ursprung im Barock **165**

Übung | Szenenrekonstruktion **168**

Geschichte | Molière und die französische Klassik 1622 – 1673 **168**
Text | Molière: Der Menschenfeind **170**

Theorie | Lessing und das bürgerliche Trauerspiel **172**

Übung | Ein Wort auf einmal – Ein Erzählspiel **174**

Geschichte | Wiener Volkstheater 1710 – 1870 **175**

Übung | Dramenrekonstruktion **177**

Exkurs | Theaterplakate gestalten **178**

Geschichte | Die Weimarer Klassik und das Theater 1786 – 1805 **179**
Text | Friedrich Schiller: Wilhelm Tell **182**
Exkurs | Synthetisches Drama **184**

Geschichte | Georg Büchner und sein Dramenfragment „Woyzeck" 1813 – 1837 **185**
Exkurs | Offene Dramenform **187**

Übung | Verkaufsvortrag **188**

Geschichte | Meiningen – Wiege des modernen Regietheaters 1866 – 1890 **189**

Text | Loriot: Die Bundestagsrede **192**

Geschichte | Realismus, Naturalismus und die Jahrhundertwende 1850 – 1900 **193**
Text | Conrad Ferdinand Meyer: Die Füße im Feuer **196**
Text | Frank Wedekind: Frühlings Erwachen **200**
Geschichte | Dada und die Lautgedichte 1916 – 1924 **202**
Text | Ödön von Horváth: Kasimir und Karoline **204**

Geschichte | Überblick: Theatertheorien des 20. Jahrhunderts **206**
Projekt | Theatertheorien des 20. Jahrhunderts am Beispiel „Amoklauf" **209**
Theorie | Konstantin S. Stanislawski **214**
Theorie | Konstantin S. Stanislawski: Die Arbeit des Schauspielers an der Rolle **217**

Theorie | Antonin Artaud 219
Theorie | Antonin Artaud: Das Theater der Grausamkeit & Schluss mit den Meisterwerken 221
Theorie | Bertolt Brecht 224
Theorie | Bertolt Brecht: Die Straßenszene als Grundmodell für episches Theater 227
Exkurs | Brecht und der Verfremdungseffekt 231
Theorie | Jerzy Grotowski 235
Theorie | Jerzy Grotowski: Für ein armes Theater 238
Theorie | Peter Brook 241
Theorie | Peter Brook: Der leere Raum 243

Theorie | Augusto Boal 245
Theorie | Augusto Boal: Unsichtbares Theater 247
Theorie | Augusto Boal: Statuentheater 250

Technik Figurensplitting 251

Text | Bertolt Brecht: Herr Puntila und sein Knecht Matti 252
Projekt | Bertolt Brecht: Mutter Courage und ihre Kinder 254

Bühnenform Reliefbühne 263

Text Alfred Jarry: König Ubu 264

Bühnenform Raumbühne & Co 266

Text Wolfgang Borchert: Lesebuchgeschichte 267

Geschichte Peter Weiss und das dokumentarische Theater 1916 – 1982 268

Geschichte Absurdes Theater bei Beckett, Ionesco und Bernhard 1950 – 1994 273

Theorie | Theater und Film 275
Projekt | Den eigenen Film drehen 276
Technik | Montage 278
Projekt | Spiegelbild-Montage 280
Exkurs | Aufmerksamkeit steuern und fokussieren 281

Methode | Rezeption 281
Übung | Magic Moments in der Rezeption 282
Methode | Rezension und Aufführungsbeobachtung 283
Exkurs | Ein Verriss 288

Text „Faust I" bei Goethe und Gründgens 289

Exkurs | Kurze Geschichte der Regie 291
Exkurs | Diskussionen um das Regietheater 293

Projekt | Jugend und Schule – Ein fächerübergreifendes Projekt 296
mit | Materialsammlung Jugend und Schule 298

Empfehlenswerte Literatur 305

Textquellen 306

Bildquellen 317

Inhalt nach Kategorien 319

Darstellendes Spiel und Theater

Dieses Buch will in der Praxis...

... Theater spielerisch zugänglich machen.
... Freude am Nachahmen und Experimentieren entfachen.
... Spontaneität und Kreativität fördern.
... Selbstsicherheit stärken.
... Ängste abbauen und Hemmungen lösen.
... Spieltrieb wecken.
... Körper und Geist als Einheit ansprechen.

Dieses Buch will in der Theorie...

... Grundkenntnisse über Mittel und Techniken des szenischen Spiels weitergeben.
... Vorwissen kaum voraussetzen.
... Theater- und Literaturgeschichte nachspüren.
... Autoren und Texte vorstellen.
... Verständlichkeit komplexer Dramentheorien und Regiekonzepte anstreben.
... Exkurse anbieten, um Wissen zu vertiefen.
... Kompendium und Nachschlagewerk sein.
... Bilder, Zitate, Anekdoten und Humor zur Auflockerung nutzen.

Dieses Buch bietet die Vorteile, dass...

... Vielfalt und Knappheit oberste Leitprinzipien sind.
... Lernende und Lehrende in gleicher Weise angesprochen werden.
... Selbstunterricht und Arbeit in Gruppen vorgesehen sind.
... Praxis und Theorie verknüpft und unkonventionell präsentiert werden.
... Projekte eine konkrete Anwendung des Erlernten ermöglichen.
... Darstellendes Spiel als Unterrichtsfach und Theater als Kulturgut verbunden werden.
... Lernen interessant wird.

Hinweise zum Konzept

Grau ist alle Theorie – und vor allem trocken. Da das vorliegende Buch aus der Idee entstanden ist, Darstellendes Spiel und gleichermaßen das Theater mit all seinen Facetten spielerisch zugänglich zu machen und verständlich zu erklären, versucht es also eines nicht zu sein: praxisfern.

Zum Konzept:
Schritt für Schritt sollen die theoretische und die praktische Seite des Schauspiels systematisch erarbeitet werden. Die einzelnen Teile bauen dabei aufeinander auf – die konzeptionell bedingte Reihenfolge mag im ersten Moment unübersichtlich wirken. Dafür wird der Interessierte den größten Erfolg erzielen, wenn er diesem Buch von der ersten bis zur letzten Seite folgt. Die Kapitel sind außerdem modular angelegt – das ermöglicht, bei Bedarf innerhalb des Buches zu springen, aber auch Exkurse oder Spielprojekte je nach Ressourcen und Zeit einfließen zu lassen.
Durch die Verwendung von kurzen Modulen anstelle langer Sammeleinheiten wird ein hohes Maß an Vielfalt geboten. Folgende Einteilung gliedert das Buch:

- **Grundbegriff:** Basisartikel, der wesentliche Begriffe wie etwa „Requisit“ oder „Bühne“ genau definiert und dieses Wissen mit einer Praxisaufgabe festigt.
- **Übung:** Spielpraktische Aufgabe, die besonders dem Training von Teilaspekten und der Lockerung bzw. dem Abbau von Spielhemmungen dient.
- **Geschichte:** Kapitel, das eine wichtige Station der Theatergeschichte behandelt, verbunden mit spielpraktischen Übungen.
- **Bühnenform:** Eine charakteristische Bühnenform wird vorgestellt und ergänzt auf diese Weise auch technische Aspekte des Theaters.
- **Methode:** Die benötigte Methodenkompetenz, so zum Beispiel im Bereich „Rückmeldungen geben“ oder „Protokoll schreiben“, wird exemplarisch erlernt.
- **Theorie:** Artikel, der besonders auf theoretisch-programmatische Teilaspekte und wichtige Entwicklungen eingeht, vor allem im letzten Teil als Block zu den im 20. Jahrhundert entstandenen Auffassungen zur Schauspieltechnik, etwa von Stanislawski, Brecht oder Artaud. Aufgrund der Komplexität der meisten dieser überaus theoretischen Konzepte wird so verfahren, dass ein entsprechendes Theoriekapitel bereits alle grundlegenden Ideen und Informationen zu einer wichtigen Theaterpersönlichkeit vorstellt und erst nachfolgend den Auszug einer entsprechenden Originalschrift anbietet.

- **Technik:** Jeweils eine grundlegende Gestaltungstechnik wie etwa „Standbild“ oder „szenisches Interview“ wird – verbunden mit einer passenden Aufgabe – vorgestellt.

- **Text:** Unter diesem Begriff werden alle weiteren enthaltenen Gedichte, Schriften, Dramenauszüge und mehr zusammengefasst. Zumeist ergänzt ein Text das jeweilige Geschichtskapitel um einen kontextbezogenen, kurzen und vor allem spielbaren Beispielauszug.

- **Exkurs:** Der Exkurs bietet zusätzlich wichtige Teilaspekte und auch weiterführende Themen, vom Basteln einer Maske bis hin zur Beschäftigung mit „Visionen“ des Regietheaters.

- **Projekt:** Es erweitert die Inhalte des Buches über den normalen Spiel- und Zeitrahmen hinaus und bietet die Chance, noch freier und kreativer zu arbeiten. Das erfordert schließlich auch, die erworbenen Fähigkeiten selbstständig und kombiniert anzuwenden.

Das Buch will vor allem Denk- und Spielanstöße geben sowie durch Impulse neugierig machen. Deshalb sollte es grundsätzlich nicht als belehrender „Besserwisser“ verstanden werden, sondern bei Bedarf und Interesse den Spielerinnen und Spielern als helfender Begleiter bei der Entfaltung ihres Könnens und der Erweiterung ihres Wissens zur Seite stehen. Zur Umsetzung der Spielaufgaben („In der Praxis und zum Üben“) wird in der Regel nur das benötigt, was in demselben Kapitel bereits behandelt worden ist. Das bedeutet: Auch derjenige, der über die entsprechenden Texte zu Geschichte, Methoden, Techniken hinaus nichts weiter gelesen hat, kann die gestellten Aufgaben lösen.

Homo ludens

Grundlegende Methoden und Techniken

Die folgenden Ansätze zu Methoden und Techniken sollen Anregungen für die theoretische wie auch die praktisch-künstlerische Arbeit sein.

Gruppenbildung

Möglichkeiten zur Gruppenbildung sind etwa:

- Der Spielleiter teilt die Gruppen ein:
  - durch Abzählen
  - spontan
- Die Spieler teilen sich selbstständig in Gruppen ein:
  - durch Wahl
  - eigenständig
- Der Zufall entscheidet über die Gruppen:
  - durch Auslosen (zum Beispiel mit Karten, Gegenständen etc.)
- Die Gruppen werden arbeitsorientiert gebildet:
  - je nach Aufgabe oder Text, der zur Auswahl steht

Brainstormingkreis

Der Brainstormingkreis ist eine gute Möglichkeit, neue Ideen, beispielsweise für die Entwicklung von Szenenkonzepten, zu finden:
Alle Spieler sitzen in einem Kreis, der Spielleiter macht den Anfang und gibt das Thema vor. Jetzt soll reihum jeder etwas Passendes beitragen. Die Ideen können dann wiederum im Kreis „herumgereicht" werden – wie bei einer La-Ola-Welle.

W-Fragen

Die vor allem vom russischen Theatertheoretiker Stanislawski genutzten W-Fragen sind eine wichtige Hilfe bei der Erarbeitung einer jeden Rolle. Sie lassen sich je nach Verwendung anpassen und können wie folgt formuliert werden:

- Wer bin bin?
- Was tue ich?
- Wo befinde ich mich?
- Warum tue ich dies?
- Was tat ich vorher?
- Wohin werde ich gehen?
- Wie fühle ich mich dabei?

Regie führen

Grundsätzlich können bei jeder Spielaufgabe oder Inszenierung zwei verschiedene Regieprinzipien genutzt werden: Unter **Gruppenregie** versteht man das gleichberechtigte Zusammenwirken verschiedener Spieler bei szenischer Arbeit – jeder trägt seine persönliche Meinung vor und gemeinsam wird das „Endprodukt" entwickelt. Dies hat den deutlichen Vorteil, dass sich niemand bevormundet fühlt und jeder seine eigenen Ideen einbringen kann.

Dem entgegen steht die **Einzelregie:** Wenn eine einzelne Person das Sagen hat, kann sie ein konkretes Regiekonzept umsetzen. Auch werden dabei die manchmal bei Gruppenregie entstehenden Meinungsverschiedenheiten vermieden, da der Regisseur stets das letzte Wort behält. Ausdrücklich wird hier allerdings darauf verwiesen, dass auch bei der Einzelregie unbedingt auf die Vorschläge und Ideen der anderen Spieler geachtet und eingegangen werden sollte.
Es empfiehlt sich, sowohl die Einzel- wie auch die Gruppenregie an verschiedener Stelle auszuprobieren.

Notizen anfertigen
Die meisten Menschen können nicht jedes Detail einer Aufführung oder Inszenierung „fotografisch" langfristig im Gedächtnis abspeichern und später wieder darauf zurückgreifen. Deshalb kann es sehr nützlich sein, ein sogenanntes „PMI" anzufertigen:
Auf ein Blatt werden drei Spalten gezeichnet, die erste wird mit „+" (**P**lus; positiv), die zweite mit „–" (**M**inus; negativ) und die dritte mit „i" (**i**nteressant) beschriftet. Während man etwas beobachtet, aber auch danach, kann man so schnell die notwendigen Informationen fixieren.

+	–	i
• Einstieg gelungen • ...	• zu leise gesprochen • ...	• ungewöhnliche Nutzung eines Stuhls als Requisit • ...

Ein PMI dient hervorragend als Gesprächsleitfaden, da man mit dem Positiven beginnen und auf das Negative (bzw. Kritikwürdige) übergehen kann und schließlich automatisch im „Interessanten" mündet. So erhält jedes Feedback gleichzeitig eine gute Struktur und wahrt die Regeln für mündliche Rückmeldungen.

Leitfaden für mündliche Rückmeldungen (Feedback):
- Positiv beginnen („Gut war..."; „Gefallen hat mir...")
- Verständnisfragen klären
- Kritisch bewerten (es muss keinesfalls alles Gesehene von einem Beobachter analysiert werden)
- Positiv schließen (zum Beispiel mit etwas Interessantem oder Auffälligem)

> Hinweis:
> Kritik ist subjektiv und für jeden Menschen sind andere Aspekte wichtig!

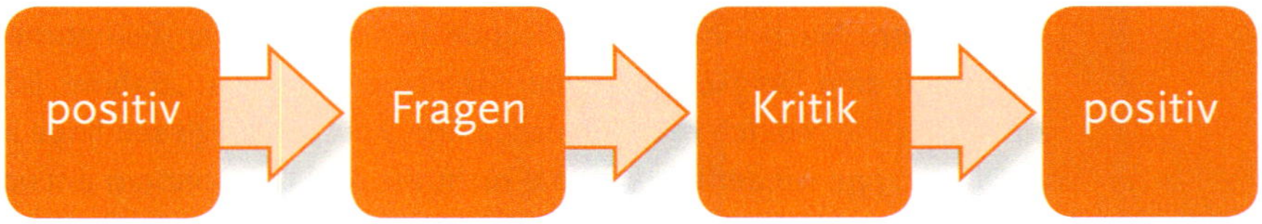

Alternative: **Spielerische Rückmeldung**

Man kann das Gesehene auf vielerlei Arten bewerten und beschreiben – nicht nur schriftlich oder mündlich, sondern auch direkt im Spiel mithilfe einer einfachen Methode, die Keith Johnstone entwickelt hat[1]. Er nennt sie „Taschenlampentheater“: Jeder Beobachter bringt eine Taschenlampe mit und die Raumbeleuchtung wird abgeschaltet. Bei einer Szene, die nun zur Vorstellung gebracht wird, können die Zuschauer nur mithilfe ihrer Lampe das beleuchten, was sie sehen möchten bzw. was sie besonders interessiert (Spieler, Requisiten etc.). So wird schnell deutlich, welche Spieler im wahrsten Sinne mehr „glänzen“ als andere – je nachdem wie viele Taschenlampen auf sie gerichtet sind.

Spontane Erarbeitung einer Spielszene

Wenn eine Spielszene spontan, in Anlehnung an eine Vorlage oder ganz ohne festgelegten Sprechtext, entwickelt wird, ist es zunächst sehr wichtig, in der Gruppe gemeinsam verschiedene Ideen zu diskutieren und in Form kurzer Notizen festzuhalten. In der Regel kann es dabei sehr hilfreich sein, wenn die Spieler ihre Vorschläge auch kurz anspielen, damit der Rest der Gruppe einen ersten Eindruck erhält. Währenddessen sollte auch geklärt werden, welche Figuren auftreten, wer wen spielt, wie der Schauplatz aussieht und ob der Sprechtext fest formuliert oder improvisiert wird. Letzteres bietet sich vor allem bei kürzeren Spielprojekten oder Zeitmangel an.

Wenn ein grobes Konzept für die Szene steht, ist es sinnvoll, Schritt für Schritt die einzelnen Teile zu proben und ggf. das, was Probleme bereitet, zu wiederholen. Schließlich kann auch an Feinheiten und Details gearbeitet werden, wie etwa bei Gestik, Mimik, Stimme, Bewegungen, Requisiten, Körpersprache und mehr.

Für umfangreichere Spielszenen empfiehlt es sich, zunächst eine ausführliche, schriftliche Spielvorlage[2] anzufertigen.

[1] siehe Übung: Ein Wort auf einmal – Ein Erzählspiel, S. 174

[2] siehe Methode: Eine Spielvorlage schreiben, S. 104

Übung

Vorstellungsrunde

Die Gruppe stellt sich im Kreis auf. Jeweils ein Spieler tritt einen Schritt in Richtung Kreismitte heraus, spricht seinen Namen deutlich aus und macht eine frei gewählte Geste dazu. Alle wiederholen dann gemeinsam den Namen und die Geste.
Variation: Nach einer ersten Runde nennt dann der Teilnehmer neben seinem Namen eine Tätigkeit, Vorliebe, Meinung etc., etwa: „Sabine. Ich gehe gerne ins Theater", „Fred. Ich mag Ananas" oder „Karl. Zeitunglesen finde ich langweilig".
Die Gruppe wiederholt diesmal nicht die Ansage, sondern antwortet gemeinsam mit einem lauten „Schön für dich!".

Übung

Theatergrundwissen – szenisch dargestellt

Honoré Daumier: Le mélodrame

Die folgende Auflistung beinhaltet einige für das Theater wesentliche Begriffe, einige fehlen aber auch.
Die Spieler bilden Dreiergruppen und versuchen zunächst, die Liste zu vervollständigen. Dann wählen sie einen der Begriffe aus und erarbeiten eine kurze pantomimische Darstellung, die sie den anderen Gruppen präsentieren. Schließlich erstellen alle gemeinsam auf Basis ihrer Ergebnisse ein Glossar der Theaterfachworte.

Hinweis: Es kann durchaus für die Bearbeitung der Aufgabe hilfreich sein, ein wenig in diesem Buch zu blättern und sich einen kurzen Überblick zu verschaffen.

Abonnement Vorausbestellung, Stammmiete; Anrecht auf Eintrittskarten für eine bestimmte Anzahl von Aufführungen in Theater, Konzert, Ballett und Oper

Akt in sich geschlossener Handlungsabschnitt bei einem Bühnenstück; synonym wird „Aufzug" verwendet

Applaus Beifallspenden durch Händeklatschen, auch durch Trampeln und Pfeifen

Aufführung Darbietung oder Vorführung eines literarischen oder musikalischen Werkes vor Publikum

Auftritt/Abgang definiertes, festgesetztes Betreten und Verlassen des Bühnenraumes durch eine Dramenfigur bzw. einen Schauspieler; heute auch für Szene gebräuchlich

Autor Synonyme: Schriftsteller, Theaterdichter, Verfasser

Besetzung Rollenverteilung für Inszenierungen eines Stückes (Welcher Schauspieler spielt was?)

Bühne	(in der Regel erhöhte) begrenzte Spielfläche der Schauspieler, zumeist vom Zuschauerraum abgegrenzt
Dialog	Zwiegespräch zweier oder mehrerer Personen
Einfühlung	Technik des Schauspielers, Einswerden mit der Rolle (auch: Einfühlung des Zuschauers, Identifikation mit den Personen und dem Geschehen)
Ensemble	Gemeinschaft von Künstlern, die spielen und musizieren; Gesamtheit der Mitspieler im Theater
Foyer	Wandelhalle oder Vorraum im Theater- bzw. Konzerthaus
Gattung	Grundformen der Dichtung (epische, lyrische, dramatische/dialogisch-szenische Texte); Unterarten der Gattung Epik sind etwa Roman und Kurzgeschichte. Da der Begriff als altmodisch und zu eng gefasst gilt, spricht man heute von Textarten.
Groteske	Bezeichnung für Dichtungen, wo Komik und erschreckend Unheimliches verbunden sind („Lachen und Entsetzen zugleich")
Happy End	guter Ausgang einer Bühnen- oder Filmhandlung (engl.: „happy ending")
Inszenierung	der Text eines Bühnenwerkes gelangt zur Darstellung auf der Bühne; die Vorlage wird durch bestimmte Regiekonzepte, viele Mitarbeiter und Materialien in Szene gesetzt
Komödie	Bühnenwerke mit heiterem bzw. komischem Inhalt und glücklichem Ausgang; wichtige Gattung des europäischen Dramas; dt. Bezeichnung: Lustspiel
Kostüm	Kleidung, die im Theater auf der Bühne getragen wird, passend zur Rolle; wird in der Regel im Kostümfundus des Theaters aufbewahrt
Körpersprache	Gesamtheit von Gestik, Mimik, Proxemik, Haltung und äußerer Erscheinung; wird künstlerisch der Rolle entsprechend gestaltet
Maske	Veränderung des Gesichts eines Schauspielers, Sängers oder Tänzers, entsprechend seiner Rolle
Monolog	Selbstgespräch einer einzelnen Figur (im Drama)
Musical	in den USA (um 1900) entwickelte Unterhaltungsschau mit Schauspiel, Tanz und Musik; moderne Form der Operette
Operette	heiteres musikalisches Bühnenstück mit gesprochenen Dialogen und Gesang
Premiere	Erstaufführung eines Bühnenwerkes mit Festcharakter in einem bestimmten Theater (alternativ wird der Begriff als Synonym für Uraufführung verwendet)
Probe	Vorbereiten und Einüben eines Stückes (Leseprobe, Bauprobe, Kostümprobe, Stückprobe, Hauptprobe, Generalprobe)

Protagonist	ursprünglich erster Schauspieler, heute aber: Hauptfigur, zentrale Gestalt (Gegenspieler: Antagonist)
Publikum	Gesamtheit der Zuschauer und Zuhörer in Vorführungen
Regieanweisung	synonym verwendet wird: Bühnenanweisung oder Nebentext; Anweisungen im Textbuch für die Aufführung (Angaben zu Ort, Zeit, Raum, Figuren etc.)
Regisseur	Spielleiter, der die Regie führt; bringt ein Kunstwerk (nach seinem Konzept) zur Aufführung
Requisit	(beweglicher) Gegenstand, an dem oder mit dem der Schauspieler eine Handlung (auf der Bühne) vollzieht
Schauspieler	Darsteller, Bühnenkünstler, Gestalter einer Rolle in Theater und Film
Spielplan	Planung der Theaterleitung, was an Stücken neu inszeniert und was aus der letzten Spielzeit übernommen wird
Spielzeit	Saison im Theater, Zeitraum, für den fest mit Stücken, Ressourcen und Schauspielern geplant wird (in der Regel von Herbst bis Sommer)
Statist	Kleindarsteller; in erster Linie stummer Darsteller, der im Hintergrund die Bühne füllt, spricht aber auch Text im Chor
Stoff	Geschichte, Thema; historisch-konkreter Inhalt, existiert vor dem Werk; wird vom Autor gewählt und gestaltet
Szene	kleinste Handlungseinheit des Dramas; Unterabteilung des Aktes; im modernen Drama, zum Beispiel bei Brecht, „Bild“ genannt
Tragödie	Drama, bei dem der Protagonist in einen dramatischen (tief greifenden) Konflikt gerät und am Ende scheitert
Tragikomödie	Drama, in dem Tragik und Komik vermischt sind; ernstes Spiel mit heiterem Ausgang oder umgekehrt
Uraufführung	ein Bühnenwerk wird zum ersten Mal vor Publikum gespielt

Partnerpräsentation

Übung

Es werden Zweiergruppen gebildet mit der Aufgabe, den Partner vorzustellen. Zunächst wählen die beiden aus, wer von ihnen vorgestellt wird und wer der „Vorsteller“ ist.
Die Partnerpräsentation soll nicht nur aus einer verbalen Auflistung von Fakten bestehen („Das ist Stefanie. Stefanie hat blaue Augen. Sie spielt gerne Schach.“). Viel wichtiger ist die Form der Präsentation: Die Gruppen sollen kreativ sein. Man könnte zum Beispiel seinen Partner interviewen oder ihn als Denkmalstatue präsentieren. Alles ist möglich – auch eine rein pantomimische Darstellung.

Variation: Diese Übung kann auch mit historischen oder fiktiven Persönlichkeiten wiederholt werden. Die Zweiergruppe präsentiert dann nicht mehr sich selbst, sondern etwa eine Physikerin, einen Musiker, Mechaniker oder Fußballer und so weiter.

Klare Ansagen

Übung

Ein gewählter Spielleiter steht am Rand, während sich die Gruppe im Raum verteilt und langsam umhergeht. Er liest die unten stehenden Sätze nacheinander vor und die Gruppe soll möglichst schnell darauf reagieren und sich entsprechend verhalten – allerdings ohne zu sprechen.

Wir begrüßen uns.

Wir freuen uns, weil wir Geld gefunden haben.

Wir gehen wie ein dicker Klops.

Wir sind Elefanten im Porzellanladen.

Wir machen uns ganz klein.

Wir sind Boxer.

Wir tragen eine Glasscheibe.

Wir machen uns ein Frühstücksbrot.

Wir skateboarden.

Wir gehen wie eine Marionette.

Wir treffen jemanden, den wir schon ewig nicht mehr gesehen haben.

Wir sind müde und gönnen uns eine Runde Schlaf.

Wir freuen uns über eine leckere Pizza.

Wir fahren mit einem Sportwagen.

Wir sind Soldaten.

Wir laufen kreischend wie Affen durch die Gegend.

Wir fallen tot um.

Grundbegriff

Ausdrucksträger

Der Begriff **Ausdrucksträger** ist relativ kompliziert zu definieren. Zerlegt man ihn in seine Bestandteile, so wird deutlich, dass er einerseits künstlerischen Ausdruck und andererseits Gegenstände, Personen und mehr beschreibt, die diesen Ausdruck transportieren, also „tragen".

Konkret bedeutet das im Theater: **Der Schauspieler selbst ist ein Ausdrucksträger.** Einen Sprechtext liest er nicht einfach monoton vor – mithilfe einer künstlerischen Idee macht er ihn lebendig. Er „gestaltet" also seine Sprache, die damit zum Ausdrucksträger wird, weil sie das transportiert, was er denkt und fühlt.

Ein jedes szenische Spiel ist immer Zusammenwirken verschiedener Ausdrucksträger: In einer Rolle vereint sich etwa die Sprache des Schauspielers mit seiner Gestik und Mimik. Dabei entstehen **spezifische (Wechsel-)Wirkungen.**

Diese Zeichen, mit denen das Theater arbeitet, transportieren immer „Bedeutung" (**Bedeutungsträger**): Ein Schwert, das der Schauspieler als Requisit benutzt, überbringt dem Publikum wortlos eine bestimmte Botschaft. Die Bedeutung wäre in diesem Fall zum Beispiel Macht, Sieg, Tod, Kampf und so weiter. Das Requisit ist damit ein Ausdrucksträger.

„Alles, was auf der Bühne geschieht, muss zu irgendetwas gut sein."
Anton Tschechow

Der Schauspieler selbst kann darüber hinaus auf zwei verschiedene Arten gleichzeitig Ausdrucksträger sein: Zunächst, indem er handelt und Geräusche, Sprache etc. erzeugt, und zweitens, indem er auf der Bühne „wirkt": beispielsweise als sichtbare Figur mit einer Maske – oder auch nur durch seine Körperform.

Insgesamt wird zwischen drei Klassen von Ausdrucksträgern unterschieden:

1. **Spieler als Ausdrucksträger**
2. **akustische Ausdrucksträger**
3. **bühnenspezifische Ausdrucksträger**

Molière: Der eingebildete Kranke

Die Grafik bestimmt die Kategorien näher. Größtenteils kann die Übersicht auch als Leitfaden zur Bewertung von Spielszenen dienen.

Darstellung zu den Ausdrucksträgern

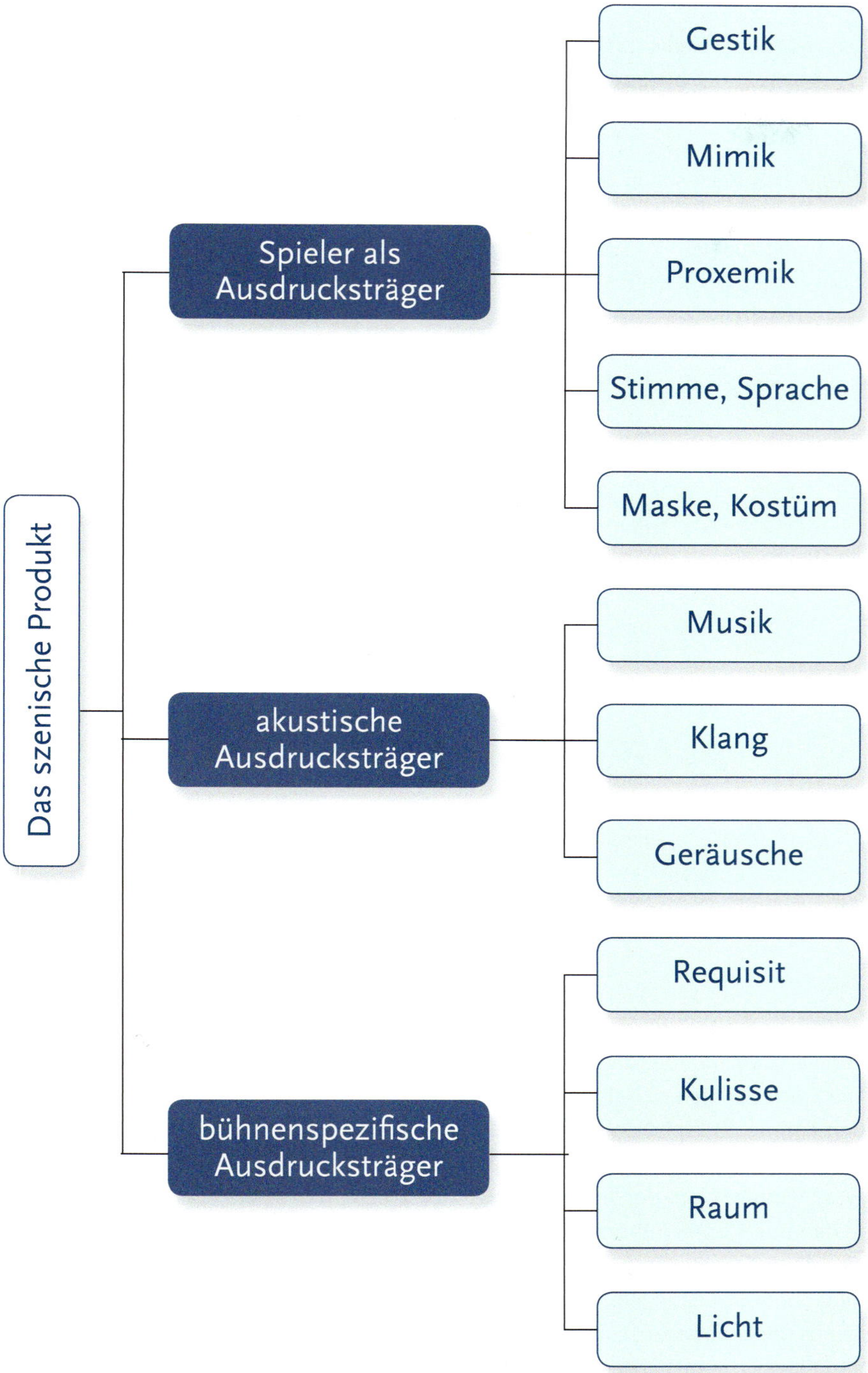

Hinweis:
Die folgenden Kapitel beschäftigen sich im Detail mit den einzelnen Ausdrucksträgern.

Text

In der Praxis und zum Üben

Jürgen Spohn: Getuschel

Das folgende Gedicht stammt vom deutschen Kinderbuchautor Jürgen Spohn (1934–1992). Es bietet einen hervorragenden Ausgangspunkt, um erste Versuche mit Gestik, Mimik, Stimme und Sprache zu wagen.

Das Werk soll in kleinen Gruppen als szenischer Sprechvortrag erarbeitet und anschließend präsentiert werden. Dies geht über den bloßen Vortrag des Textes hinaus.

„Für gute Schauspieler gibt es keine schlechten Rollen."
Honoré de Balzac

Jürgen Spohn: Getuschel

Die da
ist mit
der da da
und
der da
ist mit
dem da da
und
da ist
das da
damit da
und
die da
war mit
dem da da
als da
die da
den da sah

Hinweise zur Erarbeitung:
Die Spieler sollten sich überlegen, in welchem inhaltlichen Kontext das Gedicht stehen könnte (Beispiel: in der Kirche, auf einer Hochzeit, in der Schule etc.). Dafür kann es durchaus sinnvoll sein, zunächst die W-Fragen[1] zu nutzen (Wer? Wo? Wann? Was? Warum?), um den Inhalt genauer zu erarbeiten. In einem nächsten Schritt sollte dann der (Sprech-)Vortrag erarbeitet werden, wobei zu klären ist, ob und wie die einzelnen Textpassagen verteilt werden können und auf welche Weise die Darstellung durch Bewegungen, Gestik, Mimik und mehr unterstützt werden kann. Schließlich ist die Gruppe auch in der Wahl von Sprechtempo, Betonung, Dialekt, Rhythmus und anderen sprachlichen Aspekten vollkommen frei.

[1] siehe Grundlegende Methoden und Techniken, S. 11 ff.

Ein Protokoll schreiben

Methode

Das Anfertigen eines Protokolls[1] (auch: Niederschrift) ist eine wichtige Methode, die in vielen Situationen sehr hilfreich sein kann: Unter dem Begriff versteht man einen Bericht über Inhalt und Verlauf von Versammlungen, Besprechungen und Ähnlichem.
Die genaue schriftliche Fixierung des Erlebten hilft nicht nur dem Protokollanten dabei, sich noch einmal mit jedem einzelnen Detail zu beschäftigen oder später auf dieses Wissen zurückzugreifen, sondern auch anderen, die mithilfe des fertigen Protokolls Wissenslücken schließen können.

Zum Aufbau:
Zunächst einmal werden allgemeine Informationen aufgelistet – also die Rahmenbedingungen (Protokollkopf). Hierzu zählen Name des Protokollanten, Datum, Ort, Kursbezeichnung (oder Anlass), Kursleitung (oder Vorsitz), Dauer (Beginn/Ende) sowie die Namen der anwesenden und (entschuldigt/unentschuldigt) abwesenden Teilnehmer. Bei vielen Teilnehmern reicht auch die Anzahl aus.

„Und wenn du den Eindruck hast, dass das Leben Theater ist, dann such dir eine Rolle aus, die dir so richtig Spaß macht."
William Shakespeare

Beispiel:

Protokollant:	Hans Müller
Datum:	24.06.2026
Ort:	Seminarraum 3
Kurs:	Darstellendes Spiel 2
Kursleitung:	Fr. B. Hansen
Beginn:	12:25 Uhr
Ende:	13:10 Uhr
Teilnehmer:	Klaus Steger, Melanie Almann, Sebald Dillig, Christina Döringer
Abwesend:	Lukas Petermann

Nachfolgend werden das (Haupt-)Thema und die einzelnen Tagesordnungspunkte genannt.

Thema:	Erarbeitung eines Standbilds zum Thema „Der soziale Wandel"
Tagesordnung:	1. Begrüßung 2. Aufwärmübung 3. Informationen zum Standbild 4. Praktische Phase 5. Präsentation vor der Gruppe und Besprechung/Reflexion

[1] Verschiedene Protokolltypen sind zum Beispiel das Ergebnis- oder Verlaufsprotokoll.

Nach diesen grundlegenden Informationen folgt der ausführliche Text, der die einzelnen Tagesordnungspunkte absatzweise genau darstellt. Wichtig ist hierbei vor allem eine sachliche und präzise Sprache. Vermieden werden sollen lange und komplizierte Satzkonstruktionen; zusätzliche Absätze verbessern die Lesbarkeit. In der Regel formuliert man im Präsens. Was die einzelnen Personen sagen, wird indirekt mithilfe des Konjunktivs wiedergegeben.

> Zu Tagesordnungspunkt 3:
>
> Frau Hansen erläutert, dass das Standbild eine wesentliche Methode des szenischen Spiels sei und viele Möglichkeiten biete. Sie verweist darauf, dass es beispielsweise am Anfang oder Ende einer Szene zum Einsatz kommen könne. Die Frage aus dem Kurs, wie viele Personen mindestens beteiligt sein müssen, gibt Frau Hansen in die Runde und eröffnet damit eine Diskussion. Im Folgenden wird ...
>
> Die Kriterien für ein gelungenes Standbild werden festgelegt. Diese umfassen ...
>
> Zur Einleitung für die praktische Phase wird nun ein gemeinsames Beispiel zum Thema „Wohlstandsgesellschaft“ besprochen ...

Da das Protokoll auch als Dokument – im Sinne einer Urkunde – verwendet werden kann, wird es am Ende vom Protokollanten mit Ort, Datum und vollständigem Namen unterschrieben.

> Berlin, 24.06.2026
>
> Hans Müller

Grundbegriff

Gestik

Der Begriff Gestik leitet sich vom lateinischen „gestus“ ab und lässt sich mit Gebärde oder auch Bewegung übersetzen. In diesem Sinne schließt er sowohl **die Körper- als auch die Arm- und Handbewegungen** als Teil der nonverbalen Kommunikation mit ein.
Unterschieden wird zumeist zwischen **sprachbezogenen** und **sprachunabhängigen** Gesten. Erstere beziehen sich in der Regel konkret auf das Gesagte, während letztere zum Beispiel mit emotionalen Reaktionen spontan einhergehen. Eine dritte wichtige Kategorie sind die universell verständlichen, **angeborenen Gesten,** zum Beispiel das Fallenlassen des Kopfes bei Müdigkeit.
Wichtig ist hier auch zu trennen zwischen alltäglicher Gestik und ihrer Verwendung als künstlerischem Ausdrucksträger im Theater:

Molière: Der eingebildete Kranke. Schülerinszenierung

„Im Alltag ist die Geste meist eine spontane, unkontrollierte Äußerung; zur besseren Unterscheidung von der künstlerischen Geste des Schauspielers bezeichnet man solche Bewegungen als Gestikulieren. Auf der Bühne wird die Geste vom Darsteller bewusst eingesetzt und mit einer von Aufführung zu Aufführung wiederholbaren Genauigkeit gezeigt. Wenn diese Anforderung nicht erfüllt wird, handelt es sich auch hier um bloßes Gestikulieren. Stattdessen greift der Darsteller auf die Gestik zurück, die Gesamtheit aller Gesten, über die er verfügt [...]." (Schwab[1])

Damit die Schauspieler alle Formen der Gestik im Theater präzise einsetzen können, sind Körpertraining, Gymnastik und das Erlernen von speziellen Techniken wesentliche Bestandteile der Schauspielausbildung.
Gestik und Mimik gemeinsam drücken den inneren, psychischen Zustand einer Figur aus: Der Schauspieler arbeitet mit sogenannten **Gebärden**.
In diesem Sinne können Gesten verfremden, verstärken, abschwächen und mehr – und dabei soziale Stellung, Gegenstände, Emotionen, Gedanken etc. szenisch darstellen.

Übrigens...

Wie ein veränderter soziokultureller Hintergrund das Verständnis von Gesten beeinflussen kann, wird bereits bei einem einfachen Kopfnicken deutlich: Während es in den meisten Ländern der Welt als eindeutiges „Ja" verstanden wird, drückt man dies in Indien, Pakistan und Bulgarien durch ein Kopfschütteln aus – was bei uns wiederum „Nein" bedeutet.

Molière: Der eingebildete Kranke

Da sie ein Teil der nonverbalen Kommunikation sind, gilt es immer zu beachten, dass die meisten Gesten vor allem durch Kultur, Geschichte, Religion und soziale Entwicklungen geprägt sind. Und obwohl sie im Alltag auch anstelle der Sprache eingesetzt werden, so ist dies nur in einem gewissen kulturellen Umfeld verständlich.

In der Praxis und zum Üben

In der Fernsehsendung „Was bin ich?" müssen Berufe anhand von Fragen, die mit Ja oder Nein beantwortet werden können, erraten werden. Dabei beginnt jede Spielrunde immer mit einer typischen Handbewegung, die der Gast demonstriert.

Ähnliches kann an dieser Stelle geschehen: Jeweils eine Person soll einen Beruf ihrer Wahl nur durch eine charakteristische Geste vorstellen. Diese darf ruhig etwas komplizierter sein, damit es für den Rest der Gruppe möglich ist, mit sieben Fragen zu erraten, was gemeint ist.

Beispiele: Friseur, Holzfäller, Rennfahrer, Lehrer, Maler

[1] Alle Texte und Zitate werden im Textquellenverzeichnis im Anhang dieses Buches belegt.

Grundbegriff

Mimik

Die Witwe Bolte und ihre erschrockene Miene (nach Wilhelm Busch)

Mimik bedeutet im Allgemeinen **Ausdruck von Empfindungen und Gedanken durch das Gesicht.**

Und damit ist sie neben der Gestik ein wesentliches Element der nonverbalen Kommunikation, also: Verständigung ohne Worte.

Wie grundlegend in uns selbst das Spiel mit der Mimik verankert ist, zeigt sich vor allem daran, dass die meisten dieser Bewegungen vollkommen unbewusst ablaufen. Im Gegensatz zu den Gesten sind sie deshalb in ihren Grundformen auf der ganzen Welt meist allgemein verständlich.

Welche Bedeutung Mimik für das Theater hat, wird unter anderem dann deutlich, wenn man einmal die Übersetzung des Wortes aus dem Griechischen betrachtet: „Mimikos" kann ins Deutsche mit „nach Art der Schauspieler" übertragen werden.

Übrigens...

In schwierigen Situationen grinsen Menschen häufig und zeigen dabei die obere Zahnreihe – ein ähnliches Verhalten kann man auch im Tierreich beobachten.
Das Grinsen ist dabei immer eine Kombination aus Furcht, Drohung und Unterwerfung. Es unterscheidet sich deutlich vom Lächeln, das als defensive Entschuldigung gilt.

Mimik ist die einfachste und älteste Form von Theater und Drama. Ein Schauspieler, der mithilfe nonverbaler Kommunikationsmittel etwas darstellt, also mimt, spielt innerhalb dieser Grundform Darstellenden Spiels.

Entscheidendes Kriterium für Mimik auf der Bühne ist der wechselseitige **Blickkontakt** zwischen Zuschauer und Schauspieler.

In der Praxis und zum Üben

Nachdem Zweiergruppen gebildet worden sind, ruft ein gewählter Spielleiter ein Thema in den Raum, über das die Spieler dann diskutieren – allerdings nur lautlos, mit Gestik und Mimik. So kann etwa eine Debatte über Fußball ausufernd gespielt werden, wogegen das Thema Kernphysik wohl keine Begeisterungsstürme auslösen wird.

Exkurs

Pantomime

Die Pantomime entstammt der „Gründungszeit" des Theaters. Sie ist eine der ältesten Darstellungsformen und erlebt bereits im Römischen Reich ihre Blütezeit. Worum es eigentlich geht, verrät auch hier die Herkunft des Wortes: „Pantomimos" bedeutet im Griechischen so viel wie „alles nachahmend".

So kommt eine allgemeine Definition zustande: **Pantomime** ist die „Darstellung einer Szene oder Handlung durch Gebärden, Mienenspiel und Tanz mit oder ohne Masken unter Verzicht auf das Wort." (Brauneck)

Allein durch diese Darstellungsweise drückt Pantomime – so bezeichnet man neben der Gattung ebenfalls den Darsteller – Räume, Requisiten und alle Arten von Gegenständen aus. Hinzu kommt, dass die Spieler meist geschminkt auftreten.

Ihre Wurzeln hat die Pantomime in den Theaterformen der alten Babylonier, Syrer, Ägypter und Griechen. Als mit Musik begleiteter „Pantomimus" beherrscht sie schließlich die römischen Bühnen unter Kaiser Augustus.

Weil die meisten Darsteller dieser Zeit – vor allem die weiblichen – Sklaven sind, die man zur Teilnahme zwingt, ist der gesellschaftliche Status jener Künstler wenig angesehen. Jedoch soll es 352 n. Chr. mehr als 6000 Pantomimen gegeben haben.

Marcel Marceau (1923 – 2007), ein Pantomime

Die einfachste Form eines pantomimischen Spiels kennt jeder aus dem Urlaub im Ausland: Kommt man beispielsweise im Hotel an und bemerkt nach der ersten Nacht, dass man auf dem Bett nicht schlafen kann, steht man am nächsten Morgen an der Rezeption und ringt nach dem Wort „Matratze". Hier kommt die Pantomime ins Spiel – man könnte erst eine Geste für „Schlafen" zeigen und dann die Form der Matratze nachziehen. Das Erstaunliche dabei ist: Die Verständigung funktioniert besser als gedacht.

So ist mit dem Begriff der Pantomime auch die Vorstellung verbunden, dass eine **Kommunikation** zwischen verschiedensprachigen Menschen auf der ganzen Welt durch Gebärden möglich ist. Und das hat seine Wurzeln ebenfalls in der Praxis, da die Theatertruppen der „Commedia dell'Arte" (Stegreifkomödien), die vor allem vom 16. bis ins 18. Jahrhundert durch Europa ziehen, nur auf diese Weise in jedem bereisten Land erfolgreich sind: Das Publikum kann durch viele pantomimische Einlagen immer verstehen, worum es geht.

In jedem Fall gilt es beim pantomimischen Spiel zu berücksichtigen, dass alle Bewegungen langsam und deutlich erkennbar ausgeführt werden müssen. Gerade hier, nur auf Basis von Mimik und Gestik, ist **Detailtreue** wichtig. Wenn also beispielsweise ein imaginierter Gegenstand in die Hand genommen wird, ist zunächst darauf zu achten, dass die verschiedenen Muskeln korrekt angespannt werden – so als würde der Gegenstand wirklich existieren. Darüber hinaus sollte er auch wieder zurückgestellt werden, bevor man nach einem weiteren Objekt greift. Hier ist also Vorstellungskraft gefragt – man muss sich in die Situation hineinversetzen können.

Der recht temperamentvolle Regisseur demonstrierte einem Schauspieler einen Szenenvorgang. Er ging dabei rückwärts – leider einen Schritt zu weit – und fiel von der Rampe. Es ertönte ein dumpf-lautes Donnern. „Ist die Pauke im A ... ?" „Nein", stöhnte es herauf, „im Gegenteil!"

In der Praxis und zum Üben

Wörterraten

Jeder aus der Gruppe schreibt einen zufällig gewählten Begriff auf; diese Zettel werden gemischt und verteilt. Eine Person stellt dann einen Begriff, den nur sie gezeigt bekommt, pantomimisch dar und die anderen müssen ihn erraten.

Beispiele: Scheibe, Baum, Tafel, Kuchen, Brille

Diese Übung kann man auch mit Komposita, also zusammengesetzten Wörtern, wiederholen. Dabei können immer zwei Personen jeweils einen Teil ihres Begriffes darstellen (einer mimt „Blumen" und der andere „Topf").

Beispiele: Wasserglas, Fußball, Briefträger, Hochhaus, Pflasterstein, Dickkopf

Übung

Erzählpantomime

Ein interessanter Aspekt der Pantomime ist die Verbindung mit einem Erzähler. Das heißt, es gibt eine oder mehrere Personen, die spielen, und darüber hinaus einen Erzähler, der durch das Geschehen führt, indem er beispielsweise eine Geschichte vorträgt und zwischendurch innehält, um den Spielern die Möglichkeit einer szenischen Darstellung zu eröffnen.
Dabei kann die Erzählpantomime auch als Begriff für eine Geschichte selbst verstanden werden, die so bearbeitet worden ist, dass sie genau diese Art des Vorlesens und gleichzeitigen Spielens ermöglicht.

Statt eines vorgegebenen Texts soll es hier Aufgabe sein, zunächst selbst in Gruppen eine Erzählpantomime zu schreiben und diese anschließend vorzuspielen.

Gestaltungskriterien sind:

- Für alle Gruppen sollte ein gemeinsames Thema gelten.
  Beispiele:
  - „Der Zauberlöffel"
  - „Was man an einem Montag nicht alles erleben kann"
  - „Nachts im Einkaufszentrum"
- Erzählzeit ist das Präsens.
- In der Regel gibt es eine knappe Einleitung und Abrundung (Schluss) des Erzählers.
- Die Sätze sollten kurz und prägnant sein.
- Je mehr Charaktere verwendet werden, desto mehr Spieler können mitmachen.
- Ein hoher Anteil an wörtlicher Rede ist wichtig.
- Die Geschichte sollte klare, gut spielbare Tätigkeiten enthalten („Er geht zum Markt."; „Petra nimmt den Krug.").

Übung

Trinken, Essen, Greifen

Eine gute pantomimische Darstellung wird vor allem von der Erfahrung des Mimen getragen. Niemand stellt beim ersten Mal alles perfekt dar und so gilt wie fast überall: Übung macht den Meister.

Die Spieler stehen sich im Kreis gegenüber. Der Spielleiter wählt nun einen Themenbereich aus (Trinken, Essen, Greifen) und beginnt damit eine Handlung zu formulieren, die dann alle gleichzeitig pantomimisch nachahmen. Die Anweisungen sollten schrittweise aufeinander aufbauen und immer komplizierter bzw. filigraner werden. Variationen können auch die haptischen („greifbaren") Eigenschaften betreffen – so lassen sich Eiswürfel schwieriger fassen als Holz, heiße Nudeln anders als eine Thermoskanne.

Beispiel:

Spielleiter (Bereich Trinken):

1. „Wir trinken aus einem Eimer mit Strohhalm."
2. „Wir trinken aus einem großen Krug."
3. „Wir trinken aus einer Kaffeetasse."
4. „Wir trinken aus einem Wasserglas."
5. „Wir trinken aus einem Sektglas."
6. „Wir trinken aus einem hauchdünnen Weinglas."
7. ...

Spielleiter (Bereich Essen):

1. „Wir essen zähes Brot."
2. „Wir essen einen großen Burger."
3. „Wir essen ein Stück Pizza aus der Hand."
4. „Wir essen ein Steak mit Pommes frites."
5. „Wir essen Suppe mit einem Löffel."
6. „Wir essen Reis mit Stäbchen."
7. ...

Spielleiter (Bereich Greifen):

1. „Wir greifen..."
2. ...

Wolfgang Deichsel: Fernseher

Text

Bei dem vorliegenden Text handelt es sich um ein sogenanntes „Minidrama" von Wolfgang Deichsel (1939-2011). Minidramen sind Kürzeststücke – sozusagen Theater für nur wenige Minuten.

In der Praxis und zum Üben

Anhand von „Fernseher" sollen erste szenische Versuche unternommen werden, das heißt, der Text wird als kurze Spielszene in kleinen Gruppen einstudiert und anschließend präsentiert. Offen bleibt dabei, ob die Gruppe die Szene gemeinsam erarbeitet oder ob ein „Regisseur" ernannt wird, der die künstlerische Leitung übernimmt.

„In den meisten Bühnenstücken fußt der Dialog auf der falschen Annahme, dass die Menschen einander ausreden lassen. Wo gibt es das im Leben?"
Alfred Polgar

Wolfgang Deichsel: Fernseher

Der Vater sitzt vor dem Fernseher, der Sohn beobachtet den Vater.
Er will was von ihm wissen.

Sohn: Du.
Vater: *(überlaut, überfreundlich, ohne den Blick zu wenden)* Was?
Sohn: Hör mal!
Vater: Was denn?

(Der Sohn schnipst mit den Fingern, keine Reaktion)

Sohn: Du!
Vater: Was ist denn?
Sohn: Nichts.
Vater: *(kommt zu sich, gereizt)* Was ist denn?
Sohn: Schon erledigt. Schon gut. *(Der Vater konzentriert sich wieder aufs Bild.)*

Hinweise zur Erarbeitung:
Es ist hilfreich, zunächst darüber zu sprechen, welches Anliegen der Sohn verfolgt bzw. wie das Verhältnis zu seinem Vater ist. Auch die Frage danach, wie alt die Figuren sind, wie sie sich in der Situation fühlen und ob die Spieler schon einmal Ähnliches erlebt haben, kann bei der Erarbeitung von Nutzen sein. Nicht vergessen werden sollen mögliche Requisiten, etwa ein Tisch als „Couch" oder „Fernseher".

Vater und Sohn können natürlich auch durch die Figuren Mutter und Tochter oder Mutter und Sohn etc. ausgetauscht werden.

Exkurs

Minidrama

Der Begriff „Minidrama“ ist in jüngster Zeit immer häufiger zu entdecken. Im „Verlag der Autoren“ hat der Literaturwissenschaftler Karlheinz Braun 111 Theaterstücke verschiedenster Autoren herausgegeben und nennt den repräsentativen Band „Minidramen“. Die meisten dieser Beispiele stammen aus der Gegenwart oder sind sogar eigens für diese Sammlung geschrieben worden. Allerdings gibt es auch einige Auszüge solcher Stücke, deren Veröffentlichung mehr als 100 Jahre zurückliegt.
In seinem knappen Vorwort in Form programmatischer, also richtungsweisender „Sätze zum Minidrama“ kommentiert der Herausgeber:

Nach der Uraufführung von Claudels „Der seidene Schuh“ saß der Autor zusammen mit dem Dramatiker Gabriel Marcel bei einem Glas Wein. Marcel sprach: „Es gibt doch nur drei große Dichter auf der Welt: Gide, Claudel und mich. Gide nannte ich, weil er tot ist, Claudel, weil er an meinem Tisch sitzt!“

„Minidramen sind Kürzeststücke, szenische Reduktionen [...], sind dramatische ‚minimal art‘. [...] Das Minidrama vermag in seiner Kürze nicht, wozu sich das Großdrama seit der Antike berufen fühlt [...]. Das Minidrama braucht die großen Probleme nicht zu lösen. [...] Das Minidrama ist die zugespitzte Form des Einakters.“

In diesem Sinne stellt das Minidrama eine radikale Abwandlung und **Veränderung des klassischen Dramas** dar – zuweilen spricht man auch von „Mikrodrama“: Statt eines detailliert ausgebreiteten dramatischen Vorgangs wird **nur eine einzige Situation** wiedergegeben; anstelle langer Dialoge stehen kurze Erzählpassagen und Monologe. Die Verknappung kann so weit gehen, bis die Form des Sketches oder Witzes erreicht ist.
Viele der Minidramen bekannter Autoren lassen sich allerdings nur als literarische Werke verstehen, die in der Regel nicht für die Bühnenaufführung gedacht sind. Dagegen bietet aber die Bauform bzw. Grundstruktur des Minidramas mit Knappheit und kurzen Dialogen einen geeigneten Zugang, um im Sinne des Darstellenden Spiels selbst kurze Szenen nach seinem Vorbild zu entwerfen.

Aufführungsplakat

Ein weiteres Beispiel:

Heiner Müller: Herzstück

EINS: Darf ich Ihnen mein Herz zu Füßen legen.
ZWEI: Wenn Sie mir meinen Fußboden nicht schmutzig machen.
EINS: Mein Herz ist rein.
ZWEI: Das werden wir ja sehen.
EINS: Ich kriege es nicht heraus.
ZWEI: Wollen Sie, dass ich Ihnen helfe.
EINS: Wenn es Ihnen nichts ausmacht.
ZWEI: Es ist mir ein Vergnügen. Ich kriege es auch nicht heraus.
EINS: heult.
ZWEI: Ich werde es Ihnen heraus operieren. Wozu habe ich ein Taschenmesser. Das werden wir gleich haben. Arbeiten und nicht verzweifeln. So, das hätten wir. Aber das ist ja ein Ziegelstein. Ihr Herz ist ein Ziegelstein.
EINS: Aber es schlägt nur für Sie.

In Gruppen von zwei bis vier Spielern soll jeweils ein eigenes kurzes Minidrama erarbeitet und anschließend präsentiert werden. Gemeinsames Thema für alle ist ein Streit, der ein überraschendes Ende findet, zum Beispiel im Sport, zwischen Partnern, bei Schülern und Lehrern oder auch in öffentlichen Verkehrsmitteln.

In der Praxis und zum Üben

Geschichtenwerfen

Übung

Bei der folgenden Übung entstehen die wahnwitzigsten Fantasiegeschichten – und genau das liefert auch die Begründung für die Aufgabe: Die Vorstellungskraft soll angeregt werden.
Alle Gruppenmitglieder stellen sich in einem Kreis auf. Ein Spieler bekommt vom Spielleiter einen Ball. Dieser fängt nun an, eine Geschichte, wahlweise ein Märchen, eine Fabel, ein Erlebnis zu erzählen. Nach einigen Sätzen oder wenn die Ideen ausgehen, wird der Ball einem anderen zugeworfen, der dann spontan weitererzählen muss. So wird immer wieder abgegeben und die Geschichte komplexer und fantasievoller.

Beispiel:
Spieler 1 *(bekommt den Ball und beginnt):*
„Es war einmal vor langer Zeit, da lebte ein Frosch auf einer großen, breiten Straße." *(wirft den Ball zum nächsten Spieler)*
Spieler 2:
„Eigentlich war der Frosch ja verzaubert worden, aber ihm gefiel seine Existenz so gut, dass er keine Lust mehr hatte, ein Aktienmakler zu sein – denn das hatte er früher tun müssen. Allerdings lief eines Tages eine wunderschöne Prinzessin über seine Straße..." *(gibt den Ball ab)*
Spieler 3:
„... und verstauchte sich den Knöchel am Fahrrad des Frosches." *(gibt den Ball ab).*
Spieler 4:
„Als der Frosch das sah..."

Franz Mon: Zilinski ist tot

Text

Der vorliegende Text stammt vom deutschen Autor Franz Mon (geb. 1926) und ist ein weiteres Beispiel für ein Minidrama, das auf knappem Raum eine nicht weniger komplexe Geschichte entwickelt.

In Vierergruppen soll der Text als Spielszene erarbeitet und anschließend präsentiert werden. Ablesen ist erlaubt. Zunächst sollte überlegt werden, in welcher Situation sich die beiden Personen befinden, wovon und über wen sie sprechen. Dabei lässt sich, je nach Konzept zur Umsetzung, der Sprechtext auch auf mehrere Personen neu verteilen.

In der Praxis und zum Üben

Franz Mon:
Zilinski ist tot

A Zilinski ist tot.

B Tot - Zilinski?

A Ja. Zilinski ist tot.

B Aber Borowski: lebt?!

A Borowski? Nein.

B Wieso lebt Borowski nicht?

A Borowski ist tot.

B Wie Zilinski?

A Wie Zilinski.

B Am Himmelfahrtstag?

A Genau. Am Himmelfahrtstag.

B Zilinski wie Borowski.

A Zilinski und Borowski.

B Das glaube ich nicht.

A Sie werden es dir beibringen.

B Zilinski - mir beibringen?!

A Zilinski und Borowski.

B Das wagen sie nicht.

A Das wagen sie wohl.

B Zilinski und Borowski – an ein und demselben?

A An ein und demselben: Zilinski und Borowski.

B Von denen hätte ich das nicht erwartet.

A Was hättest du denn erwartet?

B Einer nach dem andern, einer nach dem andern.

A Zilinski nach Borowski?

B Oder Borowski nach Zilinski, das ist mir egal.

A Aber mir nicht. Hörst du! Mir ist das nicht egal.
Mir ist das überhaupt nicht egal.

Übrigens...

Das wohl berühmteste Attentat in einem Theater verübt der Schauspieler John Wilkes Booth als Teil einer Verschwörung am 14. April 1865, als er Präsident Abraham Lincoln im Ford Theater in den Kopf schießt. An den Folgen der Verletzung stirbt dieser am nächsten Tag.

Anschlusskommunikation: Bewertung einer Spielszene

Methode

Jede Theateraufführung oder Inszenierung an einem Stadttheater – genauso wie in der kleinen Gruppe – lädt immer zu einer anschließenden Diskussion und kritischen Bewertung ein:

- **Was ist gelungen umgesetzt worden, was nicht?**
- **Was könnte verbessert werden?**
- **Welche Anregungen lassen sich aufnehmen?**

In der Regel stellen sich diese drei wesentlichen Fragen und noch viele weitere, die am besten in einem Gespräch geklärt werden – nur so lassen sich Erkenntnisse für die Zukunft gewinnen.
Die **Anschlusskommunikation** entsteht im Gespräch zwischen Schauspielern und Publikum. Allgemein empfiehlt sich eine Vorgehensweise, bei der zunächst nur die Zuschauer zu Wort kommen und Vermutungen anstellen dürfen. Im Anschluss daran können dann die Darsteller selbst in das Gespräch einsteigen: Dabei sollten sowohl die aufkommenden Fragen als auch die kritischen Punkte diskutiert werden. Entweder zu Beginn oder abschließend erfolgt die Selbstreflexion.

„Jedes Publikum kriegt die Vorstellung, die es verdient."
Curt Goetz

Die folgenden Aspekte sollten wesentliche Elemente einer jeden Anschlusskommunikation sein und ausführlich besprochen werden:

1. Anfang und Ende
Bei fast jeder Szene ist es von besonderer Wichtigkeit, dass das Publikum erkennt, wann sie beginnt und endet. Was im großen Theater mit Vorhang und Scheinwerferlicht recht eindrucksvoll deutlich wird, muss deshalb im kleinen Rahmen um so genauer definiert werden.

2. Ausdrucksträger
Theaterspiel ohne Ausdrucksträger gibt es eigentlich nicht. Sie sind bei jeder Art von Aufführung wesentlich. Speziell bei den Schauspielern gilt es deshalb auf Gestik, Mimik und Proxemik sowie auf deren Stimme besonders zu achten und die Wirkung der Worte oder etwa die Art der Sprache (zum Beispiel Dialekt) genau zu verfolgen. Auch die bühnenspezifischen Ausdrucksträger wie Raum, Licht, Kulissen und Requisiten sollten hier nicht vernachlässigt werden. Akustische Ausdrucksträger wie Musik oder Klänge kommen nicht immer gehäuft vor, in der Regel sind aber zumindest Geräusche wahrnehmbar.

3. Bühnenraum
Ein klar definierter Bühnenraum ist eine der elementaren Bedingungen für das Theaterspiel. Nur wenn erkennbar ist, wo die Bühne aufhört und der Zuschauerraum anfängt, kann sich das Publikum wirklich auf das Geschehen einlassen. Ausnahme ist hier natürlich die gezielte Auflösung des Bühnenraums – wenn zum Beispiel absichtlich inmitten der Zuschauermenge gespielt wird.

4. Raumnutzung
Den meistens Zuschauern fällt es sofort negativ auf, wenn die Darsteller auf einer großen Bühne „aneinanderkleben", das heißt dicht zusammenstehen. Deshalb gilt immer, dass der vorhandene Raum so gut wie möglich genutzt werden sollte und der Schauspieler auf sein Raumverhalten achtet.

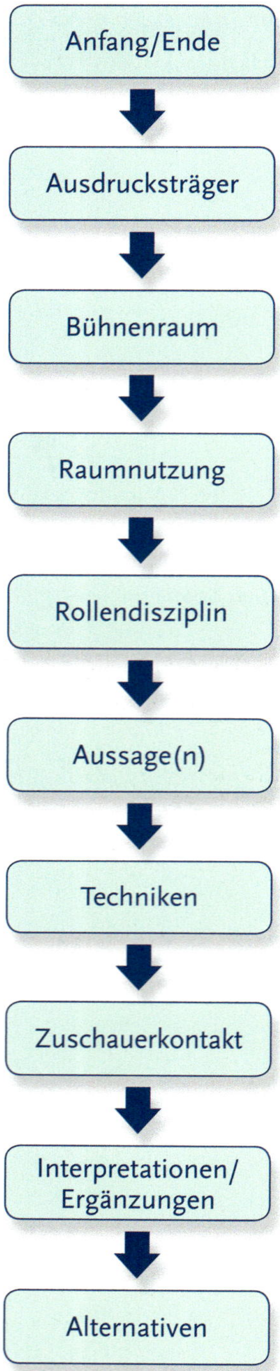

5. Rollendisziplin

Nichts stört eine an sich gelungene Aufführung mehr als das plötzliche „Aus-der-Rolle-Fallen“ eines Darstellers: Natürlich haben die meisten Schauspieler irgendwann schon einmal einen Lachanfall auf der Bühne bekommen – dennoch ist dieser Einfluss auf das Spiel der Gruppe nicht weniger störend.

6. Gesamtaussage/Aussagen

Die meisten Szenen, die auf der Bühne gespielt werden, haben eine Aussageabsicht. Das beginnt bei banalen Dingen wie „Tue Gutes“ oder „Herr X bereut, dass er etwas gestohlen hat“ und endet mit der Übermittlung komplexer philosophischer oder politischer Ideen, die das Publikum zum Nachdenken anregen sollen. Und obwohl es zumindest eine Vermutung zur Gesamtaussage einer Szene geben sollte, kann und muss darüber nicht immer Einigkeit herrschen. Oftmals ist es besonders sinnvoll, in diesem Zusammenhang auch gezielt den Einsatz von Klischees[1] zu betrachten.

7. Techniken

Es macht einen enormen Unterschied, ob auf der Bühne zwei Schauspieler einfach ihren Text vortragen oder ob im Verlauf einer Szene verschiedene Techniken zum Einsatz kommen: Ein Standbild am Ende kann eine abrundende Wirkung haben, Teilstücke, die in Zeitlupe oder gar im Zeitraffer dargestellt werden, machen Dinge merkwürdig und auffällig.

8. Zuschauerkontakt

Hierzu zählt nicht nur, ob die Schauspieler mit dem Publikum kommunizieren, also zum Beispiel Blickkontakt mit dem Zuschauerraum herstellen, sondern auch, ob das Publikum auf besondere Art in die Aufführung eingebunden ist: Verlassen die Schauspieler den Bühnenraum und durchqueren das Publikum, dann hat das immer eine spezifische Wirkung, die analysiert werden muss.

9. Interpretationsmöglichkeiten und Ergänzungen

Auch für das Theater gilt, dass es für ein Problem nicht immer nur eine richtige Lösung gibt: An dieser Stelle soll alles zur Sprache kommen, was offengeblieben ist und sich auf die Interpretation von Ausdrucksträgern, Gesamtaussage, Techniken und mehr auf inhaltlicher Ebene bezieht. Inwiefern ein Detail Einfluss auf das Verständnis der Szene hat, kann dabei genauso diskutiert werden wie die Frage, ob in der bisherigen Betrachtung noch etwas unberücksichtigt geblieben ist.

10. Alternativen

Am Ende der Besprechung ist es stets sinnvoll, sich etwas von der erlebten Inszenierung zu lösen und sich mit möglichen Alternativen in Bezug auf Verwendung von Techniken, Ausdrucksträgern, Gesamtaussage oder weiteren Möglichkeiten, die darüber hinaus denkbar sein können, zu beschäftigen.

[1] siehe Grundbegriff: Klischee, S. 45

Emotional Replay

Übung

Jeweils drei bis fünf Spieler finden sich zusammen. Jede Gruppe erarbeitet dann eine kurze, frei spielbare Handlung – nicht mehr als ein bis zwei Minuten Spiellänge – zu einem einfachen Thema.

Beispiele:

- Die Tochter kommt nach Hause und beichtet den Eltern ihren Diebstahl eines T-Shirts.
- Ein Fahranfänger schildert der Polizei, wie er einen Autounfall verursacht hat.
- Bei der Ziehung der Lottozahlen stellt eine Frau fest, dass sie die Hauptgewinnerin ist.
- Ein Mann wird in eine Schlägerei verwickelt und berichtet später von seinen Verletzungen.

Die jeweilige Szene soll dann nacheinander in verschiedenen emotionalen Stimmungen vorgespielt werden, beispielsweise freudig, zornig, unsicher, stolz, niedergeschlagen, begeistert, traurig, pessimistisch oder verliebt.

Szenenkarten-Spiel

Übung

Dreiergruppen werden gebildet, von denen jede drei zufällig ausgewählte Karten bekommt. Auf der ersten Karte steht ein bestimmter Ort, auf der zweiten ein Berufstrio (siehe unten) und auf der dritten ein bestimmter Satz.
Aufgabe hierzu soll es sein, eine kurze Szene zu improvisieren, wobei das jeweilige Publikum anschließend erraten soll, was auf den Karten der Spielgruppe gestanden hat.

Einige Vorschläge:

Karte 1 (Ort)
- ein Hotel auf den Bahamas
- irgendwo in China
- eine Einkaufsstraße in Dortmund
- in einem Boot auf dem Amazonas
- in einem Krankenhaus
- Paris

Karte 2 (Berufe)
- Kellner, Verkäufer, Bankier
- Lehrer, Arzt, Klempner
- Hundefriseur, Fußballer, Computertechniker

Karte 3 (Satz)
- Oh, wie schön ist Panama!
- Wäre ich doch nur zu Hause geblieben.
- Wenn dieser Hund nicht wäre...
- Wer den Pfennig nicht ehrt, ist des Talers nicht wert.
- Morgenstund' hat Gold im Mund.
- Nur Fliegen ist schöner.
- Rabatt gab's gestern.

Grundbegriff

Proxemik

Der dritte große Teil der nonverbalen Kommunikation erfolgt über die Proxemik, die Bewegung im Raum. Schon der lateinische Ursprung des Wortes „proximare", was so viel wie „sich nähern" bedeutet, verweist darauf, dass es hier um Kontakt zwischen Personen in Bezug auf ihr **Raumverhalten** geht.

Übrigens...

Die Wissenschaft unterteilt allgemein in vier Zonen der Proxemik: Intimzone, persönliche, gesellschaftliche/soziale und öffentliche Zone. Ein Beispiel hierzu aus der traditionellen Kampfkunst: In China betrachtet man die eigene Armlänge als Intimzone. Wer diese Grenze unerlaubt überschreitet, löst damit den Impuls zur Selbstverteidigung aus.

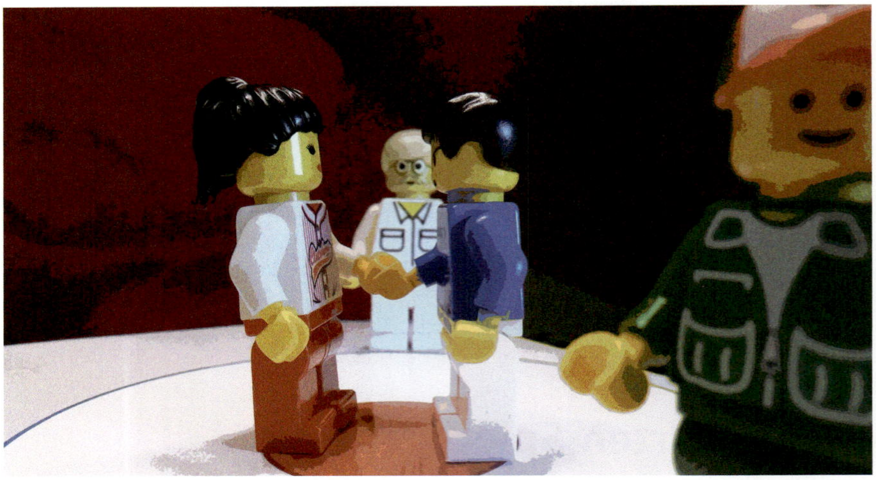

Persönliche Distanz

Und obwohl sich die Menschen, und vor allem die Schauspieler des Theaters, schon seit Jahrtausenden „nebeneinander bewegen", ist erst 1966 der entsprechende Zweig der Psychologie und Kommunikationswissenschaft durch den Amerikaner Edward Hall begründet worden. Seitdem untersucht die **Proxemik**, wie wir unseren Körper im Verhältnis zu anderen bewegen bzw. positionieren und dadurch kommunizieren.

Den eigentlichen Begriff kann man für das Theater allerdings enger fassen – als **Raumsprache der Schauspieler.** Denn anhand der Proxemik ist es dem Publikum möglich, viele Informationen über Beziehungen, Freundschaften oder auch die soziale Stellung einer Figur abzulesen. Nicht anders verhält es sich im Alltag: Treffen wir einen Freund, stehen wir nah beieinander und begegnen uns „auf Augenhöhe"; zu jemandem, den wir nicht mögen, halten wir Abstand oder wenden ihm den Rücken zu.

In der Praxis und zum Üben

Raumgehen mit peripherem Blick

Die Gruppe verteilt sich im Raum, jeder Einzelne geht langsam umher und schaut geradeaus. Wer möchte, darf nun stehen bleiben. Sobald ein Spieler anhält, soll der Rest seinem Beispiel folgen. Wenn alle stehen geblieben sind, geht man wieder weiter und zwar so lange, bis der Nächste stehen bleibt – dabei entwickelt man ein Gefühl für die Wahrnehmung seiner Mitspieler. Wichtig ist vor allem, darauf zu achten, dass sich die Gruppenmitglieder gleichmäßig im Raum verteilen und keine großen Lücken entstehen.

Für diese Übung benötigen die Teilnehmer den sogenannten „peripheren Blick", das heißt: Der Spieler versucht, ein möglichst umfassendes Blickfeld zu erlangen (und zu erspüren), in dem er auch Personen schräg hinter sich oder seitlich aus den Augenwinkeln wahrnimmt, wobei immer nur geradeaus geschaut werden darf.

Zonen der Proxemik

Variation: Diese Form des „Raumgehens" kann in einem zweiten Schritt als „Nummerngehen" noch schwieriger gestaltet werden.

Derjenige, der mitten in der Bewegung stehen bleibt, ruft auch gleichzeitig die Zahl „1". Nachdem, wie in der ersten Übung, alle Gruppenmitglieder angehalten haben, muss jeweils eine Person weiterzählen, das heißt, jemand aus der Gruppe ruft „2", ein anderer „3" und so weiter. Die Schwierigkeit dabei ist, dass man sich mit dem Zählen nicht absprechen kann. So muss ein Gefühl für den richtigen Moment entwickelt werden, denn sobald zwei Gruppenmitglieder zur selben Zeit dieselbe Zahl ausrufen, ist die Runde verloren und alle müssen weitergehen. Diese Übung ist erst dann beendet, wenn die Zahl 15 (später: 20) erreicht wird.

Gangarten

Exkurs

Gangarten (oder auch: Fortbewegungsarten) sind für eine interessante Darstellung im Theater sehr wichtig. Ohne nochmals die Bedeutung der Proxemik zu betonen, gilt es doch festzuhalten, dass ein Mensch viel über sich verrät, wenn er beispielsweise einen Weg entlangschlendert, während ein anderer gebückt umherschleicht. Genauso individuell wie die Menschen in der realen Welt sollen sich meist auch die Bühnenfiguren verhalten, was folglich bedeutet, dass ein Angeber stolziert und ein Verfolgter rennt.
Da man diese Erkenntnis am besten in der Praxis und nicht durch langatmige Beschreibungen gewinnt, folgt hier eine kleine Gruppenübung:

In der Praxis und zum Üben

Der folgende Text wird von einer Person satzweise vorgelesen, während die anderen dazu frei im Raum umhergehen. Sobald sie eine entsprechende Bewegung heraushören, soll diese nachgeahmt und die Beschreibung szenisch umgesetzt werden.

Spaziergang im Park

Es ist ein wunderschöner Frühlingstag, du hörst die Vögel zwitschern und beginnst einen Spaziergang. Langsam schlenderst du durch den Park. Du siehst einen Schmetterling und bewegst dich schnell in seine Richtung. Plötzlich ist er dicht vor dir und du stoppst deine Bewegung langsam und betrachtest die Farben seiner wunderschönen Flügel. Er fliegt vor dir weg und du rennst hinter ihm her. Ein Sprung in die Luft – doch du kannst ihn nicht fassen und er ist weg.

„Von andern Pflanzen unterscheiden sich Schauspieler dadurch, dass sie eintrocknen, wenn sie nicht in die Presse kommen."
Alfred Polgar

Gustave Caillebotte:
Père Magloire auf dem Weg nach Saint-Clair (1884)

Traurig lässt du die Schultern hängen und schleichst weiter. Ehe du dich versiehst, stolperst du über einen Stein und fällst hin. Dabei stellst du fest, dass vor dir ein kleiner Bach fließt und so näherst du dich ihm auf allen vieren und blickst in dein Spiegelbild im Wasser. Irgendwann kannst du dich dann wieder aufrappeln und langsam nimmt dein Spaziergang erneut Fahrt auf. Und weil du jetzt wieder liebliches Vogelgezwitscher hörst, hebt sich deine Stimmung und du läufst immer schneller. Du hüpfst vor Freude von einem Bein auf das andere. Und dann bleibst du stehen. Du setzt dich auf die Wiese und genießt noch eine ganze Weile den herrlichen Ausblick. Was für ein Tag!

Variation: Die Übung kann schließlich auch verändert werden, so beispielsweise durch die Idee des „Lebenslaufs": Mit entsprechender Gangart wird dann schrittweise das jeweilige Lebensalter umgesetzt (Baby, Kleinkind, Erstklässler, Teenager etc.).

Übung

Mit Gangarten experimentieren

Die Gruppe verteilt sich im Raum. Alle gehen langsam im Kreis umher. Jetzt darf eines der Gruppenmitglieder beginnen, sich mit einer bestimmten Gangart (Hüpfen, Kriechen, Humpeln, Laufen, Joggen, Tänzeln, Balancieren etc.) und entsprechender Körperhaltung fortzubewegen. Die Gruppe folgt dem. Wer möchte, darf nach einiger Zeit eine neue Gangart wählen, wobei sich die Gruppe wiederum anschließen soll.

Variation: Diese Übung kann auch so verändert werden, dass immer ein Gruppenmitglied plötzlich „Stopp!" sagt und alle daraufhin – so schnell wie möglich – stehen bleiben. Danach muss derjenige „Weitergehen!" rufen und eine neue Gangart demonstrieren.

Urtheater

Geschichte

30 000 – 4000 v. Chr.

Wie, wann und wo entsteht das Theater? Diese Fragen stellt sich die Wissenschaft seit langer Zeit und dennoch gibt es bis heute keine klare Antwort. Allerdings haben sich zwei sogenannte „**Ursprungstheorien**" behaupten können:

1. Das Theaterspiel entspringt dem **natürlichen Spieltrieb** des Menschen sowie dem Bedürfnis nach Kommunikation und Nachahmung.
2. Das Theaterspiel entstammt **religiöser Liturgie**[1] und magischen Ritualen.

Grundsätzlich lässt sich dabei sagen, dass keine der beiden Theorien vollkommen richtig oder falsch ist. So kann man als Beleg für die erste anführen, dass der Mensch von Natur aus gerne spielt, kommuniziert und nachahmt. Das gehört noch heute zu unserem Alltag.
Wie sieht es aber mit Religion und magischen Ritualen aus?
Als erster „offizieller" Schauspieler gilt wohl der **Schamane** der Urzeit. Jene „Zauberpriester" bilden vor allem in der Steinzeit die Brücke zwischen den Menschen und der sie umgebenden Welt. In einer Zeit, die noch nicht über naturwissenschaftliche Methoden oder etwa eine Schriftsprache verfügt, betrachten die Menschen die **Natur als Gottheit.** Dieses magische Wesen soll durch Opfer, Tänze und Beschwörung günstig gestimmt werden – so der Glaube.
Warum unsere Vorfahren so empfinden, kann man recht einfach nachvollziehen: Die Natur ist die Lebensgrundlage der Jäger und Sammler – um zu überleben, sind sie auf sie angewiesen.
So verwundert es kaum, dass deshalb Rituale **Themen wie Jagd, Ernte oder Jahreszeiten** behandeln. Leider wissen wir heute recht wenig über diese ersten schauspielerischen Vorgänge. Felsmalereien zeigen Priester und andere Spieler mit übergezogenen Tierhäuten, deshalb dürfte die Tierimitation sicherlich die älteste Form der Schauspielerei sein.
Und wenn der Darsteller – obwohl man ihn kaum schon so bezeichnen kann – in ein Tierfell schlüpft, so ist er buchstäblich „besessen" vom Geist der Person oder des Tieres, welches er verkörpert.
Die wahrscheinlich im Kreis versammelte Gemeinde wohnt diesen Darbietungen passiv bei, was einer **Theatersituation** ungefähr entspricht: Es gibt ein Publikum, das zuschaut, eine kreisförmige Bühnenfläche (festgestampfter Platz) und Schauspieler, die etwas darstellen.
Als Zweck dieser Rituale lässt sich ebenfalls erkennen, dass sie einen wichtigen Beitrag zum Zusammenhalt dieser Gesellschaften leisten. Ergänzend muss darauf verwiesen werden, dass die Darbietungen fast ausschließlich von Männern praktiziert werden – vermutlich wegen ihrer größeren körperlichen Kraft, die für die Jagd und so auch für die Versorgung der Gemeinschaft enorm wichtig ist.
Eine erste (grob formulierte) Regel des Theaterspiels könnte so lauten:
Nachgespielt wird, was man sich wünscht oder erlebt hat. Der steinzeitliche Jäger imitiert seine Beute, der Krieger den besiegten Feind und der Bauer in Pflanzenverkleidung üppige Ernten.

Höhlenmalerei: Ein Jäger schlüpft in die Haut seiner Beute.

„Es gibt Völker, die träumen; denen aber, die nicht träumen, bleibt das Theater."
Jean Giraudoux

[1] religiöse Zeremonien sowie deren Aufbau und Ordnung

Schamane in Tierverkleidung

Es finden sich auch Höhlenmalereien, die Tänze zeigen und deshalb darauf schließen lassen, dass sich die Palette der Ausdrucksformen mit der Zeit erweitert hat. So kann auch vermutet werden, dass später nicht mehr nur die erfolgreiche Jagd dargestellt, sondern auch mithilfe des Theaterspiels geprobt, das heißt eingeübt, wird.

Hinweis: Für die magischen Rituale des Urtheaters interessieren sich vor allem die Theatertheoretiker des 20. Jahrhunderts auf ihrer Suche nach alternativen Spielformen, darunter Antonin Artaud, Peter Brook und Jerzy Grotowski.

In der Praxis und zum Üben

In verschiedenen Gruppen soll jeweils eine kurze, wortlos gespielte Szene eines möglichen „Urtheaters" nachgespielt werden, zum Beispiel eine rituelle Jagd.

Technik

Freeze

Eine der einfachsten und zugleich wirkungsvollsten Techniken des Theaterspiels ist der Freeze. Wie der englische Begriff schon vermuten lässt, handelt es sich hierbei um das fast wörtliche **zeitweise Unterbrechen und Einfrieren der Darstellung** – genauso, wie wenn man bei einem Film plötzlich die Wiedergabe stoppt.

Für jede Anwendung dieser Technik gilt eine wesentliche Regel: **Der Freeze muss lange genug gehalten werden.** Das lässt sich zum einen damit begründen, dass die Schauspieler die Zeit während des Spiels auf der Bühne anders wahrnehmen als das Publikum, und zum anderen damit, dass sie in der Regel nicht gut einschätzen (können), wie lange die Zuschauer benötigen, um alle Details der eingefrorenen Szenen zu erfassen.

Das Einfrieren mitten in einer Bewegung erfordert **Disziplin** und unter Umständen kann es sein, dass eine schwierige Körperhaltung eine Zeit lang gehalten werden muss.

Am häufigsten kommt der Freeze zu Beginn oder am Ende einer Szene als Markierung zum Einsatz. Wenn das Licht ausgeht oder der Vorhang sich hebt, leitet der

Molière: Der eingebildete Kranke

Freeze zur Darstellung über, indem er das Publikum darauf aufmerksam macht, dass hier nun das künstlerische Spiel beginnt.
Am Ende einer Szene kann dies auch kombiniert werden mit einem **Blick ins Publikum:** Alle Darsteller richten gleichzeitig ihren Blick auf die Zuschauer und fixieren sie starr.
Prinzipiell kann diese Technik in jeder Spielsituation zum Einsatz kommen, immer unter angemessener Berücksichtigung der Gesamtwirkung. Eine Spielszene alle dreißig Sekunden einzufrieren ist keine originelle Idee, wohingegen ein Freeze auf dem Höhepunkt der Handlung die Spannung zusätzlich steigern kann und das Publikum dazu anregt, noch einmal genau hinzuschauen.
Neben der Möglichkeit, alle Schauspieler gleichzeitig in ihrer Bewegung einzufrieren, gibt es auch die Alternative, den Freeze auf einer einzelnen Ebene zu nutzen: Wenn beispielsweise zwei Personen im Vordergrund einen Dialog führen und dahinter eine andere Gruppe im Freeze steht, kann das wesentlich dazu beitragen, die Aufmerksamkeit des Publikums gezielt zu lenken.
Auf die gleiche Weise können mittels Freeze **unterschiedliche Handlungsorte** angedeutet werden: Wenn zwei getrennte Gruppen auf der Bühne immer abwechselnd in den Freeze wechseln, kann trotz der räumlichen Nähe gezeigt werden, dass beide sich auf einer inhaltlichen oder zeitlichen Ebene nicht gegenüberstehen.

Übrigens...

Mit „Freeze“ bezeichnet man auch eine spezielle Variante des Flashmobs, bei der alle Teilnehmer zum Beispiel in einem öffentlichen Park plötzlich in ihren Bewegungen einfrieren.

In der Praxis und zum Üben

Freeze!

Die folgende Übung hilft dabei, ein Gefühl dafür zu bekommen, wie es ist, wenn man plötzlich sämtliche Bewegungen einfrieren soll:

Die Gruppe verteilt sich im Raum und geht langsam umher. Es liegt nun zunächst am Spielleiter, frei nach Belieben „Freeze!“ in den Raum zu rufen, woraufhin alle Spieler sofort sämtliche Bewegungen einfrieren sollen. Mit der Aufforderung „Auftauen!“ beginnt ein neuer Durchgang.

Text

Erich Kästner: Sachliche Romanze

Einer der vielseitigsten Autoren des 20. Jahrhunderts ist Erich Kästner (1899-1974). Sein vielleicht bekanntestes Gedicht schreibt er 1929, also im Jahr der Weltwirtschaftskrise. Der sachlich-distanzierte Ton des lyrischen Werks steht in krassem Gegensatz zu seinem emotionalen Inhalt. Gerade aufgrund dieser besonderen Ausdrucksform ist das Gedicht der literarischen Strömung **Neue Sachlichkeit** zuzuordnen. In diesem Zusammenhang lässt sich bei diesem Text von **Gebrauchslyrik** sprechen: Sie soll dem Leser auf einfache und verständliche Weise nutzen und in seiner Alltagspraxis „brauchbar sein“, also Verwendung finden.

Übrigens:

Udo Lindenberg vertont das Gedicht von Erich Kästner 1988 auf seiner CD „Hermine“.

In der Praxis und zum Üben

In Gruppen soll das Gedicht als kurze Spielszene inszeniert werden, dabei kann beispielsweise ein Erzähler zum Einsatz kommen oder der Inhalt des Gedichts in einen Dialog übertragen werden.

Sachliche Romanze © Anja Lorenz

Erich Kästner:
Sachliche Romanze

Als sie einander acht Jahre kannten
(und man darf sagen: sie kannten sich gut),
kam ihre Liebe plötzlich abhanden.
Wie andern Leuten ein Stock oder Hut.

Sie waren traurig, betrugen sich heiter,
versuchten Küsse, als ob nichts sei,
und sahen sich an und wussten nicht weiter.
Da weinte sie schließlich. Und er stand dabei.

Vom Fenster aus konnte man Schiffen winken.
Er sagte, es wäre schon Viertel nach Vier
und Zeit, irgendwo Kaffee zu trinken.
Nebenan übte ein Mensch Klavier.

Sie gingen ins kleinste Café am Ort
und rührten in ihren Tassen.
Am Abend saßen sie immer noch dort.
Sie saßen allein, und sie sprachen kein Wort
und konnten es einfach nicht fassen.

Standbild

Technik

Der Begriff „Standbild“ kann leicht missverstanden werden: Das Anhalten eines Films – mit diesem Beispiel wird die Technik oft erklärt – ist nämlich eher dem Freeze zuzuordnen. Was also im Englischen mit „frame“ oder „still picture“ bezeichnet wird, ist nicht notwendigerweise ein Standbild im Sinne des Theaters.

Deshalb nähert man sich dem Begriff besser über die **bildende Kunst:** Vor allem in der Antike und in früheren Jahrhunderten sind Bildhauer damit beauftragt worden, Statuen zum Gedenken an bedeutende Personen zu schaffen. Ein solches **Standbild** – hier könnte der Begriff auch seine Wurzeln haben – ist eine symbolhafte Darstellung. Sie versucht das ganze Leben oder wichtige Taten eines Menschen in einer einzelnen Pose zu konzentrieren, aus der der Betrachter dies ablesen kann.

Ein mögliche Definition für das Theater könnte so lauten: Ein Standbild ist eine bewusste Positionierung zumeist mehrerer Darsteller, die einige Zeit gehalten wird und aus der, nur mithilfe körpersprachlicher Mittel, bestimmte Informationen abgelesen werden können (eine „Personenskulptur“).

Auf diese Weise kann ein Standbild, beispielsweise als Einleitung zu einem Stück, dem Zuschauer einen Einblick in die Handlung gewähren oder eine Kernaussage andeuten.
Wichtig ist hier anzumerken, dass ein Standbild in der Regel als Gruppenarbeit gemeinsam gebaut oder – künstlerisch ausgedrückt – „komponiert“ wird. Teilweise wird auch unter den Darstellern ein Regisseur ausgewählt, der über Körperhaltung, Gestik, Mimik, gesellschaftliche Stellung etc. der Schauspieler entscheidet.

Die besondere Technik kann mit unterschiedlichen Funktionen zum Einsatz kommen: Sie hilft bei der Rolleneinfühlung, beim Verständnis einer Passage, Verdichten einer Szene, als Variation eines Themas und bei vielem mehr.

Möglich ist auch eine Kombination verschiedener **Standbilder in Szenenfolge:** Wenn sich zwei Freunde treffen, über etwas streiten und sich schließlich wieder versöhnen, so kann man diese ganze Handlung auch mithilfe von drei einzelnen Standbildern darstellen.

Standbild von Kaiser Augustus

„Immer ist der Vorhang unten, nur einmal ist er oben: eben im Theater.“
Egon Friedell

Standbild zu Büchners „Woyzeck“

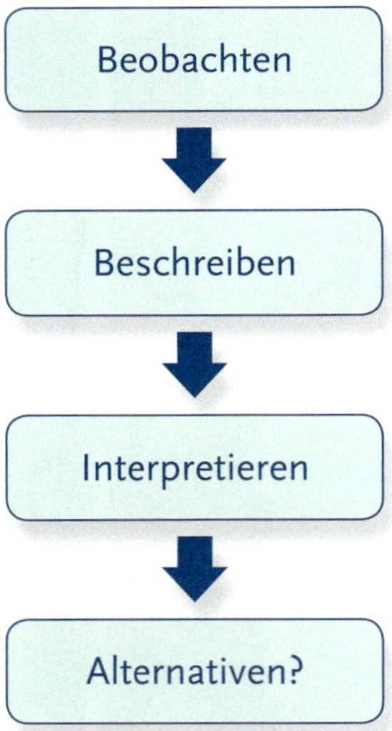

Um ein solches Standbild auszuwerten bzw. zu interpretieren, hilft es, nach folgendem Schema vorzugehen:

1. **Beobachten:** Man sollte näher an die „eingefrorenen“ Schauspieler herantreten, sie umrunden etc. und sich jedes Detail genau anschauen.
2. **Beschreiben:** Mündlich wird formuliert, was man sieht (Gestik, Mimik, Körperhaltung etc.), ohne dabei bestimmte Details umfangreich zu interpretieren.
3. **Interpretieren:** Fragen werden geklärt, mögliche Interpretationen zur Diskussion gestellt.
   - Wie stehen die Figuren zueinander?
   - Worum geht es?
   - Was könnte geschehen?
   - Wieso haben sie diese Körperhaltung?
4. **Alternativen:** Wie könnte man das Standbild verändern, um bestimmte Aspekte deutlicher auszudrücken? Wie ließe sich die gleiche Aussage noch zeigen?

In der Praxis und zum Üben

Wechselstandbilder

Die Spieler finden sich jeweils zu viert zusammen. Jede der Gruppen soll nun ein gemeinsames Gegensatzpaar wählen und dazu zwei Standbilder erarbeiten.

Beispiele:
- Licht und Schatten
- Frieden und Krieg
- Reichtum und Armut
- Liebe und Hass

Dann präsentiert jeweils eine Gruppe ihr erstes Standbild, hält dieses für 30 Sekunden und zeigt dann das zweite. Die Beobachter sollen dabei nicht nur erraten, was dargestellt wird, sondern auch genau auf die Veränderungen bei jedem einzelnen Darsteller achten und sie beschreiben.

Übung

Schnellstandbilder

Die Gruppe verteilt sich im Raum. Der Spielleiter gibt einen konkreten Impuls, zu dem dann die Spieler jeweils einzeln und direkt ein entsprechendes Standbild zeigen sollen.

Beispiele:
- Es ist eiskalt.
- Ich habe Lust auf Pizza.
- Will mir denn niemand helfen?
- Mich plagen wieder diese Kopfschmerzen.
- Ich mache Urlaub.
- Der Typ geht mir auf die Nerven.
- Wieso ich?
- Ich habe keine Lust mehr.

Variation: Die Übung kann auch unter dem Motto „Durch das Programm zappen“ stehen. In diesem Fall sagt der Spielleiter kurz an, welche Sendung er sich gerade anschaut. Die Spielgruppe reagiert mit entsprechenden Standbildern, etwa zu „Tagesschau“, „Quiz-Show“ oder auch „Fußball“.

Blickkontakt

Übung

Die Gruppenmitglieder stellen sich im Kreis auf. Nun soll sich jeder Spieler umschauen und unauffällig eine Person aussuchen, der er in die Augen schauen möchte. Der Spielleiter gibt das Kommando „Augen schließen!“. Nach einem kurzen Moment wird heruntergezählt: „3...2...1... Blickkontakt“: Die Spieler schauen denjenigen an, den sie sich ausgesucht haben. So entstehen einige unvermutete „Begegnungen“. Der Blickkontakt sollte schließlich mindestens zehn Sekunden lang gehalten werden, bis eine neue Runde beginnt.

Tableau

Technik

Das Tableau orientiert sich sehr am Standbild und lässt sich wiederum auf die bildende Kunst zurückführen: Im Französischen bedeutet „tableau“ Gemälde[1] – durch diese Technik lässt sich ein **„lebendiges“ Bühnengemälde** mit Schauspielern schaffen.

Das Tableau wird meist zu Beginn oder am Ende (Schlusstableau) einer Inszenierung als Bild in erstarrtem Zustand verwendet, bei dem die Schauspieler – wie in der Malerei – auf der Bühne positioniert und gruppiert sind.

„Alles ist verlogen, außer Theater. Auf der Bühne ist jede Lüge wahr.“
George Tabori

Der Aufbau ist dabei auf zwei Arten möglich: Entweder positionieren sich alle Schauspieler gleichzeitig auf der Bühne und der Freeze erfolgt, oder jeder Einzelne nimmt nacheinander seine Position ein, bis das Bild komplett ist, und erst dann wird die Szenerie eingefroren. Die so entstandene Gruppierung geht über ein Standbild hinaus, da hier in der Regel eine größere Personenzahl beteiligt ist und vor allem auch Beziehungsstrukturen dargestellt werden.

Ein Tableau steht zumeist in einem szenischen Zusammenhang, nicht losgelöst von einer Aufführung. Trotzdem gilt es als **inhaltlich geschlossenes Element.**
In der Regel kommt diese Technik zur Anwendung, um gezielt bestimmte Informationen zu vermitteln, zum Beispiel wenn alle Schauspieler in ihren Rollen zunächst in einem **Beziehungstableau** darstellen, wie sie innerhalb des Stückes gesellschaftlich zueinander stehen (Ansehen, Freundschaften, Liebe etc.). Das Publikum erhält so einen groben Überblick über das Geschehen im Stück.

Eindrucksvoll ist die Verwendung eines schrittweise aufgebauten Tableaus auch im Zusammenhang **mit Sprache:** Bevor jeder Schauspieler die entsprechende Haltung und Position einnimmt, spricht er einen nicht zu langen Satz, der auf den Inhalt verweist oder etwa die Entwicklung einer Figur beschreibt.

[1] und auch Tafel

Würde die Schauspielgruppe etwa das Märchen von Hänsel und Gretel als Tableau mit Sprache darstellen, könnten die beteiligten Spieler wie folgt handeln:

Hänsel: „Lass uns in den Wald rennen." (in eine Richtung deutend, auffordernd, schaut zu Gretel – Fußstellung im Aufbruch)

Gretel: „Da wohnt doch die alte Hexe?" (reserviert, warnend, ängstlich, geduckt)

Hexe: „Diese Kinder werden mir schmecken." (Hand auf den Bauch, Augen aufreißen, mit verzogenem Mund, in gebeugter Haltung)

Alternativ zu den bisher genannten, auf entsprechenden Vorbereitungen basierenden Anwendungsmöglichkeiten kann das Tableau aber auch **spontan** genutzt werden. Wenn sich zum Beispiel ein Spieler mit einer wichtigen Rolle in die Mitte des Raumes stellt, etwa mit den Worten „Ich bin Ödipus!"[1], fordert das die anderen Spieler dazu auf, sich aus dem Augenblick heraus, ihrem Verhältnis zu Ödipus entsprechend zu positionieren. So würde zum Beispiel die Rolle von Ödipus' Ehefrau Iokaste dazu einladen, sich dicht neben den „Ehemann" zu stellen.

In der Praxis und zum Üben

Aufgabe soll es sein, ein Beziehungstableau mit Sprache zum Märchen „Rumpelstilzchen" in verschiedenen Gruppen zu erarbeiten, wobei die folgenden Briefmarken als Anregung dienen können.

Zum Inhalt:
Ein Müller verkündet lautstark, seine Tochter könne Stroh zu Gold spinnen. Das hört der König und beschließt, die Behauptung des Vaters auf die Probe zu stellen.

Der verzweifelten Tochter, die nicht weiß, wie sie die Aufgabe bewältigen soll, erscheint Rumpelstilzchen zur Rettung. Im Tausch gegen ihre Kette vollbringt das Zauberwesen ein Wunder: Das Stroh verwandelt sich zu Gold. Der König aber testet die Müllerin weiter und so gibt sie in der nächsten Nacht Rumpelstilzchen ihren Ring. Für die dritte Kammer voll Stroh verspricht der Herrscher ihr die Ehe – doch dieses Mal verfügt die Müllerin über nichts Wertvolles mehr. Und so setzt sie ihr erstes Kind als Pfand ein. Als das Zauberwesen schließlich nach der Hochzeit bei der verzweifelten Mutter seine Belohnung einfordert, gewährt es ihr eine letzte Frist: Wenn sie ihm innerhalb von drei Tagen sagen könne, wie sein Name sei, werde er auf das Kind verzichten.

Nach zwei Tagen gibt es wenig Hoffnung, die Aufgabe zu lösen. Doch ein Bote des Königs bringt unverhofft die rettende Antwort. Indem die Königin Rumpelstilzchen beim Namen nennt, ist die Schuld beglichen.

[1] siehe auch Exkurs: Analytisches Drama, S. 66

Von Foto bis Film

Übung

Bei der folgenden Übung werden so viele Karten vorbereitet, dass jeweils vier Spieler eine Karte mit derselben Tätigkeit (Essen, Autofahren, Duschen, Laufen, Schreien, Fußballspielen etc.) ziehen. Die vier Spieler einer Gruppe sollen anschließend erarbeiten, wie sich die Tätigkeit auf einem Foto, in einem Stummfilm, in einem Tonfilm und im Radio darstellen lässt.
Hinweis: Schwierigkeiten gibt es also vor allem damit, dass beispielsweise Spieler 1 die Tätigkeit „Duschen" zwar problemlos als Tonfilm darstellen kann; Spieler 2 aber nicht genau weiß, wie „Duschen" als Foto aussehen könnte – hier ist Kreativität gefragt.

Klischee

Grundbegriff

Das Wort geht auf das französische „cliché" zurück, was mit „Abklatsch"[1] übersetzt werden kann. Obwohl es eine Vielzahl an verschiedensten Definitionen des Begriffs gibt, steht doch fest, dass es sich hier im Allgemeinen um ein **Vorurteil** bzw. eine veraltete oder eingefahrene Vorstellung handelt.
Und obwohl manch einer im ersten Moment denken mag, dass Klischees aufgrund ihrer Oberflächlichkeit keinen praktischen Nutzen hätten, so sind sie doch wesentliches Element des Theaterspiels und der Theaterkomik. Denn die überwiegende Mehrheit der Zuschauer hat die Situationen und Handlungen, die auf der Bühne gezeigt werden, zwar nicht genauso selbst erlebt, aber trotzdem eine klischeehafte Vorstellung von ihnen. Und wenn auf der Bühne das Wort „Kriminalhauptkommissar" fällt, entwickelt jeder Zuschauer sofort eine eigene Vorstellung von Handeln und Funktion dieser Person.

Klischeehafte Vorstellung von einem Piraten

Übrigens...

Ein Beispiel für einen Witz, der mit Klischees arbeitet: Zwei Beamte treffen sich auf dem Flur, da sagt der eine zum anderen: „Na, kannst du auch nicht schlafen?"

Kurz gefasst: Klischees machen Theater wiedererkennbar, sie schaffen eine Verbindung zu unserem realen Leben und unseren Vorstellungen.

In der Praxis und zum Üben

Jedes Gruppenmitglied denkt sich zwei persönliche Klischeesituationen aus, die er oder sie danach den anderen vorstellt. Beispiele: Polizist, der einen Verbrecher ergreift; oder: Lehrer, der über die Köpfe der Schüler hinweg redet.

In der Gruppe einigt man sich danach auf die beste Klischeesituation und entwickelt dazu eine kurze Spielszene, die sich die verschiedenen Gruppen abschließend gegenseitig vorspielen und in der Anschlusskommunikation bewerten.

[1] Fachwort der Buchdruckersprache; ursprünglich eine Druckform

Übung

Powerkreis

Bei der folgenden Übung geht es darum, eine imaginäre „Energiekugel" herumzureichen. Dafür soll sich die Gruppe im Kreis aufstellen.
Der erste Spieler erhält die „Energiekugel" vom Spielleiter und leitet sie dann mit schützend geformten Händen und einer fließenden Armbewegung an seinen Nachbarn mit dem Geräusch **„Wusch"** weiter. Der Nächste soll daraufhin so schnell wie möglich reagieren und die Energie wiederum an seinen (rechten) Nachbarn mit **„Wusch"** und der Armbewegung weiterreichen.
Ziel einer ersten Spielrunde ist es, die Energie so schnell wie möglich und ohne lange Verzögerungen immer weiter im Kreis herumzugeben.
Danach wird das Spiel um eine Komponente erweitert: Jeder Spieler erhält nun die Möglichkeit, statt die Energie weiterzugeben, die Hände wie ein Boxer vor das Gesicht zu heben und die imaginäre Kugel mit **„Boing"** zurück in die Richtung zu reflektieren, aus der sie gekommen ist. Danach geht es wieder mit **„Wusch"** weiter und zwar so lange, bis ein anderer Spieler mit **„Boing"** die Richtung ändert.
Alternativ ist außerdem möglich, die Energie mit **„Pow!"** quer durch den Kreis zu dem gegenüberstehenden Spieler zu schleudern, der sie dann wiederum auffängt und mit **„Wusch"** weitergibt.
In einer dritten Runde ist es dann noch möglich, das Spiel um einen „Joker" zu ergänzen: Sobald ein Spieler, der die Energie besitzt, **„Freak out!"** ruft, müssen alle Spieler die Arme in die Luft reißen, dabei laut **„Freak out!"** rufen und wild durcheinanderlaufen. Dabei sucht sich jeder Spieler einen neuen Platz und der Kreis wird wieder gebildet. Derjenige, der den Positionswechsel ausgerufen hat, muss nun die Energie wieder weitergeben.

Grundbegriff

Stimme und Sprache

„Das Verständliche an der Sprache ist nicht nur das Wort selber, sondern der Ton, die Stärke, Modulation, Tempo, mit denen eine Reihe von Worten gesprochen wird, kurz die Musik hinter den Worten, die Leidenschaft hinter der Musik, die Person hinter der Leidenschaft: alles das also, was nicht geschrieben werden kann."
(Friedrich Nietzsche)

Unsere Stimme entsteht aus dem Zusammenwirken eines komplexen biologischen Systems. **Die Art zu sprechen charakterisiert einen Menschen.** Sie ist Ausdruck seiner Emotionen und Persönlichkeit. Und gerade deshalb ist dieser Ausdrucksträger im Theater von besonderer Bedeutung, da jeder einzelnen Figur durch eine spezielle Sprechweise Individualität verliehen werden kann. Das findet innerhalb des Bereiches der **paraverbalen Kommunikation**[1] statt und beinhaltet vor allem Stimmlage, Lautstärke, Betonung, Sprechtempo und Sprachmelodie.
Ebenso können ein spezieller Dialekt oder etwa eine besondere Betonungsweise, zum Beispiel das „In-die-Länge-Ziehen" der Worte, zum Einsatz kommen.
Bühnengemäße Sprache (**Bühnensprache**) ist immer von alltäglicher Sprache zu unterscheiden, da hier im Vordergrund steht, sich so deutlich und gleichzeitig textgemäß auszudrücken, dass das Publikum auch ohne den Einsatz von Mikrofonen alles verstehen kann. Darüber hinaus muss man die Bühnensprache als künstlerisch gestaltete Sprache wahrnehmen, die der jeweiligen Rolle angepasst ist.

Dem Zuge der Zeit folgend ließ eine junge Dame, die ihrem Talent offensichtlich eine Sicherung zukommen lassen wollte, ihre Stimme auf eine Million Francs versichern. „Wie interessant", kommentierte die Kollegin in der Garderobe, „und was haben Sie mit dem Geld angefangen?"

[1] Gemeint ist das, was mit (wörtlich „neben") der Sprache einhergeht.

Für hauptberufliche Schauspieler ist angesichts der Komplexität von Sprechen und Sprache das Erlernen von Atemtechnik und Stimmbildung eine wichtige Voraussetzung. Die Sprecherziehung an Theatern beschäftigt sich zudem mit der Verfügbarkeit von Atem, Stimme und Artikulation.

Jedoch auch ohne professionelle Stimmbildung gibt es drei wesentliche Grundregeln, deren Einhaltung die eigene Bühnensprache enorm verbessern kann:

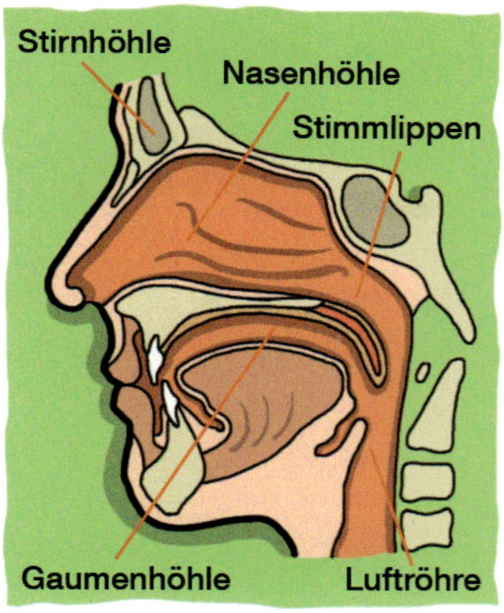

Querschnitt durch das Sprechorgan des Menschen

1. **Langsam sprechen:** Das bedeutet nicht, dass jeder Satz mit verringertem Tempo gesprochen werden soll. Aber jeder, der auf der Bühne steht, ist zwangsläufig etwas nervös und steigert dadurch sein Sprechtempo. Hier gilt es, sich selbst zu kontrollieren und ruhig zu sprechen.
2. **Laut sprechen:** Da ein Schauspieler immer in der Distanz zum Publikum auf der Bühne steht und ihn dort meist auch Nebengeräusche oder die Rede der anderen Schauspieler beeinflussen können, ist es von enormer Bedeutung, eine angemessene Sprechlautstärke zu erreichen.
3. **Deutlich sprechen:** Es reicht nicht aus, langsam und laut zu sprechen, wenn dabei trotzdem einzelne Worte auf der Strecke bleiben oder Buchstaben gleich weggelassen werden. Deutlich sprechen bedeutet deshalb vor allem, sich für jedes Wort genügend Zeit zu nehmen, Endsilben nicht zu verschlucken und Akzente zu setzen.

Sprachvariationen

- Betonung
- Sprechtempo
- Sprachmelodie
- Dialekt
- Stimmlage
- Lautstärke

Ausnahme: Diese drei wesentlichen Regeln müssen aber nicht immer gelten, denn wenn man beispielsweise die Rolle eines Verwirrten oder Verrückten spielt, kann es durchaus dienlich sein, schnell und sehr undeutlich zu sprechen.

In der Praxis und zum Üben

Um zu erfahren, wie gut man mit Sprache und Sprechweise „spielen" kann, gibt es wohl kaum etwas Besseres, als ein Gedicht vor Publikum vorzutragen. Die drei folgenden Werke stammen von Ernst Jandl (1925-2000), dem Autor des Komischen und Grotesken aus Österreich, dessen Lyrik man vor allem als „experimentell" bezeichnen kann.

Jede Gruppe soll sich ein Gedicht aussuchen und den Vortrag vor Publikum vorbereiten. Dies bedeutet nicht, die Texte auswendig zu lernen, sondern einen betonten Gedichtvortrag einzuüben, der mit Aussprache, Sprachmelodie, Tempo, Dialekt (beispielsweise „Kölsch" oder „Bayerisch") und mehr variiert.

„Humor ist einfach eine komische Art, ernst zu sein."
Sir Peter Ustinov

Drei Gedichte von Ernst Jandl

Ernst Jandl (1925 – 2000)

ottos mops

ottos mops trotzt
otto: fort mops fort
ottos mops hopst fort
otto: soso

otto holt koks
otto holt obst
otto horcht
otto: mops mops
otto hofft

ottos mops klopft
otto: komm mops komm
ottos mops kommt
ottos mops kotzt
otto: ogottogott

fünfter sein

tür auf
einer raus
einer rein
vierter sein

tür auf
einer raus
einer rein
dritter sein

tür auf
einer raus
einer rein
zweiter sein

tür auf
einer raus
einer rein
nächster sein

tür auf
einer raus
selber rein
tagherrdoktor

schtzngrmm

schtzngrmm
schtzngrmm
t-t-t-t
t-t-t-t
grrrmmmmm
t-t-t-t
s------c------h
tzngrmm
tzngrmm
tzngrmm
grrrmmmmm
schtzn
schtzn
t-t-t-t
t-t-t-t
schtzngrmm
schtzngrmm
tssssssssssssssssssss
grrt
grrrrrt
grrrrrrrrt
scht
scht
t-t-t-t-t-t-t-t-t-t
scht
tzngrmm
tzngrmm
t-t-t-t-t-t-t-t-t-t
scht
scht
scht
scht
scht
grrrrrrrrrrrrrrrrrrrrrrrrrrrr
t-tt

Zwei-Wort-Spiele

Übung

Bei den beiden folgenden Spielen ist es besonders wichtig, genau darauf zu achten, was man sagt. Denn die eigenen Worte exakter zu wählen und zu kontrollieren, ist schwieriger, als man denken mag:

Das Kein-S-Spiel

Bei diesem Spiel soll eine kurze Szene improvisiert werden. Dies muss nicht kompliziert sein, ein einfaches Gespräch, eine Talkshow, Fragerunde oder die Erzählung eines Märchens reichen für diesen Zweck vollkommen aus. Wenn ein grobes Konzept steht, soll auf einen von der Gruppe bestimmten Buchstaben in der Darstellung verzichtet werden, zum Beispiel eben auf das S.
Wichtiger Hinweis: Anfangs sollten nicht Vokale oder seltene Konsonanten wie X, Y und Z gewählt werden.

Variation: Jeder Spieler bekommt einen eigenen Buchstaben, den nur er vermeiden muss.

Von eins nach zehn

Die Spieler stellen sich im Kreis auf. Der erste beginnt mit einem Satz, der aus einem Wort besteht, der zweite Spieler schließt einen Satz mit zwei Worten an, der dritte mit drei und so weiter – bis zehn erreicht sind. Nach Möglichkeit soll eine sinnvolle Unterhaltung entstehen.

Also:

1. Hallo!
2. Wie geht's?
3. Mit geht's gut!
4. Was machst du heute?
5. Ich gehe im Wald joggen.
6. Wie lang ist deine Strecke denn?
7. Sie läuft durch den kleinen Wald hier.
8. Und wieso läufst du nicht in der Stadt?
9. Die Stadt ist ziemlich dreckig und meist auch verstopft.
10. Na, dann wünsche ich dir nun viel Vergnügen beim Laufen.

Gromolo

Übung

Gromolo könnte man auch „Kauderwelsch" nennen – gemeint ist nichts anderes als Fantasiesprache. Es handelt sich dabei auch um eine wesentliche Technik des Improvisationstheaters.
Es geht darum, auf der Bühne nur mit sinnlos aneinandergereihten Buchstaben und Lauten zu kommunizieren, die ihre Bedeutung erst durch die Betonung und die Gestik, Mimik, Proxemik etc. des Schauspielers erhalten.
Da das Erlernen dieser neuen „Sprache" nicht ganz einfach ist, genügt es für den Anfang, wenn jeweils zwei Schauspieler auf der Bühne eine kurze Unterhaltung in Gromolo mit ein- bis zweisilbigen Worten führen, etwa so:

A: „Hö!"
B: „Hülü!"
A: „Hötö?"
B: „Bübä."

Später werden dann ganze Konversationen mit längeren Sätzen wortreich geführt: Variiert werden kann auch mit Fremdsprachen, das heißt in einer Szene können nur Laute verwendet werden, die „französisch" oder „russisch" klingen.
Als Technik des Improvisationstheaters wird Gromolo beispielsweise so verwendet: Das Publikum definiert einen Ort bzw. ein Gebäude (zum Beispiel eine Bank oder eine Forschungsstation) und dann spielen die Schauspieler spontan eine Begebenheit mithilfe von Gromolo vor, wobei besondere Geltung dem körpersprachlichen Ausdruck zukommt. Später wird dann fließend gewechselt, etwa zwischen Deutsch, Englisch und Gromolo.

Geschichte

4000 v. Chr. – 400 n. Chr.

Theater der Ägypter

Mit den ersten **Hochkulturen** erfährt das Theater eine Weiterentwicklung. Nicht mehr alle Menschen sind darauf angewiesen, sich selbst zu versorgen: Einerseits können die Bauern durch verschiedene Technologien ihre Ernteerträge steigern und damit andere mitversorgen, andererseits erlauben Währungen den Menschen, ihr Geld zum Beispiel als Handwerker oder Händler zu verdienen und Lebensmittel zu kaufen. So differenzieren sich diese Gesellschaften aus: Erstmals haben einige Mitglieder der Gemeinschaft Zeit und Ressourcen, um sich Kunst und Theater zu widmen.
Eine dieser frühen Hochkulturen ist das Ägyptische Reich. Hier entstehen um 2000 bis 1500 v. Chr. verschiedene Formen des Theater- und Passionsspiels[1]. So wird beispielsweise in **Abydos** jedes Jahr mehrere Tage lang die Geschichte um Leben, Tod und Auferstehung des Gottes Osiris von Priestern und einigen ausgewählten Laien aufgeführt:

> „In jeder Gesellschaft gibt es ein schlechtes Theater, das die Gunst des Publikums genießt."
> Eugène Ionesco

Seth tötet seinen Bruder König Osiris und zerstückelt dessen Leiche. Osiris Frau (gleichzeitig auch seine Schwester) Isis gelingt es aber, die verstreuten Stücke wieder zusammenzufügen und ihren Mann wiederzubeleben. Er zeugt mit ihr seinen Sohn Horus und wird schließlich Herrscher der Unterwelt und oberster Richter über die Toten. Isis zieht ihren Sohn groß, ohne dass Seth dies bemerkt. Als Horus schließlich erwachsen ist, tötet er den Mörder seines Vaters.

Statue des Gottes Osiris

Diese Form von Theater wird sehr spektakulär inszeniert, zum Beispiel mit Booten auf dem Nil. Es gibt Schlachtszenen, bei denen sich auch die Zuschauer beteiligen: Die eine Hälfte auf der Seite von Seth, die andere unterstützt Horus bei seinem Streben nach Rache.

[1] Eigentlich bezieht sich dieser Begriff auf das mittelalterliche Theater und die Darstellung von Leben, Tod und Auferstehung Jesu Christi.

Auch die mythologische Gestalt des Drachen Apophis dient beispielsweise als Thema für das ägyptische Theater. Man glaubt, der Drache versperre dem Sonnengott Re den Weg – denn würde dieser nachts aufgehalten, könnte morgens nicht die Sonne aufgehen, so die Mythologie. Wenn ein Priester den Drachen im Spiel tötet, muss er deshalb rufen:

„Ich habe ihm das Genick gebrochen, seine Wirbelsäule mit einem Messer durchschnitten, sein Fleisch zerhackt, seine Hand zerstochen [...] ich habe ihn ausgelöscht; er ist nicht mehr und seine Familie ist nicht mehr, er ist nicht mehr und seine blinde Tür ist nicht mehr; er ist nicht mehr, seine Erben sind nicht mehr. Sein Ei soll nicht bleiben, seine Saat soll nicht aufgehen – und umgekehrt." (Gascoigne)

In der Praxis und zum Üben

Wenn Spielleiter und Gruppe sich gemeinsam dafür entscheiden, das ägyptische Theater noch einmal näher zu betrachten, soll hier der Vorschlag gemacht werden, die Geschichte von Leben, Tod und Auferstehung des Osiris als kurzes Schattenspiel auf einem Overhead-Projektor umzusetzen.

Vorlagen für die vier Figuren:

Osiris Seth Isis Horus

Grundbegriff

Kommunikation und Körpersprache

Jeder Mensch kommuniziert auf drei verschiedenen Ebenen. **Nonverbale Kommunikation** ist dabei hauptsächlich das, was bereits in den vorherigen Kapiteln erläutert worden ist: Gestik, Mimik, Proxemik oder einfacher formuliert: Körpersprache. Verschiedene Studien haben mittlerweile gezeigt, dass etwa 80 % der Informationen auf diesem Wege von einem Menschen zum anderen übertragen werden. Das bedeutet im Umkehrschluss, dass das, was wir sagen – also **verbale Kommunikation** – nur 20 % von dem ausmacht, was wir eigentlich weitergeben wollen. Ergänzt wird dies noch durch Variationen, beispielsweise im Bereich Stimmlage und Sprechtempo: die **paraverbale Kommunikation.**

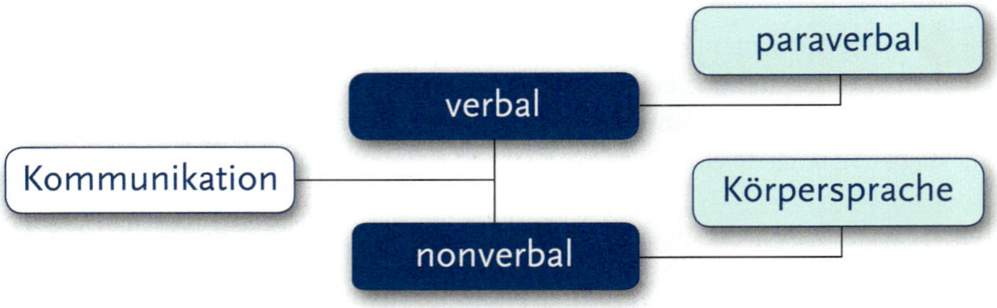

„Bedeutende Menschen reden mehr durch den Ausdruck des Gesichts als durch Bewegungen."
August Wilhelm Iffland

Deshalb ist die Körpersprache auch eine wesentliche Grundlage des Theaterspiels. Ohne etwas zu sagen, kann ein Darsteller bereits mit seinem Auftritt auf der Bühne durch Gestik, Mimik, Proxemik, Blickkontakt, Distanz, Gang, Körperhaltung und optische Erscheinung verschiedene Aussagen über seine Rollenfigur machen: Soziale Stellung, Haltung gegenüber anderen Figuren, Absichten, Charakter, Emotionen, Verhaltensweisen und mehr werden so deutlich.

Zu unterscheiden ist:
1. Alltägliche, **natürliche Körpersprache** – sie wird meist unbewusst gebraucht.
2. Kontrollierte, **künstliche Körpersprache** – sie wird erlernt und künstlerisch bewusst eingesetzt, beispielsweise für die Darstellung auf der Bühne.

Dieser Unterschied fällt besonders auf, wenn Theaterschauspieler in Fernsehfilmen oder Serien mitwirken, da ihre künstliche Körpersprache durch diesen Hintergrund und spezielles Training sehr viel ausgeprägter bzw. ausdrucksstärker ist als bei ihren Kollegen, die teilweise nur die natürliche Körpersprache nutzen.

In der Praxis und zum Üben

Posen deuten

Jeweils ein Schauspieler stellt sich vor die Gruppe und versucht, einen emotionalen Begriff standbildartig ohne Worte darzustellen, während die anderen diesen erraten müssen.

Beispiele: Mitleid, Furcht, überschwängliche Freude

Ich grüße Sie!

Übung

Die folgende Übung funktioniert ganz ähnlich wie „Ja und Nein“[1], hier geht es aber in erster Linie um Körpersprache- und kontakt.

Alle Gruppenmitglieder gehen durcheinander im Raum umher. Jedes Mal, wenn sich zwei von ihnen begegnen, sollen sie sich mit Händedruck begrüßen und ein paar kurze Worte sagen, wie beispielsweise „Hallo!“, „Guten Tag!“, „Ich grüße Sie!“, „Willkommen!“ oder „Schön, dich zu sehen!“.

Variation I: Es ist auch ein Durchgang ohne Worte denkbar, bei dem es darum geht, so viele Hände wie möglich zu schütteln.

Variation II: Die gleiche Übung kann wiederholt werden, jetzt im negativen Sinne, beispielsweise mit „Verschwinde!“, „Hau ab!“, „Lass mich in Ruhe!“ und mehr.

Variation III: Schließlich kann die Spielaufgabe auch zu einer sogenannten „Status-Übung“ verändert werden. Dann sollen die Spieler auf Zuruf eine bestimmte soziale Stellung einnehmen, ausgedrückt durch die entsprechende Körperhaltung, Sprache, Gestik, Mimik und so weiter. Wenn sich dann zwei Millionäre oder Konzernchefs begrüßen, so tun sie dies auf andere Weise als zwei Obdachlose oder Arbeitslose (Körperhaltung, Sprechweise etc. sind zu beachten).

Nonsens-Präsentation

Übung

Soll auf der Bühne etwas Humorvolles dargestellt werden, kann das Publikum meist nur dann lachen, wenn der Spieler so tut, als finde er das alles gar nicht komisch. Dies verlangt vom Schauspieler ein hohes Maß an Konzentration und Selbstdisziplin. Deshalb muss geübt werden:

Zunächst werden einige Spieler als „Redner“ ausgewählt. Sie erhalten dann drei Minuten Zeit, sich auf einen kurzen Nonsense-Vortrag vorzubereiten, den sie anschließend frei und ohne Notizen auf der Bühne präsentieren.
Dabei soll das jeweilige Thema möglichst überzeugend, wortgewandt und mit viel Kreativität präsentiert werden.
Der Rest der Spieler bildet das Publikum und eine „Jury“, die entsprechende Punktwertungen von 1–10 vergibt, um am Ende einen Sieger zu küren.

Themenvorschläge:
- „Weitspucken“ als olympische Disziplin
- Snackbars auf öffentlichen Toiletten
- DVD-Player als Pizzawärmer nutzen
- Die Erde von den Menschen befreien
- Uran in der Zahnpasta
- Trockenlegung des Mittelmeers
- Gratismesser in jeder Packung Gummibärchen

[1] siehe Übung: Ja und Nein, S. 127

Text

In der Praxis und zum Üben

Ernst Jandl: eulen

Das vorliegende Gedicht von Ernst Jandl (1925-2000) erlaubt fantastische Wortspiele aller Art:

Aufgabe soll es hier sein, das lyrische Werk vor Publikum, wahlweise auch zu zweit oder mit mehreren Personen, vorzutragen. Dabei wird zunächst die Originalversion präsentiert, nachfolgend kann dann „eulen“ durch ein frei gewähltes Wort ersetzt werden.

So bekommen die Verse immer neue Bedeutungen, etwa wenn „eulen“ durch „gierig“, „lustig“, „Terrorist“, „Apfelbaum“ und so weiter ausgetauscht wird – vorzugsweise durch Nomen und Adjektive.

**Ernst Jandl:
eulen**

bist eulen?
ja
bin eulen
ja ja
sehr eulen

bist auch eulen?
ja
bin auch eulen
sehr eulen
ja ja

will aber nicht mehr eulen sein
bin schon zu lang eulen gewesen
will auch nicht mehr eulen sein
bin schon zu lang eulen gewesen

ja
mit dir da
mit dir da auch
bin nicht mehr eulen ja
bin nicht mehr eulen auch
ja ja
ja ja auch

doch wer einmal eulen war
der wird eulen bleiben immer
ja

ja ja

„Ich liebe es, Theater zu spielen. Es ist so viel realistischer als das Leben.“
Oscar Wilde

Maske und Kostüm

Grundbegriff

Neben den aktiven Ausdrucksträgern wie Gestik, Mimik, Proxemik, Stimme und Sprache, die vom Darsteller selbst genutzt und verändert werden, sind sowohl die Maske wie auch das Kostüm (und die Frisur) eher passive Ausdrucksträger, die vor allem zur äußeren Erscheinung beitragen. Sie gehören zu den ältesten Hilfsmitteln des Theaters und waren bereits in der Antike unverzichtbar.

Maskeradenspiel

Das Wort **Maske** kommt vermutlich aus der arabischen Sprache („mashara") und wird wohl am besten mit „lächerlich" oder „drollig" übersetzt. Die ersten Masken finden bereits im kultisch-religiösen **Urtheater** Verwendung, wenn sie beispielsweise als Totenmasken den Kontakt zu den Ahnen herstellen oder sich die Schamanen mit ihrer Hilfe verkleiden. In allen Kulturen und Theaterformen haben Masken gleiche oder doch ähnliche Funktionen: Sie drücken Distanz zur Realität des Zuschauers aus, typisieren die Figuren nach Herkunft, Rang und Stand, können aber auch Figuren individuell kennzeichnen.

Übrigens…

Das in vielen Sprachen, inklusive unserer eigenen, verwendete Wort „Person" geht zurück auf das lateinische „persona", was nichts anderes als „Maske" bedeutet.

Generell lässt sich unterscheiden zwischen **Schminkmasken**[1], die direkt auf das Gesicht aufgetragen werden, und **Hohlformmasken** aus Materialien wie Stoff, Leder, Holz, Papier, Pappe, Metall oder Ton. Diese Gruppe kann man wiederum unterteilen in **Ganzmasken**, die das Gesicht vollständig abdecken, und **Halbmasken** bzw. Teilmasken, wie etwa die „Domino-Maske" des Karnevals, die nur die Augenpartie bedeckt.

„Während die Schminkmaske, d. h. die Veränderung des Gesichts durch Farbe, Bart, Perücke, das mimische Spiel des Darstellers unterstützt, verdeckt die Hohlformmaske ganz oder teilweise dessen Gesicht und dient vor allem der Stilisierung oder Typisierung einer Bühnenfigur." (Schwab)

[1] Das Wort Schminkmaske kann sowohl die Bemalung des Gesichts bezeichnen, die beispielsweise die Darsteller des asiatischen Theaters benutzen, als auch diejenige, die im modernen Theater- und Fernsehbetrieb Verwendung findet, um die Haut unter der hellen künstlichen Beleuchtung natürlich wirken zu lassen. Für letzteren Zweck wird besonders hitzeresistente Theaterschminke eingesetzt.

Generell bezeichnet man im Theater jede Veränderung des Gesichts durch Schminke als „Maske machen" – das gilt sogar für Auffrischungen der Hautfarbe.
Darüber hinaus können noch andere Sonderformen unterschieden werden, wie etwa **Alltagsmasken** – so zum Beispiel eine Sonnenbrille oder ein auffällig um den Kopf gebundenes Tuch – und **Neutralmasken**, wenn etwa alle Darsteller auf ähnliche Weise bemalt werden (etwa mit schwarzer Schminke), um Gleichheit zu signalisieren.

Römische Masken, Mosaik in der Villa Hadriana, 130 n. Chr.

Am häufigsten sind Masken wohl in der **griechischen Tragödie** und Komödie eingesetzt worden, auch weil sie drei wesentliche Vorteile bieten: Zum einen wird es den Schauspielern ermöglicht, **schnelle Rollenwechsel** durch einfaches Tauschen der Masken vorzunehmen, zum anderen können durch die Verwendung von Masken auch **weibliche Figuren und Götter** dargestellt werden: Frauen ist der Auftritt im Theater zu dieser Zeit verboten und einfach so „Gott zu spielen" erscheint frevelhaft.

An dritter Stelle steht die Nutzung von Masken als **Schalltrichter:** Entsprechende Formen erhöhen die Sprechlautstärke der Schauspieler enorm, was bei hohen Zuschauerzahlen jenseits der 10 000 sicherlich auch notwendig gewesen ist.
Bei den antiken Masken existieren verschiedene Typen, die nicht nur einen spezifischen Gesichtsausdruck darstellen, sondern auch Rang, Stand, Alter und mehr. Später bezeichnet man auch die Typen-Figuren des Improvisationstheaters der Commedia dell'Arte mit „Masken", vor allem deshalb, weil etwa Arlecchino und andere Figuren keine wirklich komplexen Charaktere sind, klischeehafte Verhaltensweisen an den Tag legen und dementsprechende (Halb-)Masken tragen.
Für die praktische Arbeit ist auf jeden Fall immer zu beachten, dass der Darsteller den Charakter seiner Maske im Spiel berücksichtigen muss:
Manche Spieler mögen die großen Masken als „Versteck" sehen, um ihre Mimik zu verbergen; das mag zwar für Anfänger nützlich sein, um Hemmungen abzubauen, jedoch sollte jede Anwendung dieses Ausdrucksträgers nicht darauf zielen, sich hinter der Maske zu verstecken: Spieler und Maske müssen immer eine Einheit bilden.
Noch ein Hinweis: Im modernen Theaterbetrieb ist der **Maskenbildner** dafür verantwortlich, dem Inszenierungskonzept entsprechende (Schmink-)Masken zu kreieren; Hohlformen kommen hier seltener zum Einsatz.

Zwei Kolleginnen haben das reifere Alter erreicht. Auf einer Tournee müssen sie in einer Garderobe sitzen. „Wenn ich nur herausbekäme, wie man sich alt schminkt", spricht eine der beiden. „Nichts einfacher als das, liebe Kollegin, Sie müssen sich nur den Puder abwischen."

Was die Maske für den Kopf ist, dem entspricht das **Kostüm** für den Rest des Körpers, wobei in der Regel gilt, dass Maske und Kostüm zusammenwirken.
Die Bühnenkleidung hat verschiedene Aufgaben: Sie unterstützt die Arbeit des Schauspielers, charakterisiert Bühnenfiguren und ist immer Teil der Gesamtwirkung einer Inszenierung.
Darüber hinaus kommen den Kostümen weitere **Wirkungen** zu, ähnlich wie den Requisiten, so etwa:

- **historisch** (zum Beispiel eine originalgetreue Ritterrüstung, entsprechend historischer Quellen nachgebaut)
- **symbolisch/allegorisch** (Betonung eines inhaltlichen Aspekts)
- **neutral** (zum Beispiel schwarze Kostüme für alle Darsteller)
- **abstrakt** (zum Beispiel alle Darsteller als „rosa Schweinchen")
- **realistisch** (zum Beispiel eine schwarze Robe mit weißer Krawatte für einen Richter)

Im Laufe der Theatergeschichte sind verschiedenste Kostümarten bzw. -teile entstanden, so etwa im antiken griechischen Theater der Kothurn, ein sandalenartiger, ursprünglich flacher Schuh, der im römischen Theater eine Höhe von bis zu 20 cm erreichte.

Viele Spielformen setzen stellenweise sogar nur auf Kostüme bei sonst spartanisch ausgestatteten Bühnen – so schreibt etwa William Shakespeare für ein Theater, in dem es zwar prunkvolle Verkleidungen, aber nur einige Requisiten und fast keine weitere Bühnenausstattung gibt.

Besonders im Mittelalter sind **anachronistische Kostüme** an der Tagesordnung – also solche, die nicht originalgetreu der historischen Vergangenheit nachempfunden sind. Aber auch im modernen Theater erfreut sich dieses Konzept großer Beliebtheit bei Regisseuren und Kostümbildnern: So wird beispielsweise mit der Verwendung von militärischen Uniformen oder modernen Businessanzügen ein ganz neuer situativer Rahmen für ein Stück geschaffen.

Bühnenszene aus Aristophanes: Die Vögel. Burgtheater Wien, 1989

Besonders bei kleineren Spielgruppen kommen oftmals gar keine ausschweifenden Kostümformen zum Einsatz, sondern zum Beispiel nur schwarze oder weiße T-Shirts oder Hemden in Kombination mit entsprechenden Hosen.

siehe Geschichte: Commedia dell'Arte (S. 139), Übung: Zwei Lazzi der Commedia dell'Arte (S. 145) und Exkurs: Eine Maske basteln (S. 146)

In der Praxis und zum Üben

Szene aus Elfriede Jelinek: Wolken. Heim. Und dann nach Hause. Inszenierung: Claus Peymann. Berliner Ensemble, 2005

Geschichte

500 – 300 v. Chr.

Theater der griechischen Antike

Wie groß die Bedeutung des antiken griechischen Theaters und seiner Errungenschaften ist, zeigt sich nicht zuletzt daran, dass sich unser Begriff „Theater" von der aus dieser Zeit stammenden Bezeichnung des Zuschauerraums **„theatron"** ableitet. Und so beeinflussen vor allem die Werke der drei großen Tragödiendichter – **Sophokles** (497/496 – 406/405 v. Chr.), **Aischylos** (525 – 456 v. Chr.) und **Euripides** (480 – 406 v. Chr.) – auch heute noch unsere Vorstellungen von Schauspiel – und das mehr als 2000 Jahre nach deren Tod.

Griechische Vase:
Dionysos und Hermes

Die Entwicklung der Schauspielformen dieser Zeit ist maßgeblich mit der Stadt Athen verbunden. In dem Stadtstaat (griech. „polis") entsteht die erste **Demokratie** der Welt und nach dem Sieg über das Perserreich (490 v. Chr.) kommt es zu einer kulturellen Blüte, wodurch auch das Theater enorm an Bedeutung gewinnt.

Seine Ursprünge finden sich im religiösen Kult, vergleichbar mit Urtheater und ägyptischem Schauspiel: Einmal im Jahr wird in der Stadt ein ausschweifendes Fest mit Maskenumzügen zu Ehren des Gottes **Dionysos**[1] gefeiert. In der Mythologie umfasst dessen Zuständigkeitsbereich Wein, Fruchtbarkeit, Freude, Verwandlung und Ekstase – folglich wird er von den Athenern zum Gott des Theaters ernannt.

Die erste Form des Schauspiels ist dabei der **Dithyrambus**, ein einstimmig von einem Chor vorgetragener Lobgesang zu Ehren von Dionysos. Auf diese Weise wird zunächst seine „Lebensgeschichte" vorgetragen, später geht es auch um andere Götter und Helden. Das gipfelt schließlich in einer folgenschweren Veränderung durch **Thespis**, der sich selbst dem Chor beim Dithyrambus als Antworter gegenüberstellt[2]. Dies ist vor allem deshalb so kühn, weil es zuvor niemand wagt, die Rolle eines Gottes zu spielen. Thespis begründet somit durch seine neue Rolle des **Protagonisten** (ungefähr: „erster Handelnder") den Dialog im griechischen Bühnenspiel.

Noch heute spricht man von Schauspielern auch als „Thespisjüngern" und selbst der Wagen, mit dem er durch das Land zieht, ist als „Thespiskarren" sprichwörtlich geworden.

Im Rahmen der Feierlichkeiten **(Dionysien)** zu Ehren des Theatergottes, die zum Staatsfest gemacht werden, entsteht später der Dichterwettbewerb **Agon.** Hier werden jährlich an drei Tagen drei sogenannte Tetralogien zur Aufführung gebracht, von denen jede aus drei thematisch verbundenen Tragödien und einem Satyrspiel eines einzelnen Autors besteht. Der Autor ist dabei in Personalunion Schauspieler, Regisseur und Choreograf.

Wie eng hier das Theater mit seinem kultisch-religiösen Ursprung verbunden ist, zeigt sich unter anderem am Begriff der Tragödie, was wörtlich „Bocksgesang" bedeutet (Gesang beim Bocksopfer); und auch die **Satyrspiele** erhalten ihren Namen von den Fruchtbarkeitsdämonen und Begleitern des Dionysos: Hier werden derb-grotesk sexuelle Orgien bzw. Tragödien- und Götterparodien auf die Bühne gebracht, die in ihrer Drastik mit keiner heutigen Komödie zu vergleichen und auch nur schwerlich in Worte zu fassen sind:

„Satyrn waren lüsterne nackte Gestalten – halb Mann, halb Pferd – die mit Frauen (und miteinander) Unanständiges trieben. Viele Darsteller hatten große Phalli umgeschnallt." (Graham)

[1] bei den Römern: Bacchus
[2] angeblich 534 v. Chr.

Besonders in Abgrenzung zu diesen Aufführungen, die angeblich dafür sorgen, dass Männer in Ohnmacht fallen und Frauen Fehlgeburten erleiden, entwickelt sich die **Tragödie** mit ihren ernsten Themen rund um menschliche Schicksale, Heldensagen und Göttergeschichten.
Die dramatische Kunst wird im Zeitraum von nur wenigen Jahrzehnten schnell weiterentwickelt; nach Thespis führt Aischylos einen zweiten Schauspieler auf der Bühne ein **(Deuteragonist)** und Sophokles ergänzt schließlich den dritten **(Tritagonist).**
Die Form dieses Theaterspiels mit maximal drei Schauspielern und **Chor** (bei der Tragödie anfänglich 12, später 15 Mitglieder) bringt allerdings erhebliche Einschränkungen mit sich: Nie dürfen oder können mehr als drei Figuren der Handlung gleichzeitig auf der Bühne stehen. Auch Akte im heutigen Sinne existieren nicht, vielmehr wird ein Stück durch die Lieder des Chores eingeteilt, der die Handlung kommentiert, auf Unheil verweist, Entwicklungen zusammenfasst, anklagt, spekuliert und mehr. Dabei kann der **Chorführer** sogar direkt in die Handlung eingreifen und die Ereignisse etwa beschleunigen oder unterbrechen.
Den bis zu drei Schauspielern ermöglichen verschiedene – auch auf große Entfernung gut erkennbare – **Masken** eine Verwandlung in unterschiedliche Rollenfiguren. Sie drücken besonders starke Emotionen wie Leid, Trauer oder Furcht aus und werden zusammen mit einem eher neutralen Bühnenkostüm getragen.
Da die Schauspielerei den weiblichen Mitgliedern der Polisgemeinschaft nicht gestattet ist, werden ausnahmslos alle **Frauenrollen** von Männern (vor allem Knaben) gespielt, die dafür nicht nur entsprechende Masken mit Haarteil tragen, sondern auch an ihrem längeren Bühnengewand zu erkennen sind.

Griechische Darstellung eines Satyrn

„Das tragische Theater hat einen großen moralischen Nachteil: Es überschätzt die Bedeutung von Leben und Tod."
Nicolas Chamfort

In der Folgezeit bekommt das Theater vor allem auch für das gesellschaftlich-politische Leben in der Polis immer mehr Bedeutung. Wenn nicht gespielt wird, ist das Dionysos-Theater in Athen Ort der Volksversammlung – und das einzige (Freilicht-)Gebäude, welches die große Zahl der abstimmungsberechtigten Vollbürger[1] aufnehmen kann.
Zusätzlich gehört es zu den wichtigsten Aufgaben der Stücke, das Volk für die Fragen des Staates zu interessieren und Debatten zu politischen Problemen anzustoßen. Welche Bedeutung dem Schauspiel beigemessen wird, zeigt sich auch daran, dass einige der höchsten Staatsbeamten (Archonten) für die Organisation der großen Dionysien und anderer Theaterfestspiele verantwortlich sind: Der jeweilige Archon entscheidet nicht nur darüber, welche Stücke zur Aufführung gebracht werden, sondern sorgt auch für die Bezahlung der Schauspieler und teilt den Dichtern einen **Choregen** zu, dessen Aufgabe es ist, Chormitglieder und Ausstattung (Kostüme, Requisiten etc.) zu finanzieren. Das wird als Ehre verstanden und in der Regel einem wohlhabenden Bürger der Stadt zugeteilt. Allerdings bringt nicht nur der Sieg der eigenen Truppe besondere Anerkennung – wer einen Chor finanziert, hat im Anschluss ein ganzes Jahr Steuerfreiheit.

[1] keine Frauen, Menschen fremder Herkunft oder Sklaven

Wie sehr die Politik das Theater schätzt, zeigt sich auch daran, dass in späterer Zeit ein **Schaugeld** („theorikon") für ärmere Bürger eingeführt wird: Diese erhalten für ihren Besuch im Theater eine finanzielle Entschädigung, die ihren Verdienstausfall auffängt und so die Menschen zusätzlich zum Besuch motiviert.

Aus einem ursprünglich tänzerischen Maskenumzug entsteht schließlich die Form der **Komödie**, die sich – nicht so schamlos wie das Satyrspiel – auf heitere Weise mit dem Alltag der Menschen auseinandersetzt.
Anfangs ist auch diese Spielform als Element der politischen Kritik gedacht, die sogenannte „Alte Komödie" wartet noch mit politischen Themen und aktuellen Bezügen sowie der „**Parabase**" auf: In einer Art Zwischenspiel nehmen die Chormitglieder ihre Masken ab und kommentieren bzw. werten Geschehnisse nach Meinung des Dichters – teilweise sogar völlig losgelöst von der Handlung des Stückes.

Übrigens…

Der wohl prominenteste Vertreter der „Alten Komödie" ist Aristophanes (445-385 v. Chr.); sein Stück „Die Vögel" hat bereits zu dessen Lebzeiten große Popularität. Die von den Vögeln und zwei Athenern zwecks Machtergreifung im Stück gegründete Luft-Stadt „Nephelokokkygia" lässt sich noch heute – mehr als zwei Jahrtausende später – im Duden finden: Mit der deutschen Übersetzung „Wolkenkuckucksheim" bezeichnet man Hirngespinste und Realitätsferne („er lebt im Wolkenkuckucksheim").

Doch diese Behandlung heikler Stoffe wird schnell abgemildert und ist später bei der „Mittleren Komödie" nicht mehr dominant. Die „Neue Komödie", zum Beispiel bei Menander (342-291 v. Chr.), beschäftigt sich schließlich nicht mehr mit der Politik und setzt stattdessen lieber auf humorvolle Charaktere und bloße Unterhaltung.

Eine besondere Vorliebe hat das antike Theater auch für **Bühneneffekte:** Es werden zum Beispiel große Spiegel verwendet, um Blitze zu simulieren, Donnermaschinen kommen zum Einsatz, und auch Tiere wie etwa Pferde sind auf der Bühne gern gesehene „Sensationen"; mit einem flexibel einsetzbaren Kran können sogar Götter vom Himmel schweben („Deus ex Machina"). Um schnelle Szenenwechsel zu ermöglichen und eine andere Szenerie anzudeuten, kommen darüber hinaus dreiseitig bemalte Prismen (siehe Bild), die sogenannten **Periakten** zum Einsatz: Sie zeigen zum Beispiel Bäume auf der einen Seite und Wellen auf der anderen – um also vom Wald zum Meer zu wechseln, werden sie einfach gedreht, den Rest erledigt die Vorstellungskraft des Publikums.

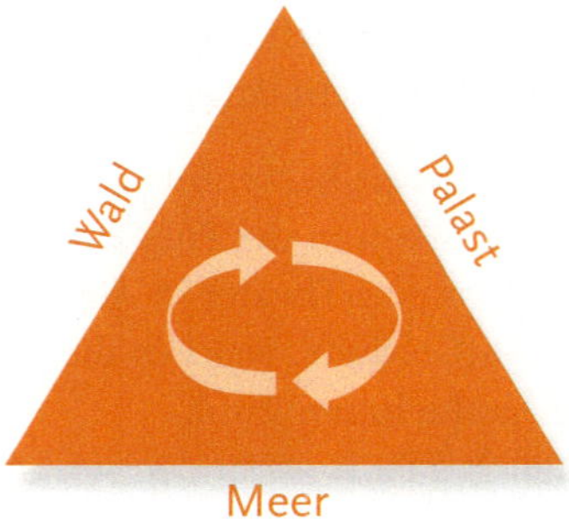

Auch die ersten dramaturgischen „Tricks" entstehen in dieser Zeit: Nicht jede Handlung, wie zum Beispiel ein Mord, kann auf der Bühne glaubwürdig simuliert werden – deshalb nutzen die Autoren den **Botenbericht:** Am Beispiel dieser Tat würde also ein Diener, der aus dem Bühnenhaus kommt, dem Chorführer und damit den Zuschauern erzählen, was drinnen passiert ist.
Mit ganz ähnlichen Mitteln kann auch eine Seeschlacht oder der Kampf zweier verfeindeter Herrscher und ihrer Truppen dargestellt werden: **Teichoskopie** bedeutet – ungefähr übersetzt – „Mauerschau". Bei diesem Vorgang verfügt ein Beobachter über eine erhöhte Position, er steht zum Beispiel auf der Stadtmauer und berichtet dem Publikum und den anderen Spielern davon, wie sich der Kampf in der Ferne entwickelt – auch wenn er in Wirklichkeit natürlich gar nicht stattfindet.

Orchestrabühne

Die Bühnenform der griechischen Antike ist nach dem kreisrunden Tanzplatz des Chores in der Mitte, der **Orchestra**, benannt. Diese kann auch als Verbindung zum Theater des Dionysos-Kults verstanden werden, da dort ursprünglich ein Altar zur Verehrung des Gottes steht – erst später werden dann weitere Anbauten ergänzt. Die Entwicklung wird auch dadurch beeinflusst, dass in den frühen Spielhandlungen noch keine Schauspieler im eigentlichen Sinne auftreten, sondern nur der Chor allein die Handlung präsentiert. Allgemein ist die Orchestra als **Ort des Handlungsgeschehens** zu verstehen – hier wird die meiste Zeit über gespielt.

Die ersten Bühnen, für die zum Beispiel Sophokles geschrieben hat, sind zwar in den Hang gebaute **Freilichttheater**, bestehen aber noch aus Holz. Erst in späterer Zeit entstehen auch solche aus Stein, wie wir sie uns heute vorstellen – anhand des gut erhaltenen Theaters von Epidauros lassen sich verschiedene charakteristische allgemeine Merkmale nennen:

Moderne Aufführung im restaurierten Theater von Epidauros

Theater von Epidauros

Unser heutiges Wort „Theater" geht auf die Bezeichnung **„theatron"** des fast dreiviertelrunden, die Orchestra umgebenden Zuschauerraums dieser ersten Spielstätten zurück. Die größten Theater jener Zeit fassen bis zu 20 000 Zuschauer, die alle ein etwa gleich gutes Theatererlebnis teilen können: Dem noch jungen **Demokratieprinzip** ist es geschuldet, dass hier im Grunde niemand einen besseren Sitzplatz hat als sein Nachbar, auch wenn natürlich in den vorderen Reihen einige Ehrenplätze besonderen Gästen vorbehalten sind.
Die Bauform der Spielstätte wirkt wie ein **Schalltrichter** und ermöglicht eine fantastische Akustik: Noch heute verblüffen die Touristenführer in Epidauros die Reisegruppen, wenn sie in der Orchestra ein Münze fallen lassen und die Besucher in den obersten Reihen das so deutlich hören können, als ob sie unten daneben stünden. Dieser phänomenalen Klangwirkung (im Zusammenspiel mit den Masken) ist es deshalb zu verdanken, dass die vielen tausend Theaterbesucher der damaligen Zeit alles Gesprochene laut und deutlich verstehen können.
Hinten wird die Orchestra von der **Skene** („Szene" leitet sich hiervon ab), dem ursprünglich hölzernen Bühnenhaus, begrenzt. Das Wort lässt sich mit „Garderobenzelt" übersetzen und ist als solches zu verstehen: Hier können die wenigen Hauptdarsteller auf- und abtreten bzw. sich umziehen und ihre Masken tauschen (Seitenflügel der Skene bezeichnet man als Paraskenien). Zusätzlich nutzt man sie zur Darstellung von Innenszenen, bei denen die Zuschauer etwa bei einem lautstarken Streit die Worte hören, die nach außen dringen, die Schauspieler jedoch nicht sehen.

Der Bereich davor wird als **Proskenion** („vor der Skene") bezeichnet und fungiert als – anfangs ebenerdige, später erhöhte – Hinterbühne für bestimmte Szenen der Hauptdarsteller. An beiden Seiten der Bühnenfläche finden sich Zugänge zum Spielbereich, die Parodoi (Singular: parodos).
Darüber hinaus sind am Bühnenhaus auch die technischen Hilfsmittel installiert, zum Beispiel eine Blitz- bzw. Donnermaschine oder die „**mechane**" (auch: „geranos"), ein flexibel einsetzbarer Bühnenkran, der auch für den „**Deus ex Machina**" Auftritt benutzt wird: In nicht wenigen Stücken schwebt am Ende einer scheinbar unlösbaren Handlung ein Gott (zum Beispiel Jupiter) von oben herab[1] und bringt eine plötzliche Lösung des Konflikts. Dieser „Gott aus der (Theater-)Maschine", so eine wörtliche Übertragung aus dem Lateinischen, ist heute sprichwörtlich geworden für eine unerwartete und manchmal sehr unrealistische, schnelle Lösung eines Handlungsproblems. (Auch Bertolt Brecht nutzt noch dieses Prinzip gezielt in seiner „Dreigroschenoper", bei der am Ende ein „reitender Bote des Königs" erscheint und den zum Tode verurteilten Gauner Mackie Messer begnadigt sowie ihm Schloss, Rente und Adelstitel zukommen lässt.)

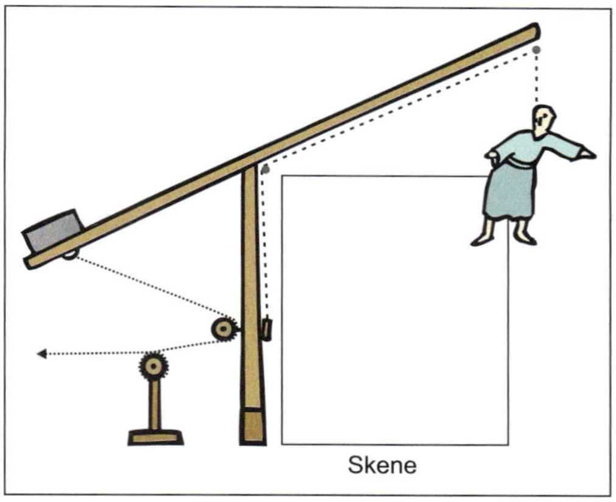

Rekonstruktion eines Bühnenkrans im griechischen Theater

In späterer Zeit wird die griechische Bauform der Theater von den Römern übernommen, die den Begriff „**Arenabühne**" prägen, die Skene ausbauen und den Zuschauerraum um zusätzliche Reihen erweitern. Aus der Vereinigung zweier Arenabühnen entstehen teilweise für das Schauspiel genutzte frei stehende **Amphitheater** (griech.: „amphi", doppelt), wie zum Beispiel das Kolosseum in Rom.

Kolosseum in Rom

[1] Alternativ tritt er auf dem Dach der Skene auf.

Text

Sophokles: Antigone

Vielen Gelehrten und Philosophen wie etwa G. W. F. Hegel gilt „Antigone" (442 v. Chr.) von Sophokles (496 bis ca. 406 v. Chr.) als das vollkommenste Drama der Literaturgeschichte – und das, obwohl es eigentlich nur zwei Hauptfiguren gibt: Kreon, König von Theben, und Antigone, Schwester von Kreons Neffen Polyneikes. Bemerkenswert ist auch, dass das Bühnenstück weltweit sogar noch häufiger aufgeführt wird als Sophokles' ohnehin schon berühmtes Werk „König Ödipus".

Übrigens...

Der Antigone-Stoff ist so populär, dass viele bekannte Künstler ihn bearbeiteten, unter anderem Hölderlin, Brecht, Anouilh, Hochhuth sowie Mendelssohn-Bartholdy, Saint-Saëns und Orff.

Zum Inhalt:

Das Drama „Antigone" fährt in der Darstellung der Familiengeschichte um Ödipus'[1] Schwager Kreon fort:

Karl Brüllow: Ödipus und seine Tochter Antigone (1821)

Vor der Stadt Theben gibt es einen Kampf, in dem Antigones Bruder Polyneikes wegen Verrats getötet wird. Antigone, Tochter von Ödipus, will daraufhin ihren Bruder der Tradition gemäß bestatten. Dies jedoch verbietet der Tyrann Kreon, neuer König von Theben. Sie gehorcht ihm nicht und beruft sich auf ihre Religion und die Liebe zum Bruder. Der König aber stützt sich auf die Vorschriften und seinen Machtanspruch. Von ihm zum Tode verurteilt, bekennt sich Antigone ohne Reue zu ihrer Tat. Ein Seher mahnt und droht Kreon – bis dieser aber schließlich einen Gesinnungswandel erlebt, ist es zu spät: Antigone, Kreons Frau Eurydike und sein Sohn Haimon haben aus Verzweiflung Selbstmord begangen. Der König bleibt als gebrochener Mann zurück – der Chor zieht stellvertretend eine Lehre aus den Ereignissen:

Marie Spartali Stillman: Antigone und Polyneikes

„Nie darf gegen Gottesgebot man freveln. Es tilgt sich vermessenes Wort in unermesslichem Schicksalsschlag und lehrt im Alter noch Einsicht."

An diesem Stück fasziniert wohl am meisten die Titelheldin Antigone, die sich mit ungebrochenem Willen gegen die staatliche Ordnung und die Anmaßung des Königs stellt, furchtlos vor jedweder Konsequenz ihren Bruder begräbt und ein unerschütterliches Vertrauen in die Götter beweist. Damit richtet sie sich – um der Menschlichkeit willen – gegen die selbstgerechte Alleinherrschaft des Königs.

Der nachfolgende Auszug zeigt die zentrale Konfrontation von Kreon und Antigone.

In der Praxis und zum Üben

Der Text soll in Gruppen unter Verwendung der deutschen Übersetzung als Spielszene inszeniert werden – vor allem um ein besseres Gefühl für die Komplexität von Sprache und Dialog im antiken Drama zu erhalten (es darf abgelesen werden):

[1] siehe Exkurs: Analytisches Drama, S. 66

Sophokles: Antigone

Kreon *(zu Antigone)*
Dich frag ich nun, du senkst den Blick zu Boden:
Gestehst du oder leugnest du die Tat?
[...]
Hast du gewusst, dass es verboten war?

Antigone
Ich wusst es, allerdings, es war doch klar.

Kreon
Und wagtest, mein Gesetz zu übertreten?

Antigone
[...] So groß
Schien dein Befehl mir nicht, der sterbliche,
Dass er die ungeschriebnen Gottgebote,
Die wandellosen, konnte übertreffen.
Sie stammen nicht von heute oder gestern,
Sie leben immer, keiner weiß, seit wann.
An ihnen wollt ich nicht, weil Menschenstolz
Mich schreckte, schuldig werden vor den Göttern.
Und sterben muss ich doch, das wusste ich
Auch ohne deinen Machtspruch. Sterbe ich
Vor meiner Zeit, nenn ich es noch Gewinn.
[...]

Kreon
Erst recht verhasst ist mir, wer sein Verbrechen
Verschönern will, bei dem man ihn ertappt.

Antigone
Willst du noch mehr, als dass ich sterben muss?

Kreon
Sonst nichts. Damit hab ich vollauf genug.

Antigone
[...]
Und doch, wie hätt ich rühmlicheren Ruhm
Gewonnen, als dass ich den eignen Bruder
Begrub?

Kreon
[...]
Nie, auch nicht wenn er starb, lieb ich den Feind.

Antigone
Mitlieben, nicht mithassen ist mein Teil.

Exkurs

Analytisches Drama

Das analytische Drama **(Enthüllungsdrama)** ist eine der beiden wesentlichen Bauformen dieser Gattung. Sie folgt einem Grundmuster, wie man es etwa aus Kriminalromanen und vielen Filmen kennt. Definieren könnte man dies wie folgt:

Ein Ereignis, das vorher stattgefunden hat, wird im Drama schrittweise aufgedeckt. Die eigentliche Handlung – als verborgene Vorgeschichte – liegt vor seinem Beginn und enthüllt sich langsam den ahnungslos handelnden Figuren sowie den Zuschauern.

Übrigens …

Sigmund Freud, der Begründer der Psychoanalyse, nennt eines seiner Konzepte in inhaltlicher Anlehnung an Sophokles' Werk „Ödipuskomplex“, und das, obwohl Ödipus genau genommen „Schwellfuß“ bedeutet.

Das wohl prominenteste Beispiel eines analytischen Dramas und eine der ersten Tragödien überhaupt ist „König Ödipus“ (ca. 425 v. Chr.) von Sophokles.

Zum Inhalt:

Vorgeschichte: Weil man Ödipus' Vater Laios einst prophezeit hat, sein Sohn werde ihn eines Tages töten und seine Frau heiraten, lässt dieser ihm die Füße durchstechen und ihn aussetzen. Ödipus aber wird gerettet und von einem anderen König als dessen Sohn aufgezogen. Als er eines Tages unterwegs in einen Streit gerät, tötet er einen der Fremden, ohne zu wissen, dass es sich um seinen leiblichen Vater handelt. Schließlich erreicht er die Stadt Theben, befreit sie vom Fluch der Sphinx[1] und begeht unwissentlich den Inzest mit seiner Mutter, die ihn ebenfalls nicht als ihren Sohn erkennt.

An dieser Stelle setzt das Drama ein:

Als König Ödipus die Stadt Theben von der Pest befreien will, erfährt er von seinem Schwager Kreon, dass eine Blutschuld[2] auf Theben lastet: Der Mord am letzten König, Laios, ist noch nicht gesühnt. Auf der Suche nach dem Täter erfährt Ödipus, dass er selbst der wahre Mörder seines Vaters ist und er nichts ahnend seine leibliche Mutter Iokaste geheiratet hat. Zunächst ist er nicht bereit, diese Wahrheit anzuerkennen, muss aber schließlich seine schwere Schuld als Täter einsehen. Er sticht sich daraufhin selbst die Augen aus und verlässt Theben, während Iokaste Selbstmord begeht.

Ödipus und die Sphinx

Weitere Beispiele für analytische Dramen:

- Kleist: Der zerbrochne Krug (1808)
- Hebbel: Maria Magdalena (1844)
- Dürrenmatt: Der Besuch der alten Dame (1955)

In der Praxis und zum Üben

In den verschiedenen Gruppen soll jeweils eine Spielszene erarbeitet werden (am besten zunächst mit Hilfe einiger Notizen), die das Handlungsschema von „König Ödipus“ aufnimmt und in den modernen Alltag überträgt: Ein Protagonist wird schuldig, ohne es zu wissen, und muss schließlich seine Fehler erkennen und sich dafür verantworten.

[1] Die Sphinx ist eine Figur aus der griechischen Mythologie. Sie tötet jeden, der ihr Rätsel nicht lösen kann: Was geht am Morgen auf vier Füßen, am Mittag auf zwei und am Abend auf drei? Als Ödipus die korrekte Antwort gibt – es ist der Mensch, der im Laufe seines Lebens erst krabbelt, dann aufrecht geht und schließlich einen Stock benötigt – stürzt sich die Sphinx eine Klippe hinab in den Tod.

[2] schwere Schuld, die nur dadurch beglichen werden kann, dass Blut vergossen wird

Dabei soll zwar das Enthüllungsschema gewahrt bleiben, aber Schauplatz und Milieu können frei gewählt werden: Der moderne Ödipus könnte zum Beispiel als Gebrauchtwagenhändler, als Börsenmakler oder in der Drogenszene tätig sein.

Variation: Die Aufgabe kann dadurch ergänzt werden, dass für alle Gruppen verpflichtend gilt, eine antike Gestaltungstechnik einzusetzen (etwa Choreografie, Botenbericht, Teichoskopie, Deus ex Machina).

„Auch Schnarchen ist eine Form der Kritik, vor allem im Theater."
George Bernhard Shaw

Choreografie und chorisches Sprechen

Technik

Wer das Wort Choreografie hört, denkt wohl sofort an Tanz oder Ballett, und das ist auch gar nicht falsch, denn „choros" bedeutet im Griechischen unter anderem Tanzplatz und „graphein" wird zumeist mit „schreiben" übersetzt. Deswegen ist darunter wörtlich **die schriftliche Aufzeichnung der Tanzbewegungen,** -figuren und -schritte zu verstehen.

„Auf die Bühne bezogen versteht man unter Choreografie die gesamte Komposition eines Tanzwerks, das eine Idee mit den Mitteln der Bewegung auf der Grundlage einer Musik und unter Einbeziehung von Licht, Bühnenbild, Kostüm, Maske darstellt." (Brauneck)

Vor allem im Theater der griechischen Antike hat der Chor wesentlichen Anteil an der Darstellung: Die 12, später 15 **Choreuten** der Tragödie deuten und kommentieren die Handlung für die Zuschauer, formulieren die Gedanken und Befürchtungen des Publikums, verhöhnen, warnen oder beklagen die Figuren und stellen Vermutungen an, wie es weitergeht. Deshalb ist es kaum übertrieben, den **Chorführer** (Koryphaios) als eine Art Vermittler zwischen Bühnengeschehen und Publikum zu sehen – er darf sogar in die Handlung eingreifen, sie beeinflussen oder vorantreiben.
Der Tanzplatz des Chores ist die **Orchestra:** Hier vollführen die Choreuten ihre auf die gemeinsamen Sprechverse abgestimmte **Choreografie,** die in späterer Zeit von einem nur für diesen Bereich verantwortlichen Leiter, dem Chorodidaskalos, einstudiert wird.
In der Idealform folgen die Auftritte des Chores einem festgelegten Muster, das mit „Parodos"[1] (dem Einzugslied) beginnt, auf das die einzelnen „Epeisodia" (die dialogischen Hauptszenen) folgen, die jeweils von einem „Stasimon" (dem Standlied) unterbrochen werden. Die Stücke enden dann im „Exodus" (dem Auszugslied des Chores).
Wie die Choreuten gemeinsam simultan ihren Sprechtext präsentieren, bezeichnet man als **chorisches Sprechen.** Dieser Umgang mit Sprache unterscheidet sich nicht sehr vom Chorsingen: Auch hier sind alle Musiker Teil des Stücks und tragen simultan ihren Text vor. Jeder wird damit zu einem Teil des Gesamtklanges und ist nicht länger eine einzelne Stimme.
Heute kann ein Chor im (Sprech-)Theater von Zeit zu Zeit auf der Bühne erlebt werden, vor allem in antiken Stücken oder Neubearbeitungen solcher Stoffe findet er durchaus seinen Einsatz. In der Regel wird dabei immer auf Uniformität durch entsprechende Kostüme geachtet, sodass die Choreuten als Gruppe wirken und nicht als Einzelpersonen.

„Wer dem Publikum hinterherläuft, sieht doch nur dessen Hinterteil."
Johann Wolfgang von Goethe

[1] nach dem Eingang benannt

Im Theater kann ein Chor (und das chorische Sprechen) zum Beispiel auch dazu eingesetzt werden, dem Publikum eine Handlungsvorschau zu geben oder eine Spielszene als Menschenmenge auf der Bühne zu unterstützen. Dabei wirkt der Chor unter Umständen nur im Hintergrund mit, indem er zum Beispiel an einer bestimmten Stelle eine Melodie summt oder bei Missfallen mit dem Kopf schüttelt – die Möglichkeiten sind sehr vielfältig. Die einzige Regel lautet: **Der Chor darf auf der Bühne nicht im Weg stehen.**

In der Praxis und zum Üben

Der nachfolgende Auszug stellt die letzten Verse der antiken Tragödie „König Ödipus"[1] von Sophokles dar. Der Text soll in zwei Gruppen unter Verwendung eines Chores mit entsprechender Choreografie szenisch erarbeitet und anschließend präsentiert werden.

Dabei sollte der Chor aus mindestens vier Choreuten bestehen, die ihren Sprechtext zunächst in Sinnabschnitte gliedern, dann eine entsprechende Betonung, Gestik und Mimik erarbeiten und schließlich eine passende Choreografie entwickeln. Der Text darf natürlich abgelesen werden.

Übrigens...

Die folgenden Dialogzeilen aus dem Monty-Python-Film „Das Leben des Brian" belegen, dass chorisches Sprechen selbst im Kino Verwendung finden kann:
Brian: „Ihr seid doch alle Individuen."
Volksmenge im Chor: „Ja, wir sind alle Individuen."
Brian: „Und ihr seid alle völlig verschieden."
Volksmenge im Chor: „Ja, wir sind alle völlig verschieden."
Einzelner: „Ich nicht."

Sophokles: König Ödipus

(Auszug der letzten Hauptszene):

Ödipus. Weißt du, was ich scheidend hoffe?

Kreon. Sprich es aus, damit ich's weiß!

Ödipus. Sende mich hinaus zum Lande!

Kreon. Das erflehe dir vom Gott!

Ödipus. Doch verhasst bin ich den Göttern.

Kreon. Drum erfüllt dein Wunsch sich schnell.

Ödipus. Meinst du?

Kreon. Was ich nicht erkannte, sprech ich niemals blindlings aus.

Ödipus. Nun, so führe mich von hinnen!

Kreon. Geh und lass die Kinder hier!

Ödipus. Nimmermehr entreiße d i e mir!

Kreon. Ringe nicht nach jedem Sieg!
Was du dir ersiegt, es folgte nicht getreu durchs Leben dir.

Auszugslied (Exodos)

Der Chor.
Söhne meiner Heimat Theben, sehet, das ist Ödipus,
Der entwirrt die hohen Rätsel und der Erste war an Macht,
Und auf dessen Glück die Bürger alle einst mit Neid geblickt;
Seht, in welches Missgeschickes grausen Wogen er versank!
Drum der Erdensöhne keinen, welcher noch auf jenen Tag
Harrt, den letzten seiner Tage, preise vorher glücklich du,
Eh er drang ans Ziel des Lebens, unberührt von Schmerz und Leid.

[1] für eine Inhaltsangabe siehe Exkurs: Analytisches Drama, S. 66

Hilfestellung zur Aufgabe:

Es lässt sich vor allem mit verschiedenen räumlichen Positionierungen experimentieren, die zum Sprechtext passend verändert werden. So könnten sich etwa alle in einem Kreis aufstellen und sich danach in zwei Linien hintereinander anordnen. Weitere mögliche Formen sind denkbar: Menschenschlange, Kette, Diagonale durch den Raum, Dreieck, Rechteck und mehr.
Das gleichzeitige chorische Sprechen der Gruppe gelingt meist nicht auf Anhieb und verlangt von den Spielern viel Übung und Disziplin. Ziel ist immer, dass beim Sprechen ein einheitlicher Klang entsteht, bei dem der Einzelne nur Teil der Gesamtwirkung ist.
Um einen gemeinsamen Anfang zu finden, ist es oftmals sehr hilfreich, einen Chorführer zu ernennen, der zum Beispiel bei Redebeginn mit dem Fuß auf den Boden tippt oder deutlich hörbar einatmet. Für die ersten Versuche empfiehlt sich außerdem eine kreisförmige Aufstellung, sodass sich jeder am anderen orientieren kann.

Variation: Da der Text in rhythmischer Verssprache geschrieben ist, scheint es reizvoll zu versuchen, den Auszug im Stile des Sprechgesangs wie etwa beim Hip-Hop zu rappen.

Das also war des Pudels Kern

Übung

In Goethes „Faust I“ findet der Protagonist, Heinrich Faust, auf einem Spaziergang einen schwarzen Pudel. Er nimmt ihn mit nach Hause und muss dann feststellen, dass es sich nicht um einen Hund, sondern um Mephistopheles, den Teufel höchstpersönlich, handelt, der sich in Menschenform zurückverwandelt. Um diese Erkenntnis – der Pudel ist nicht Tier, sondern Teufel – dem Publikum deutlich zu machen, lässt Goethe seine Figur die bekannten Worte sprechen:

„Das also war des Pudels Kern.“ (Faust I, V. 1323)

Es werden Gruppen mit drei bis sechs Spielern gebildet. Nun können unterschiedlichste Möglichkeiten des chorischen Sprechens und der Choreografie anhand dieser berühmten Faust-Worte getestet werden. Jede Gruppe soll abschließend drei verschiedene Versionen präsentieren.

Beispiel: Die Gruppe stellt sich in einem Halbkreis auf, jeweils ein Spieler tritt vor, spricht ein Wort des Satzes und tritt schließlich wieder zurück.

Aristoteles: Poetik

Theorie

Das Drama ist neben der Lyrik (Gedichte) und der Epik (zum Beispiel Romane) die dritte der literarischen Gattungen und zeichnet sich vor allem durch die **Dialogform** aus, also durch Rede und Gegenrede der Figuren.
Der griechische Universalgelehrte und Philosoph Aristoteles (384 – 322 v. Chr.) beschäftigt sich als einer der Ersten mit der Theorie des Dramas und des Theaters. Seine **„Poetik“** („Lehre von der Dichtkunst“, 335 v. Chr.) gilt viele Jahrhunderte als höchstes **Regelwerk** für Dichtung, Theater und mehr, auch wenn der Text nur in Bruchstücken überliefert ist. Bis in die Epoche der Aufklärung hinein erscheint Dichten deshalb als erlernbares Handwerk und die Poetiken, Normenbücher wie

Büste des Aristoteles

diejenigen des Aristoteles, dienen den Schriftstellern als „Gebrauchsanweisung". Selbst heute halten auch sich die meisten Hollywood-Autoren in ihren Drehbüchern an viele der Regeln, die laut Aristoteles ein gutes, handwerklich einwandfreies Theaterstück ausmachen. Die meisten dieser Vorgaben sind deshalb zentraler Kern der geschlossenen Dramenform.

In seinem Werk befasst sich Aristoteles zunächst mit der **Komödie** und grenzt diese zur Tragödie damit ab, dass sie das Lächerliche in den Mittelpunkt stellt – jedoch ohne ernsthaft zu verletzen oder Menschen zu kränken. Der Literaturtheoretiker und Schriftsteller der Aufklärung Johann Christoph Gottsched (1700 – 1766) fasst das in seinem „Versuch einer Critischen Dichtkunst vor die Deutschen" so zusammen: „Die Komödie ist nichts anderes als eine Nachahmung einer lasterhaften Handlung, die durch ihr lächerliches Wesen den Zuschauer belustigen, aber auch zugleich erbauen kann."
Bei Aristoteles folgt nun die Betrachtung der **Tragödie**, die für ihn die edlere und wichtigere Form des Bühnenstückes darstellt:

Gottsched und seine Frau Adelgunde

„Die Tragödie ist die Nachahmung einer edlen und abgeschlossenen Handlung von einer bestimmten Größe in gewählter Rede, derart dass jede Form solcher Rede in gesonderten Teilen erscheint und dass gehandelt und nicht berichtet wird und dass mithilfe von Mitleid und Furcht eine Reinigung von eben derartigen Affekten bewerkstelligt wird."

Hiermit werden bereits diverse Grundsätze aufgestellt:

- Die Tragödie ist also **Mimesis**, das heißt Nachahmung von Lebenswirklichkeit.
- Sie verfügt über eine **hohe Sprachebene.**
- Dies gebietet auch, dass nur angesehene Persönlichkeiten als Figuren auftreten, wie etwa Adlige und Geistliche, und liefert die Grundlage für die später allgemein gültige **Ständeklausel,** die vorgibt, dass die Tragödie für höhere Stände und die Komödie für das einfache Volk gedacht und gemacht ist.
- Beim Publikum wird eine emotionale Reaktion durch „**eleos**" (Jammer oder Mitleid, im Sinne von Tränen) und „**phobos**" (Schauder oder Schrecken, im Sinne von „Gänsehaut") hervorgerufen, was zu einer Reinigung von Affekten (Gefühlsregungen), der **Katharsis** (Läuterung), führt. Dies kann bedeuten[1], dass die Zuschauer etwas Vertrautes sehen und daraus für sich selbst eine Erkenntnis gewinnen oder geläutert werden.

Tragödie (obere Stände)	Komödie (untere Stände)
• Könige • Fürsten	• Bürger • Volk

Zur Wirkung der Tragödie schreibt Gottsched später in seiner Auseinandersetzung mit Aristoteles:

„Die Tragödie ist von der Komödie nur in der besonderen Absicht unterschieden, dass sie anstatt des Gelächters, die Verwunderung, das Schrecken und Mitleiden zu erwecken suchet. Daher pflegt sie sich lauter vornehmer Leute zu bedienen, die durch ihren Stand, Namen und Aufzug mehr in die Augen fallen, und durch große Laster und traurige Unglücksfälle solche heftigen Gemütsbewegungen erwecken können."

[1] Die Deutung des Begriffes ist umstritten.

An anderer Stelle verweist Aristoteles auf die **Einheit von Ort, Handlung und Zeit**[1]: Die Tragödie soll im Rahmen eines Ortes (zum Beispiel einer Stadt) spielen, ohne weiterführende Nebenhandlungen auskommen sowie schlüssig auf das Ende hinleiten und im Kontext nicht mehr als etwa 24 Stunden beanspruchen.
Einheit der Handlung bedeutet auch, dass eine „**Unselbstständigkeit der Teile**" gegeben ist, das heißt, dass einzelne Szenen nicht beliebig in der Reihenfolge verschoben werden können, sondern einen festen Platz innehaben und sonst nicht verständlich sind. Verändert das Verschieben einer Szene die Handlung nicht, ist dieser Teil folglich überflüssig: „Die Teile der Handlung müssen so zusammengesetzt sein, dass das Ganze sich verändert und in Bewegung gerät, wenn ein einziger Teil umgestellt oder weggenommen wird. Wo aber Vorhandensein oder Fehlen eines Stücks keine sichtbare Wirkung hat, da handelt es sich gar nicht um ein Teil des Ganzen." (Müller)

Eine Geschichte darf darüber hinaus auch nicht an einer beliebigen Stelle anfangen oder aufhören. Eine gut aufgebaute Handlung beginnt und endet vielmehr an dramatisch wichtigen und wohldurchdachten Punkten.
Weitere wichtige Begriffe, die immer wieder in Bezug auf klassisch-aristotelische Dramen fallen, sind:

- **Hamartia:** Der tragische Fehler, den der Protagonist bewusst oder unbewusst begangen hat, meist auf der Grundlage von Unwissenheit oder falschen Voraussetzungen.
- **Anagnorisis:** Das „Wiedererkennen der Untat" oder „die Entdeckung" (Nichtwissen wird zu Wissen) ist eines der Kernelemente und zumeist Wendepunkt der Handlung **(Peripetie).** Wenn dem Protagonisten der (eigene) Fehler bewusst wird, bekommt die Geschichte den entscheidenden Anstoß in Richtung Ende. Der Umschlag der Handlung erfolgt in der Tragödie nur vom Glück ins Unglück.

  „Die Peripetie ist der Umschlag der Handlung in ihr Gegenteil [...]. Die Entdeckung ist, wie das Wort sagt, der Umschlag aus Unwissenheit in Erkenntnis [...]. Am schönsten ist eine Entdeckung, wenn sie mit der Peripetie zusammenfällt, wie im Ödipus." (Müller)

- **Hybris:** Die „Selbstüberhöhung" des Helden ist oftmals Kernproblem der Handlung. Wenn die Hauptfigur sich überschätzt oder Frevel gegenüber den Göttern begeht, folgt die Strafe oder der tiefe Fall unmittelbar.
- **Pathos:** Übertriebene Gefühlsregungen bzw. starke Leidenschaften, aber auch großes Leid, zeichnen die meisten der Protagonisten aus.
- **Katastrophe:** Das nicht zu vermeidende, schicksalsgegebene Ende einer Tragödie wird als Katastrophe bezeichnet. Meistens ist dieser äußere Niedergang – ein König wird etwa seiner Position enthoben – mit einem inneren Sieg verbunden – er erkennt die selbst begangenen Verbrechen.

„Viele bedeutende Dramatiker waren auch Schauspieler - Molière und Shakespeare beispielsweise. Sie kennen die Probleme eines Schauspielers, auch wenn die wenigsten gute Schauspieler waren."
Peter Ustinov

[1] Die strikte Forderung, die drei Einheiten einzuhalten, geht allerdings nicht auf Aristoteles selbst zurück.

Erst Lessing wagt es 1769 in seiner „Hamburgischen Dramaturgie", einen Teil der aristotelischen Poetik neu zu interpretieren; bis dahin fungiert das Regelwerk für mehr als 2000 Jahre als unumstößliches „Gesetz".

Goethe schreibt in seinem Text „Zum Schäkespears Tag" (1771):
„Es schien mir die Einheit des Orts so kerkermäßig ängstlich, die Einheit der Handlung und der Zeit lästige Fesseln unsrer Einbildungskraft."

Die Schule von Athen. Aristoteles in der Mitte rechts neben seinem Lehrer Platon

Exkurs

Geschlossene Dramenform

Die Vorgaben, die der Philosoph Aristoteles im 4. Jahrhundert in seiner „Poetik" zum Bau eines Dramas macht, gelten lange Zeit als wegweisend und werden deshalb bis ins 18. Jahrhundert von den meisten Autoren im Allgemeinen streng beachtet. Der Literaturwissenschaftler Volker Klotz definiert das Konzept des idealen aristotelischen Dramas als „**geschlossene Dramenform**", die bisweilen auch „tektonisch" genannt wird.

1. Handlung

Die **Einheit der Handlung** gebietet, dass eine zumeist einsträngige Haupthandlung ein Problem vorwärtsstrebend entwickelt und dieses in einem fest umrissenen Schluss auflöst (Finalität). Alle Szenen sind kausal miteinander verknüpft, sie können nicht aus ihrem Zusammenhang herausgelöst werden, ohne ihre Bedeutung zu verlieren (Unselbstständigkeit der Teile).

2. Zeit

Die **Einheit der Zeit** ist eines der wichtigsten Bauprinzipien eines klassischen Dramas: Was bei Aristoteles noch ein Sonnenumlauf ist, bedeutet nicht immer genau 24 Stunden, sondern eher, dass sich die Handlung eines Stückes nicht über mehrere Tage bzw. Wochen erstreckt. Es gibt keine Zeitsprünge.

Hofburgschauspieler Otto Treßler, nicht immer textsicher, versprach sich in der Rolle des Peer Gynt bei der Stelle „dass Gott zu lohnen und zu strafen, die Böcke sondert von den Schafen" und sagte: „...dass Gott zu strafen und zu lohnen..." Den Kollegen auf der Bühne stand das Herz still. Doch in Sekundenschnelle reimte Treßler: ...„die Erbsen sondert von den Bohnen."

3. Ort

Als **Einheit des Ortes** wird der letzte Teil in Aristoteles' Idee von der Dreieinheit bezeichnet: Das Drama soll in einem begrenzten Raum stattfinden, der nur den Rahmen für die Handlung liefert. Es gibt keine Ortswechsel über große Entfernungen, meist existiert eine Grenze, bei Sophokles' „Ödipus" beispielsweise die Stadt Theben.

4. Aufbau

Ein **strenges Konstruktionsschema** gliedert die Handlung eines klassisch-aristotelischen Dramas in drei oder fünf Teile (drei- bzw. fünfaktiges Stück). Der Schriftsteller Gustav Freytag[1] (1816 – 1895) beschreibt deshalb zum Dramenbau ein idealtypisches Modell: Der erste Akt stellt die Figuren vor **(Exposition)**, im zweiten nimmt die Handlung Fahrt auf **(steigende Handlung)**; der dritte Akt dient als Mittelachse, hier wird ein Wendepunkt erreicht **(Peripetie)**, eine verzögernde Handlung **(retardierendes Moment)** leitet im vierten Akt zum unweigerlichen Ende hin, das vom fünften Akt gebildet wird **(Katastrophe)**.

5. Personen

Es treten nur Personen hohen Standes auf **(Ständeklausel)** – sie alle haben eine sozial gehobene Position inne. Da Aristoteles erkennt, dass ein König mehr zu verlieren hat als ein arbeitsloser Handwerker (Stichwort „Fallhöhe"), gibt er außerdem vor, dass sich nur die Tragödie mit bedeutungsvollen Personen und Adeligen beschäftigen darf; um Bürger oder Bauern geht es in der Komödie (das erste bürgerliche Trauerspiel im deutschen Sprachraum schafft Lessing erst 1755 mit „Miß Sara Sampson"). Eine geringe Zahl an Rollen zeichnet die Stücke aus (wenige Nebenfiguren). Die auftretenden Figuren sind autonome Individuen mit klaren Positionen, deren Handeln und Schicksal von Bedeutung ist. Die Hauptfigur **(Protagonist)** steht dabei zumeist in einer Duellsituation mit einem gleichwertigen Gegner **(Antagonist)**. Ort dieser Auseinandersetzung ist oft auch der seelische Innenraum der Figuren.

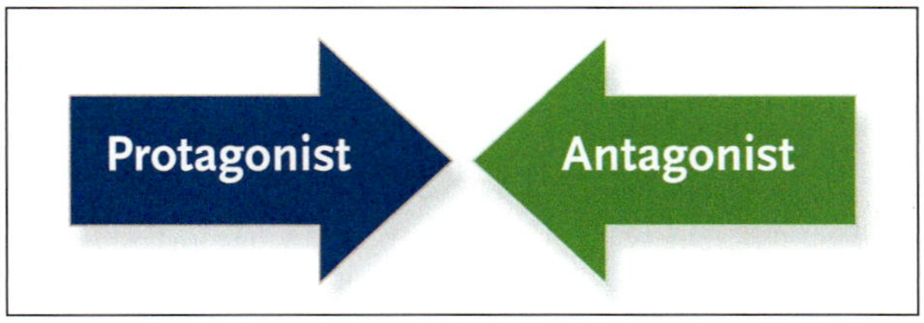

6. Sprache

Die Sprache der Figuren ist **einheitlich, gebunden (Verssprache)** und besticht durch Wortwahl, Bildlichkeit und komplexe Syntax (Satzbau). Es handelt sich um idealisierte Autorensprache **(hoher Sprachstil)**, die mit ihrer Leidenschaftlichkeit (Pathos) und ihrem Sentenzenreichtum (kurze Sinnsprüche) in einer gewissen Distanz zur Alltagssprache steht. Besonders, wenn es zu einem „Rededuell" kommt, fallen sofort die logische Argumentationsstruktur und die antithetische Sprache (Rede – Gegenrede) auf. Weit gespannte Dialogpartien erinnern dabei zumeist weniger an wirkliche Unterhaltungen, sondern mehr an philosophische Diskurse oder weitreichende Erörterungen. Diese **kunstvolle Rhetorik** prägt zumeist ein hypotaktischer (unterordnender) Satzbau.

[1] siehe das folgende Kapitel

7. Welt- und Menschenbild

Im Zentrum des geschlossenen Dramas steht in der Regel der Glaube an die Verwirklichung einer humanen Seins- und Werteordnung[1], welche oft an bestimmten Idealen konkret ausgerichtet wird. Wichtige Ideen dieses geschlossenen Weltbilds sind immer auch **(Rang-)Ordnung** und **Rechtsgültigkeit.** Dramen, die darüber hinaus einen philosophischen Gehalt vermitteln wollen, werden als „Ideendramen" bezeichnet.

Beispiele: Johann Gottlieb Gottsched: „Sterbender Cato"; Friedrich Schiller: „Maria Stuart"; Johann Wolfgang von Goethe: „Iphigenie auf Tauris" und „Torquato Tasso".

Exkurs

Pyramidaler Bau des Dramas

Gustav Freytag beschäftigt sich 1863 in seinem Werk „Die Technik des Dramas" mit Aufbau und Theorie des klassischen Dramas nach Aristoteles' Poetik. Er hält fest, dass die von ihm untersuchten Dramen einem mehr oder weniger allgemeinen Schema unterliegen, dem er den Begriff „**pyramidaler Bau**" zuordnet:
„Durch die beiden Hälften der Handlung, die in einem Punkt zusammenschließen, erhält das Drama – wenn man die Anordnung durch Linien verbildlicht – einen pyramidalen Bau. Es steigt von der Einleitung mit dem Zutritt des erregenden Moments bis zu dem Höhepunkt, und fällt von da bis zur Katastrophe."
Obwohl viele Literaturwissenschaftler noch heute darüber streiten, wie viel Gültigkeit in diesem Idealmodell steckt, das sich bei Weitem nicht auf alle Dramen anwenden lässt, so kann es doch bei der Analyse der meisten dieser Texte von Nutzen sein.

Gustav Freytag (1816 – 1895)

1. Akt: Ein so gebautes fünfaktiges Drama beginnt mit der **Exposition,** welche die Zuschauer in Ort, Zeit und Atmosphäre bzw. Milieu der Handlung einführt und die wesentlichen Figuren sowie deren Vorgeschichte direkt oder indirekt vorstellt. Der finale Konflikt beginnt sich meist schon hier in groben Zügen abzuzeichnen.

2. Akt: Die **steigende Handlung mit erregendem Moment** gibt der Geschichte den entscheidenden Anstoß: Das Geschehen nimmt Fahrt auf, Interessen stoßen aufeinander und Intrigen werden gesponnen. Es kommt dadurch zum Aufbau einer Finalspannung: Die Neugierde des Lesers und Zuschauers steigert sich, da er wissen will, wie sich das Geschehen entwickelt und das Ende aussieht.

3. Akt: Erreicht das Geschehen den **Höhepunkt,** erfolgt die entscheidende Wende in der Handlung **(Peripetie)**: Hier wird über Erfolg und Misserfolg, Sieg oder Niederlage entschieden.

4. Akt: Die **fallende Handlung mit retardierendem Moment** steigert durch Verzögerung (von lat. „retardare") die Spannung noch einmal zum Ende hin und lässt (scheinbar) auf Rettung hoffen: An dieser Stelle tauchen etwa unerwartet neue Figuren oder Ideen zur Lösung auf. Im Kern lässt sich allerdings die Entwicklung nicht mehr aufhalten – wann die Katastrophe erfolgt, bleibt also nur eine Frage der Zeit.

5. Akt: Die **Katastrophe** ist erreicht, der Held hat verloren. Doch was einerseits äußerliche Niederlage und Tod bedeuten kann, geht andererseits oftmals mit einem inneren Sieg einher, wenn etwa endlich eine Schuld beglichen ist oder der Protagonist sein Fehlverhalten einsieht.

„Theaterstücke haben einen zeitlich begrenzten Nutzen wie Regenschirme oder Zahnbürsten. Wenn sie ausgedient haben, gehören sie in die Mülltonne."
Peter Handke

[1] Sie betont den Wert und die Würde des Menschen.

Auf einen Blick:

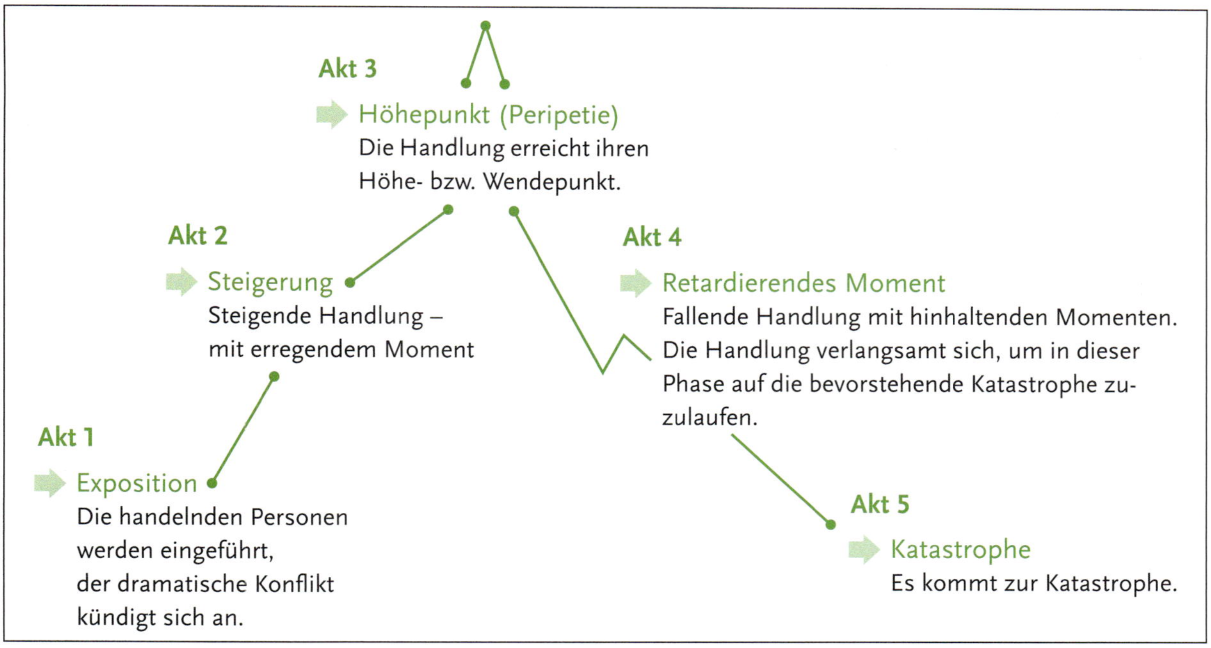

James Thurber: Drei Fabeln

Text

Der amerikanische Autor und Illustrator James Thurber (1894 – 1961) schreibt als Meister der kleinen Form sehr ungewöhnliche und zugleich humorvoll-ironische „**Antifabeln**“, die den einzelnen Menschen mit all seinen alltäglichen Fehlern in den Mittelpunkt stellen. Dabei besinnt er sich, getreu den beliebtesten Fabeln, auf die „tierische Seite“ unserer Natur, sodass den Leser bei auftretenden Elefanten, Schafen, Raben, Spinnen, Fliegen und mehr schnell ein Gefühl der Vertrautheit beschleicht.

In der Praxis und zum Üben

Aufgabe soll es sein, die Fabeln szenisch umzusetzen und vorzuspielen, am besten mithilfe eines Erzählers, der die Geschichte vorträgt, während die Darsteller dazu spielen[1].

Der propre Ganter

Es war einmal – und sehr lange ist das noch gar nicht her – ein wunderschöner Ganter. Er war groß und stark, glatt und sauber und beschäftigte sich vorwiegend damit, für seine Frau und die Kinder zu singen. „Was für ein proprer Ganter“, bemerkte jemand, der ihn singend im Hof auf und ab stolzieren sah. Das hörte eine alte Henne, und sie erzählte es abends auf der Hühnerstange ihrem Gemahl. „Von Propaganda[2] war da die Rede“, zischelte sie. „Ich habe dem Burschen nie getraut“, versetzte der Hahn, und tags darauf ging er im Hof umher und sagte jedem, der es hören wollte, der schöne Ganter sei ein höchst gefährlicher Vogel, aller Wahrscheinlichkeit nach ein Habicht im Gänserichgewand. Eine kleine braune Henne erinnerte sich, dass sie einmal von weitem beobachtet hatte, wie

James Thurber

[1] siehe auch Übung: Erzählpantomime, S. 25
[2] systematische Werbung für politische Zwecke und andere Ideen zur Meinungsbeeinflussung

der Ganter im Walde mit einigen Habichten sprach. „Die führten irgendwas im Schilde“, versicherte sie. Eine Ente berichtete, der Ganter habe einmal zu ihr gesagt, er glaube an gar nichts. „Und er hat auch gesagt, dass er Fahnen hasst“, fügte die Ente hinzu. Ein Perlhuhn entsann sich, einmal gesehen zu haben, wie jemand, der dem Ganter auffallend ähnelte, etwas warf, was einer Bombe auffallend ähnelte. Schließlich bewaffneten sich alle mit Stöcken und Steinen und zogen vor des Ganters Haus. Er stolzierte gerade im Vorgarten auf und ab und sang für Weib und Kinder. „Da ist er!“, schrien alle. „Habichtfreund! Atheist! Fahnenhasser! Bombenwerfer!“ Damit fielen sie über ihn her und jagten ihn aus dem Lande.

Moral: Jeder, den du und deine Frau für einen Landesverräter halten, ist selbstverständlich auch einer.

Die ziemlich intelligente Fliege

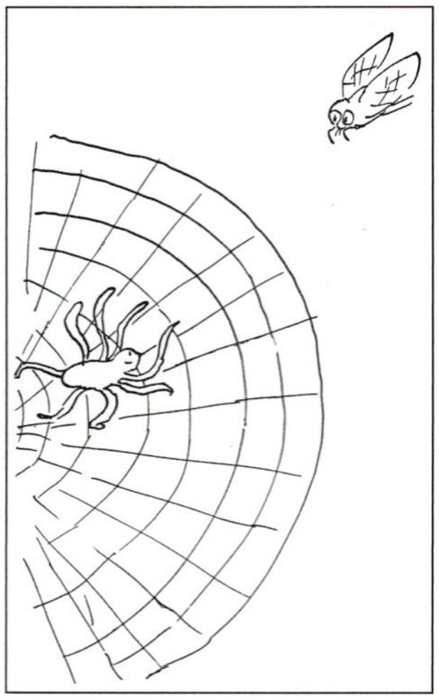

Eine große Spinne hatte in einem alten Haus ein schönes Netz gewoben, um Fliegen zu fangen. Jedes Mal, wenn eine Fliege sich auf dem Netz niederließ und darin hängen blieb, verzehrte die Spinne sie schleunigst, damit andere Fliegen, die vorbeikamen, denken sollten, das Netz sei ein sicherer und gemütlicher Platz. Eines Tages schwirrte eine ziemlich intelligente Fliege so lange um das Netz herum, ohne es zu berühren, dass die Spinne schließlich hervorkroch und sagte: „Komm, ruh dich bei mir ein bisschen aus.“ Aber die Fliege ließ sich nicht übertölpeln. „Ich setze mich nur an Stellen, wo ich andere Fliegen sehe“, antwortete sie, „und ich sehe bei dir keine anderen Fliegen.“ Damit flog sie weiter, bis sie an eine Stelle kam, wo sehr viele Fliegen saßen. Sie wollte sich gerade zu ihnen gesellen, als eine Biene ihr zurief: „Halt, du Idiot, hier ist Fliegenleim. Alle diese Fliegen sitzen rettungslos fest.“ „Red keinen Unsinn“, sagte die Fliege. „Sie tanzen doch.“ Damit ließ sie sich nieder und blieb auf dem Fliegenleim kleben wie all die anderen Fliegen.

Moral: Der Augenschein kann ebenso trügerisch sein wie die Sicherheit, in der man sich wiegt.

Der Wolf an der Haustür

Herr und Frau Schaf und ihre Tochter, ein hübsches, sehr appetitliches Mädchen, saßen im Wohnzimmer, als es an der Haustür klopfte. „Draußen steht ein Herr“, sagte die Tochter. „Es ist der Bürstenhändler“, behauptete die Mutter. Der vorsichtige Vater erhob sich und blickte aus dem Fenster. „Es ist der Wolf“, sagte er. „Ich kann seinen Schwanz sehen.“ „Red keinen Unsinn“, schalt die Mutter. „Es ist der Bürstenhändler und was du siehst, ist eine Bürste.“ Sie ging hinaus und öffnete die Tür und der Wolf kam herein, packte die Tochter und lief mit ihr davon. Die Mutter senkte beschämt ihren Schafskopf. „Du hast doch recht gehabt“, gab sie zu.

Moral: Mutter weiß es nicht *immer* am besten. *(vom Vater, von der Tochter und von mir.)*

Requisit

Grundbegriff

Requisiten (von lat. „requisitum" – erforderliches Ding) sind – meist bewegliche – **Gegenstände, an denen oder mit denen der Schauspieler eine Handlung vollzieht.** Sie bilden als bühnenspezifische Ausdrucksträger einen Teil der Gesamtaussage einer Inszenierung. Wichtig ist immer, ihren sozio-kulturellen Hintergrund zu beachten, das heißt sich bewusst zu sein, dass beispielsweise ein Kreuz in Europa eine andere Bedeutung haben kann als in Asien.
Gegenstände, die unbespielt bleiben, sind keine Requisiten, sondern lediglich **Dekoration.** So wäre beispielsweise eine festlich gedeckte Tafel Teil der Dekoration; sobald die Schauspieler allerdings am Tisch sitzen, essen, trinken und mit dem Geschirr klappern, wird all dies zu Requisiten.
Einige wenige Requisiten haben es im Laufe der Theater- und Filmgeschichte sogar zu namensgebenden „Titelhelden" gebracht, darunter „Der zerbrochne Krug", „Die Zauberflöte", „Die Stühle", „Die Hose" oder auch „Schindlers Liste".

Übrigens...

Im modernen Theaterbetrieb ist der Requisiteur auch für Waffen verantwortlich. Da in manchen klassischen Stücken diese durchaus zum Einsatz kommen, benötigt er für die berufliche Karriere auch heute noch einen Waffenschein.

Grundsätzlich lassen sich Requisiten in **verschiedene Kategorien** einordnen:

Reale Gegenstände sind Requisiten, die sich wirklich auf der Bühne befinden und für den Schauspieler „greifbar" sind. Sie können dabei entweder in ihrer ursprünglichen Bedeutung verwendet werden (ein Schwert wird für einen Kampf benutzt) oder abweichend davon (das Schwert wird als Messer zum Essen gebraucht).

Imaginäre Requisiten dagegen sind solche, die erst durch die Darstellung der Schauspieler für das Publikum erfassbar werden; dies ist der Fall, wenn zum Beispiel der Transport einer Glasscheibe pantomimisch dargestellt wird.

Multifunktionale Requisiten bilden eine eigene Kategorie, da diese Gegenstände auf sehr verschiedene Weise zum Einsatz kommen: Ein dicker Holzstab kann als Gehstock, aber auch als (Spiel-)Schläger oder Waffe verwendet werden, ohne unglaubwürdig zu wirken. Genauso könnte eine einfache Zeitung auf verschiedene Weise als Ausdrucksträger benutzt werden.

Vor allem bei Gegenständen, die als **Teil eines Kostüms** verwendet werden, lässt sich nicht immer klar definieren, was Requisit und was Kostüm ist – es handelt sich um eine Mischform. Denn ein Blume im Knopfloch eines Anzuges an sich erfüllt zunächst nur eine dekorative Funktion. In dem Moment aber, in dem der Schauspieler diese Blume in die Hand nimmt und jemandem übergibt, kann sie zum Zeichen der Liebe oder Freundschaft und damit zu einem Requisit werden.

Requisiten erlauben ganz verschiedene Funktionen in Bezug auf ihre Verwendung. Viele von ihnen wirken meist **„anmutend"**, d. h. sie werden in der Weise benutzt, wie der Zuschauer es gewohnt ist (Schwert als Schwert) und unterstützen so die Illusion der Wirklichkeit auf der Bühne (Als-ob-Wirklichkeit).

Requisitarten

- real
- imaginär
- multifunktional
- Kostümteil

Allegorisch kann ein Requisit verwendet werden, wenn es abstrakte Begriffe und Ideen konkret darstellt: so beispielsweise Gerechtigkeit durch Verwendung einer Statue der römischen Gerechtigkeitsgöttin Justitia. In diesem Sinne kann es auch **symbolisch** wirken, wie eine rote Rose zur Darstellung von Liebe.

Requisit aus Pappe, das als „Auto" bespielt wird

Rowan Atkinson als „Mr. Bean“

Hinweisend ist ein Requisit immer dann, wenn es zum Beispiel etwas über die soziale oder materielle Situation einer Figur aussagt – ein leeres Portemonnaie deutet auf Armut.
Unterstützend kann es anmuten, wenn ein König seine Macht abgibt und dies durch das Ablegen seiner Krone verdeutlicht. Eine **historisierende** Wirkung entsteht, wenn die Requisiten einen konkreten geschichtlichen Hintergrund haben, so etwa verschiedene Flaggen oder Symbolgegenstände früherer Staaten und Kulturen.
Requisiten können aber auch **Mitspieler** bzw. **Gegenspieler** sein. Das beste Beispiel für einen Mitspieler ist wohl Mr. Beans „Teddy“, der von ihm bespielt wird, als sei er ein fühlendes Lebewesen. Dem entgegen steht die klassische „Bananenschale“, die konkret darstellt, was man als „Tücke des Objekts“ bezeichnen kann.
Darüber hinaus können Requisiten immer auch **verfremdend** eingesetzt werden – dies ist vor allem vielfältig bei Bertolt Brecht oder Antonin Artaud von besonderer Bedeutung. In dessen „Theater der Grausamkeit“ werden beispielsweise überdimensionierte Puppen, mehrere Meter hoch, zur Darstellung von Zwergen verwendet.
Im normalen Theaterbetrieb ist der **Requisiteur** für Beschaffung, Kontrolle und Bereitstellung der Requisiten verantwortlich, die er im entsprechenden Lagerraum, der **Requisite,** vor einer Aufführung sortiert, vorbereitet und zusammenstellt.

In der Praxis und zum Üben

Jeder Spieler bringt einen Gegenstand seiner Wahl mit. In einem Sitzkreis wird dann jedes Objekt der Reihe nach vorgestellt. Im Anschluss daran finden sich verschiedene Gruppen zusammen und entwickeln jeweils eine kurze Spielszene, in der die einzelnen Requisiten als wesentliche Ausdrucksträger zum Einsatz kommen (im Sinne der genannten Funktionen und Wirkungsweisen).

Übung

Multifunktionale Requisiten

Alle Spieler stellen sich in einem Kreis auf. Ein multifunktionales Requisit, etwa ein Holzstock oder eine Zeitung, wird umhergereicht. Derjenige, der das Requisit in der Hand hält, soll es als Gegenstand mit einer bestimmten Bedeutung verwenden – der Rest der Gruppe errät, was gemeint ist.

Beispiel: Stock als Golfschläger oder Gehhilfe

Übung

Perspektive des Objekts

Die folgende Übung besteht aus vier Teilschritten:
Alle Spieler verteilen sich im Raum, gehen umher und sehen die vorhandenen Gegenstände an. Dann wählt jeder einen aus – das kann vom Stift bis zum Eimer alles sein – und betrachtet ihn im Detail.
Anschließend versammelt sich die Gruppe, jeder präsentiert kurz den ausgewählten Gegenstand und erklärt hierzu, warum er sich ausgerechnet dieses Objekt ausgesucht hat.

Aufgabe soll es nun sein, einen Monolog aus Sicht des Gegenstands zu schreiben:
Beispiel:

> „Hallo, ich bin Bert, die Trinkflasche. Wenn ich nicht gefüllt bin, fühle ich mich irgendwie leer. Spritzige Sachen mag ich am liebsten. Ich liebe es, wenn man mich fest in den Händen hält."

Die Monologe werden anschließend reihum präsentiert.
Schließlich bilden sich kleine Gruppen, die mit den jeweiligen Gegenständen bzw. Rollenfiguren kurze Szenen einstudieren, zum Beispiel „Radiergummi Paul trifft Lisa Bleistift".

Objekt verwandeln

Übung

Um den Umgang mit einem Requisit in Verbindung mit der eigenen Vorstellungskraft nochmals zu schulen, soll hier eine interessante und in der Regel sehr spaßige Gruppenübung angeboten werden.

Die Gruppe sitzt im Kreis und reicht einen beliebigen kleinen Gegenstand weiter. In dem Moment, da der nächste Spieler ihn erhält, soll er von ihm mit einem Wort „verwandelt", das heißt als neue „Sache" benannt werden. Nun wird der verwandelte Gegenstand dem Rest der Gruppe kurz mit einigen Worten präsentiert und dann weitergegeben.

Beispiel:
Ein Radiergummi wird herumgereicht. Spieler A bekommt ihn und sagt „Ball" – dann stellt er seinen Ball, seine Farbe, das Material und so weiter vor. Wenn Spieler B den Gegenstand bekommt, ruft dieser etwa „Goldbarren" und erzählt dann den anderen von Glanz und Gewicht seines Schatzes.

Immer zu beachten ist die richtige Handhabung des erdachten Gegenstands – einen Säbel greift man anders als eine Feder.

Theater des Fernen Ostens

Exkurs

Nicht wenige Werke zur Theatergeschichte beginnen mit dem Vermerk, dass grundsätzlich nur die Entwicklung des europäischen Theaters betrachtet werden soll – oftmals auch mit dem Hinweis, dass bestimmte Entwicklungen etwa in asiatischen Kulturen nur von jemandem nachvollzogen werden könnten, der den entsprechenden Kulturkreis und seine Lebensweise(n) studiert hat.
Dennoch soll das Themengebiet an dieser Stelle nicht vollkommen vernachlässigt werden, weshalb dieses Kapitel einen kurzen Überblick zu geben versucht:
Grundsätzlich gilt, dass die „östliche Theaterkultur" – wenn man das überhaupt so allgemein sagen darf – mit einem ebenso großen Formenreichtum aufwarten kann wie ihr europäisches Gegenstück. In der Regel ist hier die Einheit von Musik, Tanz und Schauspiel wichtigstes Gestaltungselement.

Katakali-Tänzer in Indien

Viele dieser Spielformen haben die Jahrhunderte teilweise unverändert überdauert, was vor allem daran liegt, dass die „Theatergeheimnisse" zumeist innerhalb einer Familie von Generation zu Generation weitergegeben werden.
Hinweis: Da das östliche Theater die Körpersprache eindeutig in den Vordergrund stellt, seinen Spielcharakter zeigt und einen Gegensatz zum Literaturtheater mit Textvorlage darstellt, lassen sich im 20. Jahrhundert auch Meyerhold, Artaud, Brook, Grotowski, Brecht und viele andere auf der Suche nach neuen Formen des europäischen Theaters davon inspirieren und beeinflussen.

Indien

Theater wird in Indien seit frühester Zeit als Geschenk der Götter betrachtet – das gilt vor allem für das **Tanztheater.** Diese wichtige Form des Schauspiels setzt konsequent auf ein stummes Spiel, das nur durch Bewegungen den Inhalt transportiert und durch Aufführung die Götter ehrt.
Das Theaterspiel Indiens wird im Wesentlichen vom **„Natya Shastra"** („Natya" bedeutet sowohl Tanz als auch Theater) bestimmt – ein großes Regelwerk, das Angaben zu Theaterräumen, Kostümen, vor allem aber zu Gestik, Mimik, Körperhaltung und mehr macht: Alle Bewegungen eines Schauspielers müssen speziellen Vorgaben gemäß ausgeführt werden. Darunter fallen beispielsweise 24 Haltungen der Finger, 36 der Augen, 13 des Kopfes, sieben des Kinns...
So wird es dem Publikum ermöglicht, die pantomimische Handlung genau zu verfolgen, da die einzelnen Bewegungen wie Vokabeln erkannt und verstanden werden können.

„Handlung und Charaktere ordneten sich den Zielen der dreiphasigen indischen Rasa-Theorie unter. Die existenziellen Gefühle der Figuren sollten sich dem Zuschauer in schönster Anmut vermitteln (1. Phase), um sein Herz zu berühren (2. Phase) und in einen Glückseligkeitszustand der totalen Gemütsruhe zu versetzen (3. Phase). Ein harmonisches Ende ist dem indischen Tanzdrama folglich zwingend vorgeschrieben." (Gronemeyer)

Übrigens...

Die meisten indischen Sanskrit-Dramen beginnen mit einem Gespräch zwischen dem Spaßmacher Vidushaka und dem Theaterdirektor. Von dieser Einleitung hat sich Goethe für das „Vorspiel auf dem Theater" (Faust I) inspirieren lassen.

Neben dem Tanztheater ragt aus der Vielzahl von Formen das weltlichere **Sanskrit-Drama** hervor: Es wartet mit Texten in der altindischen Gelehrtensprache Sanskrit auf und beschäftigt sich, beeinflusst durch Wanderschauspieler und ihre Themen, mit Geschichte, Kultur, Glauben, Göttern und Helden.

China

Auch in China existiert seit jeher eine Fülle an verschiedenen, regional unterschiedlichen Theaterformen – in Europa aber nimmt man zumeist nur die Pekingoper als „chinesisches Theater" wahr. Da es aber an dieser Stelle zu weit führen würde, sich im Detail mit den anderen Formen zu befassen, muss auch hier die Pekingoper als Stellvertreter dienen:
Die **Pekingoper** entsteht zu Beginn des 19. Jahrhunderts. Auf keinen Fall sind ihre mit hoher Fistelstimme zum instrumental-begleiteten Trommelrhythmus vorgetragenen Lieder mit der europäischen Oper zu vergleichen.

Viel **Tanz, Mimik, Gestik und atemberaubende Akrobatik in reich geschmückten Kostümen** sind wesentliche Stilelemente eines Theaterspiels, das darüber hinaus auf eine aufwendige Bühnenausstattung verzichtet. Wie im indischen Theater werden die meisten Bewegungen genau definiert und präzise einstudiert. Da diese Kombination der verschiedenen Kunstformen (Gesang, Tanz, Schauspiel, Akrobatik) hohe Anforderungen an die Spieler stellt, durchlaufen die Darsteller seit frühester Jugend eine sehr intensive und schwierige Ausbildung: Bereits seit 750 n. Chr. existieren in China professionelle Schauspielschulen.

Szene aus einer Pekingoper

Für die Handlung der Pekingoper gilt vor allem eines – es geht nicht um die Geschichte: Die meist abstrakten **Verwicklungen zwischen Gut und Böse** kennt die Mehrheit der Zuschauer bereits vorher. Im Kern des Spiels steht eine möglichst perfekte Darstellung. Wie die Bewegungen erfolgen, ist genau festgelegt und stilisiert. Dadurch können in höchster **Perfektion** bereits mit kleinsten Veränderungen der Haltung verschiedene Gefühlszustände dargestellt werden.
Die Bühne bleibt bei der Pekingoper weitgehend dekorationslos, was vor allem den Wurzeln der Spielform geschuldet ist: Wandertruppen sind ursprünglich, vor allem auf Jahrmärkten, mit ihrem Repertoire aufgetreten.
Als wichtigstes Merkmal gelten darüber hinaus die **Schminkmasken** – an den Farben auf dem Gesicht des Spielers lässt sich der Charakter der jeweiligen Figur ablesen. Natürlich nur für den, der den Code kennt:

Schminkmaske

„Jede der sieben Symbolfarben steht für eine bestimmte Charaktereigenschaft: Rot für Mut und Loyalität, Schwarz für Offenheit und Ehrlichkeit, Violett für Verschlossenheit, Blau für List, Gelb für Schläue, Grün kennzeichnet den hinterhältigen Ränkeschmied und Weiß schließlich den Schurken und Verräter. Die Kombination der Farben und ihre Lokalisierung in den einzelnen Partien des Gesichts offenbaren zusammen mit der Eigenart von Kostüm und Barttracht dem Kundigen die ganze Persönlichkeit." (Simhandl)
So trägt zum Beispiel die historische Figur des Herrschers Xiang Yu eine relativ einfache strukturierte Maske, die ihn trotzdem klar als „würdevollen Schurken" charakterisiert: Das „Schurken-Weiß" wird mit Schwarz kombiniert und in der Außenwirkung durch den Bart unterstützt.

Japan

Das japanisches Theater ist konzeptionell eng mit seinem chinesischen Pendant verwandt: Wie bei der Pekingoper wird in der Regel auf eine üppige Bühnenausstattung verzichtet. Auch hier wird ein meist nur von einer Flöte begleiteter Rhythmus genutzt, der zusammen mit farbenfrohen und prächtigen Kostümen die Idee eines Gesamtkunstwerkes verwirklichen will.
Die bekannteste japanische Theaterform ist das **Nô-Theater.** „Nô" bedeutet „künstlerisches Können" und so sind bei jeder Darstellung vor allem Eleganz, Anmut, Langsamkeit und Präzision gefragt – ganz gleich, was gespielt wird.
Die insgesamt etwa 200 klassischen Nô-Stücke behandeln zumeist die Rückkehr von Geistern auf die Erde. So lassen sich viele von ihnen als „**Ich-Drama**" beschreiben: Die Seele eines Verstorbenen steht in einem inneren Konflikt, kehrt zurück auf die Erde und bedrängt die Menschen mit ihren Gefühlen oder Enttäuschungen.

Nô-Maske

„Ein prächtig gekleideter Schauspieler betritt die Bühne, die bis auf eine gemalte Kiefer völlig leer ist. Er [...] bewegt sich langsam und mit zögernden Bewegungen über die Bühne, singt dazu mit hoher Fistelstimme. Plötzlich beginnt er, mit einer stummen Intensität zu tanzen, die die Zuschauer in ihren Bann zieht. Dann verneigt er sich und tritt ab – so kann man sich eine kurze Szene aus dem japanischen Nô-Theater vorstellen, in der ein Traum dargestellt wird.“ (Müller)

Hauptdarsteller des Nô-Theaters ist der „**Shite**“, der mit Maske spielt. Ihm gegenüber steht der unmaskierte Nebenschauspieler, der „**Waki**“, der das Stück kommentiert und so auch am Anfang für die Zuschauer eine Einleitung zu den Geschehnissen formuliert. Auf der Seite des Waki befinden sich die „**Tsure**“, Gefolgsleute, die einen gemeinsamen kommentierenden **Chor** bilden.

Nô-Theater

Die verwendeten **Masken** sind sich alle relativ ähnlich und eher ausdruckslos, werden in der Regel aber auch nur von ausgewählten Hauptdarstellern getragen. Für das Spiel mit der Maske gilt übrigens der Ausspruch „Eine gute Maske bewegt ihren Träger“ – und nicht umgekehrt.
Das Nô-Spiel wird von den drei wesentlichen Begriffen **Langsamkeit, Schlichtheit** und **Konzentration** bestimmt: Alles, was auf der sparsam ausgestatteten Bühne dargestellt wird, ist extrem verdichtet, also auf knappe Zeichen reduziert und vor allem langsam. Um beispielsweise „Weinen“ auszudrücken, schiebt der Schauspieler seine Handinnenfläche ruhig vor das Gesicht, hält dies einige Sekunden lang und neigt dann ganz leicht den Kopf. Eine ruckartige Bewegung des Kopfes hingegen drückt Ärger aus.
Besondere Bedeutung hat der Fächer als multifunktionales Requisit: Er kann beispielsweise als Schwert fungieren wie auch das Trinken von Wasser darstellen, schwenkt man ihn zum Mund.

Die Nô-Darsteller bewegen sich ungefähr ein Drittel langsamer als das, was der Zuschauer als „normal“ bezeichnen müsste: Wenn sie gehen, gleiten sie langsam über den Boden und heben die Füße dabei kaum an.
Eine traditionelle Aufführung folgt einer speziellen Reihenfolge, die verschiedene thematische Stücktypen in sich vereint:

1. **Götterstück:** Es basiert auf religiösen Themen, erzählt die Geschichte eines heiligen Ortes oder stellt zum Beispiel symbolisch buddhistische Lehren dar.
2. **Kriegsstück:** Aus der Perspektive eines Kämpfers wird ein entsprechender Sachverhalt thematisiert.
3. **Frauenstück:** Im Unterschied zum zweiten Teil, der auch als „Männerstück“ charakterisiert wird, beschäftigt sich die Bühnendarstellung hier mit Frauen, konkret zum Beispiel mit einem Liebesdrama.
4. **Schicksalsstück:** Dieser Teil stellt etwa den Umgang mit einem schweren Schicksalsschlag in den Mittelpunkt der Handlung.
5. **Schlussstück:** Geister und Dämonen betreten die Bühne und markieren damit das Ende der Aufführung.

In der Praxis und zum Üben

In Gruppen wird jeweils ein kurzes Stück im Stile des Nô-Theaters entwickelt und anschließend vor Publikum präsentiert. Um die Darstellung nicht unnötig zu komplizieren, soll sie folgenden Bedingungen entsprechen:

Ein Spieler stellt als „Waki" kurz mit einigen Worten dem Publikum vor, worum es in der Spielszene geht. Die kurze Handlung (maximal zwei Minuten) soll sich an einem der fünf Stücktypen orientieren und ohne Sprache, nur mit verknappten, symbolhaften Gesten und Lauten der Kopfstimme dargestellt werden.

Hinweis: Die Aussage „Du spinnst wohl!" kann man beispielsweise durch Berührung der rechten Schläfe mit dem rechten Zeigefinger ausdrücken.

Licht

Grundbegriff

Bevor man sich dem Licht als **bühnenspezifischem Ausdrucksträger** nähern kann, sollte zunächst darauf verwiesen werden, dass es für das szenische Spiel auch die Bedeutung von **„Beleuchtung"** hat: Bühnenscheinwerfer und andere Beleuchtungseinrichtungen erfüllen die grundsätzliche Funktion, das Geschehen auf der Bühne für den Zuschauer sichtbar zu machen. Erst das, was darüber hinausgeht, kann als künstlerischer Ausdruck verstanden werden.
Das Licht trennt in den meisten Fällen auch den Zuschauer- vom Bühnenraum **(lichttechnische Trennung)**. Nicht umsonst spricht man in diesem Zusammenhang auch davon, im **Rampenlicht** zu stehen: In früheren Zeiten befindet sich der größte Teil der Beleuchtungstechnik am vorderen Ende der Bühnenrampe, sodass die Schauspieler, je mehr sie sich dem Publikum nähern, immer stärker beleuchtet werden – aber auch selbst umso weniger sehen.
Neben der reinen Beleuchtungsfunktion haben die verschiedenen Lichtquellen bzw. Lichtarten unterschiedliche Wirkungen, die man im Theater nutzen kann – ein Scheinwerfer wird so zum Beispiel eingesetzt, um die Aufmerksamkeit der Zuschauer auf einen Schauspieler zu lenken.
Auch ohne umfassende technische Ausstattung ist etwa das Betätigen eines Lichtschalters eine einfache und doch zugleich wirkungsvolle Möglichkeit, Anfang und Ende eines Stücks oder einer Szene für das Publikum sichtbar zu markieren.
Zu den Lichtarten und -funktionen:
Natürliche Lichtquellen sind beispielsweise das Sonnen- bzw. Tageslicht, der Schein einer Kerze oder einer Fackel. So kann etwa ein einziges Teelicht auf einer ansonsten dunklen Bühne eine ruhige und besinnliche **Atmosphäre schaffen** – eine der wichtigsten Funktionen des Lichts überhaupt.
Künstliche Lichtquellen können sehr verschiedenartig sein; eine Vielzahl von Lampen und Leuchten lassen die unterschiedlichsten Effekte entstehen: Eine einfache Raumbeleuchtung durch Leuchtstoffröhren suggeriert die Atmosphäre einer Lagerhalle. Eine Gruselgeschichte wirkt mitreißender, wenn die einzige Beleuchtung eine Taschenlampe ist. Leuchtdioden erzeugen eher kühles, teilweise sehr farbintensives Licht. Mit einem Stroboskop[1] lässt sich die Wahrnehmung des Publikums beeinflussen, genauso wie **Schwarzlicht**[2] den größten Teil der Bühne im Dunkeln lässt, dafür aber bestimmte Materialien besonders hervorhebt.
Lichterketten schaffen eine stimmungsvolle Atmosphäre und selbst ein Overhead-Projektor kann etwa für einen Sonnenaufgang zweckentfremdet werden.

Übrigens ...

Das antike Theater nutzte vor allem das Tageslicht und darüber hinaus Öllampen zur Beleuchtung der Szenerie. Im 19. Jahrhundert lösen die Gaslaternen diese ab.
Erst mit der Erfindung der Glühbirne und der Einführung des elektrischen Lichts reduziert sich die Zahl der Theaterbrände drastisch.

[1] ungefähr: „Blitzlichtlampe" (zum Beispiel in der Disco)
[2] siehe Exkurs: Schwarzlichttheater und Schattenspiel, S. 86

Szene aus der Oper „Pelleas und Mélisande“. Bayerische Staatsoper 2004

Wiederum wird deutlich: **Licht erzeugt Stimmung(en)**. Darüber hinaus kann es auch Räume definieren und Figuren charakterisieren bzw. voneinander abgrenzen. Kontrastiv kommt es zum Einsatz, wenn etwa eine besonders düstere Szene (Mord, Beerdigung etc.) auf einmal gleißend hell ausgeleuchtet wird.
Und wo Licht ist, da gibt es auch **Schatten** – gerade dieser kann ebenfalls für die verschiedensten Situationen im Theater eingesetzt werden – nicht zuletzt beim Schattenspiel.
Darüber hinaus wirkt Licht auch **passiv** – wie beispielsweise bei den Reflektoren, die man vom Fahrrad kennt.
Immer zu beachten ist die **Farbe des Lichts:** Rote Beleuchtung schafft Wärme, während blaue eher abkühlt; gelbes Licht dagegen erinnert an die Sonne. Auch die **Beleuchtungsstärke** bzw. Intensität spielt eine besondere Rolle, denn ein Raum, der so hell erleuchtet ist, dass alle Kontraste verschwinden, wirkt verständlicherweise anders als ein Halbdunkel, in dem die Zuschauer Mühe haben, irgendetwas zu erkennen.
Auch die **räumliche Verteilung** ist ein wichtiger Faktor, da Licht einerseits flächig, aber auch konzentriert oder an verschiedenen Stellen gleichzeitig wirken kann. Darüber hinaus kann zwischen starren und beweglichen Lichtquellen unterschieden werden.
Bei den meisten der beschriebenen Lichtquellen ist zusätzlich der **Einstrahlwinkel** von besonderer Bedeutung – auch er erzeugt eine spezifische Wirkung: So kann ein **Oberlicht** die Oberkörper der Schauspieler betonen und für minimalen Schattenwurf sorgen. Ein **Kopflicht** verstärkt diesen Effekt in Form eines zentrierten Scheinwerfers über dem Spieler und lässt weite Teile des Gesichts im Dunkeln. **Vorderlicht** schafft Weite, in besonderer Stärke blendet es vor allem die Schauspieler. Dagegen lässt das **Bodenlicht** (oder auch Fußlicht) viele Details in der Höhe im Halbschatten verblassen – eine mystisch-verfremdete Atmosphäre entsteht. Ein **Seitenlicht** sorgt dafür, dass die Bühnenmitte wesentlich dunkler als die Randbereiche erscheint, und ein **Gassenlicht** schafft einen bodennahen Lichtkorridor. Auch die Zuschauer können mittels **Gegenlicht** geblendet werden – das erzeugt große Tiefenwirkung und lange Schattenwürfe.

Rampenlicht im Theater Bielefeld

Die genaue Festlegung dessen, wie das Licht im modernen Theaterbetrieb wirken soll, welche Arten zum Einsatz kommen und wie diese den künstlerischen Ausdruck unterstützen, fasst man unter dem Begriff **Lichtregie** zusammen. Sie wird in der Regel mit Regisseur, Beleuchtern und Bühnenbildnern auf der Beleuchtungsprobe zum Inszenierungskonzept passend abgestimmt.

In der Praxis und zum Üben

Verschiedene Gruppen sollen jeweils eines der folgenden Gedichte als Spielszene erarbeiten und dabei mindestens eine besondere Lichtquelle mit eigener Funktion einsetzen. Die lyrischen Werke sollten nicht wortwörtlich, also illustrierend, umgesetzt werden, sondern frei mit Kerngedanke(n) in die Spielszene einfließen.

Joseph von Eichendorff
(1788 – 1857)

Mondnacht

Es war, als hätt' der Himmel
Die Erde still geküsst,
Dass sie im Blütenschimmer
Von ihm nun träumen müsst'.

Die Luft ging durch die Felder,
Die Ähren wogten sacht,
Es rauschten leis' die Wälder,
So sternklar war die Nacht.

Und meine Seele spannte
Weit ihre Flügel aus,
Flog durch die stillen Lande,
Als flöge sie nach Haus.

Szene aus „Pyjama Game".
Theater Wiesbaden

Christian Morgenstern
(1871 – 1914)

Das Licht

In deine Flamme schau' ich, Kerzenlicht,
die wie ein Schwert die Finsternis durchbohrt.
Hab' Dank, du schonest auch den Schatten nicht,
der meinen schlafgemiednen Sinn umflort.

Ich nähre mich an deiner ruhigen Kraft,
du Bild der Seele, die das Dunkel trennt
und ihres Leibes erdenschweren Schaft
gleich einer Fackel in den Raum verbrennt.

Joachim Ringelnatz
(1883 – 1934)

Nach dem Gewitter

Der Blitz hat mich getroffen.
Mein stählerner, linker Manschettenknopf
ist weggeschmolzen, und in meinem Kopf
summt es, als wäre ich besoffen.

Der Doktor Berninger äußerte sich
darüber sehr ungezogen:
Das mit dem Summen wär' typisch für mich,
das mit Blitz wär' erlogen.

Franz Grillparzer
(1791 – 1872)

Licht und Schatten

Schwarz ihre Brauen,
Weiß ihre Brust,
Klein mein Vertrauen,
Groß doch die Lust.

Schwatzhaft mit Blicken,
Schweigend den Zung,
Alt das Missglücken,
Wunsch immer jung;

Arm, was ich brachte,
Reich meine Lieb;
Warm, was ich dachte,
Kalt, was ich schrieb.

Exkurs

Schwarzlichttheater und Schattenspiel

Sowohl das **Schwarzlichttheater** als auch das Schattenspiel arbeiten mit ähnlichen Grundvoraussetzungen: Mit Hilfe von speziellen Beleuchtungseinrichtungen werden von den Schauspielern gezielt genutzte Formen und Effekte auf der Bühne „lebendig".

Der Begriff „Schwarzlichttheater" bezieht sich auf eine spezielle Art von Beleuchtung, genauer gesagt, den ultravioletten Anteil des Lichts (kurz **UV-Licht**), der von eigens dafür konstruierten Lampen verstärkt abgestrahlt wird.
Durch den Einsatz der besonderen Lichtquelle werden dann nur speziell geeignete Objekte, Oberflächen und Materialien sichtbar. Zu beachten ist, dass sich im Zuschauerraum keine Lichtquelle befinden darf, um den Effekt nicht zu stören.
So entsteht eine „magische" Atmosphäre, die Objekte wie von Geisterhand plötzlich erscheinen und durch den Raum schweben lässt – die Gesetze der Schwerkraft scheinen nicht mehr zu gelten.
Schwarzlichttheater ermöglicht auf diese Weise, unsichtbar zu sein, denn vorher kann genau definiert werden, was später auf der Bühne sichtbar sein wird und was nicht.
Interessant ist auch, dass hier das Prinzip der Pantomime als eigenständige Kunstform beinahe vollkommen verwirklicht ist – Gestik, Mimik, Körpersprache und mehr wirken ohne Worte als eigenständige Theaterform zusammen.
Das **Schattenspiel** scheint in diesem Fall ein Verwandter bzw. Vorläufer des Schwarzlichttheaters zu sein – sozusagen aus einer Zeit, in der es noch keine UV-Lampen gibt:

Das aus dem Fernen Osten – wahrscheinlich aus China oder Indien – stammende Schattenspiel (auch: **Schattentheater**) ist in der Regel als Sonderform des Puppentheaters anzusehen. Mit seiner ursprünglichen Funktion, böse Geister zu vertreiben und vor allem bei wichtigen Anlässen zu unterhalten, baut das Spiel auf Figuren verschiedener Beschaffenheit. Diese sind zumeist entweder **plastisch** („Augsburger Puppenkiste") oder **flach** (Papier etc.), wie im hier betrachteten Schattenspiel: Mit Hilfe von Figuren, die mit beweglichen Stäben vor einer rückwärtig beleuchteten weißen Leinwand geführt werden, entstehen kurze Spielszenen.

Traditionell werden in Asien buddhistische oder taoistische[1] Legenden sowie Episoden aus der Geschichte mittels Schattenspiel auf die Bühne gebracht. In der Regel wird diese Darstellung von Musik untermalt. Es bleibt dabei offen, ob ein Sprecher die jeweilige Erzählung wiedergibt oder die Darstellung ganz ohne Worte erfolgt. Ein geheimnisvolles Element bekommt die Spielform sicher auch dann, wenn – wie in früheren Zeiten – im flackernden Kerzenlicht gespielt wird.
Auch bei den verwendeten Materialien gibt es durchaus Unterschiede: Lichtundurchlässige Stoffe wie Karton, Holz, Metall oder Leder erzeugen sogenannte **Silhouettenfiguren,** während transparente Stoffe **Schemenfiguren** entstehen lassen.

Als Abwandlung des klassischen Schattentheaters kann natürlich gerade in der kleinen Theatergruppe ein Schattenspiel auch auf andere Art gelingen: Wenn die Darsteller selbst hinter der Leinwand spielen – ganz ohne die Verwendung von Figuren – kann man dies im heutigen Sinne ebenso als Schattenspiel bezeichnen. Und das funktioniert bereits mit einfachsten Mitteln: Schon ein weißes Betttuch, das rückwärtig von einem Projektor angestrahlt wird, bietet einen solchen Handlungsraum. Interessant ist vor allem die Wirkung, die beim Spiel entsteht, denn das Publikum kann nur die Umrisse der Darsteller erkennen – der Raum hinter der Leinwand verliert seine Perspektivenwirkung. Dadurch gilt auch, dass vor allem die Mimik der Schauspieler zurücktritt, was zu einer besonderen Betonung der Gestik führt. Natürlich sollten dabei die Geräusche nicht vergessen werden, die zusätzlich einen wichtigen Reiz dieser Spielform ausmachen.
Mit der einzelnen Leinwand können so überraschend viele Effekte und Wirkungen erzielt werden – auch eine Anbindung an das „normale" Spiel ist möglich: Teilt man den Bühnenraum in zwei Hälften und macht die eine zur „Schattenbühne", so kann dort beispielsweise ein Traum oder ein alternativer Handlungsort dargestellt werden.

In der Praxis und zum Üben

Märchentheater

Verschiedenen Gruppen wird jeweils ein bekanntes Märchen zugeteilt, dessen Inhalt sie im Vorfeld der Spielaufgabe erarbeiten.
Dann werden aus Papier entsprechende Figuren gebastelt und ein Schattenspiel wird zum Märchen einstudiert. Die Spieldauer sollte fünf Minuten nicht übersteigen.
Anschließend präsentieren sich die Gruppen gegenseitig die erarbeiteten Geschichten; im einfachsten Fall mit Betttuch und Projektor.

Vorschläge für populäre Märchen:
- Rotkäppchen
- Der Wolf und die sieben Geißlein
- Hänsel und Gretel
- Rapunzel
- Hans im Glück
- Dornröschen
- Der Froschkönig

[1] Konfuzianismus, Taoismus und Buddhismus sind die drei großen religiösen Lehren, welche die asiatische Welt, vor allem China, bis heute prägen.

Grundbegriff

Rolle

Eine Rolle zu spielen, bedeutet für einen Schauspieler seine eigene Persönlichkeit abzulegen und **in eine andere Person zu schlüpfen** – aber natürlich nicht bis zur Selbstaufgabe. Die gespielte Rolle entsteht dabei immer auch aus der Persönlichkeit und der Erfahrung des Schauspielers, weshalb verschiedene Darsteller eine Figur in immer neuer Weise als Rolle verkörpern.
Der Begriff selbst leitet sich vom lateinischen Wort „rotula" ab, was Rädchen, aber auch Schriftrolle bedeuten kann. Vor allem die zweite Übersetzung bezieht sich auf die Geschichte des Theaters: Ab dem 16. Jahrhundert wird der jeweilige Text eines Schauspielers zusammen mit Schlüsselstichworten auf kleinere Papierrollen herausgeschrieben[1]. So lässt sich die Rolle als von einem Schauspieler oder Sänger in einem Bühnenwerk **dargestellte Figur sowie deren Text** definieren.

„Die Erarbeitung der Rolle ist für den Schauspieler ein schwieriger Prozess. Sobald er die Bühne betritt, muss er wissen, dass er nicht mehr als er selbst dort steht, sondern in der zu verkörpernden Rolle." (Brauneck)

Grundsätzlich lässt sich unterteilen in **Hauptrolle, Nebenrolle** sowie die namensgebende **Titelrolle**, wie beispielsweise in den Dramen „Hamlet", „Emilia Galotti" oder auch „Prinz Friedrich von Homburg". Zusätzlich gibt es in einigen Stücken neben den **Sprechrollen** auch vereinzelt **stumme Rollen.** Spielt ein Darsteller zwei verschiedene Rollen, spricht man von einer **Doppelrolle.** Wenn eine Frau eine männliche Figur verkörpert, wird dies **Hosenrolle** genannt. Alle Rollen eines gedruckten Stückes werden für gewöhnlich unter der Bezeichnung „Dramatis personae" (lat. für „Personen des Dramas") zu Beginn aufgelistet.
Bis in das 19. Jahrhundert hinein teilte man Schauspieler nach ihrem Äußeren und der Gesamtheit ihrer Fähigkeiten in verschiedene **Rollenfächer** ein, wie beispielsweise Liebhaber, jugendlicher Held, bösartiger Alter, Intrigant und so weiter – dies geht vor allem auf die Grundtypen der italienischen Commedia dell'Arte zurück. Dort treten immer gleiche Figuren wie Arlecchino der dümmliche Diener, Capitano der Aufschneider, Pantalone der reiche Kaufmann und viele andere auf.

„Diese Rollenmuster kommen uns heute kindisch, schablonenhaft und damit grobschlächtig vor. Möglicherweise aber sind sie substanzieller, als wir denken. Jahrhundertelang, mindestens seit der Commedia dell'Arte, stellten diese Muster das Gerüst des Theaters dar, sie lebten bis weit hinein ins Literaturtheater der größten Autoren fort. [...] Und sie haben in unserer Zeit in den TV-Soaps, die weltweit das beliebteste Unterhaltungsgenre sind, eine Wiederauferstehung erlebt, die niemand [...] für möglich gehalten hätte." (Michalzik)

Ein junger Schauspieler musste für einen erkrankten Hauptdarsteller die Rolle in einem Stück von T. S. Eliot übernehmen. Er war so stolz darauf, dass er an T. S. Eliot folgendes Telegramm schickte: „Ich spiele heute Abend die Hauptrolle!" Als er abends ins Theater kam, lag bereits ein Antworttelegramm von Eliot vor: „Danke für die Warnung."

[1] Heute erhalten die Darsteller in der Regel den vollen Text.

Figur

Grundbegriff

„Figura"[1] kann aus dem Lateinischen mit „Gestalt" oder „Aussehen" übersetzt werden und dient in der Regel als **neutrale Bezeichnung für jede Person, die in einem dramatischen Werk vorkommt.**

Etwas detaillierter betrachtet steht der Begriff speziell im Theater für „[...] eine vom Schauspieler dargestellte fiktive Person, der er auf der Bühne Körper, Stimme, Gestik, Mimik und Gefühle verleiht, ohne jedoch sie je selber zu sein. Die Figur ist die künstlerisch gestaltete und auf der Bühne vorgeführte Rolle, die durch den Dramentext [...] vorgegeben ist." (Schwab) Füllt der Schauspieler also eine Rolle mit Leben bzw. verleiht er ihr individuelle Züge, so bezeichnet man dies als „**figurieren**".

Häufig dient „Figur" auch dazu, um eher eindimensionale, wenig komplexe Figuren in Abgrenzung von „**Charakter**" zu beschreiben. Letzteres bezieht sich oftmals vor allem auf sehr individuelle Bühnenfiguren mit vielen Eigenarten.

Um eine Figur innerhalb einer Handlung zu verorten, dient eine **Figurenkonstellation.** Hier zeigt man, szenisch als Beziehungstableau oder schriftlich, etwa in einem Diagramm, das Verhältnis der Figuren eines Stücks zueinander. So wird zum Beispiel ein kurzer Handlungsüberblick gewährt oder ein besseres Rollenverständnis geschaffen.

Vor allem im Kontext moderner Theaterstücke und Dramen wird die einzelne Figur immer wichtiger, denn den einen, großen Helden – ein Begriff, der normalerweise die klassische Titelrolle bzw. Hauptfigur bezeichnet – gibt es hier oftmals nicht mehr. Viele verschiedene Personen, teils mit geringem Redeanteil, tauchen so als Figuren auf, nicht mehr als detaillierte, vielschichtige Charaktere.

Ernst von Possart stand vor Gericht und nannte sich, aufgefordert, seinen Namen zu nennen, nicht nur mit dem wohlklingenden Namen, sondern fügte gleich hinzu: „Der Welt bester Schauspieler!" – Ein kühner Kollege mit allzu modernem Sinne fragte den Künstler später, ob diese Formulierung nicht ein wenig übertrieben gewesen sei. „Herr Kollege", rief Possart aus, „was hätte ich sonst sagen sollen, ich stand unter Eid!"

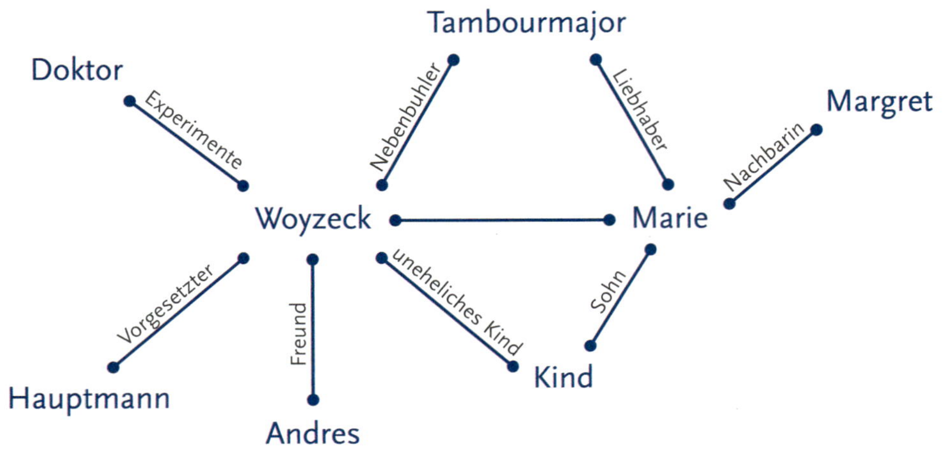

Figurenkonstellation zu Büchners Dramenfragment "Woyzeck"

[1] In dem lateinischen Wort wurzeln auch die Begriffe „fiktiv" und „Fiktion", die beide auf etwas künstlich Geschaffenes verweisen.

Übung

Eine Haltung kopieren

Die folgende Übung stärkt die Fähigkeit des einzelnen Schauspielers zu beobachten. Nur wer genau beobachten kann, ist später in der Lage, Gefühlszustände und die Haltung verschiedener Personen zu imitieren und darüber zu seiner eigenen Bühnendarstellung zu finden.

Zunächst werden vier Spieler (drei von ihnen verlassen den Raum) ausgewählt und auf der Bühne zwei Stühle aufgestellt. Derjenige, der drinnen bleibt, setzt sich auf den ersten Stuhl und nimmt eine bestimmte Haltung ein, die einen Gemütszustand (Freude, Angst, Hass, Unruhe, Nachdenklichkeit etc.) ausdrückt – zum Beispiel Trauer durch einen entsprechenden Blick, hängende Arme, angezogene Schultern.

Jetzt wird einer der drei anderen Spieler hereingebeten, schaut sich die Haltung des ersten genau an und gibt diesem nach kurzer Zeit das Zeichen, die Bühne zu verlassen. Dann setzt sich der zweite Spieler auf den Stuhl und nimmt die eben gesehene Haltung ein.

Nun wird der dritte hereingebeten und die Prozedur wiederholt sich: Auch er soll wieder die Haltung, die er vorfindet, genau betrachten, den Sitzenden durch ein Zeichen ablösen und schließlich selbst dessen Position einnehmen. Mit dem vierten Spieler wird ebenso verfahren.

Schließlich nimmt der erste Spieler wieder in der Ursprungshaltung neben dem vierten Platz. In einer gemeinsamen Abschlussbesprechung klärt die Gruppe, ob der ursprünglich dargestellte Gemütszustand beim vierten Spieler noch erkennbar ist, und beschreibt bzw. diskutiert die vorgefundenen Haltungsveränderungen.

Ergänzung: Es kann durchaus sinnvoll sein, die Übung zu filmen oder einige Fotos zu machen, die später für eine bessere Vergleichbarkeit der einzelnen Spieler sorgen.

Grundbegriff

Raum und Bühne

Die wohl wichtigste und erste **Grundbedingung** im Theater ist der **Raum.** Schon die Urformen des szenischen Spiels kennen einen festgestampften Platz, in dessen Mitte gespielt und der von Zuschauern umringt wird. Obwohl im Laufe der Jahrhunderte viele verschiedene Bühnenformen entstanden sind, bleibt immer nur eine einfache Bedingung: der **definierte Bühnenraum.** Eigentlich braucht es für Theater deshalb nicht einmal eine erhöhte Spielfläche – nur eine klar abgegrenzte.

Schon mit Kreide kann in jedem noch so kleinen Zimmer ein Kasten auf dem Boden gezogen werden. In diesem Rechteck (oder Viereck, Kreis etc.) können sich dann die Schauspieler bewegen – schon ist ein Bühnenraum geschaffen.

Da der Raum auch einer der wesentlichen **Ausdrucksträger** des Theaters ist, transportiert er immer Bedeutung, zum Beispiel schon durch die bloße **Raumwirkung** – spartanisch, kühl, beengend, weit, einladend und mehr: So kann ein Raum selbst ohne Bühnenbild und Bühnendekoration anmuten. Insofern ist er untrennbar mit der Inszenierung verbundener Teil dieser und verändert sich auch durch die Handlung. In diesem Sinne muss also die Wirkung des verwendeten Raumes berücksichtigt werden: Das Spiel wird dadurch immer beeinflusst. Darüber hinaus bestimmt der Raum die Wahrnehmung, Kommunikation und das Verhältnis von Zuschauern und Schauspielern.

Als der Komiker Alexander Girardi im Hofburgtheater in „Der Bauer als Millionär" auftreten sollte, blieb er, betroffen von der Weite und Tiefe der Bühne, im Hintergrund wie angewurzelt stehen. „Aber kommen Sie doch zur Rampe vor, Herr Girardi!", rief ihm der Regisseur zu. Girardi: „Dazu brauch ich ja einen Fiaker [Kutsche]!"

Perspektivensuche

Auf diese Weise lassen sich drei wesentliche Wirkungsaspekte oder „Dimensionen" (nach J. Roselt) unterscheiden:

Die **funktionale Dimension** von Raum bezieht sich darauf, wie ein Raum konkret genutzt wird und das Verhältnis von Zuschauern und Schauspielern bestimmt. Dies geschieht vor allem über die Bühnenform: Bei einer Shakespearebühne, die das Publikum von drei Seiten „umstellt", können die Zuschauer viel direkter Kontakt mit den Schauspielern aufnehmen und das Spiel beeinflussen. Dies steht zum Beispiel in direktem Kontrast zu einer Guckkastenbühne, bei der das Publikum wie in einen Fernseher schaut.

Theater Aachen

Die **soziale Dimension** von Raum verweist darauf, dass Theater zwar grundsätzlich überall und losgelöst von der Alltagswirklichkeit stattfinden kann, es sich aber trotzdem immer im weitesten Sinne auf die Gesellschaft und das reale Leben bezieht und davon beeinflusst wird. Die Wahl eines bestimmten Raumes sorgt für eine jeweils andere Zusammensetzung des Publikums: Wird in einer alten Fabrikhalle kostenlos gespielt, kommen wahrscheinlich Interessierte jeden Alters aus vielen gesellschaftlichen Schichten. Wenn aber eine Aufführung in einem historischen Theatergebäude im Herzen einer Großstadt mit Eintrittsgeldern jenseits der dreißig Euro verbunden ist, sieht die Zusammensetzung des Publikums schon ganz anders aus. Auf diese Weise entstehen soziale Abgrenzungen. Und obwohl Theater überall stattfinden kann – etwa auch draußen auf einer Wiese – ist es doch auffällig, dass es in der Regel immer ein Produkt der Städte ist: Zu den wichtigsten Schauspielstätten der Antike wird nicht grundlos bereits das Dionysos-Theater in Athen gezählt.

Raumdimensionen

- funktional
- sozial
- ästhetisch

Innenraum des Kölner Doms

„Theater ist einfältig, wenn es nicht vielfältig ist."
Bertolt Brecht

Die **ästhetische Dimension** von Raum beschreibt die Auswirkungen eines Raumes auf die künstlerische Arbeit und die Wahrnehmung derselben durch das Publikum. Wie sich der Raum gestaltet, beeinflusst das Spiel auf der Bühne und die Art, wie die Zuschauer es aufnehmen: Anders als im physikalischen Sinne, wo Raum eine messbare Größe ist, verhält sich die sinnliche Wahrnehmung der Menschen nicht immer gleich. Wenn wir einen Raum nur akustisch erfassen, das heißt etwa durch Musik oder Geräusche, wirkt er anders auf uns als bei visueller Aufnahme.
Ein Beispiel: Ein Orgelkonzert in einer gotischen Kathedrale, zum Beispiel dem Kölner Dom mit einer Höhe von 157 Metern[1], klingt mit geschlossenen Augen „nach" einem überdimensionalen Raum – öffnen wir diese aber, wirkt das, was wir sehen, weitaus kleiner, dunkler und beengter (siehe Bild). Genauso verhält es sich mit dem Theaterraum, der ebenfalls auf verschiedene Weisen wirkt:

- **visuell** Beispiel: Was sieht man auf der Bühne und im Raum?
- **auditiv** Beispiel: Wie nimmt man Geräusche, Klänge etc. wahr?
- **taktil** Beispiel: Wie fühlt sich der Stuhl an?
- **olfaktorisch** Beispiel: Wie riecht eine bestimmte Bühnenszene mit Feuerwerk?
- **gustatorisch** Beispiel: Wie schmeckt die Luft im Theatergebäude?

Unterschieden werden sollte auch zwischen **Aufführungsort, Aufführungsraum** und „**szenischem Raum**". Die ersten beiden Begriffe beschreiben konkret ein bestimmtes Gebäude oder einen Platz im Freien und dessen klar abgegrenzten, für alle wahrnehmbaren Bühnenraum. Der Begriff „szenischer Raum" dagegen entsteht durch das Spiel auf der Bühne und wird dadurch definiert, wie die Darsteller sich bewegen und was sie sich vorstellen.

Ein Beispiel: Jemand, der sich auf einer leeren Bühne für alle Zuschauer sichtbar in einem Labyrinth verlaufen soll, kann pantomimisch Wände andeuten, zwischen denen er scheinbar gefangen ist. So entsteht ein spezieller szenischer Raum.

Für die praktische Arbeit mit einem Bühnenraum empfiehlt es sich, diesen – auch mithilfe einer Bühnenraumskizze – zu gliedern, das heißt zum Beispiel verschiedene Bereiche für unterschiedliche Spielergruppen zu schaffen.
Experimentiert werden kann immer mit **Nähe und Distanz,** genauso wie mit **Enge und Weite** – zum Beispiel bei der Positionierung der Darsteller oder Requisiten. Um eine solche Einteilung zu erreichen, helfen mobile Trenn- oder Stellwände. Versuche können gegebenenfalls auch mit der Auflösung der Grenzen von Bühnen- und Zuschauerraum gemacht werden, etwa wenn die Schauspieler plötzlich die abgegrenzte Bühnenfläche verlassen, sich gezielt in die Publikumsmenge begeben und danach wieder zur Bühne zurückkehren. Die Verwendung einer solchen Idee muss aber inhaltlich begründet werden und darf gerade nicht „einfach so" erlaubt sein. Immer zu beachten ist die **Akustik** (griech. „Lehre vom Schall") eines Raumes: Alles, was gesprochen wird, muss für jeden deutlich hörbar sein. Besonders der Nachhall ist eine wichtige akustische Komponente: In einem Freilichttheater gibt es diesen nicht, in einer Kirche dagegen sehr wohl.
Die **Bühne** könnte man in diesem Kontext auch als weiterentwickelten Theaterraum bezeichnen – schon in ihrer einfachsten Form, dem Podest, erfüllt sie die Grundbedingung der besseren Sichtbarkeit für das Publikum in gleichem Maße wie die Forderung nach einem definierten Raum:

[1] Die Innenraumhöhe liegt bei über 40 Metern.

Kurzdefinition:

„Bühne, der für das Auftreten der Schauspieler und den Ablauf der Vorstellung bestimmte, zwecks besserer Sichtbarkeit erhöhte Teil einer Theateraufführungen dienenden Öffentlichkeit." (G. v. Wilpert)

Szene aus „Eiszeit" von Tankred Dorst. Zürich 1990

Die weiteren Kapitel gehen ausführlich auf die einzelnen Bühnenformen und ihren historischen Kontext ein. Eines soll allerdings vorweg festgehalten werden: Diese Entwicklung der Bühnenformen kann man als eine Art Prozess verstehen.

Der erste Spielraum im Urtheater ist der festgestampfte Platz, der von den Zuschauern ohne bauliche Abgrenzung umstanden wird. In der weiteren Geschichte entwickelt sich dann zunehmend eine stärkere Trennung von Bühne und Zuschauerraum – bis schließlich die Bühne als ein in sich geschlossener Kasten verstanden wird, der auch in Richtung der Zuschauer über eine „vierte Wand" verfügt, welche die Schauspieler nicht durchdringen können und sollen (vergleichbar mit dem Fernsehen). In der Moderne allerdings verläuft diese Entwicklung wieder in die andere Richtung und die Trennung von Zuschauerraum und Bühne wird zunehmend aufgehoben. Das gipfelt in der Form der „Raumbühne", bei der – wie im Urtheater – das Publikum auf der ebenen Fläche, in deren Mitte auch die Darsteller spielen, Platz nimmt oder steht.
Neben den einzelnen Bauformen für Bühnen lassen sich noch einige grundlegende Unterscheidungen treffen: Freilichtbühnen wie im antiken Griechenland sind an einen festen Ort gebunden, während Wanderbühnen überall aufgebaut werden können. Erst in der Renaissance entstehen dann feste Theatergebäude, die überdacht sind und damit eine neue Art des Spiels erlauben.

Szene aus „Wilhelm Tell". Freilichtaufführung des deutschen Nationaltheaters Weimar, 2004

Wichtig:
Aufgrund der **Komplexität von Raum und Bühne** sollte sich der Spieler immer bewusst sein, dass beide getrennt voneinander wahrgenommen und im Spiel gemeinsam beachtet werden müssen.

In der Praxis und zum Üben

In verschiedenen Gruppen sollen zu einem frei gewählten Thema (Liebe, Verwechslung, Mordfall, klassische Tragödie etc.) oder bereits bekannten Theaterstücken (gerne auch aus diesem Buch) entsprechende, thematisch passende Aufführungsräume ausgewählt bzw. konzipiert werden. Das Anfertigen einer Bühnenraumskizze kann den Spielern bei der Entwicklung ihrer Ideen helfen.

Beispiel: Ein Stück, das die soziale Situation eines einfachen Arbeiters in den Mittelpunkt stellt, könnte in einer alten Fabrikhalle aufgeführt werden. Dabei ist es auch möglich, dass die Schauspieler den Bühnenraum verlassen und zum Beispiel in der Nähe der umherstehenden Maschinen spielen oder eine Art Stationentheater präsentieren, bei dem das Publikum der Handlung durch verschiedene Abteilungen und Räume der Halle folgt.

Ihre Ideen sollen die Gruppen abschließend präsentieren und dabei folgende Aspekte berücksichtigen:

- Verhältnis des Raumes zur Idee des Stückes
- Wirkung des gewählten Raumes
- Atmosphäre
- Verhältnis von Zuschauern und Schauspielern (Auf welche Weise nimmt der gewählte Aufführungsraum darauf Einfluss?)
- besondere (zum Beispiel technische) Möglichkeiten des Raumes

Übung

Raumwahrnehmung

Die folgende Übung demonstriert auf einfache und doch sehr wirkungsvolle Weise, wie wir unsere Umgebung wahrnehmen.
Alle Gruppenmitglieder legen sich auf den Boden und schließen die Augen. Der Spielleiter fragt nun verschiedene Details zu dem Raum ab, in dem sich die Gruppe gerade aufhält. Aspekte können beispielsweise die Zahl der Tische, Stühle, Fenster etc. sein oder die Farbe von Gegenständen, ihre Oberfläche, die verwendeten Materialien – aber auch Lichtverhältnisse, Deckenlampen, Wände, Fußbodeneigenschaften und so weiter.
Wichtig ist, dass die einzelnen Gruppenmitglieder diese Fragen nicht laut, sondern nur für sich alleine beantworten.
Wenn die Übung beendet ist, dürfen alle wieder ihre Augen öffnen, sich umschauen und die Umgebung mit ihren Antworten vergleichen.
Hiernach kann eine Reflexionsrunde angeschlossen werden, in der jeder die Möglichkeit erhält, über die gemachten Erfahrungen zu sprechen.
Variation: Die Übung könnte genauso mit dem Schwerpunkt der Personenwahrnehmung wiederholt werden. Dabei wird dann abgefragt, wer beispielsweise eine Brille, ein blaues T-Shirt, Turnschuhe etc. trägt.

Grundbegriff

Bühnenbild und Kulisse

Wer „Bühnenbild" hört, denkt in der Regel an den bemalten Hintergrund eines Theaterraumes. Das ist zwar nicht grundsätzlich falsch, zeigt aber, wie unpräzise der Begriff in der Umgangssprache benutzt wird, denn an sich bezeichnet er die gesamte **künstlerisch-bildnerische Umsetzung eines Stückkonzepts in den vorgegebenen Raum.**

„Der Freischütz" in der Komischen Oper Berlin, 2012

Das heißt, hier geht es (heute) konkret darum, wie ein Regiekonzept durch Raumgestaltung umgesetzt wird. Dies muss nicht immer mit einem Hintergrundbild verbunden sein, sondern ist auch schon dann erfüllt, wenn zum Beispiel auf einer leeren Bühne einzelne Stühle und Stellwände abstrakt angeordnet sind.
Aus den früheren Jahrhunderten und vor allem aus der Antike dagegen stammt unsere Vorstellung vom Bühnenbild als bemaltem Hintergrund: Vor dem 20. Jahrhundert herrscht die Meinung, dass die Rückwand einer Bühne das Stück lediglich illustrieren soll – sozusagen um der Fantasie der Zuschauer eine Hilfe zu sein.

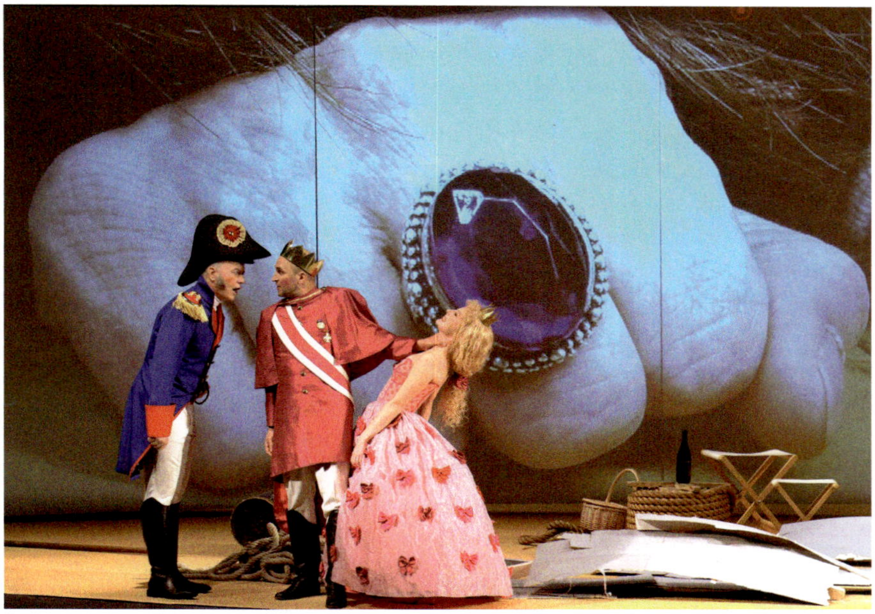

„Gullivers Reisen“ von John von Düffel am Deutschen Nationaltheater Weimar, 2010

Die ersten dieser Bühnenbilder finden sich bereits bei griechischen Autoren wie Sophokles. Man grenzt sie heute mit dem Begriff „**Skenographie**“ ab. Erst in der Renaissance entstehen dagegen überdachte Theatergebäude, die eine umfangreiche Gestaltung der gesamten Bühne ermöglichen und vor Wind und Wetter schützen. Die Vorstellung im 18./19. Jahrhundert, dass ein Bühnenbild eine Szene so realistisch wie möglich umrahmen bzw. untermalen soll, wird mit den Umbrüchen im Theater des 20. Jahrhunderts zunehmend abgelöst: Der Berufsstand „Bühnenbildner“ etabliert sich und die Ausgestaltung der Szenerie sieht man zunehmend als selbstständigen Ausdrucksträger, der in Abstimmung mit Regisseur und Stück entsteht, aber nicht nur untermalt.

„Auch die Bretter, die die Welt bedeuten, haben Nägel.“
Hans-Horst Skupy

Neue technische Mittel erlauben außerdem ganz andere Formen der Bühnengestaltung, zum Beispiel mit Lichteffekten, Filmprojektionen oder maschinell beweglichen Elementen. So entsteht schließlich auch die heute weit verbreitete Form der Drehbühne, bei der auf einem beweglichen Teller abgegrenzte Bereiche gestaltet und im Laufe der Aufführung „weitergedreht“ werden können.

Heutzutage wird zusätzlich auch die **Videotechnik** genutzt, um etwa historische Bezüge oder bewegte Szenenhintergründe zu schaffen – häufig entsteht daraus die Schwierigkeit, dass sich die Aufmerksamkeit des Publikums vor allem auf den Hintergrund richtet.

Die Sonderform eines modernen Bühnenbilds ist der **leere Raum,** der zum Beispiel nur durch Licht und Klänge gestaltet wird. Auch dieses Bühnenbild hat seine spezielle Funktion, es verweist zum Beispiel darauf, dass etwas nicht vorhanden ist: Ein Stück, das eigentlich in einem Schloss spielen sollte, aber in einem leeren Bühnenraum aufgeführt wird, bekommt auf diese Weise eine ganz andere Wirkung. Gerade für die Praxis kleiner Spielgruppen kann ein modernes Bühnenbild schon mit wenigen Hilfsmitteln gestaltet werden – zum Beispiel durch die kombinierte Verwendung multifunktional einsetzbarer Würfel und Säulen mit verschiedenen Tüchern, Stellwänden und Scheinwerfern.

Für die Arbeit mit dem Bühnenbild ist zu beachten: Alles, was auf der Bühne steht, sollte eine **Funktion** haben und nicht nur platziert sein, weil es „gut“ aussieht.

Übrigens...

Bühnenarbeiter werden auch heute noch umgangssprachlich als „Kulissenschieber“ bezeichnet, weil bei der entsprechenden Bühnenform die Szenerie durch Verschieben der Kulisse gewechselt wird.

Dies gilt aber zum Beispiel nicht, wenn verschiedene, aufeinander abgestimmte Elemente, wie Möbel, Teppiche und Bilder als Dekor verwendet werden, um eine bestimmte Atmosphäre zu schaffen.

Wichtige Grundregeln: Das Bühnenbild sollte sich nicht in den Vordergrund drängen, die Darsteller nicht beim Spielen behindern und der Bühnenform bzw. Raumgestaltung angepasst sein.
Ein anderer wichtiger Begriff, der in diesem Zusammenhang immer wieder fällt, ist „**Kulisse**“. Er entsteht wohl infolge einer Reform des Bühnenbaus im Barock: Die damals neuartige Kulissenbühne (frz. „coulisse“, Nut, Führung) arbeitet mit verschieden bemalten Leinwänden (oder ähnlichem Material), die leicht mittels Führungsschienen auf der Bühne bewegt werden können. Auf diese Weise ist es erstmals möglich, das Hintergrundbild relativ schnell auszutauschen, was Szenenwechsel zu Innenräumen und anderen Handlungsorten ermöglicht. Die einzelnen Kulissen sind hintereinander gestaffelt und orientieren sich an einem Fluchtpunkt, werden also perspektivisch nach hinten immer kleiner.

Kurzfassung:

„Unter Bühnenbild versteht man heute nicht nur zweidimensionale, gemalte Darstellungen wie z. B. Hintergrundprospekt, Wände oder Kulissen, sondern die gesamte raumbildende und atmosphärisch-schaffende optische Ausgestaltung der Bühne mit Mitteln der bildenden Kunst, der Architektur, der Technik und der Beleuchtung. Heute zutreffender, wenn auch nicht so geläufig, ist daher der Begriff **szenischer Bühnenraum**.“ (Schwab)

In der Praxis und zum Üben

Jeder Spieler der Gruppe soll zu einem frei gewählten Theaterstück – gerne auch aus diesem Buch – eine Skizze für ein entsprechendes Bühnenbild entwerfen und dieses anschließend der Gruppe im Hinblick auf Gestaltung, Funktion und künstlerische Idee vorstellen.

Bühnenbildentwurf für Brechts „Trommeln in der Nacht“, München

Bühnen bauen

Projekt

Im Laufe der Geschichte des Theaters entstehen viele verschiedene Bühnenformen aus immer neuen Vorstellungen und Bedürfnissen heraus. Die wesentlichen Stationen auf dem Weg zu heutigen Raumkonzepten stellt dieses Buch vor.
Um sich aber nicht nur in der grauen Theorie, sondern auch praktisch und kreativ mit den Bühnenformen auseinanderzusetzen, soll hier der Vorschlag gemacht werden, diese nachzubauen:

In der Praxis und zum Üben

Jeder Spieler sucht sich eine der vorgestellten Bühnenformen aus und fertigt (teilweise in der Gruppe) einen Nachbau an, der die wesentlichen Grundelemente enthält. Die Konstruktion kann dabei sowohl in einem Schuhkarton aufgebaut wie auch aus anderen Materialien (Pappmaschee, Holz, LEGO etc.) frei gestaltet werden.

Bei einer anschließenden Präsentation soll dann jeder Spieler/jede Gruppe die einzelnen Bauelemente seiner/ihrer Bühnenform in einem kurzen Vortrag vorstellen sowie auf die Vor- und Nachteile für das Theaterspiel eingehen (Beispiel: Eine kahle Raumbühne kann nicht mit umfassender Bühnendekoration ausgestattet werden).

Bühnenformen in diesem Buch:
- Orchestrabühne (Gruppe mit 2-3 Spielern)
- Simultanbühne (Gruppe mit 2-3 Spielern)
- Terenzbühne (Gruppe mit 2-3 Spielern)
- Shakespearebühne (Gruppe mit 2-3 Spielern)
- Corral-Bühne (Gruppe mit 2-3 Spielern)
- Barocke Illusionsbühne/Guckkastenbühne (Gruppe mit 2-3 Spielern)
- Reliefbühne (1 Spieler)
- Raumbühne (1 Spieler)
- Zusätzlich: Renaissancebühne[1] (Gruppe mit 2-3 Spielern)

Musik, Klang und Geräusche

Grundbegriff

Die Einsatzmöglichkeiten für akustische Ausdrucksträger im Theater sind vielfältig; unterscheiden lassen sich drei Kategorien: Musik, Klang und Geräusche.

Musik

Musik wird im Theater oft als Untermalung eingesetzt oder um die Zuschauer zu unterhalten. Sie ist dort allerdings kein selbstständiges Element wie im Konzert. Sowohl die reine Instrumentalmusik wie auch gesungene Lieder sind deshalb immer **Teil der Gesamtwirkung einer Inszenierung** – wie etwa eine besondere Beleuchtung – und dürfen daher nicht einzeln betrachtet werden.
Die Musik vermag Emotionen zu wecken oder Atmosphäre zu schaffen, zum Beispiel in einer Liebesszene. Gleichzeitig kann sie auch Aussagen vermitteln, etwa bei Brecht, wo die sogenannten „Songs" auch in der Funktion von Verfremdungseffekten für das Publikum die Handlung kommentieren, Deutungen anbieten oder politisch motivieren wollen. Daneben wird Musik häufig auch als Lücken- oder Pausenfüller eingesetzt oder als „Umbau-Musik", die das Publikum unterhält, während auf der Bühne die Kulisse verändert wird.
Die spezielle Wirkung von Musik ist immer auch vom jeweiligen Kulturkreis abhängig: Nicht jedes Stück wird überall auf der Welt auf die gleiche Weise verstanden.

> „Auf der Bühne kann man alles, nur die gesunde Vernunft nicht brauchen."
> Jean-Jacques Rousseau

[1] siehe Exkurs: Theaterbau in der Renaissance, S. 138

Klang

Die Quelle für bestimmte Klänge können sowohl **Instrumente** als auch verschiedene andere **Objekte** sein – von der Stimmgabel bis hin zum Heizkörper. Sie helfen, die Geräuschkulisse mitzugestalten, bekommen allerdings meist eine besondere Funktion zugeordnet. So wird etwa bei Richard Wagner ein einzelner, lang gehaltener Ton auf der Trompete zum wiedererkennbaren Leitmotiv. In diesem Sinne können also im Theater einzelne Klänge wie Impulse wirken, die das Publikum an etwas erinnern oder Szenenteile bzw. –wechsel markieren.

Geräusche

Geräusche werden in der Regel eingesetzt, um die Inszenierung realistischer oder bestimmte Elemente wiedererkennbar zu machen. Ursprünglich kommt aus diesem Bereich auch der Begriff der „**Geräuschkulisse**": Mit akustischen Mitteln wird eine Kulisse, also eine „atmosphärische Landschaft" gestaltet. Heute verwendet man dafür oft auch den Begriff „**Soundscape**"[1], der allerdings auch Klänge und Musik einbezieht.
Benötigte Bühnengeräusche, wie etwa ein Pistolenschuss oder eine Sirene, können entweder von den Schauspielern selbst bzw. hinter der Bühne während der Aufführung nachgeahmt werden, oder man spielt sie von CD etc. über eine Musikanlage ein.
Ein Beispiel hierzu: In Andrea Breths Inszenierung von „Emilia Galotti" ertönt am Ende des Stücks – also unmittelbar nach Emilias Tod – mehrmals das laute Geräusch einer Autoalarmanlage.

Bei allen drei Ausdrucksträgern lässt sich ein entsprechender **Rhythmus** als zentrales Gestaltungselement ergänzen: Er kann auf vielfältige Weise zum Einsatz kommen, beispielsweise als Untermalung, um Übergänge zu schaffen, als Unterstützung einer Choreografie oder um Spannung aufzubauen. Variationen sind vor allem bei der Lautstärke und den Einsätzen möglich.

Szene aus „1st Danceworks with Orchestra" von Bronislav Roznos. Volkstheater Rostock, 2011

[1] Verbindung von engl. „sound" und „landscape"

Verschiedene akustische Ausdrucksträger können immer auch mit verschiedener Funktion gebraucht werden: **Unterstützend** wirken sie beispielsweise, wenn eine Szene untermalt oder mit Musik dramatisiert wird. **Rhythmisierend** werden vor allem Musikstücke und Klänge eingesetzt – allerdings können Geräusche auf die gleiche Weise verwendet werden, etwa um einen Sprech- oder Tanzrhythmus vorzugeben. **Kontrastierend** nutzt man akustische Ausdrucksträger immer dann, wenn sie entgegengesetzt zum Inhalt oder zu einer Stimmung Anwendung finden (Beispiel: eine Liebesszene mit lautem Punkrock). **Anleitend** eingesetzt, können vor allem Musik und Klänge den Zuschauer durch ein Stück begleiten – immer wenn zum Beispiel eine bestimmte Figur auftritt, ertönt ein bestimmter Ton.

Richard Wagner

Ein Beispiel hierzu: Richard Wagner (1813 – 1883) entwickelt für seine sogenannten Musikdramen die Leitmotiv-Technik: Einzelnen Figuren ordnet er musikalische Motive (kurze Melodieteile) zu, die immer dann vom Orchester gespielt werden, wenn die Figur auftritt oder erwähnt wird.
Für die Erzeugung von Atmosphäre sind Musik, Klang und Geräusche gleichermaßen wichtig – die Musik vor allem kann die Fantasie des Publikums anregen und es an ferne oder magische Orte führen.

In der Praxis und zum Üben

Jedes Gruppenmitglied sucht sich einen Gegenstand im Raum aus, der einen Ton, Klang oder ein Geräusch erzeugen kann. Danach stellen sich alle Spieler gegenseitig die klanglichen Möglichkeiten ihres jeweiligen Gegenstands vor. Anschließend werden Gruppen gebildet, die mit den Geräuschen ein kurzes „Konzert" einstudieren und schließlich vortragen.

Drei Musikübungen

Übung

Die folgenden Übungen wollen zusätzlich sensibilisieren, die klanglichen Eigenschaften der eigenen Umgebung verstärkt wahrzunehmen:

Der akustische Raum

Zunächst legen sich alle Spieler mit geschlossenen Augen auf den Boden und versuchen, die Geräusche ihrer Umgebung bewusst wahrzunehmen. Anschließend tauscht die Gruppe sich über das Gehörte aus.

Geräuschkanone

Die Gruppe stellt sich im Kreis auf. Ein Spieler beginnt, einem anderen ein Geräusch verbal „zuzuschießen". Der Empfänger soll sich schnell ein neues ausdenken und dieses wiederum an einen anderen weiterleiten.

Gemeinsamer Rhythmus

Die Spieler sitzen alle im Kreis und beginnen, auf den Boden zu klopfen. Aus einem chaotischen Gewirr soll nach einiger Zeit ein einheitlicher Rhythmus werden. Ist dies erreicht, wird gemeinsam variiert – die Gruppe kann etwa schneller oder langsamer, lauter oder leiser werden. Dabei sollen aber alle Spieler im Rhythmus der Gruppe bleiben.

Musik im Drama

Bereits in der Antike ist Musik im Theater ein wichtiger Bestandteil der Darstellung – zum Beispiel zur Unterstützung von Choreografien oder als Instrumentalbegleitung des Pantomimenspiels. Um einen kurzen Einblick in den Komplex Theater und Musik zu erhalten, werden nachfolgend einige wesentliche Stationen dieser Entwicklung näher beleuchtet:

Molière (1622 – 1673)

Molière verbindet Musik und Balletteinlagen mit seinen Komödien, weil er die Vorlieben von König Ludwig XIV. kennt, der sich gerne in das Bühnengeschehen einmischt und als Tänzer mitwirken möchte. So entwickelt sich die „Ballettkomödie" (frz. „comédie-ballet") als Mischform zwischen humorvoller Komödie und elegantem Hoftanz. Molière arbeitet dafür mit den Komponisten Jean-Baptiste Lully und Jean-Philippe Rameau zusammen.

Beispielsweise gibt es in „Der eingebildete Kranke" (1673) einen Zigeunertanz und einen Tanz „ums goldene Klistier[1]" als Satire auf ignorante Ärzte und marktschreierische Apotheker. Schließlich wird dem Protagonisten, der sich die Krankheit nur einbildet, mit Gesang und Tanz die Doktorwürde verliehen.

Übrigens…

1687 rammt sich Jean-Baptiste Lully, als er den Einsatz für die Musiker geben will, versehentlich seinen zwei Meter langen Taktstock in den Fuß, der sich daraufhin entzündet. An den Folgen dieser Verletzung stirbt der Komponist noch im selben Jahr. Von dieser Geschichte und seiner Arbeit für Ludwig XIV. erzählt auch der Kinofilm „Der König tanzt" (2000).

Richard Wagner (1813 – 1883)

Seit der Renaissance existiert neben dem klassischen Theater auch die Gattung der Oper, die vor allem Richard Wagner als „Musik-Drama" bezeichnet und begreift. Als Reformer träumt der Komponist von einer absoluten Verbindung von Dichtung, Musik, Schauspiel und Bühnenbild, die er als komplexes, alle Sinne einbeziehendes Gesamtkunstwerk auffasst. Dafür lässt er eigens ein Festspielhaus in Bayreuth bauen, das inzwischen zur Kultstätte geworden ist und jedes Jahr für zahlreiche Gäste aus aller Welt mit verschiedensten Wagner-Inszenierungen aufwartet.

[1] Gerät zum Zweck der Darmreinigung

Bertolt Brecht (1898 – 1956)

Seine berühmte „Dreigroschenoper“[1] (1928) mit der Musik des Komponisten Kurt Weill ist eine Bearbeitung und Aktualisierung von „The Beggar's Opera“ von Gay und Pepusch aus dem Jahr 1728. Brechts Grundlage stammt damit aus einer Zeit, in der vor allem das englische Publikum „ballad-operas“ schätzt. Diese sind satirisch-komische Bühnenspiele, wo Lieder und Dialoge in erster Linie der Unterhaltung dienen. Auch in seinem berühmten Exilstück „Mutter Courage und ihre Kinder“ (1941) wird der Musik eine besondere Bedeutung beigemessen. Die eingestreuten Songs haben handlungsbrechende Funktion und können sich an den Zuschauer als Adressaten wenden. Sie kommentieren im Stil des Bänkelsangs[2] und können das Publikum zum Nachdenken bringen.

Beispiele für die populärsten Brecht-Songs sind „Das Lied der Mutter Courage“, „Die Moritat von Mackie Messer“ oder auch das folgende „**Lied von der Unzulänglichkeit menschlichen Strebens**“ aus der Dreigroschenoper:

1. Der Mensch lebt durch den Kopf
Der Kopf reicht ihm nicht aus
Versuch es nur, von deinem Kopf
Lebt höchstens eine Laus.
Denn für dieses Leben
Ist der Mensch nicht schlau genug
Niemals merkt er eben
Diesen Lug und Trug.

2. Ja, mach nur einen Plan
Sei nur ein großes Licht!
Und mach dann noch 'nen zweiten Plan
Gehn tun sie beide nicht.
Denn für dieses Leben
Ist der Mensch nicht schlecht genug:
Doch sein höh'res Streben
Ist ein schöner Zug.

3. Ja, renn nur nach dem Glück
Doch renne nicht zu sehr
Denn alle rennen nach dem Glück
Das Glück rennt hinterher.
Denn für dieses Leben
Ist der Mensch nicht anspruchslos genug
Drum ist all sein Streben
Nur ein Selbstbetrug.

4. Der Mensch ist gar nicht gut
drum hau ihn auf den Hut.
Hast du ihn auf den Hut gehaut
Dann wird er vielleicht gut.
Denn für dieses Leben
Ist der Mensch nicht gut genug
Darum haut ihn eben
Ruhig auf den Hut.

Szene aus der „Dreigroschenoper“ mit Puppen. Theater Dessau, 2003

[1] eigentlich als „Anti-Oper“ konzipiert

[2] Beliebte Form seit dem 17. Jahrhundert, bei der Straßensänger auf kleinen Bänken (daher der Begriff) belehrende wie informative Unterhaltungslieder singen, die aktuelle Geschehnisse wie Verbrechen oder Katastrophen aufgreifen – oft mit Drehorgelbegleitung. Man kann den Bänkelsang als Vorläufer der Zeitung betrachten.

Ödön von Horváth (1901 – 1938)

Ödön von Horváth nennt sein populärstes Volksstück nach einem Walzer von Johann Strauss „Geschichten aus dem Wienerwald“ (1930). Instrumentalmusik und auch Gesang werden vom Autor in zunehmendem Maße in seine Bühnenwerke integriert. Dabei hat dies untermalende Funktion, etwa bei der Darstellung des Oktoberfests oder kontrastiert mit Misstönen, Widersprüchen und komischen Effekten. Diese Salonmusik bzw. „leichte Klassik“ lenkt die Aufmerksamkeit des Zuschauers oder überbrückt Situationen von Sprachlosigkeit und Ohnmacht der Figuren. Auch „Kasimir und Karoline“, Horváths nächstes berühmtes Stück, steht in dieser Tradition und ist von verschiedenartigen Musikeinlagen durchsetzt.

Text

Henrik Ibsen, Edvard Grieg und „Peer Gynt“

Dass Musik und Theater eine lange Tradition haben, ist nicht zu leugnen. Und vor allem heutzutage gehört es zur Erfüllung der Publikumserwartung und damit auch zum „guten Ton“ der Regisseure, musikalische Untermalung einzusetzen. Nicht umsonst verzeichnen Musicals in den Großstädten riesige Besucherzahlen.
Die Musik schafft es dabei besonders gut, das Publikum zu unterhalten, vor allem aber auch die Handlung aufzulockern oder teilweise zu aktualisieren: So können etwa die Pubertäts- und Schulprobleme junger Menschen um 1900 (Wedekind: „Frühlings Erwachen“) nicht einfach auf die heutige Lebenswelt übertragen werden. Untermalt man ein solches Werk aber mit Punkrock, Hip-Hop oder Heavy Metal, lässt sich leichter ein Bezug zur Gegenwart herstellen.

Im Sommer 1901 probte man den „Lohengrin“ (eine Oper von Wagner) zur Eröffnung des Prinzregententheaters in München. Eine Choristin sang so beharrlich falsch, dass Generalmusikdirektor Hermann Zumpe abklopfte und zur Sängerin hinüberrief: „Ach, bitte geben Sie mir doch mal Ihr ‚A‘ an, damit ich das Orchester danach stimmen kann.“

Henrik Ibsen

Auf diese Weise wird oft auch mit **Henrik Ibsens** (1828 – 1906) Schauspiel „Peer Gynt" (1867) verfahren: Da das Publikum die populären Musikstücke, die **Edvard Grieg** (1843 – 1907) zu diesem Sprechtheater komponiert hat, mittlerweile selbst aus der Fernsehwerbung kennt, liegt eine Verknüpfung nahe.
Die Orchesterstücke der „Peer-Gynt-Suite" (1876), „Morgenstimmung" (Einleitung), „In der Halle des Bergkönigs" (Im Reich der Trolle), „Anitras Tanz" (Begegnung mit einer Häuptlingstochter auf der Weltreise) oder „Solveigs Lied" (Schluss) fangen dabei die Atmosphäre bestimmter Szenen des Schauspiels musikalisch ein und sind weltberühmt.

Zum Inhalt:
Der Protagonist Peer (eigentlich: Peter) Gynt gilt als lasterhaft-verlogen und verträumt. In seiner norwegischen Heimat soll er die reiche Bauerntochter Ingrid heiraten, obwohl er eigentlich die aus ärmlichen Verhältnissen stammende Solveig liebt. Die Hochzeit lehnt er deshalb ab, entführt allerdings wütend über die Verachtung, die er erfährt, Ingrid ins Gebirge. Dort gerät er in den Bann der mythischen Zauber des Trollkönigs, wird aber schließlich befreit und beschließt, mit Solveig ein neues Leben zu beginnen. Das scheitert allerdings nach kurzer Zeit und so flieht er aus seiner Heimat. Peer übt sich auf seiner Weltreise in unterschiedlichen Rollen, zum Beispiel als Globetrotter, Sklavenhändler und Goldgräber. Eigentlich misslingen alle diese „Experimente" – er landet schließlich in einem Irrenhaus in Kairo. Alt und müde endet seine Odyssee als Weltwanderer nach einem Schiffbruch zu Hause: Solveig hat auf ihn gewartet und empfängt ihn in Liebe. Bei ihr stirbt er friedlich.

In der Praxis und zum Üben

Aufgabe hierzu soll es sein, in vier Gruppen jeweils eines der entsprechenden Stücke aus der „Peer-Gynt-Suite" von Grieg (siehe oben) auszusuchen und dazu eine pantomimische Spielszene entsprechend der Länge der jeweiligen Musik zu gestalten. Die Werke des Komponisten sollen dabei als Untermalung der Szene dienen und mit ihrem Inhalt verknüpft sein.

Edvard Grieg

Übrigens...

Henrik Ibsen und Edvard Grieg gehören zu den wichtigsten Künstlern aus Norwegen. Ihre Lebenslinien kreuzen sich vor allem durch „Peer Gynt", da Ibsen bei Grieg die Bühnenmusik zu seinem Werk in Auftrag gibt.

Übung

Sommernachtstraumklang & Musikgeschichte erzählen

Sommernachtstraumklang

Jedes Gruppenmitglied bekommt ein Musik- oder Rhythmusinstrument bzw. einen Alltagsgegenstand, dem sich ein besonderer Klang entlocken lässt. Nun wird in kleinen Gruppen von fünf bis sechs Spielern versucht, die Stimmung des verzauberten Waldes aus William Shakespeares „Ein Sommernachtstraum“[1] mit diesen Mitteln klanglich einzufangen.

Zum Inhalt:
Im Wald vor Athen finden sich zwei Liebespaare wieder. Hier herrscht der Elfenkönig Oberon mit seiner Frau, der Elfenkönigin Titania, der er einen Streich spielen will. Um die Liebenden zu vereinen und seine Frau zu ärgern, gibt er Puck, dem Gnom, einen Liebeszaubertrank. Doch der stiftet damit nur Chaos und große Verwirrungen entstehen, wobei infolgedessen auch der Weber Zettel in einen Esel verwandelt wird. Am Schluss steht aber natürlich ein glückliches Ende für alle.

Musikgeschichte erzählen

Die Spielgruppen bekommen nun den Auftrag, mit ihren Instrumenten und Gegenständen eine Geschichte zu erzählen:
Aufgabe soll es sein, in den einzelnen Gruppen eine „klingende“ Begebenheit ganz ohne Worte zu erzählen, beispielsweise zum Thema „Tag am Strand“ oder „Fahrt mit der Eisenbahn“.
Bei der Vorstellung vor Publikum sollen die jeweils anderen Gruppen dann das Thema der gehörten Szene erraten.

Methode

Eine Spielvorlage schreiben

Für die meisten Stücke und Spielhandlungen, die auf einer Bühne aufgeführt werden, existiert eine eigens dafür angefertigte schriftliche Ausarbeitung: das Regiebuch. Nun wäre es natürlich völlig übertrieben, für kurze Szenen und Minidramen zunächst langatmige Regiebücher zu schreiben, die detailliert alles von der Rolle bis zur Lichtgestaltung beinhalten. Dennoch bietet die genaue Beschäftigung, vor allem mit den wesentlichen Elementen einer Spielszene wie etwa Rolle, Sprechtext und Requisiten auch Vorteile: Die Spieler müssen detaillierte Überlegungen anstellen und können schließlich mit dem gemeinsam schriftlich Fixierten viel präziser arbeiten – das spart Zeit und schafft einen helfenden Rahmen, an dem sich jeder orientieren kann.
Als eine Art „Mini-Regiebuch“ soll im Folgenden die Anfertigung einer **schriftlichen Spielvorlage** gezeigt werden, die einen Mittelweg zwischen starrem Regiebuch und künstlerischer Arbeitsfreiheit darstellt.

„Ein Theater ist ein Unternehmen, das Abendunterhaltung verkauft.“
Bertolt Brecht

Die Spielvorlage beginnt mit der passenden **Überschrift,** dem **Datum** und einer **Auflistung der Gruppenmitglieder,** ähnlich wie bei einem Protokoll.

[1] Der Titel des Dramas von Shakespeare bezieht sich auf den Glauben der Menschen, dass man in der Johannisnacht (Sommersonnenwende) wirre Träume hat.

Auszug aus dem Regiebuch

DIE FRAU Die haben aber noch zweiunddreißig den „Vorwärts" gelesen, und noch im Mai dreiunddreißig haben sie schwarzweißrot geflaggt!

~~*Das Telefon läutet.*~~ 1)

~~DER MANN~~ FRAU Das Telefon! 2) ← Tel. klingelt

DIE FRAU Soll ich hingehen?

DER MANN Ich weiß nicht. ← Tel.

DIE FRAU Wer kann da anrufen?

DER MANN Wart noch mal ab.* Wenn es noch einmal klingelt, kannst du ja hingehen.

Sie warten. Es klingelt nicht mehr. 3)

DER MANN Das ist doch kein Leben mehr! 4)

DIE FRAU Karl! 5)

DER MANN 6) Einen Judas hast du mir geboren! Da sitzt er bei Tisch und horcht, während er die Suppe löffelt, die wir ihm hinstellen, und merkt sich alles, was seine Erzeuger sagen, der Spitzel!

DIE FRAU 7) Das darfst du nicht sagen!

Pause.

DIE FRAU 8) Meinst du, wir sollen irgendwelche Vorbereitungen treffen?

DER MANN Meinst du, daß sie gleich mitkommen? 9)

DIE FRAU Das ist doch möglich?

DER MANN Vielleicht soll ich mein Eisernes Kreuz anlegen? 10)

DIE FRAU Auf jeden Fall, Karl! 11)

~~*Er holt es und legt es mit zitternden Händen an*~~

DIE FRAU Aber in der Schule liegt doch nichts gegen dich vor? 12)

13) 17) DER MANN Wie soll ich denn das wissen? Ich bin ja bereit, alles zu lehren, was sie gelehrt haben wollen, aber was wollen sie gelehrt haben? Wenn ich das immer wüßte! Was weiß ich, wie sie wollen, daß Bismarck gewesen sein soll! Wenn sie so langsam die neuen Schulbücher herausbringen! 14) Kannst du nicht dem Dienstmädchen noch zehn Mark geben? 15) Die horcht auch immer. 16)

1) beide stehen auf, erstarren, Blicke in sich und die Ferne gerichtet

2) ein komischer Reflex

* es klingelt zum letzten Mal

3) eine lange, lastende Pause, bewegungslos

4) Mann löst auf und setzt sich erschöpft

5) verzweifelt, setzt sich auch

6) er stiert vor sich hin und formuliert hellsichtig, dabei klagt er seine Frau an

7) schreiend

8) findet als erste in die reale Situation

9) steht unbewußt auf

10) greift sich an die linke Brustseite

Er 11) nimmt das als Aufforderung, rennt zur Tür

12) Sie fragt kriminalistisch, das bremst ihn im Gang

FRAU 13) war zum Eßtisch gerannt, rennt zum Sessel zurück, um die Zeitungen zu ordnen
MANN rennt mit „Was weiß ich…" ihr hinterher

14) völlig neuer Ton

15) durchgesprochen

16) Sie rennt zur Tür

17) alle drei Sätze in einem Zug

Beispiel:

Spielvorlage zur szenischen Umsetzung der Situation „Banküberfall“
27.06.2019
Patrick Müller, Oliver Jedke, Mara Lavalle, Julia Böse

Es folgt eine **Auflistung der Rollen mit Besetzung** – hier ist es sinnvoll, den auftretenden Personen eine Abkürzung zuzuordnen, damit man es später beim Formulieren der Handlung einfacher hat:

Rollen		
P(erson) 1:	Bankräuber Klaus Wittgenstein	Patrick Müller
P2:	Kassiererin Lara Betrecht	Julia Böse
P3:	Polizist Heinz Meyer	Oliver Jedke
P4:	Rentnerin Ida Müller	Mara Lavalle

An dieser Stelle besteht außerdem die Option, die einzelnen Rollen jeweils mit einem kurzen Kommentar zu charakterisieren, etwa *Polizist Heinz Meyer (Alter: 55, pflichtbewusst, sehr freigiebig, liebt seinen Beruf über alles, hat ein Herz für alle Menschen).*

Nun werden **Requisiten, Hilfsmittel** und der **Spielort** ergänzt:

Requisiten	
R(equisit) 1:	Ein Gehstock (evtl. hierfür auch ein einfacher Holzstock)
R2:	Eine Spielzeugpistole
R3:	einige gebastelte Geldscheine aus Papier
Hilfsmittel:	ein Tisch als Bankschalter
Spielort:	Raum 12 im Hauptgebäude

Auch **Kostüme** bzw. **Kostümteile** sollten – wenn erforderlich – angegeben werden, bei den meisten kurzen Spielszenen lässt sich allerdings erfahrungsgemäß auf umfangreiche Kostümierung verzichten:

Kostüme/Kostümteile:
- „Sturmhaube“ für Bankräuber
- Rock, braune Jacke, große Brille und Hut für die Rentnerin
- Polizeimarke oder entsprechende Mütze sowie Lederjacke für Polizisten

Was an dieser Stelle darüber hinaus Teil der Spielvorlage ist, kann je nach Szene flexibel entschieden werden: Soll beispielsweise ein zusätzlich erdachtes Kriterium berücksichtigt werden, wie etwa die Verwendung von Musik oder die Einbeziehung von unbeteiligten Personen, kann dies nachfolgend ergänzt werden.

Schließlich folgt der wichtigste Teil – die **Spielhandlung mit Sprechtext.** Dabei sollte auch noch einmal gesondert festgehalten werden, wie und wann die Szene beginnt bzw. endet, um das Kriterium von klar definiertem Anfang und Schluss zu erfüllen. Hinzu kommt, dass **Regieanweisungen in Klammern** jeweils vor dem entsprechenden Textteil platziert werden. Sie helfen dabei, ein Gefühl für die Rolle zu entwickeln.

Zur Spielhandlung:

Start:
Die Szene beginnt mit dem Einschalten des Lichts. **P2** und **P4** stehen sich gegenüber, **P3** wartet etwas abseits, **P1** steht draußen vor der Tür.

P2 *(freundlich):*
So, das sind dann 86 Euro. *(gibt P4 Bargeld)*

P4 *(etwas traurig):*
Wissen Sie, seit mir meine Rente gekürzt worden ist, reicht das Geld nicht mehr zum Leben. Wenn ich mein Sparbuch nicht hätte, ich wüsste nicht, was ich machen sollte.

P1 *(reißt die Tür auf, stürmt herein, aggressiv):*
Hände hoch, das ist ein Überfall, Geld her!

P2 und P4 *heben erschrocken die Hände.*

P2 *(erschrocken, aber lächelnd):*
Bitte, tun Sie mir nichts!

P1 *(aggressiv, zieht Pistole):*
Geld her, verdammt!

P2 *(weiß nicht, wie sie reagieren soll):*
Es tut mir leid, aber wegen der neuen Sicherheitsbestimmungen habe ich nur noch 50 € Wechselgeld.

P1 *(erst verärgert, dann enttäuscht):*
Was? Aber ich muss doch meine Medikamente bezahlen...

P3 *(selbstsicher und kontrolliert):*
Also, passen Sie auf, ich bin zufällig Polizist – Wenn Sie mir Ihre Waffe aushändigen, dann bekommen Sie von mir 150 Euro: Damit bezahlen Sie Ihre Medikamente und mit dem Rest kaufen Sie der Dame am Schalter ein paar Blumen, einverstanden?

P1 *(einsichtig, gibt P3 die Waffe):*
Was bleibt mir anderes übrig – *(erstaunt)* aber es ist auch ein sehr großzügiges Angebot von Ihnen.

P4 *(verärgert, sarkastisch):*
Wissen Sie, das mache ich jetzt auch – wenn man heute sogar für einen Banküberfall bezahlt wird.... Was sind das nur für Zeiten geworden – früher war eben doch nicht alles besser.

Ende:
Alle Spieler bleiben im Freeze stehen, Licht aus.

An letzter Stelle kann und sollte bei jeder Spielvorlage eine **Bühnenraumskizze** stehen, die nicht nur den Bühnen- und Zuschauerraum definiert, sondern auch bestimmte Positionen (für einen oder mehrere Zeitpunkte) genau im Raum lokalisiert:

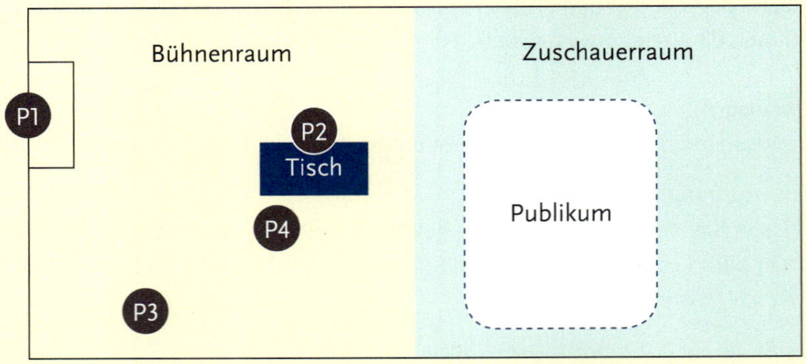

Bühnenraumskizze (Szenenbeginn)

Hinweis: Wird nur der Teil einer Spielvorlage, der den eigentlichen Sprechtext enthält, stichwortartig zu Papier gebracht, bezeichnet man dies als **Handlungsskizze.** Als Qualitätskriterien für die Bewertung einer Spielvorlage sollten folgende Punkte Beachtung finden:

Mögliche Bewertungskriterien für eine Spielvorlage

1. Vollständigkeit
Enthält die Spielvorlage alle relevanten Aspekte (Themen, Namen, Rollen, Requisiten etc.)? Gibt es kurze Charakterisierungen der Rollen? Ergänzt eine Bühnenraumskizze die Erklärungen?

2. Nachvollziehbarkeit der Handlung
Kann man sich beim Lesen des Textes ein Bild von der fertigen Szene machen? Gibt es einen logischen Zusammenhang oder finden sich Brüche in der Handlung?

3. Durchführbarkeit/Spielbarkeit
Lässt sich die Szene im Rahmen der Möglichkeiten (Requisiten, Kostüme, Räume etc.) umsetzen bzw. aufführen?

4. Dramatische Gestaltung
Folgt dem Einstieg eine Steigerung der Spannung, die danach wieder abnimmt und in einem strukturierten Ende mündet?

5. Sprachstil der Figuren und Regieanweisungen
Ist die Sprache der Figuren den jeweiligen Charakteren angemessen? (Hinweis: Wenn wie im Beispiel „normale" Alltagspersonen aufeinandertreffen, muss nicht jeder einen eigenen Dialekt oder eine Fremdsprache nur um der Darstellung willen sprechen.) Werden passende Regieanweisungen verwendet?

6. Kreativität und Originalität
Welche kreativen, auffälligen und originellen Ideen, Elemente etc. finden sich in der Vorlage?

7. Sprachliche Richtigkeit und Stil
Sind die Rechtschreibung und Grammatik der Vorlage fehlerfrei sowie der Sprachstil angemessen?

Drei Partnerübungen

Gerade bei kleinen Theatergruppen kommt der einzelne Schauspieler häufig in die Situation, dass er mit einem Partner alleine auf der Bühne spielen muss. Dann ist es natürlich noch wichtiger, sich auf seinen Partner verlassen zu können; doch diese Vertrautheit kommt nicht von selbst: Immer wieder muss trainiert werden, sich auf den anderen einzulassen. Die drei folgenden Aufwärmübungen sind dazu eine gute Hilfe:

Anschleichen

Das erste Gruppenmitglied sitzt auf einem Stuhl mit Blick in Richtung Publikum. Jetzt darf jeweils ein Freiwilliger reihum versuchen, sich von hinten an den Sitzenden heranzuschleichen. Wenn der erste Schauspieler glaubt, der andere sei ganz nah, darf er sich umdrehen.
Wichtig ist, dass das Publikum keine Hinweise zum Standort des „Anschleichers" gibt.

Partner-Kontakt

Jeweils zwei Gruppenmitglieder stehen sich gegenüber. Sie berühren sich – mit ausgestreckten Armen – leicht an den Zeigefingern und halten diesen Kontakt. Einer der beiden führt nun, wie beim Tanzen, den anderen durch den Raum; die Berührung mit den Zeigefingern wird dabei die ganze Zeit über aufrecht erhalten. Wer führt, ist nicht festgelegt – es kann immer wieder gewechselt werden. Ein Partnertausch nach einiger Zeit veranlasst dazu, sich wiederum auf eine neue Person einzustellen.

Autos

Die Spieler stellen sich paarweise auf, bestimmt wird jeweils, wer der „Fahrer" und wer das „Auto" ist. Derjenige, der den Auto-Part übernimmt, bekommt die Augen verbunden. Nun legt der „Fahrer" seinen Finger dem „Auto" auf den Rücken – das bedeutet „geradeaus fahren". Je stärker gedrückt wird, desto höher ist die Geschwindigkeit. Wird der Finger nach links oder rechts bewegt, muss das „Auto" abbiegen, eine kreisförmige Bewegung bedeutet „Rückwärtsgang". Berührt der Fahrer sein „Auto" nicht, bleibt es stehen. Nach einiger Zeit werden die Rollen getauscht.

Hinweis: Da sehr viele Fahrer gleichzeitig unterwegs sind, sollte man – wie im Straßenverkehr – unbedingt „vorausschauend" fahren und keine Zusammenstöße riskieren.

Geschichte

250 v. Chr. – 529 n. Chr.

Theater der römischen Antike

Kunst und Kultur haben im Römischen Reich mit seiner auf Eroberung und Expansion ausgerichteten Gesellschaft keine Priorität. Das rasant wachsende Imperium lässt sich schließlich von der griechischen Kultur „inspirieren" und adaptiert bzw. übernimmt dabei nicht nur die Mythologie und Sagenwelt, sondern auch das Theaterspiel und seine Formen. Interessanterweise bedeutet das im Umkehrschluss für uns heute auch, dass wir bei Weitem nicht so viel über die Anfänge des Theaters wüssten, hätten die römischen Autoren und Theatermacher nicht auf dieses Wissen zurückgegriffen und es damit für uns konserviert.

Römische Theaterszene

„Seriöses Theater" in Rom ist **Festspieltheater:** Im Grunde genommen finden Tragödie und Komödie erst damit wirkliche Beachtung, dass sie Teil der „ludi romani", der Festspiele zu Ehren Jupiters, des höchsten Gottes, werden. Doch obwohl der Besuch für römische Bürger kostenfrei ist, muss das Theater mit Gladiatoren/Tierkämpfen, öffentlichen Hinrichtungen, nachgespielten Seeschlachten und anderen „Spektakeln" konkurrieren. Mitunter kann es so passieren, dass ein Publikum mitten in der Vorstellung das Theater verlässt und zu einem Tierkampf in die Arena eilt.

Im Vielvölkerstaat des „Imperium Romanum" kann die Tragödie und das „gehobene" Literaturtheater aber von Anfang an nicht Fuß fassen – allein wohl schon wegen der auftretenden **Sprach- und Verständnisprobleme.** Außerdem wird Schauspiel hier in erster Linie nicht als Kulturgut, sondern als Mittel der Machtrepräsentation und der Ablenkung des Volkes verstanden: Solange „**Brot und Spiele**" die Bedürfnisse der Römer vollends erfüllen, kommt es angesichts politischer Krisen nicht zu Aufständen – so einfach verstehen die Herrscher ihr Unterhaltungsprogramm.

> „Im Spiel verraten wir, wes Geistes Kind wir sind."
> Publius Ovidius Naso

Zu diesem Zweck werden außerdem die ersten frei stehenden Theatergebäude errichtet. Sie bringen vor allem drei wesentliche Neuerungen mit sich: Erstens schrumpft der Zuschauerraum vom „Dreiviertelring" der griechischen Theater zur halbkreisförmigen „**cavea**"[1]. Zweitens wird die ursprünglich kreisrunde **Orchestra** nicht mehr für den Chortanz gebraucht und auf diese Weise zum

Das römische Theater in Orange mit „cavea" und „scaenae frons"

[1] lat. „Höhle"

halbkreisförmigen Sitzbereich für Privilegierte und Ehrengäste verkleinert und umfunktioniert. Drittens entwickelt sich aus der bei den Griechen noch eher dekorationslosen Bühnenwand die architektonisch prunkvoll gestaltete **„scaenae frons“**: Sie wird mehrstöckig aufgebaut und erreicht damit die gleiche Höhe wie der oberste Rang des Zuschauerraumes.

Von besonderer Bedeutung für das römische Theater sind vor allem die Komödiendichter **Plautus** und **Terenz.** Beide begründen ihr Werk auf Übersetzungen der Stücke griechischer Autoren. Doch sie kopieren diese nicht einfach, sondern verändern sie in ihrem Sinne, gestalten Teile neu oder ergänzen diese zum Beispiel um weitere Scherze und aktuellere Bezüge. Plautus arbeitet dabei vor allem mit Derbheit, Effekten und Tempo – er spricht das nach Unterhaltung dürstende Volk damit wohl mehr an als sein Kollege Terenz, der literarischer und charakterbetonter arbeitet.

Römische Theaterszene mit maskierten Darstellern

Die **Darsteller** dieser Zeit sind in der Regel Sklaven, Freigelassene oder Fremde – sie alle verbindet ihr geringer sozialer Status. Organisiert sind die Schauspieler in Truppen unter Leitung eines Managers, des sogenannten **„dominus gregis“** (wörtlich: „Herr der Herde“). Für eine erfolgreiche Aufführung erhält dieser zwar Geld oder Geschenke – bei Missfallen aber muss er selbst in die Arena und mit den Löwen kämpfen.

So wird die Idee des Claqueurs (von frz. „claquer“, klatschen) geboren: Für ihren Beifall werden ganze Menschenmengen im Voraus bezahlt – diese „Vorklatscher“ animieren dann den Rest des Publikums zu Beifall und sichern den Erfolg einer Aufführung.

Mit der Zeit entstehen verschiedene weitere Spiel- und Theaterformen, darunter der **Pantomimus**, die eigenständige römische Form des Pantomimenspiels (kommentiert von Erzähler oder Chor, begleitet von einem Orchester) und die **Atellane**, benannt nach einer Stadt in Kampanien. Das letztere, an Komik reiche Stegreifspiel mit Masken, basiert auf nur vier Grundfiguren, die eigentlich selbsterklärend auf mögliche Themen verweisen: Maccus (Dummkopf), Dossenus (Vielfraß), Pappus (geiziger und lüsterner Alter) und Bucco (Maulheld).

Übrigens …

Kaiser Nero ist selbst ein begeisterter Schauspieler und Bewunderer der Theaterkultur. Damit eine seiner Aufführungen ein voller Erfolg wird, bezahlt er über 5000 Claqueure für ihren Beifall.

Die wohl beliebteste römische Theaterform und zugleich die einzige, bei der – in der Antike zum ersten Mal – Frauen auftreten dürfen, ist der **Mimus.** Doch ihre Mitarbeit stellt für die **weiblichen Darsteller**, allesamt Sklavinnen, kein Privileg dar: In derben Variationen zu gängigen Themen wie Ehebruch, Diebstahl und mehr werden sie dazu gezwungen, unmaskiert und teilweise völlig nackt zu spielen, um zum Beispiel ein Liebesabenteuer nicht nur anzudeuten, sondern den Beischlaf auf der Bühne auch zu vollziehen. Am Ende einer jeden Vorstellung müssen sie sich dann der Zuschauermenge noch einmal nackt präsentieren. Besonders attraktive Darstellerinnen binden die Leiter der Truppen sogar durch eine Unlösbarkeitsklausel auf Dauer an sich.

Nicht umsonst ist das „heidnische“ Theater im Römischen Reich, besonders das Mimus-Spiel, der erstarkenden **christlichen Kirche** ein Dorn im Auge und so schreibt Tertullian: „Die römischen Theater sind die Sakristei der Venus, der Hort allen Unrates, das Konsistorium der Schamlosigkeit.“

Im Jahre 529 gelingt es der Kirche, die **Schließung aller öffentlichen Theater** zu erreichen. Erst jetzt dürfen die Schauspielerinnen, unter Berufung auf die Religion, ihre Verträge bzw. Bindungen lösen. Allerdings bedeutet diese Entwicklung auch, dass Theaterspiel als solches erst einmal für viele Jahrhunderte unterdrückt wird. Wie ein Teil einer Mimus-Aufführung aus Sicht eines Zeitzeugen ausgesehen haben könnte, zeigt schließlich noch die folgende Beschreibung:

„Da erscheint er, in engem, bunt gestreiftem Trikot, so dass die Beine noch dünner wirken; einen kurzen, grauen Kittel trägt er, unter dem der künstlich vorgewölbte Bauch noch runder und massiger erscheint. Der Schädel ist kahl, das Maul breit und rot geschminkt, die Backen weiß, in der Faust trägt er das Symbol aller Komiker, die sich dem Mimus verschrieben, einen Stoffknüppel, der die übertriebene Gestalt des männlichen Gliedes, den Phallus, darstellt. In solchen Dingen war man nicht prüde, weder in Griechenland noch im Römischen Reich. Das alte Zeichen des Fruchtbarkeitsgottes wurde verehrt, ja in Stein gehauen an Feldern und in Obstgärten aufgestellt. Der Komiker macht ein paar Sprünge, quäkt und winkt zu den Reihen hinauf, und das brausende Beifallsklatschen will kein Ende nehmen. Andere Mimen erscheinen, ähnlich gekleidet wie er, und treiben ihre Späße. Das lustige Stück beginnt. Der Komiker fällt hin, windet sich in Schmerzen, schreit, klopft sich mit dem Phallus den Bauch, beklopft sich aufstehend von allen Seiten, aber seine Schmerzen wollen nicht nachlassen. Einige seiner Mitspieler kommen, legen ihn auf den Rücken und ziehen aus seinem Bauch alle möglichen und unmöglichen Gegenstände zur jauchzenden Freude des Publikums heraus. Er scheint geheilt; aber schon beginnt das Übel von Neuem. [...]“ (Geisenheyner)

Text

Titus Maccius Plautus: Aulularia

Titus Maccius Plautus (254 – 184 v. Chr.) schreibt die Theaterstücke für das Rom seiner Zeit, indem er sich an den griechischen Autoren und ihren Werken orientiert. Er übersetzt deren Stücke und passt sie den römischen Verhältnissen an. So geschieht es auch bei „Aulularia“ („**Die Goldtopfkomödie**“), welche er nach dem Vorbild eines Stückes von Menander auf die Bühne bringt. Mit seinem derben Wortwitz sowie mit Gesangs- und Tanzeinlagen verstärkt Plautus die theatralische Wirkung der Komödie. Auch noch viele Jahrhunderte später greifen Autoren wie Molière und Kleist auf ihn zurück und profitieren von seiner Kunst. Das formuliert auch Lessing, wenn er Plautus den „Vater aller Komödienschreiber“ nennt.

Euclio und sein Goldtopf

Übrigens...

Der Name des berühmten römischen Dichters lässt sich ungefähr übersetzen mit „Titus, der plattfüßige Spaßmacher“.

Zum Inhalt:

Im Zentrum der Handlung steht der alte Geizkragen Euclio, der einen Topf voll mit Gold in seinem Haus gefunden hat, aber niemandem davon etwas verrät. Er möchte zwar seine Tochter verheiraten, gewährt ihr aber keine Mitgift und gibt auch sonst nichts von seinem Besitz ab. Die Dauersorge um den Goldtopf überschattet die

typischen Irrungen und Wirrungen um Liebe und Heirat, welche die Handlung darüber hinaus prägen. Euclio ist derart um sein Gold besorgt, dass er bei jedem Klimpern zusammenzuckt, aus Angst, man habe ihn bestohlen. Jedem Gesprächspartner unterstellt er – heimlich und nur für das Publikum hörbar („à part"[1]) – an sein Gold zu wollen.
Was zwei weitere Figuren der Handlung über Euclio denken, der auch die Vorlage für Molières berühmtes Stück „Der Geizige" liefert, erfährt der Zuschauer in der vierten Szene des zweiten Akts:

Molières „Der Geizige" – die literarische Vorlage für diese Figur liefert die Goldtopfkomödie von Plautus.

Plautus: Aulularia

Pythodicus kommt mit den beiden Köchen Anthrax und Congrio und zwei Flötenspielerinnen vom Markt. [...]

Anthrax: Was? Der Alte konnte nicht aus eigener Tasche das Essen für die Hochzeit seiner Tochter kaufen?

Pythodicus *(spöttisch)*: Pah!

Anthrax: Was ist denn?

Pythodicus: Da fragst du noch? Kein Bimsstein ist so trocken wie dieser Alte.

Anthrax: Tatsächlich?

Pythodicus: [...] Götter und Menschen fleht er um Hilfe an, wenn nur etwas Küchendampf durch sein Dach entweicht. Und wenn er sich schlafen legt, bindet er sich einen Sack vors Maul.

Anthrax: Warum denn das?

Pythodicus: Damit ihm im Schlaf kein Atem verloren geht.

Anthrax: Verstopft er sich auch die untere Gurgel, damit dort im Schlaf keine Luft verloren geht?

Pythodicus: Das kannst du mir so sicher glauben wie ich dir.

Anthrax: Ja, ja, ich glaube es.

Pythodicus: Soll ich dir noch was sagen? Er weint tatsächlich um das Wasser, das er zum Waschen braucht. [...]

Pythodicus: Du liebe Zeit, wenn du ihn bätest, seinen Hunger auszuleihen, er gäb ihn nicht. Ja, als ihm neulich der Barbier die Nägel geschnitten hatte, sammelte er die Schnitzel auf und nahm sie mit.

Anthrax: Du schilderst ihn ja geiziger als geizig.

Pythodicus: Kannst du dir vorstellen, wie knickerig er ist und wie jämmerlich er lebt? Ein Falke schnappte ihm neulich eine Wurst weg, da läuft der Mensch mit lautem Gejammer zum Prätor[2]. Und mächtig lamentierend fordert er, den Falken gerichtlich zu belangen. Sechshundert Beispiele könnte ich erzählen, wenn ich Zeit hätte.

„Wenn du einen Geizhals spielst, betone seine Großzügigkeit."
alte Theaterregel

[1] auch „Beiseitesprechen": Worte einer Rollenfigur, die nur vom Publikum und nicht von den anderen Personen der Handlung bemerkt werden.
[2] hoher römischer Beamter, vor allem mit Rechtsfragen befasst

In der Praxis und zum Üben

In Gruppen soll nun die im Auszug angesprochene Klage Euclios vor dem Prätor als Spielszene (in heutiger Sprache) inszeniert werden. In dieser Gerichtsszene muss der alte Geizkragen wortreich begründen, warum der Falke, der ihm die Wurst weggeschnappt hat, „hinter Gitter" gehört. Eventuell lassen sich hier weitere Beispiele für diesen ausgeprägten Geiz finden.

Technik

Wörterkneten

„Voraussetzung für ein lebendiges Theater ist ein gewisser Überschuss an krimineller Energie."
Heiner Müller

Wie schon die Bezeichnung der Technik verrät, geht es darum, Wörter auf der Bühne „durchzukneten". Und ganz gleich, wie aberwitzig das klingen mag, so gibt es kaum eine bessere Möglichkeit, um dem Publikum gezielt „szenisch" Informationen zu vermitteln.

Für ein „Wörterkneten" braucht es zunächst neben einigen Spielern natürlich entsprechenden Inhalt, also einzelne Wörter. Wenn zum Beispiel den Zuschauern der Tathergang eines Mordfalls berichtet werden soll, lässt sich dies über die Schlüsselwörter „Mord", „Alleinerziehender Vater", „Streit", „Eifersucht" „Messer" „Sieben Mal", „Waisenkind" deutlich machen, ohne auch nur einen einzigen Satz zu formulieren.

Jeder Spieler bekommt also ein solches Wort zugeordnet, das er dann immerfort in gleicher Lautstärke wiederholt. Dabei gehen alle Spieler im Kreis herum und laufen auch durcheinander, sprechen aber immer wieder ihr jeweiliges Wort deutlich hörbar aus.

Das Publikum erhält auf diese Weise die notwendigen Informationen, muss aber trotzdem noch genau hinhören, um im **Stimmengewirr** der gesprochenen Worte jedes einzelne aufnehmen zu können. Deshalb ist es auch durchaus sinnvoll, wenn beim „Wörterkneten" jeweils ein Spieler vor das Publikum tritt und sein Wort noch einmal gesondert für die Zuschauer ausspricht.

Ein Paradebeispiel für die Verwendung eines „Wörterknetens" ist die **Darstellung eines Traumes** – wenn wir schlafen, wirbeln in unserem Unterbewusstsein ebenfalls verschiedene Gedanken herum, von denen sich jeder in der Regel auf ein Wort reduzieren lässt. So kann man sehr effektvoll mit diesem Stimmengewirr einen Traum sowie die „Stimmen" in unserem Unterwusstsein darstellen. Und wenn

plötzlich alle mit dem „Wörterkneten" aufhören, erreicht man beim Publikum ein nicht weniger spektakuläres Erwachen aus diesem Traum.
Darüber hinaus gehört zu den wichtigsten Einsatzmöglichkeiten dieser Technik, eine **Handlungsvorschau** zu geben, das heißt, das Publikum wie im Beispiel zu ködern: Beim Wort „Mord" horcht jeder auf – und obwohl bereits ungefähr klar ist, was gespielt wird, ist dann doch jeder Zuschauer neugierig darauf, was folgt.
Auf die gleiche Weise könnte auch die Fortsetzung einer Geschichte präsentiert werden – dabei bleibt vage, wie es weitergeht, und doch wird angedeutet, dass es weitergeht.
Weitere **Variationen** eines „Wörterknetens" beziehen sich vor allem auf die Sprache, denn es ist denkbar, kurze Sätze genauso zu „kneten" wie die einzelnen Wörter oder bei jeder neuen Aussprache eines Wortes mit Stimmlage, Betonung, Dialekt etc. zu variieren.
Beim „Wörterkneten" treten vor allem **drei Schwierigkeiten** auf: Erstens wird eine Mindestanzahl von drei oder vier Spielern benötigt, damit auch wirklich ein „Stimmengewirr" entsteht, zweitens müssen sich die Spieler gut aufeinander abstimmen, da hier eben nicht „drauflosgebrüllt" werden darf, sondern dem Publikum etwas vermittelt werden soll, und drittens: Man muss die richtige Balance zwischen Dauer und Inhalt finden, denn zu kurz ist in diesem Fall genauso schlecht wie zu lang.
Eine vorbereitende „Trockenübung" kann sein, ein „Wörterkneten" zunächst stumm zu spielen, also die Worte nur mit entsprechender Mundbewegung sichtbar zu formulieren.

Übrigens...

In seinem Testament bittet Franz Kafka, der seine eigenen Texte nicht für Meisterwerke hält, einen Freund, diese ungelesen zu verbrennen (bis auf wenige Ausnahmen). Nur deshalb, weil der Freund Kafka den Gefallen aber nicht erweist, erlangen diese Werke im 20. Jahrhundert weite Verbreitung und große Popularität.

Kurzfassung des Wörterknetens:

Die Spieler gehen im Kreis herum und laufen durcheinander. Dabei spricht jeder das zugeteilte Wort deutlich aus und wiederholt es immer weiter. Bei Bedarf tritt jeweils eine Person nach vorne und spricht das Wort noch einmal gezielt für das Publikum. Das „Wörterkneten" dauert in der Regel mindestens dreißig Sekunden, am besten aber etwas länger, damit jeder alles verstehen kann.

In der Praxis und zum Üben

Franz Kafka

Der folgende Text „Kleine Fabel" von Franz Kafka (1883 – 1924) soll in zwei bis drei verschiedenen Gruppen als „Wörterkneten" so erarbeitet werden, dass die Handlung auch einem Zuschauer, der die Geschichte nicht kennt, deutlich wird. Dafür sollen vor allem eigene Worte verwendet werden, nicht primär die des Textes. Abschließend empfiehlt sich eine kritische Besprechung, bei der auch geklärt wird, wer dem Inhalt am besten gerecht geworden ist.

Franz Kafka: Kleine Fabel

„Ach", sagte die Maus, „die Welt wird enger mit jedem Tag. Zuerst war sie so breit, dass ich Angst hatte, ich lief weiter und war glücklich, dass ich endlich rechts und links in der Ferne Mauern sah, aber diese langen Mauern eilen so schnell aufeinander zu, dass ich schon im letzten Zimmer bin, und dort im Winkel steht die Falle, in die ich laufe." – „Du musst nur die Laufrichtung ändern", sagte die Katze und fraß sie."

Methode

Rollenbiografie und Rolleneinfühlung

Die **Rollenbiografie** ist eine wichtige Methode, um sich mit Herkunft, Motivation, Gedanken, Gefühlen etc. einer Rollenfigur auseinanderzusetzen und die Einfühlung zu erreichen. Da die benötigten Informationen bei Dramen vor allem aus dem Sprechtext gewonnen werden müssen und nicht etwa wie bei einem Roman ausführlich erzählt werden, ist es die Aufgabe des Schauspielers, die Rolle als leere Hülle in der Auseinandersetzung mit dem Text und den eigenen Erfahrungen mit Leben zu füllen.

Aus der **Ich-Perspektive** erarbeitet man die Biografie einer Rollenfigur: Die Informationen werden dabei **schriftlich in Form eines Fließtextes** fixiert. Das Ergebnis selbst ist nicht als szenisches Produkt zu verstehen: Die Rollenbiografie erweitert das notwendige Hintergrundwissen für die Darstellung und bringt deutliche Vorteile für das Spiel auf der Bühne.

Beispiel:

Mein Name ist Hans Schelker und ich bin vierunddreißig Jahre alt. Tagsüber arbeite ich als Polizist auf der Wache von Kleindörfstädt. Mit meiner Frau Susanne und unseren drei Kindern Fred, Maria und Mareike lebe ich in einem Haus am Stadtrand. Seit Jahren ist es mein größter Wunsch, einmal um die Welt zu reisen, doch bisher kam immer etwas dazwischen: Meine Kinder gehen noch zur Schule, und da meine Frau im Außendienst einer Versicherung ganztags arbeitet, ergab sich dafür noch keine passende Gelegenheit.

„Jeder Fachmann ist in seinem Fach ein Esel."
Jean Paul

Der frei formulierte Text kann dabei auf verschiedene Aspekte eingehen, im Beispiel etwa auf die momentane Lebenssituation, Familie und Beruf. Grundsätzlich sollten zunächst immer die Informationen der Spielvorlage aufgenommen werden (Regieanweisungen, Kommentare, Sprechweise etc.). Dabei ist die Erarbeitung einer Rolle in hohem Maße von Fantasie und Vorstellungskraft abhängig: Nur durch das Einbringen der eigenen Erfahrungen entsteht auf der Bühne ein lebendiges, echtes Schauspiel. Jedoch gilt für alle Überlegungen des Schauspielers zu seiner Rolle, dass sie sich auch jederzeit nahtlos in das Stück oder die Spielhandlung einfügen lassen sollten.
Wenn so verfahren wird, kann die Rollenbiografie nicht nur zur Einfühlung eingesetzt werden, sondern auch, damit sich der Schauspieler in das Geschehen vertiefen kann – Beispiel „König Ödipus" von Sophokles[1]: Die komplexe Vorhandlung, die dem Zuschauer zunächst verborgen bleibt und nur langsam erkennbar wird, kann für den Spieler schnell verständlich werden, wenn er eine Rollenbiografie aus Sicht von Ödipus anfertigt, welche die Ereignisse nacherzählt.

Hilfreich bei der Rolleneinfühlung sind auch die **W-Fragen** des russischen Theatertheoretikers Konstantin S. Stanislawski (siehe Grundlegende Methoden und Techniken, S. 11): Wer bin bin? Was tue ich? Wo befinde ich mich? Warum tue ich dies? Was tat ich vorher? Wohin werde ich gehen? Wie fühle ich mich dabei?

Weitere mögliche **Textarten,** um sich einer Rolle schriftlich zu nähern, sind beispielsweise Brief, Tagebucheintrag, Monolog oder ausführlicher Lebenslauf.
Zur Unterstützung einer Rollenbiografie kann später ein verknappter **Rollensteckbrief** angefertigt werden, der die gewonnenen **Informationen in Kurzform** enthält und für die praktische Arbeit schnell zugänglich macht. Auch dieser sollte aus der Ich-Perspektive formuliert werden.

[1] siehe Exkurs: Analytisches Drama, S. 66

Bezogen auf das vorangegangene Beispiel:

Name:	Hans Schelker
Alter:	34
Beruf:	Polizist
Verdienst:	reicht zum Leben
Familienstand:	verheiratet (Susanne), drei Kinder (Fred, Maria, Mareike)
Wohnort:	Kleindörfstädt
Aussehen:	stattliche Erscheinung, braune Haare, grüne Augenfarbe
Freunde:	Ernst Heller (Kollege)
Hobbys:	schnelle Autos, Poker, Fußball
Gesellschaftliche Stellung:	angesehen; ich werde aufgrund meiner Arbeit respektiert
Lebensziel:	mit meiner Familie glücklich sein
Träume:	um die Welt reisen
Hoffnungen:	...

Für die Arbeit an einer Rolle gilt in jedem Fall: Je mehr sich der Darsteller mit seiner Rollenfigur und ihren Eigenheiten auseinandergesetzt hat, desto überzeugender gelingt das Spiel auf der Bühne.

Die folgende Aufstellung versucht, ein **Leitfaden für die Rollenbiografie**, aber auch für jede andere Form der Rollenerarbeitung und -einfühlung zu sein:

1. Allgemeines
Name, Alter, Geburtsort, Nationalität, derzeitiger Wohnort etc.

2. Äußeres
Erscheinungsbild, Größe, Figur, Kleidung (Lieblingskleidungsstück, Bedeutung), Augenfarbe, Körperhaltung(en), Frisur, auffällige Merkmale, Behinderungen, Lieblingsposition zum Entspannen etc.

3. Inneres
Geisteshaltung, Moral, Werte, Religiosität, Einstellung zum Leben, Gedanken, Gefühle, Ängste, Sorgen, Mut, Talente, Intelligenz, Vorlieben und Neigungen, Lieblingsfarbe, Lieblingsessen, Albträume etc.
Konkrete Fragen: Was fällt mir schwer? Was fällt mir leicht? Was mag ich nicht? Wie stehe ich zu Veränderungen?

4. Eigenarten
Sprache (den Fähigkeiten und dem Intellekt angemessen) und Sprechweise (zum Beispiel Stottern, Stammeln, Akzent, Dialekt), besondere Bewegungen (Gestik, Mimik, Proxemik), Ticks (zum Beispiel ruckartige Bewegungen, nervöse Hände), Fantasien, Lieblingsgegenstand und seine Bedeutung, Phobien etc.

Steckbrief: Richard Wagner (1849)

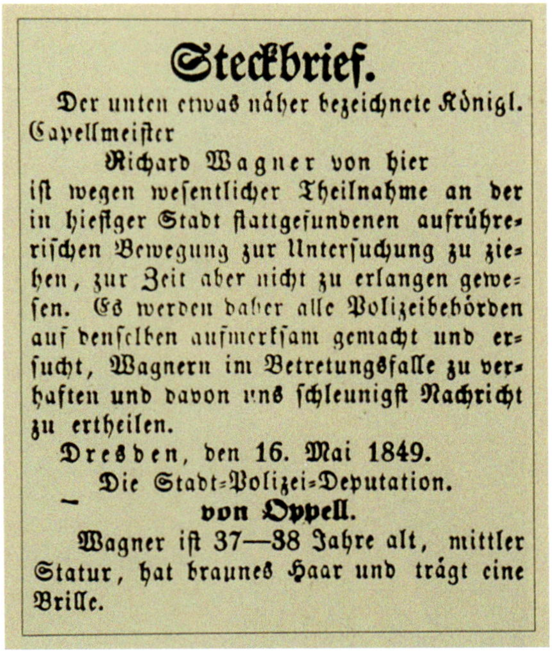

Steckbrief.

Der unten etwas näher bezeichnete Königl. Capellmeister

Richard Wagner von hier

ist wegen wesentlicher Theilnahme an der in hiesiger Stadt stattgefundenen aufrührerischen Bewegung zur Untersuchung zu ziehen, zur Zeit aber nicht zu erlangen gewesen. Es werden daher alle Polizeibehörden auf denselben aufmerksam gemacht und ersucht, Wagnern im Betretungsfalle zu verhaften und davon uns schleunigst Nachricht zu ertheilen.

Dresden, den 16. Mai 1849.

Die Stadt-Polizei-Deputation.

von Oppell.

Wagner ist 37—38 Jahre alt, mittler Statur, hat braunes Haar und trägt eine Brille.

Allgemeines

Äußeres

Inneres

Eigenarten

Vergangenheit

Gegenwart

Soziales

Zukunft

5. Vergangenheit
Herkunft, Eltern, Schule und Ausbildung, Geschwister, Verhältnis zu Mutter und Vater, damalige Freunde, noch bestehende Freundschaften aus dieser Zeit, erste Liebe, Traumata, große Taten, besondere Erlebnisse, Heimat etc.

6. Gegenwart
Familie (Frau, Partnerschaft, Kinder, entfernte Verwandte etc.), Freunde, momentane Lebenssituation, Lebensstandard, Beruf, Einkommen, Einstellung zur Arbeit, Hobbys, Freizeit etc.

7. Soziales
Integration in eine Gemeinschaft, Beziehungen, Feinde und Neider, politische Aktivitäten, Bindung an den Wohnort, Mitgliedschaft in Vereinen, Nachbarschaftsverhältnis etc.

8. Zukunft
Träume, Hoffnungen, Erwartungen, Wünsche, Pläne etc.

Um sich dem eigenen Charakter weiter zu nähern, kann es darüber hinaus sehr hilfreich sein, einige **typische Sätze der Figur** zu formulieren, zum Beispiel „Wenn ich hier sitze, ist Ruhe!“, „Gemütlichkeit ist eine Tugend!“ und „Es hat noch niemandem geschadet, nachzudenken!“. Diese können in die Darstellung integriert werden und für noch größere Wirklichkeitsnähe sorgen.

Was Sprache, Sprechweise, Ticks, Gestik, Mimik und Proxemik betrifft, so empfiehlt es sich, zunächst verschiedene Möglichkeiten alleine oder in der Gruppe auszuprobieren, um dann endgültig festzulegen, welche davon am besten zur Rollenfigur passen. So kann beispielsweise ein Stammeln die Unfähigkeit, eigene Gefühle auszudrücken, verstärken, wobei sich dies etwa durch ruckartige Bewegungen in der Darstellung ergänzen lässt. Alles, was ausprobiert wird, steht dabei immer unter der Leitfrage: „**Passt das zur Rollenfigur?**“
Die Präsentation der aus der Beschäftigung mit Rollenbiografie, Steckbrief, Monolog, Brief etc. gewonnenen Informationen kann auf verschiedene Arten erfolgen; am einfachsten ist der Vortrag bzw. das Vorlesen vor Publikum.

Bei der Rolleneinfühlung insgesamt können neben der Rollenbiografie auch weitere Methoden und Techniken helfen, wie etwa Beziehungstableau, Standbilder in Szenenfolge, die Entwicklung von Subtexten und das szenische Interview[1].

In der Praxis und zum Üben

Die folgende Erzählung „Die Waage der Baleks“ stammt vom deutschen Literaturnobelpreisträger Heinrich Böll (1917-1985) und ist an dieser Stelle Ausgangspunkt für eine ausführliche Rollenerarbeitung:

Nach der genauen Lektüre des Texts soll sich jeder Spieler entweder eine der Figuren aus der Handlung aussuchen oder selbst einen eigenen Charakter schaffen, der sich auch in die Geschichte einfügen lässt (zum Beispiel Schuster, Bäcker, Polizeihauptmann etc.).

Für diese Rollenfigur soll jeder eine eigene Rollenbiografie schreiben und sie schließlich dem Rest der Gruppe präsentieren.

[1] siehe Methode: Szenisches Interview, S. 126, und Methode: Subtext, S. 124

Heinrich Böll: Die Waage der Baleks

In der Heimat meines Großvaters lebten die meisten Menschen von der Arbeit in den Flachsbrechen[1]. Seit fünf Generationen atmeten sie den Staub ein, der den zerbrochenen Stengeln entsteigt, ließen sich langsam dahinmorden, geduldige und fröhliche Geschlechter, die Ziegenkäse aßen und Kartoffeln, manchmal ein Kaninchen schlachteten; abends spannen und strickten sie in ihren Stuben, sangen, tranken Pfefferminztee und waren glücklich. Tagsüber brachen sie den Flachs in altertümlichen Maschinen, schutzlos dem Staub preisgegeben und der Hitze, die den Trockenöfen entströmte. In ihren Stuben stand ein einziges, schrankartiges Bett, das den Eltern vorbehalten war, und die Kinder schliefen ringsum auf Bänken. Morgens waren ihre Stuben vom Geruch der Brennsuppe[2] erfüllt; an den Sonntagen gab es Sterz[3] und die Gesichter der Kinder röteten sich vor Freude, wenn an besonders festlichen Tagen sich der schwarze Eichelkaffee hell färbte, immer heller von der Milch, die die Mutter lächelnd in ihre Kaffeetöpfe goss.

Die Eltern gingen früh zur Arbeit, den Kindern war der Haushalt überlassen: sie fegten die Stube, räumten auf, wuschen das Geschirr und schälten Kartoffeln, kostbare gelbliche Früchte, deren dünne Schale sie vorweisen mussten, um den Verdacht möglicher Verschwendung oder Leichtfertigkeit zu zerstreuen.

Kamen die Kinder aus der Schule, mussten sie in die Wälder gehen und – je nach der Jahreszeit – Pilze sammeln und Kräuter: Waldmeister und Thymian, Kümmel und Pfefferminz, auch Fingerhut, und im Sommer, wenn sie das Heu von ihren mageren Wiesen geerntet hatten, sammelten sie die Heublumen. Einen Pfennig gab es fürs Kilo Heublumen, die in der Stadt in den Apotheken für zwanzig Pfennig das Kilo an nervöse Damen verkauft wurden. Kostbar waren die Pilze: Sie brachten zwanzig Pfennig das Kilo und wurden in der Stadt für eine Mark zwanzig gehandelt. Weit in die grüne Dunkelheit der Wälder krochen die Kinder im Herbst, wenn die Feuchtigkeit die Pilze aus dem Boden treibt, und fast jede Familie hatte ihre Plätze, an denen sie Pilze pflückte, Plätze, die von Geschlecht zu Geschlecht weitergeflüstert wurden.

Die Wälder gehörten den Baleks, auch die Flachsbrechen, und die Baleks hatten im Heimatdorf meines Großvaters ein Schloss, und die Frau des Familienvorstandes jeweils hatte neben der Milchküche ein kleines Stübchen, in dem Pilze, Kräuter, Heublumen gewogen und bezahlt wurden. Dort stand auf dem Tisch die große Waage der Baleks, ein altertümliches, verschnörkeltes, mit Goldbronze bemaltes Ding, vor dem die Großeltern meines Großvaters schon gestanden hatten, die Körbchen mit Pilzen, die Papiersäcke mit Heublumen in ihren schmutzigen Kinderhänden, gespannt zusehend, wie viel Gewichte Frau Balek auf die Waage werfen musste, bis der pendelnde Zeiger genau auf dem schwarzen Strich stand, dieser dünnen Linie der Gerechtigkeit, die jedes Jahr neu gezogen werden musste. Dann nahm Frau Balek das große Buch mit dem braunen Lederrücken, trug das Gewicht ein und zahlte das Geld aus, Pfennige oder Groschen und sehr, sehr selten einmal eine Mark. Und als mein Großvater ein Kind war, stand dort ein großes Glas mit sauren Bonbons, von denen, die das Kilo eine Mark kosteten, und wenn die Frau Balek, die damals über das Stübchen herrschte, gut gelaunt war, griff sie in dieses Glas und gab jedem der Kinder ein Bonbon, und die Gesichter der Kinder röteten sich vor Freude, so wie sie sich röteten, wenn die Mutter an besonders festlichen Tagen Milch in ihre Kaffeetöpfe goss, Milch, die den Kaffee hell färbte, immer heller, bis er so blond war wie die Zöpfe der Mädchen.

Heinrich Böll

[1] Ort, an dem die Maschinen für das Brechen der Flachsstängel stehen
[2] Suppe aus Wasser und Mehl
[3] Gericht aus Mais-, Gersten- oder Buchweizenmehl

Eines der Gesetze, die die Baleks dem Dorf gegeben hatten, hieß: Keiner darf eine Waage im Hause haben. Das Gesetz war schon so alt, dass keiner mehr darüber nachdachte, wann und warum es entstanden war, und es musste geachtet werden; denn, wer es brach, wurde aus den Flachsbrechen entlassen, dem wurden keine Pilze, kein Thymian, keine Heublumen mehr abgenommen, und die Macht der Baleks reichte so weit, dass auch in den Nachbardörfern niemand ihm Arbeit gab, niemand ihm die Kräuter des Waldes abkaufte. Aber seitdem die Großeltern meines Großvaters als kleine Kinder Pilze gesammelt, sie abgeliefert hatten, damit sie in den Küchen der reichen Prager Leute den Braten würzten oder in Pasteten verbacken werden konnten, seitdem hatte niemand daran gedacht, dieses Gesetz zu brechen: Fürs Mehl gab es Hohlmaße, die Eier konnte man zählen, das Gesponnene wurde nach Ellen gemessen, und im Übrigen machte die altertümliche, mit Goldbronze verzierte Waage der Baleks nicht den Eindruck, als könne sie nicht stimmen, und fünf Geschlechter hatten dem auspendelnden schwarzen Zeiger anvertraut, was sie mit kindlichem Eifer im Walde gesammelt hatten. Zwar gab es zwischen diesen stillen Menschen auch welche, die das Gesetz missachteten, Wilderer, die begehrten, in einer Nacht mehr zu verdienen, als sie in einem ganzen Monat in der Flachsfabrik verdienen konnten; aber auch von diesen schien noch nie jemand den Gedanken gehabt zu haben, sich eine Waage zu kaufen oder sie zu basteln. Mein Großvater war der Erste, der kühn genug war, die Gerechtigkeit der Baleks zu prüfen, die im Schloss wohnten, zwei Kutschen fuhren, die immer einem Jungen des Dorfes das Studium der Theologie im Prager Seminar bezahlten, bei denen der Pfarrer jeden Mittwoch zum Tarock[1] war, denen der Bezirkshauptmann – das kaiserliche Wappen auf der Kutsche – zu Neujahr seinen Besuch abstattete und denen der Kaiser zu Neujahr des Jahres 1900 den Adel verlieh.
Mein Großvater war fleißig und klug: Er kroch weiter in die Wälder hinein, als vor ihm Kinder seiner Sippe gekrochen waren, er drang bis in das Dickicht vor, in dem der Sage nach Bilgan der Riese hausen sollte, der dort den Hort der Balderer bewacht. Aber mein Großvater hatte keine Furcht vor Bilgan: Er drang weit in das Dickicht vor, schon als Knabe, brachte große Beute an Pilzen mit, fand sogar Trüffeln, die Frau Balek mit dreißig Pfennig das Pfund berechnete. Mein Großvater trug alles, was er den Baleks brachte, auf die Rückseite eines Kalenderblattes ein: jedes Pfund Pilze, jedes Gramm Thymian, und mit seiner Kinderschrift schrieb

[1] Kartenspiel

er rechts daneben, was er dafür bekommen hatte; jeden Pfennig kritzelte er hin, von seinem siebten bis zu seinem zwölften Jahr, und als er zwölf war, kam das Jahr 1900, und die Baleks schenkten jeder Familie im Dorf, weil der Kaiser sie geadelt hatte, ein Viertelpfund echten Kaffee, von dem, der aus Brasilien kommt; es gab auch Freibier und Tabak für die Männer und im Schloss fand ein großes Fest statt; viele Kutschen standen in der Pappelallee, die vom Dorf zum Schloss führt. Aber am Tage vor dem Fest schon wurde der Kaffee ausgegeben in der kleinen Stube, in der seit fast hundert Jahren die Waage der Baleks stand, die jetzt Balek von Bilgan heißen, weil der Sage nach Bilgan der Riese dort ein großes Schloss gehabt haben soll, wo die Gebäude der Baleks stehen.

Mein Großvater hat mir oft erzählt, wie er nach der Schule dorthin ging, um den Kaffee für vier Familien abzuholen: für die Cechs, die Beidlers, die Vohlas und für seine eigene, die Brüchers. Es war der Nachmittag vor Silvester: Die Stuben mussten geschmückt, es musste gebacken werden, und man wollte nicht vier Jungen entbehren, jeden einzeln den Weg ins Schloss machen lassen, um ein Viertelpfund Kaffee zu holen. Und so saß mein Großvater auf der kleinen, schmalen Holzbank im Stübchen, ließ sich von Gertrud, der Magd, die fertigen Achtelkilopakete vorzählen, vier Stück, und blickte auf die Waage, auf deren linker Schale der Halbkilostein liegen geblieben war; Frau Balek von Bilgan war mit den Vorbereitungen fürs Fest beschäftigt. Und als Gertrud nun in das Glas mit den sauren Bonbons greifen wollte, um meinem Großvater eines zu geben, stellte sie fest, dass es leer war: Es wurde jährlich einmal neu gefüllt, fasste ein Kilo von denen zu einer Mark.

Gertrud lachte, sagte: „Warte, ich hole die neuen“, und mein Großvater blieb mit den vier Achtelkilopaketen, die in der Fabrik verpackt und verklebt worden waren, vor der Waage stehen, auf der jemand den Halbkilostein liegen gelassen hatte, und mein Großvater nahm die Kaffeepaketchen, legte sie auf die leere Waagschale, und sein Herz klopfte heftig, als er sah, wie der schwarze Zeiger der Gerechtigkeit links neben dem Strich hängen blieb, die Schale mit dem Halbkilostein unten blieb und das halbe Kilo Kaffee ziemlich hoch in der Luft schwebte; sein Herz klopfte heftiger, als wenn er im Walde hinter einem Strauch gelegen, auf Bilgan den Riesen gewartet hätte, und er suchte aus seiner Tasche Kieselsteine, wie er sie immer bei sich trug, um mit der Schleuder nach den Spatzen zu schießen, die an den Kohlpflanzen seiner Mutter herumpickten – drei, vier, fünf Kieselsteine musste er neben die vier Kaffeepakete legen, bis die Schale mit dem Halbkilostein sich hob und der Zeiger endlich scharf über dem schwarzen Strich lag. Mein Großvater nahm den Kaffee von der Waage, wickelte die fünf Kieselsteine in sein Sacktuch, und als Gertrud mit der großen Kilotüte voll saurer Bonbons kam, die wieder für ein Jahr reichen mussten, um die Röte der Freude in die Gesichter der Kinder zu treiben, als Gertrud die Bonbons rasselnd ins Glas schüttete, stand der kleine blasse Bursche da, und nichts schien sich verändert zu haben. Mein Großvater nahm nur drei von den Paketen, und Gertrud blickte erstaunt und erschreckt auf den blassen Jungen, der den sauren Bonbon auf die Erde warf, ihn zertrat und sagte: „Ich will Frau Balek sprechen.“ „Balek von Bilgan, bitte“, sagte Gertrud.

„Gut, Frau Balek von Bilgan.“ Aber Gertrud lachte ihn aus, und er ging im Dunkeln ins Dorf zurück, brachte den Cechs, den Beidlers, den Vohlas ihren Kaffee und gab vor, er müsse noch zum Pfarrer.

Aber er ging mit seinen fünf Kieselsteinen im Sacktuch in die dunkle Nacht. Er musste weit gehen, bis er jemand fand, der eine Waage hatte, eine haben durfte: In den Dörfern Blaugau und Bernau hatte niemand eine; das wusste er, und er schritt durch sie hindurch, bis er nach zweistündigem Marsch in das kleine Städtchen Dielheim kam, wo der Apotheker Honig wohnte. Aus Honigs Haus kam der Geruch frisch gebackener Pfannkuchen, und Honigs Atem, als er dem verfrorenen Jungen öffnete, roch schon nach Punsch, und er hatte die nasse Zunge zwischen den schmalen Lippen, hielt die kalten Hände des Jungen einen Augenblick fest und sagte: „Na, ist es schlimmer geworden mit der Lunge deines Vaters?"
„Nein, ich komme nicht um Medizin, ich wollte..." Mein Großvater nestelte sein Sacktuch auf, nahm die fünf Kieselsteine heraus, hielt sie Honig hin und sagte: „Ich wollte das gewogen haben." Er blickte ängstlich in Honigs Gesicht, aber als Honig nichts sagte, nicht zornig wurde, auch nicht fragte, sagte mein Großvater: „Es ist das, was an der Gerechtigkeit fehlt", und mein Großvater spürte jetzt, als er in die warme Stube kam, wie nass seine Füße waren. Der Schnee war durch die schlechten Schuhe gedrungen, und im Wald hatten die Zweige den Schnee über ihn geschüttelt, der jetzt schmolz, und er war müde und hungrig und fing plötzlich an zu weinen, weil ihm die vielen Pilze einfielen, die Kräuter, die Blumen, die auf der Waage gewogen worden waren, an der das Gewicht von fünf Kieselsteinen an der Gerechtigkeit fehlte. Und als Honig, den Kopf schüttelnd, die fünf Kieselsteine in der Hand, seine Frau rief, fielen meinem Großvater die Geschlechter seiner Eltern, seiner Großeltern ein, die alle ihre Pilze, ihre Blumen auf der Waage hatten wiegen lassen müssen, und es kam über ihn wie eine große Woge der Ungerechtigkeit, und er fing noch heftiger an zu weinen, setzte sich, ohne dazu aufgefordert zu sein, auf einen der Stühle in Honigs Stube, übersah den Pfannkuchen, die heiße Tasse Kaffee, die die gute und dicke Frau Honig ihm vorsetzte, und hörte erst auf zu weinen, als Honig selbst aus dem Laden vorne zurückkam und, die Kieselsteine in der Hand schüttelnd, leise zu seiner Frau sagte: „Fünfeinhalb Deka[1] genau."
Mein Großvater ging die zwei Stunden durch den Wald zurück, ließ sich prügeln zu Hause, schwieg, als er nach dem Kaffee gefragt wurde, sagte kein Wort, rechnete den ganzen Abend an seinem Zettel herum, auf dem er alles notiert hatte, was er der jetzigen Frau Balek geliefert hatte, und als es Mitternacht schlug, vom Schloss die Böller zu hören waren, im ganzen Dorf das Geschrei, das Klappern der Rasseln erklang, als die Familie sich geküsst, sich umarmt hatte, sagte er in das folgende Schweigen des neuen Jahres hinein: „Baleks schulden mir achtzehn Mark und zweiunddreißig Pfennig!" Und wieder dachte er an die vielen Kinder, die es im Dorf gab, dachte an seinen Bruder Fritz, der viele Pilze gesammelt hatte, an seine Schwester Ludmilla, dachte an die vielen hundert Kinder, die alle für die Baleks Pilze gesammelt hatten, Kräuter und Blumen, und er weinte diesmal nicht, sondern erzählte seinen Eltern, seinen Geschwistern von seiner Entdeckung.
Als die Baleks von Bilgan am Neujahrstage zum Hochamt in die Kirche kamen, das neue Wappen – einen Riesen, der unter einer Fichte kauert – schon in Blau und Gold auf ihrem Wagen, blickten sie in die harten und blassen Gesichter der Leute, die alle auf sie starrten. Sie hatten im Dorf Girlanden erwartet, am Morgen ein Ständchen, Hochrufe und Heilrufe; aber das Dorf war wie ausgestorben gewesen, als sie hindurchfuhren, und in der Kirche wandten sich die Gesichter der blassen Leute ihnen zu, stumm und feindlich, und als der Pfarrer auf die Kanzel

[1] ein Deka = zehn Gramm

stieg, um die Festpredigt zu halten, spürte er die Kälte der sonst so friedlichen und stillen Gesichter, und er stoppelte mühsam seine Predigt herunter und ging schweißtriefend zum Altar zurück. Und als die Baleks von Bilgan nach der Messe die Kirche wieder verließen, gingen sie durch ein Spalier stummer, blasser Gesichter. Die junge Frau Balek von Bilgan aber blieb vorne bei den Kinderbänken stehen, suchte das Gesicht meines Großvaters, des kleinen, blassen Franz Brücher, und fragte ihn in der Kirche: „Warum hast du den Kaffee für deine Mutter nicht mitgenommen?“ Und mein Großvater stand auf und sagte: „Weil Sie mir noch so viel Geld schulden, wie fünf Kilo Kaffee kosten“, und er zog die fünf Kieselsteine aus seiner Tasche, hielt sie der jungen Frau hin und sagte: „So viel, fünfeinhalb Deka, fehlen auf ein halbes Kilo an Ihrer Gerechtigkeit.“ Und noch ehe die Frau etwas sagen konnte, stimmten die Männer und Frauen in der Kirche das Lied an: „Gerechtigkeit der Erden, O Herr, hat dich getötet ...“

Während die Baleks in der Kirche waren, war Wilhelm Vohla, der Wilderer, in das kleine Stübchen eingedrungen, hatte die Waage gestohlen und das große, dicke, in Leder eingebundene Buch, in dem jedes Kilo Pilze, jedes Kilo Heublumen, alles eingetragen war, was von den Baleks im Dorf gekauft worden war, und den ganzen Nachmittag des Neujahrstages saßen die Männer des Dorfes in der Stube meiner Urgroßeltern und rechneten, rechneten elf Zehntel von allem, was gekauft worden – aber als sie schon viele tausend Taler errechnet hatten und noch immer nicht zu Ende waren, kamen die Gendarmen des Bezirkshauptmanns, drangen schießend und stechend in die Stube meines Urgroßvaters ein und holten mit Gewalt die Waage und das Buch heraus. Die Schwester meines Großvaters wurde getötet dabei, die kleine Ludmilla, ein paar Männer verletzt und einer der Gendarmen wurde von Wilhelm Vohla, dem Wilderer, erstochen.

Es gab Aufruhr, nicht nur in unserem Dorf, auch in Blaugau und Bernau, und fast eine Woche lang ruhte die Arbeit in den Flachsfabriken. Aber es kamen sehr viele Gendarmen, und die Männer und Frauen wurden mit Gefängnis bedroht, und die Baleks zwangen den Pfarrer, öffentlich in der Schule die Waage vorzuführen und zu beweisen, dass der Zeiger der Gerechtigkeit richtig auspendelte. Und die Männer und Frauen gingen wieder in die Flachsbrechen – aber niemand ging in die Schule, um dem Pfarrer zuzusehen: er stand ganz allein da, hilflos und traurig mit seinen Gewichtssteinen, der Waage und den Kaffeetüten.

Und die Kinder sammelten wieder Pilze, sammelten wieder Thymian, Blumen und Fingerhut, aber jeden Sonntag wurde in der Kirche, sobald die Baleks sie betraten, das Lied angestimmt:

„Gerechtigkeit der Erden, O Herr, hat dich getötet“, bis der Bezirkshauptmann in allen Dörfern austrommeln ließ, das Singen dieses Liedes sei verboten.

Die Eltern meines Großvaters mussten das Dorf verlassen, das frische Grab ihrer kleinen Tochter, sie wurden Korbflechter, blieben an keinem Ort lange, weil es sie schmerzte, zuzusehen, wie in allen Orten das Pendel der Gerechtigkeit falsch ausschlug. Sie zogen hinter dem Wagen, der langsam über die Landstraße kroch, ihre magere Ziege mit, und wer an dem Wagen vorbeikam, konnte manchmal hören, wie drinnen gesungen wurde: „Gerechtigkeit der Erden, O Herr, hat dich getötet.“ Und wer ihnen zuhören wollte, konnte die Geschichte hören von den Baleks von Bilgan, an deren Gerechtigkeit ein Zehntel fehlte. Aber es hörte ihnen fast niemand zu.

Methode

Szenisches Interview

Die vorliegende Methode ist eine weitere Möglichkeit für den Schauspieler, sich einer Rolle zu nähern und in sie einzufühlen. Grundsätzlich gestaltet sich ein szenisches Interview nicht anders als ein Gespräch in einer Talkshow:

Ein Spieler stellt sich – aus der Ich-Perspektive der Rolle heraus – den Fragen eines Einzelnen oder der Gruppe.
Dabei wird neben der Möglichkeit, ohne festgelegten Sprechtext mit einer Rollenfigur zu improvisieren, auch die Gelegenheit geboten, die entwickelte rollengemäße Sprache, Sprechweise, Gestik, Mimik und Proxemik vor Publikum zu testen.

Beispiel:

Spieler X hat sich die Rolle des Heinrich Faust aus Goethes „Faust. Der Tragödie erster Teil" erarbeitet und wird nun von den Zuschauern interviewt.

Zuschauer 1: Herr Doktor Faust – Sie sagten ja, dass Sie im Leben keinen Sinn mehr sehen und erkennen wollen, „was die Welt im Innersten zusammenhält" – wieso ist das für Sie so wichtig?

Faust-Darsteller: Nach meiner Doktorarbeit und ausführlichem Studium von Philosophie, Rechtsprechung, Medizin, Theologie und vielem mehr bin ich an einen Punkt gelangt, an dem ich zwar viel Wissen angehäuft habe, aber doch erkennen muss, dass wir nicht alles wissen können...

Zuschauer 2: Sie haben auf Ihrem Spaziergang diesen schwarzen Pudel mitgenommen – ahnten Sie zu diesem Zeitpunkt schon, dass sich in „des Pudels Kern" – wie Sie so schön sagten – Mephistopheles, der Teufel höchstpersönlich befand?

Faust-Darsteller: Ursprünglich nahm ich dies an: Als ich glaubte, einen Feuerstrudel zu bemerken, gab es für mich keinen Zweifel daran, aber dann wiederum...

„So schreitet in dem engen Bretterhaus // Den ganzen Kreis der Schöpfung aus, // Und wandelt mit bedächt'ger Schnelle // Vom Himmel durch die Welt zur Hölle."
Johann Wolfgang von Goethe

An dieser Stelle wird deutlich: Für ein szenisches Interview muss immer geklärt werden, von welchem inhaltlichen **Stand- und Zeitpunkt** aus der befragte Spieler antwortet. Stirbt die Rollenfigur in der Mitte der Geschichte, kann sie keine Auskunft über spätere Entwicklungen geben – umgekehrt ist es auch nicht immer sinnvoll, den Beginn als Zeitpunkt zu wählen, da zum Beispiel Faust in den ersten Szenen des Dramas noch keinen Pakt mit dem Teufel geschlossen hat – deshalb könnte der Schauspieler aus der Rolle heraus hier keine weiterführenden Antworten geben.

Des Weiteren gibt es verschiedene grundsätzliche Möglichkeiten zur Gestaltung eines szenischen Interviews: Der Spieler kann von nur einer Person befragt werden, von der ganzen Gruppe oder aber Teil einer inszenierten „Talkrunde" sein, bei der mehrere Figuren aus der Handlung aufeinandertreffen. Dabei bleibt es ebenso offen, ob der einzelne Darsteller sitzt oder steht – Letzteres erlaubt mehr Bewegungsfreiheit.

In der Regel empfiehlt es sich vor allem für den zu Befragenden, vor dem Interview eine ausführliche **Rollenbiografie** anzufertigen, denn nicht jede Antwort, die dem Spieler spontan einfällt, passt auch gut zur Rollenfigur.

In der Praxis und zum Üben

Auf der Basis der für das vorangegangene Kapitel durch Rollenbiografien entwickelten Figuren zu „Die Waage der Baleks“ von Heinrich Böll sollen reihum einige szenische Interviews mit verschiedenen Spielern geführt werden.
Um eine gute Gesprächsgrundlage zu schaffen, kann mit einfachen Fragen begonnen werden („Wie heißen Sie?“ „Wie alt sind Sie?“ etc.). Später sollen dann komplexere Sachverhalte angesprochen werden („Wie stehen Sie zu den Baleks?“, „Was halten Sie von deren Gerechtigkeitsbegriff?“). Die Aufstellung zur inhaltlichen Gestaltung der Rollenbiografie (Allgemeines, Äußeres, Inneres, Eigenarten, Vergangenheit, Gegenwart, Soziales, Zukunft) kann hierbei als Leitfaden dienen.

Variation: Einige Spieler können anschließend ausgewählt werden, um an einer Talkshow zu den Ereignissen aus der Erzählung von Böll teilzunehmen. Diskussionsthema könnte beispielsweise sein:
„Gerechtigkeit auf Erden – Ist der Untergebene den Baleks bedingungslos ausgeliefert?“

Subtext

Methode

Versuche, diesen schwierigen Fachbegriff zu erklären, führen in der Regel dazu, ihn im linguistischen Sinne als **dem Text unterlegte Bedeutungsebene** oder trivialer als das, was „zwischen den Zeilen“ gelesen werden muss, zu definieren.
Glücklicherweise wird der Begriff in Bezug auf eine szenische Darstellung wesentlich konkreter verwendet: Damit sich Schauspieler besser in ihre jeweiligen Rollen versetzen können, hilft es ihnen in der Regel, einen Subtext zu formulieren. Das heißt, sie schreiben zu einem konkreten Szenenauszug oder zu ihrem eigenen Sprechtext einen Text, der die **Gedanken, Gefühle, Beweggründe** und vieles mehr aufnehmen kann.

Ziel ist dabei, sich in eine Figur einzufühlen und das schriftlich auszuformulieren, was sie „eigentlich“ sagen will, was mitschwingt oder welche Gedanken sie beschäftigen. Der Subtext kann dabei sowohl das offenlegen, was unausgesprochen bleibt, aber auch im krassen Gegensatz zum Gesagten stehen.

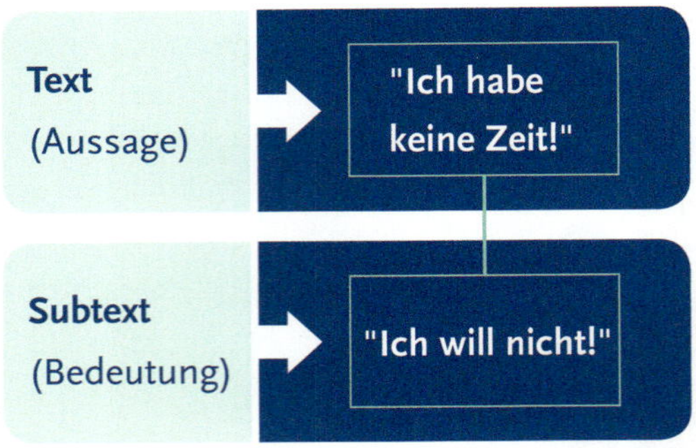

Beispiel:
Wenn sich im Alltag zwei Freunde begegnen und der eine auf die Frage „Willst du noch ins Kino mitkommen?“ mit „Ich habe keine Zeit!“ antwortet, so lässt sich zu dieser Antwort schnell ein Subtext formulieren. Denn wahrscheinlich geht demjenigen, der so antwortet, etwas anderes im Kopf herum als Termindruck. Er könnte vielleicht denken „Ich habe keine Lust auf Kino!“ oder „Ich will nicht!“ oder „Wieso fragt er mich gerade heute?“ und so weiter.
All das wären Zeilen eines Subtextes für die persönliche Rollenfigur – sie spiegeln die eigenen Gedanken und Erfahrungen wider. Wichtig ist allerdings, sich immer nur für die Sätze zu entscheiden, welche die Bühnendarstellung glaubwürdig machen – deshalb würde man im vorliegenden Beispiel auch nur eine der möglichen Interpretationen schriftlich festhalten. Und auch zwei Schauspieler, welche die gleiche Rolle erhalten, kämen niemals auf den gleichen Subtext.
Um also einen passenden Subtext zu formulieren, sollte auch immer – wenn vorhanden – auf die **Regieanweisungen** geachtet werden.

In der Praxis und zum Üben

Aufgabe soll es sein, in der vorliegenden Szene aus Lessings Stück „Emilia Galotti“ (1772) zu jedem Satz der verschiedenen Figuren die entsprechenden Gedanken, Gefühle etc. als Subtext zu formulieren.

Zum Inhalt:
Der Prinz Hettore Gonzaga liebt Emilia Galotti, eine Bürgerliche, die kurz vor der Heirat mit dem Grafen Appiani steht. Der hinterlistige Diener Marinelli soll die Hochzeitsfeier verhindern. Bei einem Überfall wird Appiani getötet und Emilia im Auftrag des Prinzen entführt. Sie gerät schließlich in seine Hände: Aus Furcht vor den Verführungskünsten des von ihr verabscheuten Hettore Gonzaga soll ihr Vater sie töten. Erst nach Emilias Tod erkennt der Prinz schließlich seine Mitschuld.

In dem Auszug aus dem achten Auftritt im ersten Akt trifft Gonzaga auf seinen Hofrat Camillo Rota, der ihm ein Todesurteil zur Unterzeichnung vorlegt. Da Rota bemerkt, wie abgelenkt der Prinz von der bevorstehenden Hochzeit Emilias mit dem Grafen Appiani ist, gibt er schließlich vor, das Todesurteil vergessen zu haben.

Szene aus „Emilia Galotti“, Inszenierung: Michael Thalheimer, 2001

Gotthold Ephraim Lessing: Emilia Galotti

[...]

Der Prinz. Was ist sonst? Etwas zu unterschreiben?

Camillo Rota. Ein Todesurteil wäre zu unterschreiben.

Der Prinz. Recht gern. – Nur her! geschwind.

Camillo Rota *(stutzig und den Prinzen starr ansehend)*. Ein Todesurteil – sagt'ich.

Der Prinz. Ich höre ja wohl. – Es könnte schon geschehen sein. Ich bin eilig.

Camillo Rota *(seine Schriften nachsehend)*. Nun hab ich es doch wohl nicht mitgenommen! – Verzeihen Sie, gnädiger Herr. – Es kann Anstand[1] – damit haben bis morgen.

Der Prinz. Auch das! – Packen Sie nur zusammen; ich muss fort – Morgen Rota, ein Mehres![2] *(Geht ab.)*

Camillo Rota *(den Kopf schüttelnd, indem er die Papiere zu sich nimmt und abgeht)*. Recht gern? – Ein Todesurteil recht gern? [...]

Nach Lessings Tod hatte man seine langjährige Haushälterin gefragt, wie denn der Dichter gelebt hätte. Ihre Antwort verblüffte die Frager: „Nu, er tat nischt, er taugte nischt und rochte viel!"

Ja und Nein

Übung

Genauso wichtig wie komplexe Texte auf der Bühne schauspielerisch vortragen zu können, ist es, sich der Ausdrucksmöglichkeiten bewusst zu sein, die in einem einzigen Wort liegen können. Das macht die folgende Übung deutlich:

Die Gruppenmitglieder gehen im Raum umher. Jedes Mal, wenn ein Spieler einem anderen begegnet, kann er entweder „Ja" oder „Nein" sagen, muss dabei aber mit Stimmlage, Betonung oder auch der Sprechhaltung (ironisch, verärgert, freudig etc.) variieren.

Variation: Die Übung wird so verändert, dass jeder in der ersten Runde nur mit „Nein", in der zweiten Runde nur mit „Ja" und schließlich dann erst mit beiden Möglichkeiten antworten darf.

Zusätzlich ist es in einer weiteren Runde möglich, „Ja" und „Nein" durch ein einzelnes Wort zu ersetzen, das dem jeweiligen Schauspieler gerade in den Sinn kommt (Beispiele: „Apfelbaum", „Hasenfuß", „Kinderschreck").

Zwischen Liebe und Hass

Übung

Die folgende Übung bereitet darauf vor, auf der Bühne etwas mit Überzeugung auszusprechen, das der Spieler vielleicht selbst gar nicht so empfindet:

[1] Aufschub
[2] alles Weitere

Die Gruppe verteilt sich zunächst im Raum und geht langsam umher.

Runde I: Immer, wenn sich zwei Spieler begegnen, sollen sie sich beleidigen.

Beispiele:
- Du bist hässlich.
- Du stinkst.
- Mit dir würde ich nicht mal reden, wenn du der letzte Mensch auf Erden wärst.

Runde II: Jetzt soll sich jeder Spieler bei jedem, dem er begegnet, entschuldigen.

Beispiele:
- Das war nicht so gemeint.
- Ich nehme alles zurück.
- Bitte entschuldige, ich war nicht ganz bei mir.

Runde III: Immer, wenn sich zwei Spieler begegnen, sollen sie sich ein Kompliment machen.

Beispiele:
- Du hast schöne Augen.
- Ich mag deine Jacke.
- Du bist ein toller Mensch.

Technik

Domino-Effekt

Das vermutlich aus China stammende Spiel „Domino" kennt wohl jeder: Steine mit gleicher Augenzahl werden aneinandergelegt, um lange Ketten zu bilden.
Doch wer schon einmal den „Domino Day" im Fernsehen verfolgt hat, der weiß auch, dass man die Steine genauso gut hochkant und in gleichem Abstand zueinander aufstellen kann – wenn dann anschließend der erste umgeworfen wird, setzt eine Kettenreaktion ein, die alle anderen mit sich reißt.
Das Internet-Lexikon Wikipedia definiert diesen Effekt treffend knapp und präzise:

„Als Domino-Effekt bezeichnet man eine Abfolge von – meist ähnlichen – Ereignissen, von denen jedes einzelne zugleich Ursache des folgenden ist und die alle auf ein einzelnes Anfangsereignis zurückgehen. Eine Kettenreaktion kann als Spezialfall des Domino-Effekts angesehen werden."

Übrigens...

Der Film „Der Lauf der Dinge" von Peter Fischli und David Weiss ist der wahrscheinlich einzige Publikumserfolg, in dem ein dreißigminütiger Domino-Effekt die „Hauptrolle" übernimmt.

Besonders wirksam wird der Domino-Effekt auch im Theater eingesetzt:

Die einfachste Variante ist dabei mit einer „**La-Ola-Welle**“ zu vergleichen: Ein Schauspieler macht etwas vor, beispielsweise eine Geste, oder er spricht einen Satz und alle anderen in der Gruppe wiederholen dies der Reihe nach in gleicher Weise. Auch für das Ende einer Szene kann ein solcher Effekt bedeutungstragend genutzt werden: Alle Schauspieler könnten nacheinander zu Boden fallen oder eine Handlung vollführen, die das Ende der Aufführung suggeriert.
Zusammenfassend lässt sich damit über den Domino-Effekt sagen, dass er wichtige Prinzipien des Theaters, zum Beispiel Vielfalt und Abwechslung, auf einfache und wirkungsvolle Weise unterstützt.

In der Praxis und zum Üben

In kleinen Gruppen soll eine Kettenreaktion, die mindestens eine Minute lang dauert, erarbeitet und anschließend präsentiert werden. Dabei ist vollkommen gleichgültig, was dafür zum Einsatz kommt: Vom szenischen Spiel bzw. Körpereinsatz über die Sprache bis hin zu Gegenständen und mehr – alles kann Verwendung finden.

Ilse Aichinger: Das Fenster-Theater

Text

Eine der populärsten deutschen Kurzgeschichten ist „Das Fenster-Theater“ von Ilse Aichinger (geb. 1921). In vielen Deutschbüchern lässt sich der Text finden, und das hat seinen Grund: Er vereint beispielhaft die Aspekte, welche für Kurzgeschichten als „typisch“ erachtet werden, wie etwa offener Anfang und Schluss sowie auf inhaltlicher Ebene meist Alltagsfiguren und -handlungen.

In der Praxis und zum Üben

Aufgabe hierzu soll nun aber nicht die literarisch-schriftliche Erörterung, sondern die szenische Umsetzung der Geschichte in Gruppen sein. Der Kreativität sind an dieser Stelle keine Grenzen gesetzt. Besonders die Textstellen, die Gedanken und Gefühle darlegen, sollten durch Gestik, Mimik, Proxemik etc. im Spiel deutlich und nicht versprachlicht werden.

Die Szene wird von den Gruppen in einem der Handlung entsprechenden Aufführungsraum gestaltet: Die beiden im Text skizzierten, gegenüberliegenden Fenster sollen durch die Wahl einer entsprechenden Räumlichkeit in die Spielszene aufgenommen werden (zum Beispiel ein Treppenhaus oder ein Platz im Freien).

Im Zuge der Anschlusskommunikation ist es für die jeweilige Gruppe wichtig, nach der Aufführung zu erläutern, welche Vor- und Nachteile der gewählte Raum geboten hat und auf welche Weise das Spiel dadurch beeinflusst worden ist.

> „Wenn ich ins Theater gehe, dann will ich lachen oder weinen. Und wenn ich dann nach Hause gehe, dann will ich mich nicht genieren müssen, dass ich gelacht oder geweint habe.“
> Curt Goetz

Ilse Aichinger: Das Fenster-Theater

Die Frau lehnte am Fenster und sah hinüber. Der Wind trieb in leichten Stößen vom Fluss herauf und brachte nichts Neues. Die Frau hatte den starren Blick neugieriger Leute, die unersättlich sind. Es hatte ihr noch niemand den Gefallen getan, vor ihrem Haus niedergefahren zu werden. Außerdem wohnte sie im vorletzten Stock, die Straße lag zu tief unten. Der Lärm rauschte nur mehr leicht herauf. Alles lag zu tief unten. Als sie sich eben vom Fenster abwenden wollte, bemerkte sie, dass der Alte gegenüber Licht angedreht hatte. Da es noch ganz hell war, blieb dieses Licht für sich und machte den merkwürdigen Eindruck, den

Fenstertheater

aufflammende Straßenlaternen unter der Sonne machen. Als hätte einer an seinen Fenstern die Kerzen angesteckt, noch ehe die Prozession die Kirche verlassen hat. Die Frau blieb am Fenster.

Der Alte öffnete und nickte herüber. „Meint er mich?“, dachte die Frau. Die Wohnung über ihr stand leer und unterhalb lag eine Werkstatt, die um diese Zeit schon geschlossen war. Sie bewegte leicht den Kopf. Der Alte nickte wieder. Er griff sich an die Stirne, entdeckte, dass er keinen Hut aufhatte, und verschwand im Innern des Zimmers.

Gleich darauf kam er in Hut und Mantel wieder. Er zog den Hut und lächelte. Dann nahm er ein weißes Tuch aus der Tasche und begann zu winken. Erst leicht und dann immer eifriger. Er hing über die Brüstung, dass man Angst bekam, er würde vornüberfallen. Die Frau trat einen Schritt zurück, aber das schien ihn nur zu bestärken. Er ließ das Tuch fallen, löste seinen Schal vom Hals – einen großen bunten Schal – und ließ ihn aus dem Fenster wehen. Dazu lächelte er. Und als sie noch einen weiteren Schritt zurücktrat, warf er den Hut mit einer heftigen Bewegung ab und wand den Schal wie einen Turban um seinen Kopf. Dann kreuzte er die Arme über der Brust und verneigte sich. Sooft er aufsah, kniff er das linke Auge zu, als herrsche zwischen ihnen ein geheimes Einverständnis. Das bereitete ihr so lange Vergnügen, bis sie plötzlich nur mehr seine Beine in dünnen, geflickten Samthosen in die Luft ragen sah. Er stand auf dem Kopf. Als sein Gesicht gerötet, erhitzt und freundlich wieder auftauchte, hatte sie schon die Polizei verständigt. Und während er, in ein Leintuch gehüllt, abwechselnd an beiden Fenstern erschien, unterschied sie schon drei Gassen weiter über dem Geklingel der Straßenbahnen und dem gedämpften Lärm der Stadt das Hupen des Überfallautos. Denn ihre Erklärung hatte nicht sehr klar und ihre Stimme erregt geklungen. Der alte Mann lachte jetzt, so dass sich sein Gesicht in tiefe Falten legte, streifte dann mit einer vagen Gebärde darüber, wurde ernst, schien das Lachen eine Sekunde lang in der hohlen Hand zu halten und warf es dann hinüber. Erst als der Wagen schon um die Ecke bog, gelang es der Frau, sich von seinem Anblick loszureißen.

Sie kam atemlos unten an. Eine Menschenmenge hatte sich um den Polizeiwagen gesammelt. Die Polizisten waren abgesprungen, und die Menge kam hinter ihnen und der Frau her. Sobald man die Leute zu verscheuchen suchte, erklärten sie einstimmig, in diesem Hause zu wohnen. Einige davon kamen bis zum letzten Stock mit. Von den Stufen beobachteten sie, wie die Männer, nachdem ihr Klopfen vergeblich blieb und die Glocke allem Anschein nach nicht funktionierte, die Tür aufbrachen. Sie arbeiteten schnell und mit einer Sicherheit, von der jeder Einbrecher lernen konnte. Auch in dem Vorraum, dessen Fenster auf den Hof sahen, zögerten sie nicht eine Sekunde. Zwei von ihnen zogen die Stiefel aus und schlichen um die Ecke. Es war inzwischen finster geworden. Sie stießen an einen Kleiderständer, gewahrten den Lichtschein am Ende des schmalen Ganges und gingen ihm nach. Die Frau schlich hinter ihnen her.

Als die Tür aufflog, stand der alte Mann, mit dem Rücken zu ihnen gewandt, noch immer am Fenster. Er hielt ein großes weißes Kissen auf dem Kopf, das er immer wieder abnahm, als bedeutete er jemandem, dass er schlafen wolle. Den Teppich, den er vom Boden genommen hatte, trug er um die Schultern. Da er schwerhörig war, wandte er sich auch nicht um, als die Männer schon knapp hinter ihm standen und die Frau über ihn hinweg in ihr eigenes finsteres Fenster sah.

Die Werkstatt unterhalb war, wie sie angenommen hatte, geschlossen. Aber in die Wohnung oberhalb musste eine neue Partei eingezogen sein. An eines der erleuchteten Fenster war ein Gitterbett geschoben, in dem aufrecht ein kleiner Knabe stand. Auch er trug sein Kissen auf dem Kopf und die Bettdecke um die Schultern. Er sprang und winkte herüber und krähte vor Jubel. Er lachte, strich mit der Hand über das Gesicht, wurde ernst und schien das Lachen eine Sekunde lang in der hohlen Hand zu halten. Dann warf er es mit aller Kraft den Wachleuten ins Gesicht.

Theater im Mittelalter

Geschichte

950 – 1550

Mehrere hundert Jahre lang kommt die europäische Welt beinahe vollständig ohne Theater aus. Doch das liegt nicht daran, dass die Menschen zu dieser Zeit kein Schauspiel wollen: Das **Christentum** erstarkt gegen Ende der Antike immer mehr, wird Staatsreligion im Römischen Reich und bestimmt im Mittelalter schließlich fast jeden Lebensbereich. Und die Kirchenoberen stehen dem Theater mehr als kritisch gegenüber, sie sehen darin oft den „Pomp des Teufels“ und verweisen auf den heidnischen – also nicht christlichen – Ursprung des darstellenden Spiels und das römische Sensationstheater, das sich mit Ehebruch und anderen für sie „frevelhaften“ Themen beschäftigt.
Da eine wesentliche Hypothese zur Entstehung des (antiken) Theaters besagt, es habe sich aus den religiösen Festspielen des Dionysoskultes entwickelt, schließen sich dementsprechend einige Wissenschaftler mit der Folgerung an, dass das mittelalterliche Theater nach der langen Zeit noch einmal völlig neu entstanden sei – diesmal aus der christlichen Religion und ihrer Liturgie.
Und tatsächlich: Die ersten Formen des darstellenden Spiels finden sich im Mittelalter in den Kirchen. Geistliche präsentieren dort vor den Gemeinden vor allem die **Ostergeschichte** der Wiederauferstehung Jesu Christi.
Diese Spiele werden mit der Zeit erweitert – am Beispiel der „Krämerszene“ zeigt sich die Entwicklung: Im Bibeltext heißt es lediglich, dass drei Frauen an das Grab Jesu eilen, um ihn zu salben. In der szenischen Umsetzung aber entwickelt sich – dem vorangestellt – die „**Krämerszene**“, welche zeigt, wie die Frauen die benötigte Salbe bei einem Apotheker (Krämer) kaufen. Später wird dies immer weiter ausgebaut und durch Elemente der Komik ergänzt.
So verfügt die Kirche schließlich **außerhalb der Gotteshäuser** zu spielen. Zusätzlich hält dann – in die ursprünglich rein lateinischen Texte – immer mehr „**Volkssprache**“ Einzug; die Stücke werden zunehmend realistischer inszeniert und auch Laien, vor allem aus dem Bürgertum, spielen mit, allerdings ausschließlich Männer, keine Frauen.
Dabei erweitert sich die Palette der Stücke: Bald gibt es neben den Oster- und Weihnachtsspielen auch **Passions- und Mysterienspiele** (von lat. „mysterium“, Geheimnis). Wo sich die Passionsspiele noch mit Leiden, Kreuzigung und Tod Jesu Christi beschäftigen, ist selbst dieser Themenkreis bei den Mysterienspielen nicht mehr festgelegt: Hier geht es um alles, was die Bibel an dramatischen Stoffen anbietet, vermischt mit teilweise derb-volkstümlichen Elementen. Die Szenen sind deshalb eher lose zusammengefügt.

Salbenkrämer im Mittelalter

Eine der Aufgaben dieser Spiele, die nun auf Marktplätzen und vor Kirchen stattfinden, ist die Missionierung bzw. **Erziehung der Gläubigen im christlichen Sinne.** Da die meisten Menschen im Mittelalter weder lesen noch schreiben können, sind diese Theaterformen prädestiniert, den „Sündern" plastisch vor Augen zu führen, was sie in der Hölle erwartet – sollten sie nicht bereuen und Gott um Gnade bitten. So erscheint die Figur des Teufels besonders häufig, getreu der Idee, dass man ihn kennen müsse, um sich vor ihm zu hüten.
Aufführungen, die belehren, moralische Werte vermitteln und das Volk erziehen wollen, kennt man unter dem Begriff **Moralitäten** oder „morality plays".
Detailreichtum, vor allem mit vielen **Effekten**, ist eine vom Publikum sehr geschätzte Eigenheit der mittelalterlichen Spiele: Christusdarsteller tragen zumeist mit Blut gefüllte Schweineblasen unter ihrer Perücke, die beim Aufsetzen der Dornenkrone platzen.
Gespielt wird auf Bretterpodesten, die als **„Simultanbühne"**[1] auf dem jeweiligen Platz angeordnet sind. Das hindert die Schauspieler allerdings nicht daran, sie zu verlassen und auch schon einmal quer über die ganze Straße zu spielen. Das Publikum zieht dabei von **Station zu Station** weiter.

Mit der Zeit bekommt dieses „Theater" einen volksfesthaften Charakter und wird derart ausgedehnt, dass etwa die Spiele in Bourges 1536 mehr als 40 Tage in Anspruch nehmen und 300 Darsteller, verteilt auf 494 Rollen sowie über 60 000 Verse Sprechtext umfassen. Wie **volkstümlich** es teilweise zugeht, belegen nicht zuletzt die folgenden Worte, die Johannes der Täufer in einem Bühnenstück an Petrus richtet:

„Peter, lieber Geselle mein,
steh auf und reck die Haxen dein
und lass uns laufen zu dem Grab,
ob der Stein sei herab.
Du bist aber all so faul
wie ein abgerittener Gaul –
kommt er irgendwo nieder,
mag er vor Faulheit auf nit wieder."

Insgesamt macht das mittelalterliche Theater also die **biblischen Stoffe** – zunächst kontrolliert durch die Kirche – populär und für das Volk verständlich: Selbst wenn einige Teile in lateinischer Sprache verfasst sind, kann doch jedermann durch die spielerische Umsetzung verstehen, worum es geht. Daneben entstehen auch viele weltliche **Fastnachts- bzw. Karnevalsspiele**, die in das Zentrum des Spotts meist den einfachen Bauern stellen.

Teile des mittelalterlichen Theaters sind bis heute erhalten geblieben: So finden von 1634 bis heute in zehnjährigem Rhythmus die Passionsspiele im bayerischen Oberammergau statt – und jedes Mal sind tausende Besucher Zeugen des Ereignisses.

Übrigens …

Der Teufel – komisch und furchterregend zugleich – zählte zu den beliebtesten Charakteren. Sein Auftritt war stets mit viel Lärm verbunden und häufig brachte er Feuerwerks- und Knallkörper zum Abschuss. Regieanweisung einer frühen Moralität: „Derjenige, der den Baal spielt, sorge dafür, dass er reichlich Schießpulver habe, […] in Röhrchen, in seinen Händen, Ohren und in seinem Hintern […]."

1 siehe Bühnenform: Simultanbühne, S. 134

Triumphzug der Königin Isabella mit Spielwagen

In der Praxis und zum Üben

Das folgende Gleichnis aus dem Lukas-Evangelium (Lk 10,25-37) soll in zwei verschiedenen Gruppen als kurze Spielszene erarbeitet werden, die – im Sinne des mittelalterlichen Theaters – das Publikum begeistert, mitreißt und ihm eine Botschaft vermittelt. Das Geschehen kann dabei auch als Simultantheater an mehreren Orten gleichzeitig stattfinden und zum Beispiel durch einen Erzähler verbunden werden.

Das Gleichnis vom barmherzigen Samariter

Da stand ein Gesetzeslehrer auf, und um Jesus auf die Probe zu stellen, fragte er ihn: Meister, was muss ich tun, um das ewige Leben zu gewinnen? Jesus sagte zu ihm: Was steht im Gesetz? Was liest du dort? Er antwortete: [...] Deinen Nächsten sollst du lieben wie dich selbst. Jesus sagte zu ihm: Du hast richtig geantwortet. Handle danach und du wirst leben. Der Gesetzeslehrer wollte seine Frage rechtfertigen und sagte zu Jesus: Und wer ist mein Nächster?
Darauf antwortete ihm Jesus: Ein Mann ging von Jerusalem nach Jericho hinab und wurde von Räubern überfallen. Sie plünderten ihn aus und schlugen ihn nieder; dann gingen sie weg und ließen ihn halb tot liegen. Zufällig kam ein Priester denselben Weg herab; er sah ihn und ging weiter. Auch ein Levit[1] kam zu der Stelle; er sah ihn und ging weiter. Dann kam ein Mann aus Samarien, der auf der Reise war. Als er ihn sah, hatte er Mitleid, ging zu ihm hin, goss Öl und Wein auf seine Wunden und verband sie. Dann hob er ihn auf sein Reittier, brachte ihn zu einer Herberge und sorgte für ihn. Am andern Morgen holte er zwei Denare[2] hervor, gab sie dem Wirt und sagte: Sorge für ihn, und wenn du mehr für ihn brauchst, werde ich es dir bezahlen, wenn ich wiederkomme.
Was meinst du: Wer von diesen Dreien hat sich als der Nächste dessen erwiesen, der von den Räubern überfallen wurde? Der Gesetzeslehrer antwortete: Der, der barmherzig an ihm gehandelt hat. Da sagte Jesus zu ihm: Dann geh und handle genauso!

[1] Mitglied des Stammes der Leviten (oftmals: Tempeldiener)
[2] Münzwährung

Simultanbühne

Die **Bühnenform des Mittelalters** für Oster-, Passions- und Mysterienspiele unterscheidet sich stark von dem, was man zunächst von einer Bühne erwarten würde; denn hierbei ist nicht ein einzelner Aufführungsort gemeint, sondern gleich eine ganze Reihe davon.
Vor Kirchen und später auch auf Marktplätzen werden für diesen Zweck (teilweise provisorische) **Holzpodeste** als Handlungsorte unter freiem Himmel errichtet, die meist kreisförmig, aber auch nebeneinander aufgestellt sind.

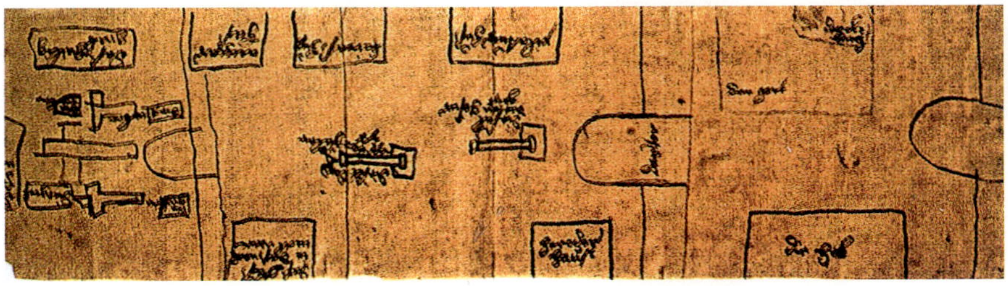

Skizze zur Spielanlage eines Passionsspiels

Übrigens…

Im 20. Jahrhundert greifen Erwin Piscator und auch Bertolt Brecht auf die Idee der mittelalterlichen Simultanbühne zurück und erfinden diese quasi neu für das moderne Theater.

Die verschiedenen Spielorte, die man als „**loci**" (Plural von lat. „locus": Ort) bezeichnet, werden **simultan** (von lat. „simul" für gleichzeitig) bespielt. Einer repräsentiert so beispielsweise den Himmel, ein anderer die Hölle und wieder andere irdische Handlungsorte, was für die gleichzeitige Präsenz von Himmel, Hölle und Weltgeschehen steht – ein Sinnbild für die Ganzheitlichkeit des Kosmos im mittelalterlichen **Weltbild.**
Der Aufbau der Simultanbühne folgt dabei immer demselben Schema: Himmel und Hölle sind so weit wie möglich voneinander entfernt – dazwischen liegen die anderen „loci" verteilt, vor allem der Handlung nach geordnet. Die Zuschauer bewegen sich von einem Aufführungsort zum anderen **(Stationentheater)**, um dem Geschehen zu folgen. Bei Passionsspielen befindet sich das Podest, auf dem die Kreuzigung Jesu Christi dargestellt wird, in der Regel im Zentrum der Anordnung. **Plastische Dekoration** schmückt die Podeste – ein im wahrsten Sinne feuerspuckender „Höllenschlund" nutzt die beim Publikum sehr beliebte **große Bühnenmaschinerie.** Der Einsatz vieler weiterer **Bühneneffekte** ergänzt die umfangreiche Aufführungsaustattung.
Als Sonderform der Simultanbühne entsteht im England des 14. Jahrhunderts die **Wagenbühne** – hier werden die einzelnen Stationen auf teilweise prächtig geschmückten Karren bzw. Wagen aufgebaut und prozessionsartig am Publikum vorbeigezogen.

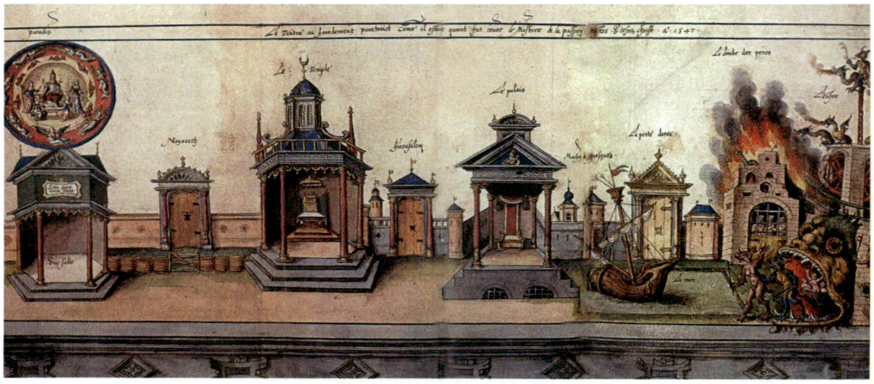

Simultanbühne in Valenciennes, 1547

Zeitlupe und Zeitraffer

Technik

Die **Zeitlupe** wie auch der **Zeitraffer** sind vor allem aus dem Fernsehen bekannte und oft genutzte Effekte: Vorgänge, die normalerweise so schnell ablaufen, dass wir sie nicht bemerken (wie beispielsweise die bis zu 80 Flügelschläge des Kolibris pro Sekunde) sind besonders für die Zeitlupe geeignet. Umgekehrt gestaltet es sich beispielsweise sehr eindrucksvoll, das mehrstündige Öffnen einer Blüte auf nur wenige Sekunden zu raffen. Die Verwendung der beiden Techniken beschränkt sich allerdings nicht auf das Fernsehen mit seinen Filmkameras, sondern kann auch im Theater von besonderer Bedeutung sein: Für die Darstellung einer Zeitlupe reicht es beispielsweise schon aus, das zu tun, was der englische Begriff „slow-motion" genau beschreibt: **Der Schauspieler verlangsamt kontrolliert seine Bewegungen,** bis er ein persönliches „Schneckentempo" erreicht – genau entgegengesetzt dazu wird der Zeitraffer gespielt. Die Bewegungsabläufe müssen allerdings mit großer **Präzision** ausgeführt werden, da sie sonst unglaubwürdig – beim Zeitraffer vor allem lächerlich – wirken.

Die beiden Techniken können darüber hinaus im Sinne Brechts **als Verfremdungseffekte** genutzt werden: Eine ganze Szene in Zeitlupe oder Zeitraffer fällt genauso aus der Erwartungshaltung des Zuschauers heraus wie etwa das parallele Spielen zweier Darsteller, bei dem der eine extrem schnell und der andere extrem langsam spielt.

„Das Theater / ist keine Gefälligkeitsanstalt / Auf die Irritation / kommt es an / wir sind nicht dazu da / den Leuten / eine Gefälligkeit zu erweisen."
Thomas Bernhard

In der Praxis und zum Üben

Ein Gang in den Supermarkt

Zwei Schauspieler demonstrieren den Vorgang des Einkaufens im Supermarkt in einer kurzen Szene. Dafür kann der erste beispielsweise einen imaginären Wagen vor sich her schieben, Produkte auswählen und anschließend an der Kasse bezahlen, die vom zweiten bedient wird. Der einkaufende Darsteller sollte einige wenige charakteristische und gut erkennbare Bewegungen für alle sichtbar vorspielen. Aufgabe eines anderen Gruppenmitglieds ist es, nach Abschluss der ersten Spielszene dieselben Bewegungen zu wiederholen und den gleichen Weg erneut abzuschreiten, diesmal allerdings in Zeitlupe. Mehrere Schauspieler können der Reihe nach ausprobieren, wie gut sie den zu Anfang gezeigten Vorgang in Zeitlupe imitieren können.

Variation: Die gleiche Übung kann auch mit dem Zeitraffer ausprobiert werden.

Alternative: Vorbereitend könnte zunächst ein Wettlauf oder eine Schlägerei in Zeitlupe durchgeführt werden. Einziges Ziel für alle Spieler ist, so langsam wie möglich zu sein. Die Beteiligten sollten dabei sehr aufmerksam und dem Charakter der Zeitlupe entsprechend reagieren.

Übung

Im Spiegelbild

Was man unter dem Begriff **Rollenspiegelbild** verstehen kann, macht die nachfolgende Übung deutlich, die sich allerdings weitaus schwieriger gestaltet, als man zunächst denken mag:

Jeweils zwei Gruppenmitglieder stehen sich gegenüber, wobei einer das Spiegelbild des anderen darstellt. Jede Bewegung, welche die erste Person vollführt, soll die zweite am besten zeitgleich und spiegelverkehrt nachmachen. Nach einiger Zeit werden die Rollen getauscht – nun ist die erste Person das Spiegelbild.

Variation: Bei dieser Übung stehen sich jeweils zwei Partner gegenüber. Dann beginnt einer von beiden, eine Emotion auszudrücken, etwa Liebe, Wut, Traurigkeit und so weiter. Der jeweilige Partner soll nun versuchen abzulesen, um welche Empfindung es sich handelt, und diese ebenfalls darzustellen. Dabei halten beide Spieler Blickkontakt und versuchen, eine gemeinsame Darstellungsweise der entsprechenden Emotion zu erreichen.

Text

Spiegellyrik

In der Praxis und zum Üben

Die beiden folgenden Gedichte stellen einen Ausgangspunkt zur Anwendung eines Rollenspiegelbildes in szenischem Kontext dar.

Die Werke sollen in kleinen Gruppen als kurze Spielszenen erarbeitet und anschließend präsentiert werden.

Rose Ausländer: Doppelt

Der Spiegel
gibt mich
mir wieder

Hier steh ich
Ich an Ich

Koffer bis an den Hals
vier ratlose Augen

Im Doppelrahmen
wie viele Kanten
schneiden sich
im Blick

Doppelt allein
Wohin
Der Atem hält
mit sich selber Schritt

Jürgen Spohn: Ich

Ich stehe
manchmal
neben mir
und sage
freundlich
DU zu mir
und sag
DU bist
ein Exemplar
wie keines
jemals
vor dir war
DU bist
der Stern
der Sterne
Das hör ich
nämlich gerne

Terenzbühne

Bühnenform

Im 14. Jahrhundert, dem Zeitalter des Humanismus[1] und der beginnenden **Renaissance**, interessieren sich die Gelehrten in Europa immer mehr für die klassische Antike und damit auch für das Theater dieser Periode der Menschheitsgeschichte.
Aus den Komödien des römischen Dichters **Terenz** sowie von Seneca und Plautus rekonstruiert man eine Form der nach ihrer Quelle benannten „Terenzbühne", die so in der Antike nicht existiert hat.
Auf einer erhöhten Fläche grenzt ein **flaches Podium** an **mehrere Kabinen**, die sich dahinter befinden. Die einzelnen Abteile werden von Vorhängen begrenzt, die an jeweils zwei Säulen befestigt sind. Dahinter verbindet sie ein **schmaler Steg**, mit dessen Hilfe man sich ebenfalls von Kabine zu Kabine bewegen kann.
Über den einzelnen Zellen, die jeweils einen Hauseingang darstellen, sind zumeist noch entsprechende Beschriftungen angebracht. So entstehen insgesamt drei **verschiedene Handlungsräume:** Das Podium dient in den Stücken zur Darstellung einer Straße (oder auch eines Platzes). Die Zellen mit ihren Überschriften repräsentieren einzelne Häuser, zwischen denen die Schauspieler hin und her gehen und die, wenn man den Vorhang öffnet, an dritter Stelle um einen Innenraum erweitert werden können.
Ein **schneller und einfacher Wechsel des Spielorts** für die Darsteller wird durch dieses Konzept möglich. Die Bühnenform ist dadurch besonders geeignet zur Wahrung der **Dreieinheit von Ort, Handlung und Zeit** der klassischen Tragödie[2]. So wird die Terenzbühne schließlich auch zu einer Art **Simultanbühne**, da mehrere Handlungen in verschiedenen „Häusern" durch die einzelnen Zellen parallel nebeneinander dargestellt werden können.

Übrigens...

Da der gesamte Aufbau der Bühne sehr an öffentliche Waschräume erinnert, bekam diese später den Beinamen „Badezellenbühne".

[1] Geisteshaltung, die den Wert und die Würde des Menschen betont
[2] siehe Theorie: Aristoteles: Poetik, S. 69

Exkurs

Theaterbau in der Renaissance

Die Renaissance ist die Epoche, in der sich die Gelehrten auf die Antike und deren Ideale zurückbesinnen. Diese „**Wiedergeburt**“ (so die wörtliche Übersetzung) des Wissens und Ideenreichtums der „alten“ Römer und Griechen, wie man heute wohl sagen würde, ist einer der wichtigsten (Fort-)Schritte in der europäischen Geschichte.

In dieser Zeit nach der Erfindung des Buchdrucks werden die Regeln des Aristoteles für das Drama und auch die Komödien des Plautus und Terenz für die Bühne wiederentdeckt. Vor allem die wohlhabenden Fürsten und Adeligen sprechen diesem Theater einen Bildungsauftrag zu: Es soll nicht bloße Unterhaltung sein, sondern **Werte, Tugenden** und mehr vermitteln. Auf diese Weise löst sich das Theater von den religiösen Themen des Mittelalters und stellt den Menschen in den Mittelpunkt (Humanismus).

„Es gibt keine unbedeutenden Rollen. Es gibt nur unbedeutende Autoren.“
Ephraim Kishon

So gelingt auch der Übergang von den Freilicht- oder Simultanbühnen auf Marktplätzen zu den ersten eigens errichteten **geschlossenen Theaterbauten.** Dabei üben schließlich die Architekten und Maler in Orientierung an der Antike den entscheidenden Einfluss aus, der zur Weiterentwicklung der bestehenden Theatergebäude- und Bühnenform führt.

Zum ersten Mal werden **perspektivisch gemalte Kulissen** eingesetzt, welche die Illusion von Tiefe im Raum erschaffen und so etwa eine Stadt oder ganze Straßenzüge hinter den Schauspielern erscheinen lassen. Dafür wird auch die Einführung des sogenannten „**Bühnenfalls**“ notwendig: Um die perspektivische Wirkung zu erhalten, muss der Bühnenboden über die Strecke von der Rampe bis zum hinteren Ende geneigt sein, das heißt ansteigen.

Das wohl bekannteste Beispiel für diese neue Hintergrund- und Bühnengestaltung findet sich im „Teatro Olimpico“ in Vicenza. Anhand dieses Baus lässt sich zudem auch aufzeigen, wie stark die Theater der Renaissance auf ihre antiken Vorbilder ausgerichtet sind: Vor dem halbkreisförmigen, in Reihen aufsteigenden, steinernen Zuschauerraum **(cavea)** findet sich die bereits in römischer Zeit zum Halbkreis verkleinerte **Orchestra,** in der zum Beispiel Ehrengäste, bei Bedarf aber auch Musiker, sitzen können.

Die Bühne selbst wird von dem neu geschaffenen **Portalrahmen** nach vorne begrenzt, hinten schließt sich die ebenfalls aus römischer Zeit bekannte, mit Säulen und Torbogen ausgestattete, mehrstöckige Bühnenwand **(scaenae frons)** an. Die Decke bildet ein mit Holz gestalteter, reichlich verzierter „**Himmel**“, der vor allem eines deutlich macht: Es wird nicht mehr im Freien gespielt. Da die Bühne nun mit Öllampen beleuchtet ist, entsteht eine **lichttechnische Trennung** von Bühne und Zuschauerraum.

Zuschauerraum des Teatro Olimpico in Vicenza

Zetteltheater

Übung

Jedes Mitglied der Gruppe schreibt auf je einen Zettel eine spontan ausgewählte Figur oder einen Beruf und auf einen anderen eine Tätigkeit.

Das kann so aussehen:

Automechaniker	repariert ein Auto
Nachrichtensprecher	bereitet einen Sendetext vor

aber auch so:

Superman	strickt Socken
Papst	liest Zeitung

Die Zettel werden nun gemischt und zwei Gruppen gebildet. Jede Gruppe erhält die Hälfte der Zettel und versucht daraufhin, eine Spielszene zu erarbeiten, die anschließend präsentiert wird und alle entsprechenden Begriffe der Zettel enthält (zum Beispiel als Sprechtext).

Commedia dell'Arte

Geschichte

1550 – 1750

Sie ist über 200 Jahre lang die einflussreichste Theaterform Europas und das mit den gleichen Stoffen, die auch heute noch Standard bei jeder Seifenoper (oder „daily soap") im Fernsehen sind. Die Rede ist von der um die Mitte des 16. Jahrhunderts entstandenen „Commedia dell'Arte", die italienische Form des **Improvisations- bzw. Stegreiftheaters.**

„Commedia dell'Arte", das könnte man im heutigen Sinne mit Berufskomödie übersetzen, besser aber mit **Berufsschauspielkunst.** Beide Begriffe zusammen treffen die Realität recht gut: Zum ersten Mal entstehen feste Schauspieltruppen, die ihren Lebensunterhalt nur durch Theaterspielen verdienen können – dies erreichen sie nicht mit anspruchsvollem Literaturtheater, sondern mit Unterhaltung für jedermann.

Kernelement der Schauspielform ist das immer gleiche, schauspielerisch anspruchsvolle Handwerkszeug, das genau erlernt werden muss und mit dem dann auf der Bühne variiert wird:

Der Schauspieler steht wieder einmal betrunken auf der Bühne. Er zischt der Souffleuse zu: „Keine Einzelheiten jetzt – wie heißt das Stück?"

„Es gibt keine individuellen Gestalten, sondern in Anlehnung an den altrömischen Mimus eine Handvoll Gesellschaftstypen, die mit (Halb)-Masken dargestellt werden. Die Stücke bringen keine Entwicklung, etwa einer Problemstellung, dafür umso mehr Verwicklung. [...] Die Spielweise der Commedia beruht auf Körper- und Sprachstereotypen[1], einem Repertoire von Gestaltfiguren, Posen, Bewegungen und Verdrehungen, das im Wesentlichen gleich bleibt, im Einzelnen aber mit den Truppen und Interpreten variiert." (Batz)

[1] Klischees

Für die Stücke existiert **keine ausformulierte literarische Vorlage**, weshalb die Commedia dell'Arte sich von der klassischen Literatur löst. Genutzt wird für eine Aufführung nur ein **Handlungsgrundgerüst** („canovaccio" oder „scenario"), das eine Geschichte grob vorgibt.

Ein Beispiel, diesem Stil nachempfunden:

Eine Hochzeit soll gefeiert werden, die Braut möchte aber lieber einen anderen Mann heiraten. Zahlreiche Nebenbuhler treten auf und sorgen für Verwirrung. Am Ende finden sich aber die wahren Liebenden.

Szene der Commedia dell'Arte, um 1580

Anhand dieser Handlungsvorgabe spielen die Darsteller Improvisationstheater – was immer zur Handlung passt, wird gesagt oder getan, mit dem Ziel, nach den inhaltlich vorgegebenen Stationen das vorgeschriebene Happy End zu erreichen. Das Konzept ist dabei denkbar einfach, dafür aber umso publikumswirksamer: **maximales Vergnügen bei minimaler geistiger Anstrengung.** Es kommen nur die notwendigsten Requisiten zum Einsatz.
Die Improvisation erfolgt innerhalb strenger Grenzen: Es gibt unveränderliche (Figuren-)**Typen und Grundkonflikte** (siehe Grafik), die stets vorgeben, wie sich das Geschehen entwickelt, sowie zusätzlich Komik und Spannung schaffen.

Das bedeutet für die Praxis, dass der Diener Arlecchino[1] immer eigene Pläne schmiedet, und da er einer von den Jungen ist, dabei stets mit jemandem von den Alten streitet.
Hinweis: In der Regel gibt es am Ende immer Prügel für die Alten oder die Diener.

Typen und Grundkonflikte der Commedia dell'Arte

Die Charaktere der Commedia dell'Arte sind einzigartig und wiedererkennbar, jeder hat bestimmte Eigenschaften, die das improvisierte Zusammenspiel in gleicher Weise beeinflussen. Es muss allerdings angemerkt werden, dass diese Eigenschaften im Laufe der Zeit immer wieder verändert werden und sich so in stetem Wandel befinden.
In der Regel verkörpert ein Schauspieler ein Leben lang eine einzige Figur – es geht schließlich um spielerische Perfektion und weniger um perfekte Illusion. So kommt es, dass etwa der Darsteller Andreini Sohn noch im Alter von 73 Jahren den jugendlichen Liebhaber „Lelio" verkörpert.

[1] Von ihm leitet sich der „Harlekin" ab.

Einige Figuren aus der Commedia dell'Arte

Gruppe I: Die Alten („Vecchi")

Pantalone (1550)

Pantalone: Pantalone ist ein älterer venezianischer Kaufmann, immer in Rot gekleidet, mit entsprechender Mütze, sehr enger Hose (darauf verweist sein Name) und schwarzem Umhang. Aufgrund eines Rückenleidens geht er gebückt. Trotz seiner Gebrechlichkeiten besitzt er ein starkes sexuelles Verlangen und eine große Gier nach Geld. Pantalone ist sehr von sich überzeugt, misstrauisch, oft auch einfach widerlich und ein Nörgler. Mit seiner hohen Stimme und dem venezianischen Akzent gackert er wie ein Huhn.

Il Dottore Baloardo (1653)

Dottore: Er verfügt über einen universitären Hintergrund, ist in der Regel Rechtsgelehrter, manchmal aber auch Arzt. Dementsprechend bildet er sich viel auf seine Worte ein, obwohl sie meist nicht mehr als leeres Geschwätz sind, wie etwa: „Wer sich irrt, hat Unrecht" oder „Ein Schiff, das auf dem hohen Meer ist, ist nicht im Hafen". In langatmigen Reden lässt er keine Gelegenheit aus, um mit Fachbegriffen um sich zu werfen – unentwegt muss er reden. Seine Kleidung ist meist sehr fein; als Markenzeichen dient die schwarze Stirnmaske.

Il Capitan Spavento (1577)

Capitano: Er ist ein Aufschneider und selbsternannter Frauenheld – genau wie man es sich bei einem hochdekorierten Soldaten vorstellen könnte. Und doch: Eigentlich hat Capitano mehr mit einem Feigling gemeinsam als mit einem Helden – das stellt sich im Verlauf der meisten Verwicklungen heraus. Seine Angebereien sind deshalb in der Regel nicht mehr als leere Worte eines Maulhelden – dafür aber umso vulgärer und unsinniger. Oft stellt er sich mit Titeln wie „Eisenbrecher" oder „Schrecken des Höllentales" vor. Die Feder an seinem Hut und seine Kleidung verweisen auf die spanischen Wurzeln der Figur.

Gruppe II: Die Diener („Zanni“)

Arlecchino: Als ewiger Verlierer muss Arlecchino am Ende der Stücke meistens Prügel einstecken. Im Allgemeinen verhält er sich wie ein dummes, naives Kind – mal muss er lachen, mal weinen und immer ist er in der Mitte des Geschehens, ohne zu wissen, wie ihm geschieht. Er liebt gutes Essen und kämpft häufig mit Hunger und Armut. Auch spricht er im Dialekt, teilweise schnarrend bzw. „näselnd“. Das Flickengewand ist sein Markenzeichen – die schwarze Maske verweist auf die schweren Tätigkeiten, bei denen er sich als Diener schmutzig macht.

Columbina: Columbina könnte man als erste emanzipierte Frau im europäischen Bühnenspiel bezeichnen – mit ihrer weiblichen Klugheit löst sie die schwierigsten Verwicklungen in kürzester Zeit. In ihrer Figur verbinden sich deshalb Sachverstand und Selbstsicherheit – eine typische Geste ist das Abstützen ihrer Hände in den Hüften. Colombina findet man oft in der Rolle einer Magd oder Köchin. Auch sie spricht Dialekt, tritt aber unmaskiert auf und zieht mit ihrer Erotik häufig Männer an – auch wenn sie selbst dies in der Regel nicht wünscht und in vielen Geschichten Arlecchino liebt.

Brighella: Brighella ist wesentlich schlauer als Arlecchino, aber auch durchtriebener und bösartiger. Es geht ihm immer nur um seinen persönlichen Vorteil und da, wo eine Intrige gesponnen wird, ist er meist nicht weit enfernt. Sein Name ist also Programm, der bedeutet nämlich „Streit“ bzw. „Intrige“. Er ist ein Gegner von Pantalone und Dottore – mit seiner Wortgewandtheit schafft Brighella es oft, Arlecchino für seine Pläne einzuspannen. Markenzeichen der Figur sind der Dolch und ein leerer Geldbeutel, der darauf wartet, gefüllt zu werden – egal wie.

Gruppe III: Das Liebespaar („Amorosi“[1])

Die Liebenden treten **ohne Maske** auf und sprechen **frei von Dialekt** – im Gegensatz zu den meisten anderen Figuren. Sie bilden den eigentlich Kern einer jeden Spielhandlung. Immer geht es nur darum, dass die beiden am Ende zusammenfinden. Ansonsten gibt es hierzu kaum weitere Festlegungen. Deshalb kann es sowohl Liebespaare aus der Stammbesetzung geben (etwa Capitano und Columbina) als auch, was häufiger der Fall ist, zwei andere Personen, die bis dato keiner der Gruppen entsprechen; sie heißen beispielsweise „Ottavio & Isabella“ oder „Lelio & Aurelia“.

[1] oder auch „Innamorati“

Während die Schauspieler in den verschiedenen, vorher festgelegten Handlungsstationen spielen, kommen die eigentlichen Improvisationselemente, die „**lazzi**" zum Einsatz. Das sind clowneske, teilweise pantomimische oder akrobatische Einlagen, die vorher genau einstudiert und dann spontan von den Darstellern genutzt werden. Diese werden ergänzt durch eine Vielzahl ebenfalls vorher einstudierter Elemente, wie beispielsweise Monologe oder typische Wortwitze, etwa:

Brighella: „Ich, ein Dieb? Aber nein! Ich finde die Sachen nur, bevor sie ihr Besitzer verliert."

„Commedia dell'Arte" meint vor allem auch Körpertheater und **Maskenspiel.** Gerade ausgeprägte Gestik und Mimik, die clownesken Einlagen und die charakteristische Kleidung der Schauspieler sorgen dafür, dass die Stücke **überall verständlich** sind: Obwohl für das italienische Publikum die Dialektsprache der meisten Figuren ein wichtiger Faktor ist, gewinnt bei europaweiten **Gastspielen** der Truppen besonders die leichte Verständlichkeit an Bedeutung:

„Die Typen der Commedia dell'Arte [...] agieren demonstrativ mit großen Gesten oder tragen Masken und Halbmasken mit überzeichneten Gesichtszügen. Die komischen Masken – sie heißen Arlecchino, Truffaldino, Brighella, Pantalone, Dottore oder Capitano – sind Typen, keine individuellen Charaktere. Ihre Körperhaltung, ihre Mimik und Gestik bringen mit wenigen Zügen ihr gesamtes Wesen zum Ausdruck."

Francisco de Goya: Wanderkomödianten, 1793 (Prado)

Wo die Truppen gastieren, entstehen meist auch **nationale Ausprägungen**, das heißt regionale Varianten des Spiels. In Deutschland werden beispielsweise aus Arlecchino, Brighella und Co. „Hanswurst" und viele andere Publikumslieblinge. Gespielt wird auf kargen **Budenbühnen**, die im Grunde nur dekorationslose Bretterpodeste sind, an die sich im hinteren Bereich eine „Bude" für Auf- und Abtritte bzw. zum Umziehen anschließt.

Die Commedia dell'Arte steht auch für einen **Meilenstein** in der Geschichte der Schauspielerinnen: Die Wandertruppen bestehen zumeist aus ungefähr gleich vielen Männern wie Frauen und beide Gruppen sind gleichberechtigte Spieler. Auch deshalb stellt die neue Schauspielform für die Menschen der Zeit eine Sensation dar – nirgendwo sonst sieht man Frauen in Hauptrollen und unmaskiert auf der Bühne.

Als eine Standesperson zu Caroline Neuber sagte: „Sie muss doch immerhin bedenken, meine Liebe, dass sie nur eine Komödiantin ist", antwortete diese: „Allerdings, aber die Neuberin!"

Das wohl berühmteste Beispiel einer Frau dieser Zeit ist **Caroline Neuber** (1697-1760). Die Tochter einer bürgerlichen Familie wird berühmt, weil sie 1727 aus dem Fenster ihres Zimmers springt, um sich einer Wandertruppe der Commedia dell'Arte anzuschließen. Sie wird schließlich Prinzipalin, also Leiterin und „Besitzerin" ihrer eigenen Wandertruppe.

„Die Neuberin", wie man sie fortan nennt, löst die Spielform ihrer Truppe von derben Späßen und bringt, in Zusammenarbeit mit dem Universitätsprofessor und Literaten Gottsched, erstmals auch die anspruchsvollen Stücke Lessings auf die Bühne. Damit wird sie zur Wegbereiterin des Literaturtheaters in Deutschland.

Zur **Nachwirkung der Commedia dell'Arte** müssen abschließend zwei wesentliche Punkte festgehalten werden: Sie sorgt erstens dafür, dass das Stegreifspiel bis in die Moderne erhalten bleibt, und zweitens liefert sie Vorlagen für große Dramatiker wie **Molière** („Der Geizige") oder **Goldoni**[1] („Diener zweier Herren"), die mit ihren Werken wiederum Generationen zum Lachen, diesmal aber auch zum Nachdenken bringen wollen. Sie sehen ihre primäre Aufgabe darin, die Stücke schriftlich auszuarbeiten und sie zu literarisieren. So schafft Goldoni etwa die Masken ab und setzt auf die natürliche Kraft der Mimik seiner Schauspieler – diese Werke wollen authentisch wirken, nicht nur durch Komik. Heute lässt sich sagen, dass er wohl die besten Teile der Commedia dell'Arte für die Nachwelt konserviert hat.

In der Praxis und zum Üben

Es soll eine kurze Szene einer Daily Soap im Sinne der Commedia dell'Arte improvisiert werden. Für jeweils vier bis sechs Spieler gelten dabei folgende Rahmenbedingungen:

- Zunächst entwickelt die Gruppe mündlich eine kurze Handlung und bestimmt die auftretenden Figuren sowie den Ort der Handlung. Dieses Handlungsgerüst sollte den typischen Mustern einer Seifenoper folgen und nicht zu komplex sein.

  Beispiel:
  Claudia liebt Peter, der ist aber in Valerie verliebt. Valerie hintergeht ihn mit seinem besten Freund. Schließlich finden Claudia und Peter doch zusammen.

- Für die mündliche Entwicklung der Handlung sollten nicht mehr als zehn Minuten in Anspruch genommen werden.
- Es muss keine ernsthafte Geschichte entstehen – Komik ist erwünscht.
- In der Gruppe sollte ein gemeinsamer Schlussmoment abgestimmt werden, damit jeder Spieler weiß, wann die Szene zu Ende ist.
- Anschließend wird auf der Bühne „spontan" gespielt und improvisiert – das heißt ohne Kostüme oder aufwendige Kulissen – und ohne weitere Absprachen der Schauspieler.
- Einfache Requisiten sind, wenn unbedingt erforderlich, erlaubt.
- In der Anschlusskommunikation sollen die Spieler ihre Aufführung und die gemachten Erfahrungen kritisch bewerten.

[1] Carlo Goldoni (1707 – 1793) reformiert das italienische Theater mit Molière als Vorbild.

Zwei Lazzi der Commedia dell'Arte

Text

Aufgabe soll es hier sein, die beiden unten stehenden Lazzi[1] nacheinander oder in verschiedenen Gruppen als spontanes Improvisationstheater auf die Bühne zu bringen.
Gespielt wird mit den typischen Gesichtsmasken[2] der Commedia dell'Arte und mit entsprechenden Dialekten (statt Venezianisch könnten beispielsweise Kölsch oder Bairisch zum Einsatz kommen). Die Spieler sollten sich für die Darstellung ihrer Rolle an den Beschreibungen im vorangegangenen Text orientieren und nach Möglichkeit auch mit den charakteristischen Kostümen (Pantalone in Rot; Capitano mit Feder am Hut etc.) spielen.
Wichtig ist, dass jeder Spieler die kurze Handlung des gemeinsamen Lazzos genau kennt. Es darf natürlich über die angegebene Geschichte hinaus improvisiert werden – allerdings empfiehlt es sich, vorher unter den Darstellern ein Signal oder eine Situation für den Abschluss zu bestimmen, damit die freie Darstellung schließlich auch ein Ende findet.

Lazzo: Die Sprache der Liebe

Brighella verspricht Arlecchino, ihm die „Sprache der Liebe" beizubringen. Im folgenden Unterricht lehrt er ihn allerdings nur sinnlose Redewendungen – teilweise sogar Beleidigungen. Als schließlich Arlecchinos Angebetete erscheint und dieser ihr mit den neuen „Zauberformeln" imponieren will, entwickelt sich alles anders als geplant.

Lazzo: Arlecchinos Festmahl

Arlecchino erhält von seinem Herren Pantalone einen „Scheck" im Wert von 500 Dukaten, um damit ein Festmahl für Dottore, den zukünftigen Schwiegervater von Pantalone, vorzubereiten. Der Diener bittet Columbina um Hilfe bei der Menüfolge. Unabsichtlich reißt er dabei den Scheck in viele kleine Stücke, mit denen er auf der Bühne die Sitzordnung markiert. Als ihm schließlich sein Fehler auffällt, ist es zu spät. Um aber seinen immerwährenden Hunger zu stillen, fängt er eine Fliege und schluckt sie herunter. In seinem Magen brummt das Tier aber weiter und sorgt bei der nun folgenden Rückkehr von Pantalone und Dottore für großes Spektakel.

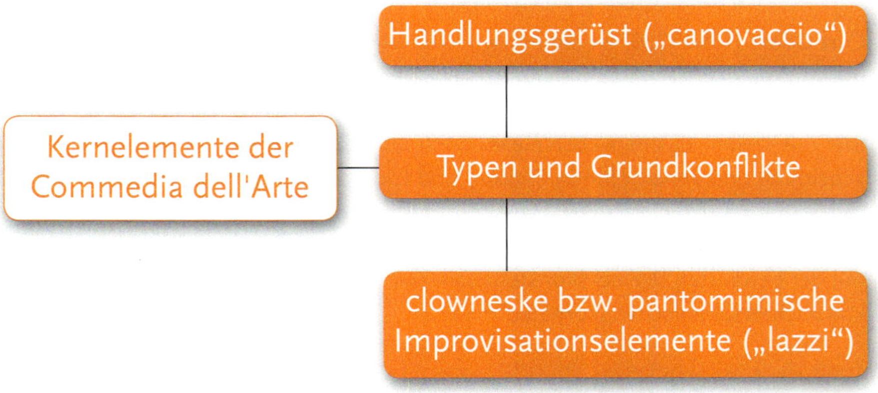

[1] siehe Geschichte: Commedia dell'Arte, S. 139 ff.
[2] siehe Exkurs: Eine Maske basteln, S. 146, sowie Geschichte: Commedia dell'Arte, S. 139 ff.

Exkurs

Eine Maske basteln

Masken können im Theater auf vielfältige Weise eingesetzt werden. Vor allem aber bei Aufführungen im Stile des antiken Theaters oder der italienischen Stegreifkomödie „Commedia dell'Arte" sind sie ein wesentliches Element des Schauspiels. Wie man sich selbst eine einfache Ganzmaske basteln kann, zeigt die folgende Kurzanleitung:

Benötigt werden:

- festes Papier, Karton oder Pappe (DIN-A4 oder größer)
- Schere
- Bleistift
- Gummiband oder eine Schnur (ca. 20 cm Länge)
- Bunt- bzw. Filzstifte oder andere Utensilien zum Malen
- Klebeband oder Ringbuchverstärker

Zur Anfertigung:

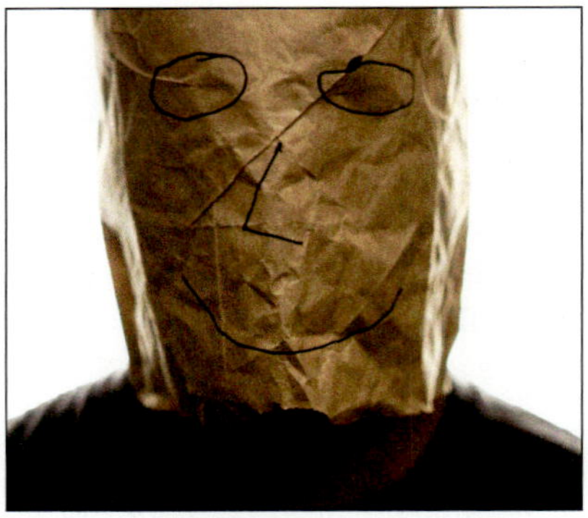

Zunächst hält man das Papier vor das Gesicht und markiert mit einem Bleistift die Positionen von Augen und Mund. Jetzt wird die Kopfform großzügig in Relation zu den drei Markierungen aufgezeichnet und anschließend aus dem Papier ausgeschnitten.

Im Folgenden werden entsprechend große Löcher für die Augen und den Mund geschaffen und die Maske angemalt, das heißt künstlerisch ausgestaltet (Gesichtspartien etc.). Ob die Nase auch ausgeschnitten wird, bleibt dem Spieler überlassen.[1] Damit die Maske später auch am Kopf hält, stanzt man schließlich noch an den Seiten links und rechts je ein Loch ein und spannt durch diese das Gummiband. Wenn die Löcher mit einem Klebestreifen (oder Ringbuchverstärker) von oben und unten überklebt werden und dann erst das Gummiband eingefädelt wird, erhöht sich die Lebensdauer enorm.

„Das Theater ist eines von den wenigen Dingen, an denen ich noch Freude habe."
Johann Wolfgang von Goethe

Text

Curt Goetz: Ingeborg

Curt Goetz (1888-1960) ist ein erfolgreicher Vertreter der sogenannten **Konversationsstücke.** So bezeichnet man Komödien, die vor allem auf den geistreich-witzigen Dialog setzen und vom Alltagsleben der höheren Gesellschaft erzählen. Curt Goetz tritt mit seinen eigenen Lustspielen auch als Schauspieler und Regisseur in Erscheinung und verleiht ihnen Charme und Eleganz. Sein populärstes, auch mehrfach verfilmtes Stück ist „Das Haus in Montevideo" (1947).

„Ingeborg – Komödie in drei Akten" (1921) zählt zu den frühen Werken und spielt mit der bewährten Dreieckskonstellation – eine Frau zwischen zwei Männern – der klassischen Gesellschaftskomödie.

In der Praxis und zum Üben

Aufgabe soll es sein, nach dem Vorbild der Szene mit Herrn Konjunktiv eine eigene kurze Szene zu entwickeln, bei der eine der Figuren nur im Konjunktiv spricht.

[1] Vorteil: sitzt passgenauer; Nachteil: verändert die Außenwirkung stark

Curt Goetz:
Das Haus in Montevideo
(Schulinszenierung)

Curt Goetz: Ingeborg

Herr Konjunktiv tritt ein.

Herr Konjunktiv: Es wäre angespannt.

Tante Ottilie: Das wäre höchste Zeit, Herr Konjunktiv, denn ich hätte um ein Haar etwas Albernes gesagt! [...]

Ingeborg: Herr Konjunktiv? Sie kommen ungelegen.

Herr Konjunktiv: Das ist mein Beruf, gnädige Frau!

Ingeborg: Was sonst noch?

Herr Konjunktiv: Das gnädige Fräulein von Dingelstädt wären äußerst charmiert, wollten gnädige Frau ihr die Freude machen, sie eine Strecke Weges zu begleiten!

Ingeborg: Ich fürchte immer, Herr Konjunktiv, sie könnten sich einmal Schaden tun bei einer Ihrer Satzkonstruktionen! [...]

Peter: Die gnädige Frau meint nicht alles so, wie sie es sagt!

Herr Konjunktiv: Das soll den Frauen eigentümlich sein, dass sie etwas anderes sprechen, als sie meinen. – Ich hätte eine bescheidene Frage an den Herrn.

Peter: Bitte sehr, Herr Konjunktiv. Ihre Bescheidenheit ist das einzig Unbescheidene an Ihnen. Sie leisten sich eine sehr gewählte Ausdrucksweise!

Herr Konjunktiv: Es ist auch das Einzige, was ich mir leisten kann. – Der Herr sind Dichter?

Peter: Ich schreibe Stücke.

Herr Konjunktiv: Hm! – Ich hätte wohl einen Stoff!

Peter: So?

Herr Konjunktiv: Ich bin verheiratet!

Peter: Oh!

Curt Goetz wurde einmal gefragt, woran das wirkliche Genie zu erkennen sei. „An seiner Bescheidenheit“, antwortete er. „Manchmal habe ich Augenblicke, in denen mir Zweifel kommen, dass ich der meistgespielte Autor der Gegenwart bin!“

Übung

Imaginäres Tauziehen

Es werden zwei Gruppen gebildet, die sich gegenüber aufstellen. Nun sollen sie ein imaginäres Tauziehen austragen. Das gedachte „Seil" ist ein dickes und sehr schweres Schiffstau.

Hinweis: Wichtig ist, dass jeder Spieler sich der Situation entsprechend verhält, das (nicht vorhandene) Tau festhält und als Teil der Gruppe agiert.

Geschichte

1550 – 1681

Das Goldene Zeitalter in Spanien

Auch wenn immer wieder (zu Recht) vom Elisabethanischen Zeitalter als goldener Zeit der Kulturgeschichte von Shakespeares Mutterland gesprochen wird[1], bezieht sich der Begriff eigentlich auf das **Spanien des 17. Jahrhunderts.**

Interessanterweise verweist die Bezeichnung „**Siglo de Oro**"[2] nicht auf die wirtschaftlich-politische Macht des Landes – ganz im Gegenteil: Nachdem Kolumbus 1492 die „neue Welt" entdeckt, ist Spanien auf dem Höhepunkt seiner Macht angelangt, spätestens aber nach der Niederlage der „Armada"[3] gegen England im Jahr 1588 ist diese Periode der politischen Macht vorüber. Es folgen wirtschaftlicher Abschwung, landwirtschaftliche Krisen, Hungersnöte und Verarmung des Landes.

Osterprozession in Alcudia

Das Wort „golden" bezieht sich also nur auf die Kultur: Weil die politische und wirtschaftliche Realität und Zukunft Spaniens auf die Menschen deprimierend wirkt, bleibt ihre einzige Fluchtmöglichkeit das Theater. Die Dichter schaffen dem Volk damit eine „**Ersatzrealität**", welche die Zeiten der großen Macht auf der Bühne wiederaufleben lässt und den Einzelnen von seinen Sorgen ablenkt. Das führt – vergleichbar mit dem Elisabethanischen Zeitalter – zu einer enormen **Theaterbegeisterung** in allen Schichten des Volkes.

Zudem ist auch die (katholische) **Religion** seit jeher eine wichtige Säule der spanischen Gesellschaft und so verwundert es kaum, dass die wesentlichen Theaterformen dieser Zeit immer auch eine Verbindung zur Religion haben.

In diesem Sinne entsteht in Spanien eine ganz eigene Form des Fronleichnamsspiels, die „**autos sacramentales**". Mit Prozessionswagen („carros"), die mehrstöckig wie Altäre aufgebaut sind und von Ochsen gezogen werden, stellen diese die christliche Erlösung in den Mittelpunkt ihrer einaktigen Handlung.

Seeschlacht zwischen Armada und englischer Flotte

[1] siehe Geschichte: Das Elisabethanische Zeitalter, S. 152
[2] wörtlich: „das goldene Jahrhundert"
[3] heute „Streitmacht"; bezieht sich auf die mächtige Flotte von Kriegsschiffen des spanischen Königs

Auch religiöse Bruderschaften erkennen den Nutzen, den sie aus dem Theaterspiel gewinnen können, und so vermieten diese den Wandertruppen, die oft mit Schauspielen im Stile der Commedia dell'Arte ihr Publikum unterhalten, entsprechende Bühnenflächen. Einen großen Teil ihrer Einnahmen verwenden die Gläubigen dann, um die gemeinnützige Arbeit zu finanzieren und den Armen und Hungernden zu helfen. So entsteht die Bühnenform der **„Corral-Bühne"**, die zunächst als einfaches Bretterpodest in den Höfen der Häuserblocks aufgeschlagen wird[1].

Der wohl wichtigste Dramatiker dieses goldenen Jahrhunderts ist **Lope de Vega** (1562–1635). Er versucht nicht, anspruchsvolle „hohe" Literatur künstlerisch zu gestalten, sein Erfolgsrezept kann – wie bei der Commedia dell'Arte – lauten: **volkstümliche Unterhaltung mit einfachsten Mitteln.** Vega begründet damit auch das spanische Nationaltheater, weil er sich in erster Linie nur an Kultur und Geschichte(n) seines Landes orientiert und nicht etwa an antiken Autoren. Seine Themen sind dafür aber nicht weniger vielfältig und reichen von Heldensagen und Mythen bis hin zu religiösen und historischen Stoffen.

Lope de Vega

Lebte Lope de Vega heute, wäre er wohl einer der erfolgreichsten Filmemacher geworden: Die Menschen seiner Zeit sind begeistert vom Theater und besuchen es so regelmäßig wie wir das Kino. Und wie der heutige Markt nach immer neuen Filmen verlangt und dafür oft auch alte Stoffe neu auf die Leinwand gebracht werden, so ist auch Lope de Vegas Kunst gestaltet. Mit seinen angeblich über 1500 Stücken – ein Drittel davon ist erhalten – gehört er in jedem Fall zu den produktivsten Schriftstellern aller Zeiten.

Doch mit Lope de Vegas Tod 1635 ist der Höhepunkt des goldenen Zeitalters tatsächlich noch nicht erreicht, denn nun gewinnt einer der wichtigsten Schriftsteller Spaniens immer mehr an Bedeutung: **Pedro Calderón de la Barca**[2] (1600 – 1681) perfektioniert das spanische Theater, indem er es von reiner Unterhaltung zu anspruchsvolleren Inhalten für Hof und Adel führt.

Calderón de la Barca

Der 1600 geborene Schriftsteller ist ehemaliger Jesuitenschüler und Theologiestudent – auch deshalb vertritt er das kirchliche Weltbild seiner Zeit. Im Gegensatz zu Lope de Vega schreibt er aber nicht für die breite Masse der Zuschauer der spartanisch ausgestatteten Corral-Bühnen: Der große Dichter verwirklicht seine Vorstellungen mit **anspruchsvolleren, teilweise philosophischen Themen** in unglaublich aufwendigen Inszenierungen mit Perspektivbühne, „Zauberei", „Erdbeben" und vielem mehr. Dieses echte und vor allem teure **Illusionstheater** bekommt dafür aber auch nur der König, niemals die Masse des Volkes zu Gesicht.

Übrigens ...

Calderóns berühmtestes Stück heißt „Das Leben ein Traum": König Basilius lässt seinen Sohn Sigismund in Ketten legen, weil man ihm prophezeit, dieser werde zum Tyrannen. Da er seinen Sohn aber doch prüfen möchte, bekommt Sigismund eine Chance, entpuppt sich aber nach kurzer Zeit als der vorhergesagte Schreckensherrscher. Daraufhin sperrt man ihn wieder ein und täuscht vor, die Erlebnisse am Hof seien nur ein Traum gewesen. Nach einigen Verwicklungen und einer letzten Schlacht gegen seinen Vater erkennt der Prinz aber sein Fehlverhalten und bittet um Gnade.

[1] siehe Bühnenform: Corral-Bühne, S. 151

[2] Sein vollständiger Name lautet: Pedro Calderón de la Barca y Barreda González de Henao Ruiz de Blasco y Riaño.

Fazit:
Was das goldene Jahrhundert Spaniens, das mit dem Tod von Calderón endet, so besonders macht, ist das parallele Nebeneinander von Hof- und Volkstheater, von Corral- und Illusionsbühne sowie von religiösen und weltlichen Themen.

Als Beispiel für ein typisches Drama dieses Zeitalters folgt ein Auszug aus Lope de Vegas „**Die kluge Närrin**". Es handelt sich um ein **Mantel-und-Degen-Stück** – ein von Lope de Vega mitbegründeter Theatertypus, der zu seinen Lebzeiten extrem populär ist.
Der Begriff verweist darauf, dass weitgehend nur Edelmänner und Bürger im Konflikt auftreten – also diejenigen, die sich Mantel und Degen leisten können. Darüber hinaus bedeutet er auch, dass wenig Bühnenausstattung und Dekoration benötigt wird – eben nur Mantel und Degen.

Zum Inhalt:
Im Kern der klar strukturierten Komödie steht ein Vater, der seine beiden Töchter unbedingt verheiraten möchte: Die eine (Finea) ist dumm und erhält deshalb eine große Mitgift, die andere (Nisa) ist klug und geht weitgehend leer aus. Wie immer kommt dann natürlich alles anders als gedacht, doch am Schluss siegt die Liebe und ein Happy End fehlt auch nicht.

In der Praxis und zum Üben

Die vorliegende Textauswahl soll in Gruppen szenisch erarbeitet und anschließend vor Publikum präsentiert werden. Da nur eine einzige Regieanweisung gegeben wird, muss überlegt werden, wie die zwei Personen reagieren könnten und wie sich der komödiantische Inhalt effektvoll umsetzen lässt. Dafür ist es auch durchaus möglich, weitere Schauspieler am Geschehen zu beteiligen, beispielsweise passiv als Zuschauende oder in einer zusätzlichen aktiven Rolle mit eigenem, selbst verfasstem Text.

Lope de Vega: Die kluge Närrin

1. Akt, 2. Szene:

Finea: Das - das - nein, nein, das kann ich niemals lernen!
Schulmeister: Ihr bring ich Lesen bei und mir Geduld! Was ist das hier?
Finea *(freudig):* Buchstabe!!
Schulmeister: Das ist klar, mein liebes Kind [...].
Finea: O weh! So viele gibt's!
Schulmeister: Im ganzen sind es fünfundzwanzig, Kind.
Finea: Dann hört mich ab. Nun kann ich sie schon gut.
Schulmeister: Soso! Und was ist das?
Finea: Das ... weiß ich nicht!
Schulmeister: Und das?
Finea: Das weiß ich aber ... auch nicht. Nein!
Schulmeister: Und dieses da?
Finea: Das runde? Hah ... ! Buchstabe?!
Schulmeister: Gut!
Finea: War es richtig?
Schulmeister: Heilige Einfalt!
Finea: Ja, ich wusste schon, das war die heil'ge Einfalt, nur hatte ich es grade jetzt vergessen.
Schulmeister: Das ist ein R. [...]

Corral-Bühne

Die Corral-Bühne ist eine praxisnahe Bühnenform des spanischen Goldenen Zeitalters. Ihre enge Verwandtschaft zur Shakespearebühne ist nicht zuletzt dadurch bedingt, dass beide aus der Budenbühne der Wandertruppen der Commedia dell'Arte hervorgehen. Mit **„el corral“** bezeichnet man im Spanischen einen (Hinter-)Hof zwischen mehreren Häusern: Ursprünglich wird dabei zwischen den Hauswänden ein einfaches Holzpodest aufgeschlagen, das sich später immer mehr als **feste Bühnenkonstruktion** etabliert und so das Theater zum ersten Mal „sesshaft“ macht.

Unmittelbar vor der Bühne sind in der Regel einige Bänke für angesehene Bürger aufgestellt, dahinter befindet sich der Rest des Publikums auf dem Hof (**„patio“**). Die – teilweise für ihren Applaus bezahlte – Masse der Zuschauer, **„mosqueteros“** genannt, muss dort stehen. Wahrscheinlich verweist bereits diese Bezeichnung, die übersetzt „Musketier“ bedeutet und sich damit wohl auf die lautstarken Musketen[1] der Soldaten bezieht, auf die starke Einflussnahme der „mosqueteros“: Die mit Wurfgeschossen und Lärminstrumenten „bewaffnete“ Volksmenge pöbelt, lacht lautstark, gibt Kommentare ab und pfeift eine schlechte Darstellung aus. So sind die „mosqueteros“ schließlich die gefürchtetste Zuschauergruppe: Von ihrem Wohlwollen hängt der Erfolg eines Stückes ab.
Und so gilt für die Autoren dieser und anderer Bühnenformen in der Tradition der Budenbühne: Ein **stehendes Publikum** muss im Gegensatz zu einem sitzenden bei Laune gehalten werden. Die Aufführungen, die üblicherweise nachmittags unter freiem Himmel stattfinden, bringen dabei auch das Problem einer starken Sonneneinstrahlung mit sich, weshalb im besten Fall bei einigen Corral-Bühnen zwischen den Häusern ein **Sonnensegel** aufgespannt ist.
Die Frauen sitzen im katholischen Spanien von den Männern getrennt, zum Beispiel an der Seite; auch die Fensterplätze der umliegenden Häuser werden als „Logen“ (**„aposentos“**) vermietet – selbst hier sind spezielle Logen nur für (vornehmere) Frauen etabliert, die von oben die Vorstellungen verfolgen können, ohne selbst gesehen zu werden.
Die Bühne selbst kommt mit relativ wenig Dekoration aus (Prinzip **Wortkulisse**[2]) und wird teilweise durch Vorhänge im Hintergrund (Umkleidebereich) oder ein einfaches Hintergrundbild ergänzt. Nach vorne allerdings ist sie nicht abgeschlossen, weshalb Umbauten, wenn nötig, in voller Sicht durchgeführt werden. Auf diese Weise verbirgt dieses Theater natürlich nicht, dass es nur „Schau-Spiel“ ist. Letztendlich übernimmt man die Form der „Corrales“ sogar für die ersten, nur für das Schauspiel genutzten, (Theater-)Gebäude.

Teatro del Principe, Madrid 1766

[1] Handfeuerwaffe der Infanterie
[2] Die Kulissen entstehen durch die Beschreibung der Schauspieler in der Fantasie des Publikums.

Geschichte

1558 – 1603

Das Elisabethanische Zeitalter

Als **Elisabeth I.** 1558 den englischen Thron besteigt, beginnt eine Periode, die für die politische Zukunft des Landes als Weltmacht und besonders für das Theater von so hoher Wichtigkeit ist, dass man sie später auch als **„goldenes Zeitalter"** bezeichnet.

Der Name **„Elisabethanisches Zeitalter"** kommt nicht von ungefähr: Die neue Monarchin fördert die Künste wie kein Herrscher zuvor: Binnen kurzer Zeit werden überall, unterstützt von willigen Geldgebern, neue Theatergebäude errichtet.

Eine Entwicklung, die bereits mit der Commedia dell'Arte begonnen hat, setzt sich fort: Allein in London gibt es später über 150 professionelle **Schauspieltruppen,** die mit dem Ziel, Geld zu verdienen, das Publikum unterhalten. Da die Truppen mit ihren acht bis zwölf Schauspielern[1] am Umsatz beteiligt sind, funktionieren sie wie **kleine Wirtschaftsunternehmen.** Darüber hinaus bekommen auch die Geldgeber ihren Anteil, als Aktionäre sind sie genauso an Erfolg oder Misserfolg einer Aufführung beteiligt.

Auch der große **William Shakespeare** (1564 – 1616) ist Leiter einer solchen Theatertruppe. Der bekannteste Autor dieser Zeit neben ihm ist **Christopher Marlowe** (1564 – 1593), der sich unter anderem einen Namen mit seiner Umsetzung des Faust-Stoffs „The Tragical History of Doctor Faustus" macht.

Da der Eintrittspreis für Stehplätze in den elisabethanischen Theatern nur einen Penny beträgt[2], was zur damaligen Zeit etwa einem Laib Brot entspricht, kann sich beinahe jeder der etwa 160 000 Londoner den Besuch leisten – wöchentlich strömen hier bis zu 21 000 Zuschauer in die Schauspielhäuser. Für diese Periode kann man also im Mindesten von einem **Theaterboom** sprechen, wenn nicht sogar von Theaterbesessenheit.

Königin Elisabeth I.

Elisabeth I. auf dem Weg zum Theater

[1] Eine Truppe wird in der Regel von dem erfahrensten Spieler geleitet. Frauenrollen werden von Knaben oder jungen Männern gespielt („boy actors") .

[2] Die Zuschauer auf diesen günstigen Plätzen werden auch „penny stinker" genannt.

Christopher Marlowe

Und weil der Bedarf an neuen Stücken deshalb so hoch ist, entstehen zwischen 1580 und 1630 in England und im ebenfalls vom Theater begeisterten Spanien schätzungsweise 20 000 Theaterstücke, die zum Großteil auch alle aufgeführt werden.
Das bedeutet allerdings auch für den neuen Berufsstand der **„playwrights“** („Stückeschreiber“), dass sie in erster Linie das Volk unterhalten und nicht belehren sollen. Gerade aus diesem Grund wendet sich das strenggläubige puritanische[1] Bürgertum immer mehr gegen das Schauspiel: Die überzeugten Protestanten sehen im Theaterwesen ihrer Zeit Gotteslästerung und Sündhaftigkeit.
Zu Anfang des 17. Jahrhunderts erstarken die Strenggläubigen immer mehr und verschärfen die staatliche Theaterzensur. Nach dem **Tod der Monarchin 1603** verschlechtern sich die kulturellen Rahmenbedingungen im Land langsam. Als schließlich die Pest um sich greift, gibt das den Puritanern Auftrieb: Die Theater werden zunächst zeitweise aufgrund der hohen Ansteckungsgefahr beim dichten Gedränge im Zuschauerraum geschlossen, schließlich erwirken sie 1642 ein generelles Aufführungsverbot und damit die **Schließung aller Theater.**

Übrigens...

Der streitlustige Marlowe, der sowohl Spion, bekennender Homosexueller und Atheist gewesen sein soll, stirbt im Alter von 29 Jahren infolge einer Wirtshausschlägerei, bei der ihm sein eigener Dolch durchs Auge gestochen wird.

Theorie

William Shakespeare

William Shakespeare

Immer wieder sagt man, er sei der größte Poet aller Zeiten: **William Shakespeare.**
Der Nachwelt hat der „König der Dichter“ außer seinen Stücken so gut wie nichts hinterlassen, weshalb wir bis heute nur spärliche Einblicke in sein Leben haben. Und so kommt immer wieder auch die Vermutung auf, er sei gar nicht der Urheber der Stücke, die heute so geschätzt und verehrt werden.
Oftmals wird hier zum Beispiel angeführt, dass es sich beim Autor eigentlich um Christopher Marlowe und nicht um William Shakespeare handele. Diese Gerüchte werden natürlich auch dadurch gestützt, dass sich auf sechs erhaltenen Dokumenten vier verschiedene Schreibweisen seiner Unterschrift finden lassen. Und trotzdem: Die neuere Forschung zeigt, dass all diese Vermutungen unbewiesen sind, oder wie ein Wissenschaftler es (sinngemäß) ausdrückt: Wenn Marlowe die Werke von Shakespeare geschrieben hat, wer hat dann die von Marlowe geschrieben?

[1] von lat. „puritas“ (Reinheit); protestantische Reformbewegung, die u. a. Selbstzucht fordert und Unterhaltung ablehnt

Kurzbiografie des berühmten Dichters

William Shakespeare wird vermutlich[1] am 23. April 1564 in Stratford-upon-Avon in eine Familie mit relativem Wohlstand geboren. Er besucht (wahrscheinlich) die örtliche Lateinschule, wo er vor allem Wissen in Latein, Griechisch, Rhetorik und Literatur erwerben kann – wichtige Einflüsse für seine Stücke. Später heiratet er die acht Jahre ältere Anne Hathaway, die Mutter seiner drei Kinder wird. Ungefähr zwischen seinem zwanzigsten und fünfundzwanzigsten Lebensjahr geht er schließlich nach London, wo er sich als Schauspieler und Autor einen Namen macht. Als Mitglied der erfolgreichen Theatertruppe „Lord Chamberlain's Men" (später „King's Men") und schließlich auch Teilhaber am „Globe Theatre" gelangt Shakespeare zu großem Wohlstand. Nach einigen Jahren gibt er das Leben in London wieder auf und zieht sich in seine Heimatstadt zurück, wo er am 23. April 1616 stirbt.

Was macht aber seine Stücke so besonders, dass sie auch heute noch viele Menschen in die Theater locken? Shakespeares stärkste Waffe ist seine bildreiche (metaphorische) und lebendige **Sprache:** In ihr vereint sich ein hochentwickelter Wortschatz mit derber Direktheit: Feinsinnige, komplexe Inhalte für die gebildeteren Zuschauer wechseln mit deftigen Ausdrücken, Wortspielen[2] oder Späßen für das einfache Volk.
Dabei wird eines deutlich: Der Dichter ist als Autor dem Elisabethanischen Zeitalter verpflichtet – die Unterhaltung der aus allen gesellschaftlichen Schichten stammenden Zuschauer steht an erster Stelle.
In diesem Sinne wählt Shakespeare auch seine Themen aus. Für ihn steht die **moralisch-existenzielle Verfassung des Individuums** im Zentrum: Viele Stücke rücken deshalb Probleme und tragisches Scheitern eines einzelnen Helden in den Fokus oder analysieren psychologisch dessen Verhaltensweisen.
In den Werken des Meisterdichters ist **Dramatik als Gebrauchskunst** zu verstehen: Er konzipiert seine Stücke nicht im Sinne von Aristoteles' klassischen Regeln und verzichtet damit auf eine erzwungene Einheit von Ort, Handlung und Zeit. Zeitdehnungen und -raffungen, Zeitsprünge, rasante Ortswechsel, lange Monologe und Publikumsansprachen werden deshalb vom Autor immer wieder genutzt. Da er selbst auch Schauspieler ist, weiß er darüber hinaus am besten, welche Anforderungen die Bühne stellt und wie man darauf reagieren kann.

Übrigens …

Die erste schriftliche Erwähnung von Shakespeares Theaterarbeit findet sich bei seinem Kollegen Robert Greene, der ihn – wahrscheinlich aufgrund eigener Erfolglosigkeit – als „eine emporgekommene Krähe […] und seiner Meinung nach der einzige Szenenschüttler (shake-scene) im Lande" verhöhnt.

Die Stücke Shakespeares lassen sich in verschiedene Kategorien einteilen – so kann eine grobe Ordnung hergestellt werden:
Neben seinen **Macht- und Rachetragödien** wie beispielsweise „Hamlet", „King Lear", „Othello", „Macbeth" und anderen greift er auch historische Stoffe auf, wie in „Julius Caesar", „Henry VIII." oder „Richard III." – diese kann man unter dem Begriff **Geschichtsdramen** zusammenfassen.
Doch auch volksnahe Themen lässt Shakespeare keinesfalls aus – gerade was irrende Leidenschaften oder erotische Verwirrspiele angeht, kann er mit **Komödien** wie „The Merchant of Venice" („Der Kaufmann von Venedig"), „As You Like It" („Wie es euch gefällt") oder seinem weltberühmten „A Midsummer Night's Dream" („Ein Sommernachtstraum") aufwarten.
Daneben existieren noch einige **späte Romanzen**, von denen die berühmteste „The Tempest" („Der Sturm") ist.
An dieser Stelle folgt nun noch ein Beispiel für Shakespeares derbe Sprache und

[1] Seine Taufe wird auf den 26.04.1564 datiert, weshalb man – in Kenntnis der damaligen Bräuche – davon ausgeht, dass Shakespeare etwa drei Tage vorher geboren worden ist.

[2] Der Autor ist berühmt für seine Wortspiele – bei manch einer Textstelle könnte man meinen, wie ein Übersetzer es (sinngemäß) ausdrückt, dass Shakespeare „seine Großmutter für einen Kalauer" verkaufen würde.

seine Fähigkeit zur humorvollen Unterbrechung – die folgende Textstelle findet sich inmitten der düsteren Handlung von „**Macbeth**" und bietet einen Kontrast zu Hexen, Mord, Blut und Machtstreben, die das Stück ansonsten prägen:

William Shakespeare: Macbeth (Auszug)

Macduff: Wurd's denn so früh, Freundchen, bis du in die Federn kamst, dass du so spät noch drinliegst?

Pförtner: Gott, Herr, wir warn am Bechern bis zum zweiten Hahnenschrei; und Saufen, Herr, ist ein großer Anreger für dreierlei.

Macduff: Was denn für Dreierleis regt das Saufen so besonders an?

Pförtner: Is doch klar, Herr, Nasenröte, Schlafen und Wasserlassen. Die Wollust, Herr, die regt es an und regt es ab: stachelt das Wollen an, aber verhindert die Ausübung der Lust. Drum könnt man sagen, Saufen ist der jesuitische Zweideutler bei der Wollust: Es schafft sie und erschlafft sie, es lockt sie und lähmt sie; kitzelt auf und würgt dann ab; ermuntert sie erst und entmutigt dann; lässt erst strammstehn und dann hängen; kurz und gut, zweideutelt ihr den Lusttraum und lässt ihr bloß die Traumlust und kippt sie, schmeißt sie und verpisst sich.

Macduff: Ich glaub eher, du hast gekippt und dich hat's geschmissen, du Pinkel, stimmt's?

Pförtner: Genau, Herr, geschissen und gepinkelt, armdicker Strahl, so hab ich gekippt, war nah am Abkippen, aber nich' umzuschmeißen, hab alles oben rausgeschmissen, eh's mich geschmissen hat, ne ne, sowas kann mich nich' von'n Beinen heben, solang ich noch 'n Bein heben kann, aber wir haben uns bepisst, sag ich Ihn'n!

„Lasst die Schauspieler gut behandeln, denn sie sind der Spiegel und die abgekürzte Chronik des Zeitalters."
William Shakespeare

In der Praxis und zum Üben

Jedes Gruppenmitglied soll sich ein Shakespeare-Stück aussuchen und beim nächsten Zusammentreffen den anderen in wenigen Sätzen mit eigenen Worten den Inhalt des Werkes wiedergeben. Doppelungen sollten in Anbetracht der Fülle von Shakespeare-Dramen vermieden werden.

Shakespearebühne

Die vorherrschende Bühnenform des Elisabethanischen Zeitalters ist die sogenannte „Shakespearebühne". Am Anfang ihrer Entwicklung steht die seit der Antike gebräuchliche **„Budenbühne"** (auch: Wanderbühne), die später vor allem die Truppen der Commedia dell'Arte nutzen: ein einfaches Bretterpodest, das an der Rückseite von einer „Bude" mit Vorhang zum Umkleiden sowie Auf- und Abtreten abgeschlossen wird und von drei Seiten für das Publikum einsehbar ist. Auch die in Spanien genutzte Corral-Bühne geht auf diese Wurzeln zurück.

Die endgültige Bauform von Theatergebäude und Bühne im 16. Jahrhundert wird dann schließlich auch von den Budenbühnen beeinflusst, die in den Innenhöfen der Wirtshäuser aufgebaut werden. Berühmte Beispiele für die Theatergebäude, die eigens um die besonderen Bühnen errichtet werden und **bis zu 3000 Menschen** fassen, sind das „Swan Theatre" in Shakespears Geburtsstadt Stratford-upon-Avon oder auch das bekannte „Globe Theatre" in London.

Charakteristisch für die Shakespearebühne ist die weit in den Zuschauerraum hineinragende **Vorderbühne (main stage)**, die für das Publikum von drei Seiten einsehbar ist.

An den vorderen Bühnenteil schließt sich die kleine **Hinterbühne** mit Garderobenhaus **(rear stage)** an. Die dort befindlichen Türen oder zusätzlich davor angebrachten Vorhänge ermöglichen die Andeutung von Innenräumen.

Die **Oberbühne (upper stage)** ist eigentlich Teil der Zuschauergalerien, sie kann aber bei Bedarf – zum Beispiel in der berühmtesten Szene von „Romeo und Julia" – als Balkon bespielt werden.

Übrigens...

Theateraufführungen dürfen zur Zeit Shakespeares per Gesetz nicht länger als zweieinhalb Stunden dauern. Doch auch diese Zeit kann für die stehenden Zuschauer sehr lang werden, was es notwendig macht, auch dramatische Handlungen immer wieder humorvoll zu unterbrechen – sonst wäre irgendwann kein Publikum mehr da.

Pieter Brueghel d. J.: Jahrmarktszene

Ihren Wurzeln als Bühnenform, die sich ursprünglich in den Innenhöfen von Wirtshäusern findet, ist es vor allem geschuldet, dass das **Pöbeln, „Reinrufen“, Essen und Trinken** der zuschauenden Volksmenge „völlig normal“ erscheint und zur elisabethanischen Aufführung dazugehört. In diesem Sinne treten die Schauspieler auch immer wieder in Kontakt mit dem Publikum, wenn sie es direkt ansprechen und Kommentare abgeben.

Skizze des Swan Theatre

Der Zuschauerraum lässt sich zweiteilen: Weniger wohlhabende Menschen stehen unten um die Bühne herum im nicht überdachten, sogenannten „**pit**“ – das sind die preiswertesten Plätze. Die Bühne selbst ist allerdings überdacht, um die Schauspieler und ihre wertvollen Kostüme vor Regen und Sonne zu schützen. Dieser „**heaven**“ ist dabei in der Regel mit einem Sternenhimmel oder Ähnlichem bemalt und kann so in das Spiel integriert werden.

Wer mehr Geld hat, bekommt dafür einen Sitz in den **Galerien** („**galleries**“) oder sogar einen **Logenplatz**. Letzteres trifft vor allem auf so manchen Adeligen zu, der sich damit in demselben Gebäude wie das einfache Volk eine Theatervorstellung ansieht. Dies ist eines der einzigartigen Kennzeichen der elisabethanischen Theater: In gewissem Maße kommt es zu einer **Aufhebung der Klassenschranken** während des Besuchs einer Vorstellung, denn normalerweise wäre es undenkbar, dass wichtige Persönlichkeiten zusammen mit einfachem Volk einem gemeinsamen Vergnügen nachgehen.

Die Shakespearebühne wird bei Tageslicht bespielt, weshalb es auch keine **lichttechnische Trennung** von Bühne und Zuschauerraum gibt. Den Beginn der Aufführung kündigt ein Trompeter („**tumpeter**“) über den Zuschauerrängen an und solange gespielt wird, weht eine Fahne[1] („**banner**“) auf dem Dach.

Die neutral gehaltene, dekorationslose Vorderbühne setzt konsequent auf das Prinzip der „**Wortkulisse**“: Die Kulissen entstehen durch die Beschreibung der Schauspieler in der Fantasie des Publikums.

Vorstellung im Globe Theatre

[1] Die Fahne zeigt auch mit ihrer Farbe an, was gespielt wird: Weiß für Komödien, Schwarz für Tragödien.

So etwa in **Romeo und Julia:**

„**Benvolio:** Madame, eine Stunde, bevor die angebetete Sonne aus dem goldenen Fenster des Ostens hervorlugte, trieb mich ein unruhiger Geist, draußen umherzugehen; dabei sah ich in dem Maulbeerhain, der auf dieser Seite der Stadt nach Westen wurzelt, so früh Euren Sohn umhergehen. Auf ihn hielt ich zu. Aber er gewahrte mich und stahl sich in das Dickicht des Waldes."

Diese Technik erspart umfangreiche Dekoration wie Bühnenausstattung und erlaubt **rasante Wechsel der Handlungsorte.** Shakespeare selbst erklärt seine Arbeitsweise im Prolog zu „**König Heinrich V.**" so:

„Ergänzt mit dem Gedanken unsre Mängel,
Zerlegt in tausend Teile einen Mann
Und schaffet eingebildte Heereskraft.
Denkt, wenn wir Pferde nennen, dass ihr sie
Den stolzen Huf seht in die Erde prägen;
Denn euer Sinn muss unsre Kön'ge schmücken.
Bringt hin und her sie, überspringt die Zeiten,
Verkürzet das Ereignis manches Jahrs
Zum Stundenglase."

Text

William Shakespeare: Romeo und Julia

Shakespeares Liebestragödie „Romeo und Julia" („The Tragedy of Romeo and Juliet, 1595) gehört zu den berühmtesten Werken der Weltliteratur – selbst wer das Stück nie gelesen oder auf einer Bühne gesehen hat, kennt den Inhalt oder hat eine grobe Vorstellung davon, worum es geht: zwei Liebende, die aufgrund der Feindschaft ihrer beiden Familien erst im gemeinsamen Tod zueinander finden können.

Zum Inhalt:
Verona. Nach einem neuen, heftigen Ausbruch der Streitigkeiten zwischen den Familien Montague und Capulet stellt Fürst Escalus jede weitere Auseinandersetzung unter Strafe.
Romeo Montague nimmt an einem Maskenball der Familie Capulet teil und verliebt sich in die (fast) vierzehnjährige Tochter des Hauses, Julia. Als auch sie den Sternen ihre Zuneigung für Romeo gesteht und dieser davon hört, entbrennen sie sofort in Liebe – beide wissen allerdings um ihre Herkunft aus den zwei verfeindeten Häusern. Romeos Vertrauter, Bruder Lorenzo, ermöglicht mithilfe von Julias Amme ein heimliches Treffen und verheiratet die Liebenden in der Hoffnung, die Streitigkeiten zwischen den Familien damit beenden zu können.
Szenenwechsel: Auf der Straße fordert der streitlustige Capulet Tybalt Romeo zum Kampf heraus – dieser will aber Frieden, auch weil er durch die Hochzeit ein Teil von dessen Familie geworden ist. Doch Romeos Freund Mercutio geht auf die Provokation ein und wird von Tybalt getötet. Im Affekt tötet Romeo schließlich Tybalt und flieht, der Fürst erscheint zugleich und verbannt den Mörder.
Die Liebenden verbringen heimlich die gemeinsame Hochzeitsnacht. Als ein Vogel

sein Lied anstimmt, streiten sie in der berühmten Szene darüber, ob es die Nachtigall ist, deren Gesang nur nachts erklingt (Romeo kann noch bleiben), oder die Lerche, die den Tag verkündet (Romeo muss fliehen). Da Letzteres der Fall ist, bricht Romeo nach Mantua auf, um dort zu verweilen, bis sich die Lage beruhigt hat.

Julia soll unterdessen auf Drängen ihrer Familie den Grafen Paris heiraten. Sie bittet Lorenzo um Rat und bekommt von ihm einen Trank, der sie für 42 Stunden in einen todesähnlichen Zustand versetzt. Den in der Ferne ausharrenden Romeo erreicht allerdings nur die Nachricht vom Ableben seiner Geliebten, nicht die Lorenzos, welche den Plan und Julias Scheintod erklärt.

So kauft sich Romeo kurzerhand Gift und eilt in die Familiengruft der Capulets, in die Julia überführt worden ist. Dort trifft er auf den trauernden Grafen Paris und tötet ihn, als dieser nicht weichen will. Fest überzeugt davon, dass seine Geliebte verstorben ist, vergiftet sich Romeo und stirbt. Als Julia erwacht, küsst sie ihren Geliebten noch ein letztes Mal und ersticht sich dann mit seinem Dolch. Angesichts des Doppelselbstmords ihrer Kinder schließen die beiden verfeindeten Familien endlich Frieden. Der Fürst beschließt die Tragödie mit den Worten „Kein Leidensweg war schlimmer irgendwo, als der von Julia und von Romeo."

Szene aus „Romeo und Julia",
Weimar 2004

Das Stück kann als Paradebeispiel für Shakespeares Sprache angesehen werden: Er ist als Autor einem elisabethanischen Publikum verpflichtet, dessen Mehrheit mit **derber Direktheit** unterhalten werden will, während einige wenige vor allem die Schönheit und Bildhaftigkeit **(Metaphorik)** der **Poesie** zu schätzen wissen.

Die Sprachgewandtheit des Dichterfürsten belegt am eindrucksvollsten der Übergang vom Ende der dritten zur vierten Szene im ersten Akt. Am Ende der dritten Szene führen Benvolio und Mercutio ein „Gespräch unter Männern" und belustigen sich mit viel „Macho-Gehabe" und sexuellen Anspielungen über ihren Freund Romeo, der sich in Liebesschmerz hinter ihnen in einem Busch versteckt:

Benvolio:
Komm, er verkriecht sich zwischen diesen Bäumen,
Um seine Grillen mit der Nacht zu teilen.
Für blinde Liebe ist auch Dunkel Licht.

Mercutio:
Ist Liebe blind, trifft sie auch Schwarzes nicht.
Jetzt sitzt er unter einem Zwetschgenbaum
Und träumt von seinem liebsten Früchtchen und
Von dem, was Mädchen kichernd ‚Pflaume' nennen.
Ach, Romeo, wär sie ein Vögelbeerbaum doch
Und du ihr Specht und hacktest froh dein Loch!
Romeo, gut Nacht! Ich will ein Federbett,
Dein Feld-Bett ist zu kalt für meinen Schlaf.
Komm, gehn' wir?

Übrigens...

Das als „Balkonszene" berühmte Gespräch zwischen Romeo und Julia hat seinen Namen eigentlich zu Unrecht, denn im Shakespeare'schen Text ist weit und breit kein Balkon zu finden. Hier heißt es nur „Romeo tritt vor" und „Julia tritt oben auf".

Benvolio:
Gehn wir. Man sucht ganz umsonst
Nach jemand, ist er absichtlich verschwunden.

Unmittelbar nach diesem Zwischenspiel erscheint Romeo schließlich und tritt vor Julias Balkon. Es folgt die weltberühmte „Balkonszene", die mit einer wort- und bilderreichen Eröffnung des Verliebten beginnt:

Romeo:
Doch still! Was für ein Licht fällt dort durchs Fenster?
Der Osten ist's, und Julia ist die Sonne!
[...]
Es ist mein Abgott. O, ist meine Liebe!
O, dass sie wüsste, dass sie's wär!
Sie spricht. Jedoch sie sagt nichts. Gut, was tut's?
Ihr Auge redet. Meins wird Rede stehn.
Ich bin zu dreist. Ich bin's nicht, den sie meint.
Vom Himmel die zwei schönsten Sterne bitten,
Weil anderswo beschäftigt, Julias Augen,
Im Sphärenkreis an ihrer Statt zu funkeln.
Wie nun, wärn ihre Augen hoch am Himmel,
Dafür in ihrem Angesicht die Sterne?
Beschämen würd der Wangen Glanz die Sterne
Wie Sonnenlicht die Lampe. Jedes Auge
Hätt im Himmelsätherlicht so hell entfacht,
Dass Vögel zwitscherten, als wär's nicht Nacht.
Da schau, sie stützt die Wange auf die Hand!
O, wär nur der Handschuh dieser Hand,
Die dürft die Wange streicheln!

„Romeo und Julia"-Balkon in Verona

In verschiedenen Gruppen sollen die Spieler die Handlung von „Romeo und Julia“ in eine andere Umgebung übertragen, indem sie auf der Basis der Inhaltsangabe schriftlich ein Figuren- und Handlungskonzept erarbeiten und anschließend mündlich präsentieren.

Für diese Aufgabe ist Kreativität gefragt – man könnte die Liebenden beispielsweise inmitten des Zweiten Weltkrieges, aber genauso auch im Berlin des Jahres 2076 zeigen.

Beispiel: „Marie und Pierre lieben sich. Es ist die Zeit des französischen Widerstands im Zweiten Weltkrieg. Aber ihre Eltern, von Geburt...“

Nachdem die verschiedenen Ideen gemeinsam besprochen worden sind, empfiehlt sich der Vergleich des Erarbeiteten mit Leonard Bernsteins Musical „West Side Story“.

Gottfried Keller: Romeo und Julia auf dem Dorfe

Text

Von Shakespeares frühem Bühnenwerk, der Liebestragödie „Romeo und Julia“, übernimmt der realistische Autor Gottfried Keller (1819 – 1890) für seinen erzählenden Text „Romeo und Julia auf dem Dorfe“ den Kern der tragischen Liebesgeschichte. Was bei Shakespeare verfeindete Adelsgeschlechter aus Verona sind, wird bei Keller ein kleinbürgerlich-bäuerliches Milieu in einer Dorfgemeinschaft.

Zum Inhalt:
Heranwachsende Kinder entdecken ihre Zuneigung, während ihre Familie verfeindet sind – bei einem Rechtsstreit geht es um Ackerland. Die leidtragenden jugendlichen Protagonisten sind Sali und Vreni: Als der Konflikt der Väter seinen Höhepunkt erreicht hat, Heim und Familien zerstört sind, sehen die Liebenden – ohne Besitz und Ehre – keinen Weg zu leben: Ihre Liebe bleibt ohne Hoffnung auf Erfüllung und Ehe. Die beiden gehen schließlich gemeinsam in den Tod: Auf einem kleinen Schiff, das flussabwärts treibt, bauen sie sich einen Unterschlupf, dort „feiern“ sie ihre Hochzeitsnacht. Am nächsten Morgen gleiten zwei Körper ins Wasser – später findet man ihre Leichen.
Der nachfolgende Auszug stellt den letzten Abschnitt der Handlung dar und resümiert noch einmal die Vorgänge und den Ausgang der Tragödie um Sali und Vrenchen.

Übrigens...

Gottfried Keller soll nicht nur durch Shakespeares Bühnenwerk inspiriert worden sein, sondern auch durch die Nachricht eines Doppelselbstmords zweier Jugendlicher in Leipzig, der ebenfalls aus Liebe geschehen ist.

Gottfried Keller: Romeo und Julia auf dem Dorfe

Das Schiff legte sich eine Weile nachher unbeschädigt an eine Brücke und blieb da stehen. Als man später unterhalb der Stadt die Leichen fand und ihre Herkunft ausgemittelt hatte, war in den Zeitungen zu lesen, zwei junge Leute, die Kinder zweier blutarmen, zugrunde gegangenen Familien, welche in unversöhnlicher Feindschaft lebten, hätten im Wasser den Tod gesucht, nachdem sie einen ganzen Nachmittag herzlich miteinander getanzt und sich belustigt auf einer Kirchweih. Es sei dies Ereignis vermutlich in Verbindung zu bringen mit einem Heuschiff aus jener Gegend, welches ohne Schiffleute in der Stadt gelandet sei, und man nehme an, die jungen Leute haben das Schiff entwendet, um darauf ihre verzweifelte und gottverlassene Hochzeit zu halten, abermals ein Zeichen von der um sich greifenden Entsittlichung und Verwilderung der Leidenschaften.

In der Praxis und zum Üben

Mithilfe des Textes und der Hinweise zum Inhalt soll anhand der folgenden sechs Darstellungen des Künstlers Würtenberger (1868 – 1934) die Handlung von Kellers Erzählung rekonstruiert und nachgespielt werden.

Illustration zu G. Kellers Novelle „Romeo und Julia auf dem Dorfe“ von Ernst Würtenberger, 1919

Sein oder Nichtsein, das ist hier die Frage

Übung

Der berühmte Satz „**Sein oder Nichtsein, das ist hier die Frage**" entstammt der ersten Szene des dritten Aufzugs von Shakespeares Werk „Hamlet". Kaum jemand wird bestreiten, dass dieses Drama seinen Bekanntheitsgrad nicht zuletzt jenen berühmten Worten verdankt. Jeder glaubt sogleich, sie zu verstehen, doch die wenigsten wissen, was sie bedeuten.

Hamlet, der namensgebende Protagonist, denkt innerhalb dieses Monologes über seine Hemmung nach, entschlossen zu handeln. Seine „Blockade" führt er auf die Angst vor dem Tod zurück. So stellt sich ihm die Frage, ob es besser sei, die Übel im Leben hier und jetzt zu ertragen oder sich auf den Tod einzulassen, von dem man – ähnlich wie beim Schlaf – nicht weiß, was zu erwarten ist und wie es weitergeht.

Die englischen Worte „**To be, or not to be, that is the question**" (und ihre Übersetzungen) sind deshalb sprichwörtlich geworden für Situationen und Ereignisse von existenzieller oder lebensverändernder Bedeutung.
Es werden nun verschiedene Gruppen zu je vier bis neun Spielern gebildet. Aufgabe ist es, den deutschen Satz („Sein oder Nichtsein, das ist hier die Frage.") auf die Personen aufzuteilen und ihn so zu sprechen, dass er sich natürlich anhört – wie von nur einem Spieler gesprochen.

Person 1 bekommt beispielsweise die Worte „Sein oder", Person 2 „Nichtsein", Person 3 „das ist", Person 4 „hier", Person 5 „die", und Person 6 „Frage".

Die Aufteilung der Worte sorgt dafür, dass sich die Teilnehmer so genau wie möglich aufeinander abstimmen müssen – denn so einfach, wie sich die Übung anhört, ist sie nicht. Das Ergebnis – der gesprochene Satz, welcher wie aus „einem Mund" klingen soll – kann dabei auf verschiedene Weise erreicht werden.

Hinweis: In der Vorbereitung kann unterstützend mit Rhythmus, Berührungen oder Bewegungen und so weiter experimentiert werden.

Grimmelshausen: Der Abenteuerliche Simplicissimus Teutsch

Text

1668, also mitten im Zeitalter des Barocks, erscheint eines der wichtigsten Werke der Erzählliteratur (Prosa) dieser Epoche. Der Mann mit dem sperrig klingenden Namen Hans Jakob Christoffel von Grimmelshausen (1621 – 1676) schreibt damit den ersten bedeutenden deutschsprachigen Schelmenroman. Ein solches Werk zeigt, teilweise satirisch und kritisch, die Lebensgeschichte eines Schelms oder einfachen Helden niedriger sozialer Herkunft, der sich durch das Leben schlägt, bei Grimmelshausen mit Humor, in Form einer „überzuckerten Pille", wie er selbst sagt.

„Nichts fürchtet der Mensch mehr als das Gelächter."
Nikolai Gogol

Zum Inhalt:
Der Titelheld des Romans ist Simplicius[1], ein einfältiger Jugendlicher vom Land. Er erfährt alle Formen und Folgen des Dreißigjährigen Krieges[2]: Der Bauernhof seiner Eltern wird von Soldaten verwüstet, dabei kommen diese ums Leben. Simplicius flieht in den Wald und wird dort von einem Einsiedler aufgenommen und erzogen. Schließlich beginnt er ein an Abenteuern reiches Leben auf Wanderschaft.

[1] So wird die Figur von einem Gouverneur wegen ihrer Tölpelhaftigkeit genannt. Es handelt sich um einen sprechenden Namen, von lat. „simplex" (einfältig).
[2] ganz Europa umspannender Glaubenskrieg, vor allem zwischen Protestanten und Katholiken (1618 – 1648), der zu enormen Verwüstungen und Zerstörungen führt

Dabei erlebt er Höhen und Tiefen, Armut und Reichtum, Glück und Unglück. Er schwankt zwischen üppigen Genüssen auf der einen und frommer Askese[1] auf der anderen Seite. So wird er schließlich selbst zum gottgefälligen Einsiedler und kehrt in seine Heimat zurück. Durch seinen inzwischen wiedergefundenen Pflegevater (den ursprünglichen Einsiedler) erfährt er von seiner wahren, adligen Herkunft.

In der Praxis und zum Üben

Der folgende Auszug des Romans ist interessanterweise als vollständiger Dialog inmitten eines ansonsten fließenden Erzähltexts eingebettet. Dargestellt wird die erste Begegnung zwischen dem Einsiedler und Simplicius nach dessen Flucht in den Wald.

Der Textabschnitt soll in Gruppen als Spielszene inszeniert und anschließend präsentiert werden. Um diesen – eigentlich epischen – Text in eine dramatische Szenenvorlage umzuwandeln, sollen zuvor von den Spielern Vorschläge für entsprechende Regieanweisungen (sogenannter Nebentext) gemacht werden.

Die Regieanweisungen werden gesammelt und die Spieler einigen sich für jede Dialogzeile auf einen Vorschlag. Bei der anschließenden Aufführung sollen sie dann detailliert mit Gestik, Mimik, Proxemik etc. umgesetzt werden.

Im Weimarer Nationaltheater spielte man Shakespeare. Das Publikum war bereits im Banne des Geschehens, als die Schließerin noch eine Gruppe von Nachzüglern leise in das Parkett einließ. Im gleichen Augenblick hatte einer der Schauspieler auf der Bühne seinen Auftritt. Sein Partner herrschte ihn an: „Wer seid Ihr, woher kommt Ihr?“ Verlegen rief da einer von den Zuspätgekommenen zur Bühne hinauf: „Wir sind von der LPG. Unser Bus hatte unterwegs Motorschaden.“

Grimmelshausen: Der Abenteuerliche Simplicissimus Teutsch

Simplicius trifft im Wald auf einen Einsiedler.

Einsiedel: Wie heißest du?

Simplicius: Ich heiße Bub.

Einsiedel: Ich sehe wohl, dass du kein Mägdlein bist, wie hat dir aber dein Vater und Mutter gerufen?

Simplicius: Ich habe keinen Vater oder Mutter gehabt.

Einsiedel: Wer hat dir denn das Hemd gegeben?

Simplicius: Ei mein Meuder.

Einsiedel: Wie heißet' dich denn dein Meuder?

Simplicius: Sie hat mich Bub geheißen, auch Schelm, ungeschickter Tölpel und Galgenvogel.

Einsiedel: Wer ist denn deiner Mutter Mann gewesen?

Simplicius: Niemand.

Einsiedel: Bei wem hat denn dein Meuder des Nachts geschlafen?

Simplicius: Bei meinem Knan.

Einsiedel: Wie hat dich denn dein Knan geheißen?

Simplicius: Er hat mich Bub genennet.

Einsiedel: Wie hieß aber dein Knan?

Simplicius: Er heißt Knan.

---

[1] von Enthaltsamkeit geprägte Lebensweise

Einsiedel: Wie hat ihm aber dein Meuder gerufen?

Simplicius: Knan, und auch Meister.

Einsiedel: Hat sie ihn niemals anders genennet?

Simplicius: Ja, sie hat.

Einsiedel: Wie denn?

Simplicius: Rülp, großer Bengel, volle Sau, und noch wohl anders, wenn sie haderte[1].

Einsiedel: Du bist wohl ein unwissender Tropf, dass du weder deiner Eltern noch deinen eigenen Namen nicht weißt!

Simplicius: Eia, weißt du's doch auch nicht.

In Anlehnung an die Satyrspiele der Antike zeigt die Titelgestaltung des Simplicissimus eine Figur halb Mensch, halb Tier.

Die Guckkastenbühne und ihr Ursprung im Barock

Bühnenform

„Barock: Epoche der Gegensätze" – so könnte man knapp formulieren, was sich eigentlich nicht mit wenigen Worten sagen lässt:

Der **Dreißigjährige Krieg** (1618 – 1648) – vor allem zwischen Katholiken und Protestanten – ist die schlimmste Katastrophe, die Europa bis dahin erlebt hat. In der Folge kommt es zu Massenverelendung, Hungersnöten und der völligen Verwüstung ganzer Landstriche. Dieses allumfassende Leid steht aber in direktem Gegensatz zu Verschwendung und Geltungssucht der europäischen Fürsten, die sich etwa mit dem Bau prunkvoller und kostspieliger Schlossanlagen (und Theater) gegenseitig zu übertrumpfen versuchen.

Als Konsequenz des Krieges wird den Menschen einmal mehr bewusst, dass sie erstens jeden kostbaren Tag nutzen sollen und zweitens, dass sie alle sterblich sind und nur durch ein christliches Leben sowie Ehrfurcht vor Gott ihr Seelenheil im Jenseits retten können. Dies betonen auch die beiden bekannten (lateinischen) Leitgedanken der Zeit: **„Carpe diem!"** („Nutze den Tag!") und **„Memento mori!"** (ungefähr: „Bedenke, dass du sterblich bist!").

---

[1] streiten

Der Guckkastenmann. Gemälde von N. Lancret, um 1730

Im Angesicht von Hoffnungslosigkeit und Zerstörung vertrauen viele Menschen vor allem auf die Religion. Und so verweist die Erinnerung an die Sterblichkeit gleichzeitig auch auf das Leben nach dem Tod und die Erlösung im Jenseits, welche der christliche Glaube vorsieht. Damit kommt auch die Vorstellung auf, das Leben im Hier und Jetzt sei nur Schein und nur das Jenseits wirklich real.

Um von den irdischen Sorgen abgelenkt zu sein, flüchten sich die Menschen ins **Theater**, das als **Symbol für die Welt** verstanden wird. Der Nürnberger Dichter Sigmund von Birken schreibt: „Die Welt ist eine Spielbühne, da immer ein Trauer- und freudgemischtes Schauspiel vorgestellt wird: nur dass von Zeit zu Zeit andere Personen auftreten.“ Die zu dieser Zeit entstandene Form der **Illusionsbühne** spiegelt dieses Weltbild wieder: Sie zeigt den Zuschauern das Schauspiel durch ihren **Portalrahmen** (auch Bühnenportal)[1] und täuscht so eine andere Wirklichkeit vor. Den Aufbau könnte man mit einem Fernseher vergleichen – und tatsächlich bezieht sich der ursprünglich spöttische Name „Guckkastenbühne“ auf eine Apparatur der Jahrmärkte, die durch optische Linsen zum Beispiel Landschaftsbilder sehr plastisch erscheinen lässt – man könnte es einen Vorläufer des 3D-Kinos nennen.

Um an dieser Stelle ein allgemeines Missverständnis zu klären: Zwischen der Illusionsbühne des Barocks und der Guckkastenbühne des 19. Jahrhunderts liegen mehrere Jahrhunderte **Entwicklungsgeschichte** (etwa Perspektivbühne, Telari-Bühne und Kulissenbühne). Trotzdem haben alle diese Bauformen die wesentlichen Merkmale gemeinsam. Da die meisten deutschen Schauspielhäuser über eine Guckkastenbühne (überwiegend aus dem 19. Jahrhundert) verfügen, wird im Folgenden diese Form näher beleuchtet. Und gleichzeitig gelten die erläuterten Merkmale mehr oder weniger genau auch für die Barockbühne.

Die wohl wichtigste Neuerung ist also die **strikte Trennung von Bühne und Zuschauerraum**, wobei sich die Bühne als von drei Seiten geschlossener Raum etabliert. Gespielt wird so, als gebe es auch noch eine **„vierte Wand“** – prinzipiell also ohne Publikumskontakt, vergleichbar mit dem Fernsehen. Auf diese Weise ergänzt auch der (Bühnen-)**Vorhang** das Konzept: Öffnet man ihn, blickt der Zuschauer schlagartig und überraschend in eine neue Welt – und bei Umbauten kaschiert der geschlossene Vorhang, dass alles nur „Theater“ ist.

Die Bühne selbst erhält durch Schrägstellung eine perspektivische, auf einen dahinter gelegenen Fluchtpunkt zulaufende Raumwirkung. Durch die Einführung dieses sogenanntes **Bühnenfalls** trennt sich die Fläche allerdings auf, und zwar

Als der große Devrient einmal Richard III. spielte und zu der Szene kam, wo der König nach der Schlacht ausruft: „Ein Pferd! Ein Pferd! Ein Königreich für ein Pferd!“, ertönte plötzlich eine schallende Stimme von der Galerie: „Genügt ein Esel?“ Devrient rief blitzschnell: „Gewiss! Kommen Sie herunter!“

[1] Der Portalrahmen verbirgt gleichzeitig auch die wesentlichen technischen Anlagen und sorgt dafür, dass die Geräusche dieser Maschinerie das Publikum nicht erreichen. Nicht jede Bühne verfügt dabei über einen stark ausgeprägten Portalrahmen – deshalb ist manchmal mit dem Begriff „Proszenium“ auch einfach der Bereich zwischen Vorhang und Orchestergraben gemeint. Hier schließt sich im Notfall übrigens auch der eiserne Feuerschutzvorhang.

in einen gut bespielbaren vorderen und einen schwerer zugänglichen, ansteigenden hinteren Teil.[1]
Zur Verstärkung der Abgrenzung dient zusätzlich die **Bühnenrampe**, die auch den für Oper und Ballett benötigten **Orchestergraben** beinhaltet – hier sitzen die Musiker unter Bühnenniveau so „versteckt", dass ihre Musik aus dem Nichts zu kommen scheint und die Illusionswirkung unterstützt. Heute wird dieser Bereich sehr häufig als Vorbühne genutzt.
Letztes wichtiges Element der Spielraumbegrenzung ist die lichttechnische Trennung von Bühne und Zuschauerraum: Das Publikum kann im Dunkeln sitzen und in die hell erleuchtete Szenerie vor sich „abtauchen".
Auch der **Zuschauerraum** erfährt eine Neugliederung – entsprechend der Ständegesellschaft wird er senkrecht in Parkett und mehrere Ränge geteilt, wobei diese wiederum in der Mitte die beste und am Rand die schlechteste Sicht bieten. Die meisten Theater in diesem Stil verfügen über eine Fürstenloge in der Mitte des ersten Ranges, die folglich den bestmöglichen Bühneneinblick garantiert.
Insgesamt auffällig bei der Guckkastenbühne und ihrer Integration in die Theatergebäude ist auch die aufwendig gestaltete Architektur[2], Dekoration und die komplexe **Bühnentechnik** (unter anderem Donnermaschinen, Lichteffekte und Flugmaschinen). Dies lässt sich nicht zuletzt auch damit begründen, dass die meisten dieser Spielstätten von Fürsten finanziert werden. In der Regel wollen sie unterhalten sowie von Effekten verblüfft werden und gleichzeitig mit den prunkvollen Bauten ihre Macht demonstrieren.

Kulissenbühne mit Bühnenfall und Perspektivenwirkung

Mecklenburgisches Staatstheater Schwerin

[1] Die perspektivische Ausrichtung auf einen Fluchtpunkt führt dazu, dass nur derjenige, der vorne steht, „normal groß" aussieht und jeder, der weiter nach hinten geht, viel zu groß wirkt.
[2] Wichtigstes Merkmal der Barock-Architektur ist dabei die Symmetrie.

Übung

Szenenrekonstruktion

Es werden Gruppen gebildet, die zu den folgenden Wortfetzen eine Spielhandlung entwickeln: Zunächst sollen die Spieler überlegen, worum es im Gespräch eigentlich geht, wie viele Personen beteiligt sein könnten und wie die ursprünglich vollständigen Sätze gelautet haben. Dann wird eine kurze Szene entwickelt, welche die Textteile in der vorliegenden Reihenfolge enthält und für das Publikum die Ereignisse aufklärt.

„So so…"

„Ganz genau…"

„Aber nein…"

„Was denn…"

„Doch doch…"

„Nun ja…"

„Und wenn…"

„Du kannst es doch…"

„Ganz egal…"

„Schluss damit…"

Geschichte

1622 – 1673

Molière und die französische Klassik

Molière

Das französische klassische Drama im 17. Jahrhundert ist eigentlich **weltliches Hoftheater**. Seine Blüte fällt mit dem Beginn der Regierungszeit Ludwigs XIV. zusammen, den man auch als „roi soleil" („Sonnenkönig") kennt. Das Drama repräsentiert in dieser Zeit die Werteskala autoritärer Hofkultur: Was dem Hof als schön und vornehm gilt, wird gutgeheißen; das Politische hat Vorrang vor persönlichen Gefühlen und Leidenschaften.

Jean Baptiste Poquelin (1622 – 1673) geht mit seinem Künstlernamen „**Molière**" als größter Theaterautor jener Zeit in die Geschichte ein. Als Komödiendichter hält er den Menschen den Narrenspiegel vor: Wenn er die Schwäche, Heuchelei, Scharlatanerie und Aufgeblasenheit mancher Zeitgenossen lächerlich macht, so tut er es mit überlegenem Humor, unnachsichtig, aber nicht lieblos. Er will, wie er selbst

Das französische Theater unter Ludwig XIV.

sagt, „[...] die menschliche Unzulänglichkeit auf dem Theater angenehm machen." So führt er etwa den frömmelnden Heuchler „Tartuffe" vor, zeigt die Familienintrige um den eingebildeten[1] Kranken, den egoistischen „Geizhals" oder die „Blaustrümpfe"[2] der Salons in „Die gelehrten Frauen". Gerade mit seinen komischen Charakteren steht der berühmte Dichter dabei in der Tradition der Commedia dell'Arte.

Molière ist nicht nur **Lustspielautor**, sondern auch **Schauspieler und Theaterleiter.** Mit seiner Theatertruppe „L'Illustre Théâtre" ist er auf Gastspielreisen in ganz Frankreich unterwegs. Schließlich gefällt das Theaterspiel dieser Gruppe sogar dem König so gut, dass er sie unterstützt.

Der französische Autor Jean Anouilh (1910 – 1987) schreibt später über Molière, er habe die schwärzesten Theaterstücke aller Zeiten verfasst und den Menschen wie ein Insekt aufgespießt, um mit seiner Pinzette dessen Reflexe auszulösen. Anouilh kommt zu dem Schluss, dass das Insekt „Mensch" dabei nur einen, immer gleichen Reflex zeige – den des Egoismus.

Zu dieser Zeit der **französischen Klassik** hat Molière als Autor allerdings einen schweren Stand gegenüber seinen ebenfalls erfolgreichen Dichter-Kollegen **Pierre Corneille** (1606 – 1684) und **Jean Racine** (1639 – 1699):

Corneille schafft in seinen Tragödien heroische Figuren, wo Willensstärke im Konflikt zwischen Pflicht und Neigung, Vernunft und Leidenschaft, Ehe und Liebe triumphiert, wo eine „vernunftgemäße" Lösung gewählt wird. Für Racine ist die Vernunft nicht mehr alleinige Richtschnur des Verhaltens, sondern menschliches Handeln von Trieben und Leidenschaft bestimmt. Sein Ziel: die Übereinstimmung von Verstand und Gefühl.

Kurzum: Corneille könnte man als den rigoros Vernünftigen bezeichnen und Racine als den Gemäßigteren, der auch Gefühl für seine Bühnengestalten zulässt.

Übrigens...

Molière erleidet 1673 bei einer Aufführung seines Stückes „Der eingebildete Kranke", in der er die Hauptrolle spielt, einen Schwächeanfall auf der Bühne und verstirbt.

[1] korrekt übersetzt eigentlich „Der eingebildet Kranke"
[2] veraltete, abwertend-scherzhafte Bezeichnung für eine gebildete Frau

Text

Molière: Der Menschenfeind

Philinte, Alceste, Célimène und Oronte, Theater der Stadt Bonn, 2003

Kaum waren die „Misérables" erschienen, so wollte der französische Dichter Victor Hugo etwas vom Erfolg wissen. Er sandte dem Verleger ein Blatt Papier, darauf stand nur: „?". Der Verleger wiederum wollte ihm ebenso lakonisch den großen Erfolg des Buches melden und schrieb auf ein Blatt „!". Und damit war Hugo zufrieden.

Die Hauptfigur in Molières berühmtem Stück ist ein Ehrlichkeitsfanatiker – er sieht überall nichts als Lüge und Verstellung. Dieser wahre „Misanthrop" (griech.: „Menschenhasser") verachtet die höfische Gesellschaft und steigert sich leicht in Hass und Weltekel. In seiner Wahrheitsphilosophie und Kompromisslosigkeit wirkt er extrem verbohrt.

Zum Inhalt:
Der Protagonist Alceste liebt die junge, eitel-oberflächliche Salondame Célimène. Sie jongliert mit Männerherzen und hat zahlreiche Verehrer. Alceste wirft ihr vor, diesen Hoffnungen zu machen und sie nicht auf Distanz zu halten – angeblich gehöre sie doch (zu) ihm.

In der Praxis und zum Üben

Die nachfolgenden Auszüge entstammen der ersten Szene des zweiten Akts aus zwei verschiedenen deutschen Übersetzungen.

In Gruppen sollen die Unterschiede der beiden inhaltsgleichen Textabschnitte herausgearbeitet werden. Dies kann beispielsweise dadurch geschehen, dass zwei verschiedene Szenenkonzepte entwickelt werden – das eine im Stile des gereimten Hip-Hop-Sprechgesangs in Jugendsprache und das andere in „Hochdeutsch", ohne Reime.

Hinweis: Enzensberger (siehe 2.) übersetzt den Klassiker neu und bearbeitet ihn. Das Geschehen wird in das Deutschland der Siebzigerjahre verlegt; die Sprache orientiert sich am Partyjargon der damaligen „High Society".

1. Übersetzung von Monika Fahrenbach-Wachendorff (1993; orientiert sich an der Originalsprache, verzichtet auf den Reim)	**2. Übersetzung** von Hans Magnus Enzensberger (1979; übertragen in „moderne Umgangssprache“, erhält den Reim)
Alceste. Soll ich ganz unverblümt mit Ihnen sprechen? Ich find es kränkend, wie Sie sich verhalten. In meinem Herzen sammelt sich die Galle; Ich fühle, dass wir uns bald trennen müssen, Und würde heucheln, wenn ich anders spräche. Jetzt oder später trennen wir uns sicher. Sagt' ich auch tausendmal das Gegenteil, Ich hätte nicht die Macht, es durchzusetzen.	**Alceste.** Wir sollten offen miteinander sprechen. Ich finde dein Verhalten zum Erbrechen! Wahrhaftig, Célimène – du bist unleidlich. So oder so, der Bruch ist unvermeidlich. Das sag ich dir. Ich bin kein Leisetreter. Ich explodiere früher oder später. Wir sollten uns nicht in die Tasche lügen. Ich kann nicht mehr. Das sollte dir genügen.
Celimene. So wie ich sehe, haben Sie mich nur Heimbringen wollen, um mit mir zu streiten.	**Celimene.** Du kommst auf meine Party nur, um mir den Kopf zu waschen? Ach, wie lieb von dir.
Alceste. Ich streite nicht, doch Sie sind stets gewillt, Den ersten besten in Ihr Herz zu schließen; Sie sind umlagert von Verehrern, und Das ist für meine Liebe unerträglich.	**Alceste.** Ich will ja keinen Krach. Nur, Célimène, so kann es wirklich nicht mehr weitergehn. Ich hasse diese blöde Konkurrenz mit deinen unerträglich vielen Fans.
Celimene. Soll ich dran schuld sein, dass man mich verehrt? Verhindern, dass ich liebenswürdig scheine? Wenn sie mich sanft bedrängen, mich zu sehn, Soll ich sie dann mit einem Stock vertreiben?	**Celimene.** Es irritiert dich, dass man mich beachtet. Glaubst du vielleicht, du hättest mich gepachtet? Was bildest du dir ein? Was schlägst du vor? Alarmanlagen an mein Gartentor?
Alceste. Sie brauchen keinen Stock, jedoch ein Herz, Das nicht so leicht auf alle Wünsche eingeht. Gewiss, Ihr Liebreiz, der Sie nie verlässt, Ihr Auge zieht Bewunderer an, doch fesselt Sie erst Ihr liebenswürdiger Empfang, Der so die Wirkung Ihres Charmes vollendet. Die allzu frohe Hoffnung, die Sie wecken, Hält dieses Liebeswerben nur in Gang. Ging' Ihr Entgegenkommen weniger weit, Wär dieser Schwarm Verehrer rasch verscheucht.	**Alceste.** Ach was! Nur diese komischen Gestalten musst du dir unbedingt vom Leibe halten. Die Burschen sind total nach dir verrückt, und du ermutigst sie. Du bist entzückt. Sonst würdest du sie nämlich nicht verhätscheln und betätscheln. Lass sie doch winseln! Einfach ignorieren! Dann würden sie sehr bald die Lust verlieren Schick sie zur Hölle, alle miteinander!

Theorie

Lessing und das bürgerliche Trauerspiel

Anton Graff: G. E. Lessing (1771)

Gotthold Ephraim Lessing (1729–1781) beschäftigt sich als Schriftsteller nicht nur mit dem Verfassen eigener Stücke, sondern auch mit deren Aufführung und der Theatertheorie. Sein in dieser Hinsicht wichtigstes Werk entsteht, als er zu Aufführungen am Nationaltheater Hamburg 104 Kritiken bzw. Kommentare schreibt, die später gesammelt unter dem Titel **„Hamburgische Dramaturgie“**[1] in die Literaturgeschichte eingehen. Damit ist er übrigens auch einer der ersten Theaterkritiker der deutschen Geschichte. Lessings Betrachtung lässt sich als Streitschrift vor allem gegen französische Autoren und Theatertheoretiker verstehen, die allesamt das Drama den klassischen, aber starren Regeln des Aristoteles unterworfen sehen. Doch bereits Shakespeare kann nicht mehr viel mit der geforderten Einheit von Ort, Handlung und Zeit anfangen und gestaltet seine Stücke mehr oder weniger unabhängig davon. Daran orientiert schließlich auch Lessing seine Forderungen für das deutsche Theater – gleichzeitig entwickelt er eine Neuinterpretation der Poetik des Aristoteles und schafft so die Grundlage für eine neue Form des Schauspiels:

Was Lessing unter dem Begriff **„Bürgerliches Trauerspiel“** versteht, ist nicht weniger als eine Revolution, die auch daraus resultiert, dass es in den Städten immer mehr wohlhabende Menschen gibt, die sich selbst als „Bürger“ wahrnehmen und diesen Platz auch in der Theaterhandlung beanspruchen.
Im ersten Bühnenstück dieser Art, „Miss Sara Sampson“ (1755), setzt sich Lessing über die herrschende **Ständeklausel** hinweg. Wichtigste Neuerung ist hier, dass nun auch Bürger, also „Helden aus dem Mittelstande“, auftreten dürfen und nicht mehr nur Adlige. Mit dieser Änderung beabsichtigt Lessing, eine größere Nähe zur Lebenswelt des bürgerlichen Publikums zu schaffen. Darüber hinaus wird die **Sprache der Stücke** vereinfacht – zunehmend kommt nicht mehr die komplizierte Versform zum Einsatz, stattdessen wird teilweise ohne Metrum und Reim gestaltet (Prosa).
Er verfolgt dabei die aufklärerische **Idee eines Erziehungsauftrages:** Das Theater soll, wie Schiller schreibt, eine „moralische Anstalt“ werden, welche die Zuschauer durch die Stücke erziehen und zu besseren Menschen machen kann. Die erste Wirkung eines Theaterstücks definiert Lessing in diesem Sinne als „Mitleid“. Durch die Furcht der Menschen, dass das auf der Bühne Gesehene ihnen selbst widerfahren könne, strebt der Autor an, das Publikum tugendhafter, das heißt menschlich vorbildlicher zu machen. So kommt Lessing zu der Erkenntnis, dass es – um eine solche Wirkung zu erzielen – keinesfalls nur Herrscher oder Könige auf der Bühne braucht:

„Die Namen von Fürsten und Helden können einem Stücke Pomp und Majestät geben; aber zur Rührung tragen sie nichts bei. Das Unglück derjenigen, deren Umstände den unsrigen am nächsten kommen, muss natürlicher Weise am tiefsten

Übrigens ...

Nicht alle stehen den neuen Ideen Lessings positiv gegenüber. Friedrich der Große hat zum Beispiel nichts für deutschsprachiges Theater übrig und zieht französische Autoren vor. Von Lessing spricht er abwertend nur als „le singe“, was im Französischen so viel wie „der Affe“ bedeutet.

[1] Dramaturgie: Lehre vom Wesen und der Gestaltung des Dramas

Theater am Gänsemarkt, Hamburg. 1767 – 1769 Spielstätte des Deutschen Nationaltheaters

in unsere Seele dringen; und wenn wir mit Königen Mitleid haben, so haben wir es mit ihnen als mit Menschen, und nicht als mit Königen. Macht ihr Stand schon öfters ihre Unfälle wichtiger, so macht er sie darum nicht interessanter."

Lessing setzt sich so auch mit der klassischen „**Katharsis-Lehre**" auseinander: Diese „Reinigung" entsteht bei Aristoteles als letzte Konsequenz beim Publikum, nachdem es verfolgt hat, wie der tragische Held den Fehler begeht, der zu großem Leid führt. Mit „Schauder" (phobos) und „Jammer" (eleos) reagieren die Zuschauer und werden dadurch seelisch „gereinigt". Lessing setzt genau hier an, übersetzt aber die Begriffe neu ins Deutsche – aus dem bis dato gebräuchlichen Begriffspaar „Mitleid und Schrecken" wird „**Mitleid und Furcht**":

„Das Wort, welches Aristoteles braucht, heißt Furcht: Mitleid und Furcht, sagt er, soll die Tragödie erregen; nicht, Mitleid und Schrecken. [...] Er spricht von Mitleid und Furcht, nicht von Mitleid und Schrecken; und seine Furcht ist durchaus nicht die Furcht, welche uns das bevorstehende Übel eines andern, für diesen andern, erweckt, sondern es ist die Furcht, welche aus unserer Ähnlichkeit mit der leidenden Person für uns selbst entspringt; es ist die Furcht, dass die Unglücksfälle, die wir über diese verhängt sehen, uns selbst treffen können; es ist die Furcht, dass wir der bemitleidete Gegenstand selbst werden können. Mit einem Worte: diese Furcht ist das auf uns selbst bezogene Mitleid."

Kurz zusammengefasst:

Der Zuschauer ist nicht mehr einfach nur schockiert von Unrecht und Schicksalsschlägen, die dem Helden auf der Bühne widerfahren, er hat Mitleid mit ihm und wird vor allem von der Furcht bestimmt, etwas Ähnliches zu erleben, was dann dazu führt, dass er ein besserer Mensch wird oder zu werden versucht.

Seine Forderungen für die Tragödie überträgt Lessing auch auf die Komödie – er will sie ebenfalls „ins Tugendhafte" erheben – sie soll also nicht mehr nur bloße Unterhaltung sein, sondern einen wirklichen Bildungswert erhalten:

„Auf gleiche Weise verfahre ich mit der Komödie. Sie soll uns zur Fertigkeit verhelfen, alle Arten des Lächerlichen leicht wahrzunehmen. Wer diese Fertigkeit besitzt, wird in seinem Betragen alle Arten des Lächerlichen zu vermeiden suchen, und eben dadurch der wohlerzogenste und gesittetste Mensch werden. Und so ist auch die Nützlichkeit der Komödie gerettet."

Ein letztes, wichtiges Konzept, das aus der Hamburgischen Dramaturgie resultiert, ist Lessings, durch seine praktische Arbeit inspirierte, **Idee eines deutschen Nationaltheaters.** Hiermit ist ein Theater gemeint, das in diesem Fall deutschsprachige Stücke an einem festen Ort für ganz Deutschland vorstellt und damit die – zu dieser Zeit noch nicht gegebene – nationale Einheit fördert.

Als wichtigstes bürgerliches Trauerspiel gilt Lessings „**Emilia Galotti**"[1] (1772). Es setzt die geforderten Neuerungen der Hamburgischen Dramaturgie vollständig um.

Übung

Ein Wort auf einmal – Ein Erzählspiel

Die folgende Spielidee geht auf Keith Johnstone (geb. 1933) zurück, den vielleicht wichtigsten Vertreter des Improvisationstheaters.

„Improvisationstheater" meint ein völlig freies Theaterspiel, ungebunden und ohne Text, das spontan, teilweise nur auf Zuruf bestimmter Begriffe aus dem Publikum, auf der Bühne entsteht.
Johnstone nennt das vorliegende Konzept „Ein Wort auf einmal" – und das ist genauso einfach wie genial, bereichert die Fantasie und stärkt die Spielgruppe:
Drei (oder mehr) Freiwillige nehmen auf der Bühne nebeneinander Platz. Nun beginnen sie damit, eine Geschichte zu erfinden, indem jeder reihum ein Wort ergänzt.

Beispiel:
Gestern – bin – ich – beim – Fliegenfischen – erwischt – worden – und – dann – kam – ein – Monster – und – hat – mich – gefressen.

Diese Übung lässt sich natürlich auch in größeren Gruppen spielen – am besten stellen sich alle dafür in einem Kreis auf. Wirklich interessant ist dabei, dass in der Regel die abenteuerlichsten Geschichten entstehen und vor allem mit der Erwartungshaltung gebrochen wird. Denn wer im Kreis das Wort „schneidet" ergänzt, der hat schließlich eine konkrete Vorstellung davon, was geschnitten werden soll – zum Beispiel Papier. Wenn dann aber der nächste Spieler „Kakteen" sagt, ist es erstaunlich festzustellen, wie stark man selbst in den eigenen Vorstellungen verhaftet ist.

Variation: Das Spiel kann um die Vorgabe ergänzt werden, dass die Worte immer dem ABC nach hinzugefügt werden. So könnte etwa der erste mit „Anna" beginnen, wobei der zweite dann „beschreibt" sagt, der dritte „Cola-Gläser" ergänzt und so weiter...

[1] siehe Methode: Subtext, S. 125

Wiener Volkstheater

Geschichte

1710 – 1870

Das „**Wiener Burgtheater**" gehört mit seinen jährlich mehr als 400 000 Besuchern auch heute noch zu den berühmtesten und bedeutendsten Kulturstätten Europas. Diese Bühne, die 1776 von Kaiser Joseph II. zum Nationaltheater erklärt wird, prägt entscheidend der österreichische Meisterdramatiker **Franz Grillparzer** (1791 – 1872) mit seinem gehobenen Literaturtheater.

Das Wiener Burgtheater im 19. Jahrhundert

Im frühen 18. Jahrhundert entsteht, in Abgrenzung zu diesem „Hoftheater", eine neue Form, die in direkter Tradition der volkstümlichen Wanderbühnen steht: Die auftretenden Figurentypen gehen dabei nicht zuletzt auch auf die Grundtypen der Commedia dell'Arte zurück, allen voran die deutsche, abgewandelte Version von Arlecchino, der gewitzte Diener Hanswurst.

Dieses „(Alt-)**Wiener Volkstheater**" steht unter dem Zweck der bloßen Vergnügung. Seine Zielgruppe ist ein Personenkreis, der zwischen „gemeinem Volk" und gebildetem Bürgertum die Mitte hält.

Illusion und Unterhaltung stehen im Zentrum, deshalb geht dieses Theater eine Partnerschaft mit dem Publikum ein: Thema ist, was einfache Leute, aber auch alle anderen, zum Lachen bringt – ganz ohne literarischen Ehrgeiz. Dafür schlachten die Autoren mehr oder weniger ungeniert die Bühnenwerke antiker, aber auch zeitgenössischer Dichter aus und nehmen aktuelle Moden sowie Anekdoten aus dem Stadtleben in ihre Werke auf. In diesem Sinne passen sie vor allem fremde Stoffe so an, dass daraus „**Volkstheaterversionen**" entstehen, die in Handlung und Sprache der Stadt Wien und ihren Bürgern entgegenkommen. Eingefügt werden schließlich **musikalische Untermalung** und Tanzeinlagen. Wenngleich die Volkstheater-Autoren durchaus mit dem ein oder anderen Seitenhieb Kritik üben, so nehmen alle Handlungen doch immer ein gutes Ende.

„Tun sich des Theaters Pforten auf, // strömt ein der Pöbel in vollem Hauf. // Da ist es denn des Dichters Sache, // dass er ein Publikum aus ihnen mache."
Franz Grillparzer

In der Praxis und zum Üben

Der vorliegende Monolog entstammt dem Stück „Nagerl und Handschuh oder Die Schicksale der Familie Maxenpfutsch" von **Johann Nepomuk Nestroy** (1801 – 1862), den man wohl als bedeutendsten Vertreter des Wiener Volkstheaters bezeichnen kann. Das Stück ist eine Adaption von „Aschenputtel" mit einigen auffallenden Veränderungen – so wird hier beispielsweise nicht nach einem passenden Schuh, sondern einem Handschuh gesucht.

Johann Nepomuk Nestroy

Aufgabe soll es sein, den Textauszug mit großer Geschwindigkeit fehlerfrei zu „plappern", wie die Regieanweisung es vorsieht. Dabei darf natürlich abgelesen werden und wer möchte, kann versuchen, mit der Aussprache des Wortes „Papa" zu variieren.

Variation: Es können auch selbst Monologe verfasst werden, die unter der Bedingung stehen, dass das Wort „Papa" bzw. „Mama" so oft wie möglich darin vorkommen soll.

Johann Nepomuk Nestroy: Nagerl und Handschuh oder Die Schicksale der Familie Maxenpfutsch

1. Akt, 3. Szene

Kappenstiefel (der Stalljunge):

„[...] Nun, so vernehmen Sie denn in zwei Worten den ganzen Hergang der Sache. *(Er plappert das Folgende mit großer Geschwindigkeit.)* Ich bin der einzige hoffnungsvolle Sprössling von meinem seligen Papa – dieses ist nur dem erklärbar, der genau in Erwägung zieht, dass der Papa keinen anderen Sohn gehabt hat als mich, folglich bin ich der einzige Sohn vom Papa – und da meint der Papa, weil ich der einzige Sohn bin vom Papa, so soll ich sehr ausgebildet sein, sagt der Papa, und weil der Papa sich auf Reisen ausgebildet hat, sagt der Papa, so meint der Papa, ich soll auf Reisen gehen, hat er gesagt, der Papa – und da hat mir der Papa den Semmelschmarn mit als Begleiter gegeben, weil der Papa wollen hat, er soll ein wachsames Aug auf mich haben, sagt der Papa. Drei Jahr war ich auf Reisen, denn so wollt's der Papa, unter dieser Zeit ist er aber gestorben, der Papa, und in seinem Testament sagt der Papa, dass ich heut, an meinem 25. Geburtstag, heiraten soll, will der Papa, denn sonst werd ich enterbt, sagt der Papa. Dieses ist eigentlich eine Caprice[1] vom Papa, weil er's aber so will, der Papa, so wähl ich mir heute noch von diesen zwei lieblichen Schönen eine zur Frau, sagt der Papa – oder nein, das sag ich selber, das sagt nicht der Papa."

[1] Laune

Dramenrekonstruktion

Übung

Die folgende Übung soll eine andere Herangehensweise an einen literarischen Text eines bekannten Autors demonstrieren:

Anhand der folgenden zehn Sätze, die den Kern der Handlung eines berühmten Dramas umschreiben, soll das Geschehen rekonstruiert werden.
In zwei bis drei verschiedenen Gruppen wird also eine kurze Spielhandlung erarbeitet, die auf der unten stehenden Beschreibung fußt. Abschließend ist es die Aufgabe des Spielleiters, aufzulösen, wie das Stück heißt, von welchem Autor es stammt und wie sich die wirkliche Handlung gestaltet[1].

- Held der Geschichte ist ein Prinz, der schlafwandelt.
- Zum handlungstragenden Requisit wird ein Handschuh.
- Mächtigster Mann im Stück ist ein Kurfürst, der sich einen Spaß erlaubt.
- Weil der Prinz nicht ganz bei der Sache ist, besiegelt er sein eigenes Schicksal.
- Es gibt eine große Schlacht.
- Zum Kern der Handlung gehört auch noch ein edles Fräulein.
- Zwischen ihrer Liebe zum Angebeteten steht ein Todesurteil.
- Auch ein Oberst und verschiedene Soldaten haben Anteil an der Geschichte.
- Am Ende ergibt sich eine überraschende Wendung.

Karl Kretschmar: Der große Kurfürst tadelt den Landgrafen

[1] siehe dazu auch den Hinweis auf S. 316

Exkurs

Theaterplakate gestalten

Die meisten Stücke, die auf Theaterbühnen gespielt werden, bewirbt das entsprechende Haus vorher mit einem Plakat. Nun haben diese eine lange Tradition. Es gibt solche, die politisch wirken, andere wollen die Menschen aufmerksam machen und die meisten sind – wie in diesem Kontext – als Werbung gedacht.

Die wichtigsten Merkmale eines Theaterplakats sind:
- großes Bild bzw. Grafik
- Name des Stücks, Autor
- Theatergruppe bzw. Theater/Schauspielhaus
- Aufführungsort und -zeit

Darüber hinaus können viele weitere Elemente ergänzt werden – es sei denn, sie stören die Gesamtwirkung oder lenken vom Wesentlichen ab:
- Art des Stücks (Tragödie, Komödie, Trauerspiel etc.)
- Regisseur
- Schauspieler
- Vorschau zum Inhalt (wenige Kernsätze, die neugierig machen)
- Eintrittspreis
- Einlass
- Weiteres...

In der Praxis und zum Üben

Zu einem frei gewählten Theaterstück – gerne auch aus diesem Buch – soll in Kleingruppen jeweils ein Theaterplakat gestaltet werden. Dabei ist freigestellt, ob es von Hand gezeichnet wird oder ein Computer zum Einsatz kommt. Der Vergleichbarkeit halber sollten alle Plakate DIN-A4-Größe haben.

Ankündigung zur Aufführung von Bertolt Brechts „Mutter Courage und ihre Kinder" (mit Figurensplitting)

Die Weimarer Klassik und das Theater

Geschichte

1786 – 1805

Die **Weimarer Klassik** ist die Epoche der Literaturgeschichte, in der die bedeutendsten Werke von Johann Wolfgang von **Goethe** (1749 – 1832) und Johann Christoph Friedrich von **Schiller** (1759 – 1805) entstehen. Die Bezeichnung dieser Phase leitet sich von der gemeinsamen Freundschaft und künstlerischen Zusammenarbeit dieser beiden bedeutenden deutschen Dichter in der Stadt Weimar ab. Goethe und Schiller inspirieren und fördern sich gegenseitig, was zu einer äußerst produktiven und fruchtbaren Schaffensperiode der beiden führt. Besonders wichtig ist diese Zeit um 1800 für die Theatergeschichte auch deshalb, weil Goethe gleichzeitig Leiter des Hoftheaters von Weimar ist und somit seine Werke und Vorstellungen auf der Bühne erproben und umsetzen kann.

So entstehen zum Beispiel Dramen wie Schillers „Wallenstein-Trilogie" (1799) oder „Maria Stuart" (1800), die der junge Autor seinem Freund Goethe zur Begutachtung und Aufführung übergibt. Der ältere Freund hat seinem Mitstreiter im Gegenzug aus „Hermann und Dorothea" (1798) vorgelesen und ihn um Kritik gebeten. Von Schiller wird er außerdem zur Vollendung seines „Faust" gedrängt, der sonst wohl nicht beendet worden wäre.

Goethe-Schiller-Denkmal in Weimar

In dieser Zeit der engen und freundschaftlichen Zusammenarbeit tauschen sich die beiden auch über künstlerische Fragen und Prinzipien aus:

Vor allem **Schiller** fordert als „Theoretiker" von der Kunst und im Speziellen vom Theater eine den Menschen verbessernde, ihn „menschlicher" machende Wirkung. Schillers Nebentätigkeit als **Rezensent und Theoretiker** findet ihren Niederschlag in seinen Schriften zu Philosophie und Poetik. Der Titel seiner vielleicht wichtigsten Rede lautet „Die Schaubühne als eine moralische Anstalt betrachtet".

In diesem Text möchte Schiller vor allem deutlich machen, dass Theater keine bloße Unterhaltung zum Zeitvertreib ist, sondern wirkliche Veränderungen bewirken kann und soll:

So legt der Autor dar, dass die menschlichen Unzulänglichkeiten – die „Laster" und „Leiden" – die Schaubühne, also das Theater, als moralische Anstalt erfordern. Ebenso argumentiert er gegen die staatliche Gesetzgebung, da für ihn das Theater „tiefer und dauernder als Moral und Gesetz"[1] wirkt.

Einfacher formuliert: Es bedürfe eigentlich keiner Gesetze, die etwas verbieten, wenn alle Menschen durch das Theater wüssten, was richtig und falsch ist.

In seinem überschwänglichen Optimismus glaubt Schiller fest daran, dass die Kraft des Dramas schließlich zu einer besseren Welt der Menschlichkeit und Brüderlichkeit führt. Um dies zu erreichen, soll die Schaubühne nicht nur auf den einzelnen Menschen wirken und ihn „verbessern", sondern auch soziale Missstände aufzeigen und ein gemeinschaftliches Nationalbewusstsein schaffen, in dem es keine unterschiedlichen Stände oder Klassen mehr gibt.

[1] nach Goethes Rückkehr aus Italien im Jahr 1786

In einer Universitätsstadt wurde einst „Die natürliche Tochter" aufgeführt. Nach dem zweiten Akte wendet sich ein Student an einen neben ihm sitzenden ältlichen Herrn mit der Frage: „Um Vergebung, ist das Stück nicht von Vulpius?" Der ältliche Nachbar erwiderte: „Nein, das Stück ist von Goethe." Nach dem dritten Akt fragt der Student: „Wissen Sie gewiss, dass das Stück nicht von Vulpius ist?" – „Nein", sagte der Nachbar, „das Stück ist von Goethe." Nach dem vierten Akte meint der Student: „Ich glaube immer, das Stück ist von Vulpius." [...] Am Schlusse endlich behauptet der Student: „Sie mögen sagen, was Sie wollen, das Stück ist von Vulpius." Da erhebt sich endlich der stattliche Nachbar und sagt mit einem flammenden Auge: „Das Stück ist von Goethe und ich bin Goethe." „Sehr erfreut", sagte der Musensohn, „mein Name ist Müller."

So resümiert der Autor am Ende:

„Die Schaubühne ist die Stiftung, wo sich Vergnügen mit Unterricht, Ruhe mit Anstrengung, Kurzweil mit Bildung gattet, wo keine Kraft der Seele zum Nachteil der andern gespannt, kein Vergnügen auf Unkosten des Ganzen genossen wird. [...] In dieser künstlichen Welt träumen wir die wirkliche hinweg, wir werden uns selbst wieder gegeben, unsre Empfindung erwacht, heilsame Leidenschaften erschüttern unsre schlummernde Natur und treiben das Blut in frischeren Wallungen. Der Unglückliche weint hier mit fremdem Kummer seinen eignen aus – der Glückliche wird nüchtern und der Sichere besorgt. Der empfindsame Weichling härtet sich zum Manne, der rohe Unmensch fängt hier zum ersten Mal zu empfinden an. [...] Jeder Einzelne genießt die Entzückungen aller, die verstärkt und verschönert aus hundert Augen auf ihn zurückfallen, und seine Brust gibt jetzt nur einer Empfindung Raum – es ist diese: ein Mensch zu sein."

Oder von Schiller an anderer Stelle knapper zusammengefasst:

„[Der Mensch] ist nur da ganz Mensch, wo er spielt."

Goethe dagegen interessiert sich mehr für naturwissenschaftliche Erkenntnisse und die Praxis. In seiner Arbeit am **Weimarer Theater** inszeniert er nicht nur die eigenen Stücke und die des Freundes, sondern auch solche von Lessing und Kleist sowie Übersetzungen fremdsprachiger Autoren (Shakespeare, Racine, Diderot etc.).
So kann Goethe auch als einer der ersten Regisseure überhaupt verstanden werden – er tritt sogar selbst als Schauspieler auf. Für die praktische Bühnenarbeit formuliert er – ganz konkret – seine „Regeln für Schauspieler" (1803):
In 91 Paragrafen hält der Theaterleiter und Dramatiker seine Vorstellungen und Prinzipien fest, zum Beispiel zu Vortragskunst, Körperbewegung/-haltung auf der Bühne und Publikumskontakt des Schauspielers. Auf diese Weise entsteht ein distanziert ruhiges und beinahe statisches Bühnenspiel, indem etwa Dialekt um jeden Preis vermieden werden soll.

Goethe als Orest und Corona Schröter als Iphigenie, 1779

Im letzten Lebensjahr vollendet Schiller seinen „Wilhelm Tell". Die Bühnenproben für die Uraufführung werden von beiden Freunden gemeinsam geleitet. Schiller schreibt in einem Brief (1798): „Ich bin Goethe sehr viel schuldig, und ich weiß, dass ich auf ihn gleichfalls glücklich gewirkt habe."
Nach dessen Tod im Jahr 1805 bemerkt Goethe: „Ich dachte, mich selbst zu verlieren, und verliere nun einen Freund und in demselben die Hälfte meines Daseins."

So endet schließlich die Epoche der Weimarer Klassik, die sich nur auf das gemeinsame Wirken der beiden Dichter bezieht.

Ein Auszug aus Goethes „Regeln für Schauspieler":

Goethe als Schauspieler (links). Gemälde von G. M. Krauss, um 1780

Die Kunst des Schauspielers besteht in Sprache und Körperbewegung. Über beides wollen wir in nachfolgenden Paragrafen einige Regeln und Andeutungen geben, indem wir zunächst mit der Sprache den Anfang machen.

§. 1. Wenn mitten in einer tragischen Rede sich ein Provinzialismus eindrängt, so wird die schönste Dichtung verunstaltet und das Gehör des Zuschauers beleidigt. Daher ist das Erste und Notwendigste für den sich bildenden Schauspieler, dass er sich von allen Fehlern des Dialekts befreie und eine vollständige reine Aussprache zu erlangen suche. Kein Provinzialismus taugt auf die Bühne! Dort herrsche nur die reine deutsche Mundart, wie sie durch Geschmack, Kunst und Wissenschaft ausgebildet und verfeinert worden.

§. 37. Die Haltung des Körpers sei gerade, die Brust herausgekehrt, die obere Hälfte der Arme bis an die Ellbogen etwas an den Leib geschlossen, der Kopf ein wenig gegen den gewendet, mit dem man spricht, jedoch nur so wenig, dass immer drei Viertel vom Gesicht gegen die Zuschauer gewendet ist.

§. 45. Die neumodische Art, bei langen Unterkleidern die Hand in den Latz zu stecken, unterlassen Sie gänzlich.

§. 59. Der Schauspieler bedenke, auf welcher Seite des Theaters er stehe, um seine Gebärde darnach einzurichten.

§. 60. Wer auf der rechten Seite steht, agiere mit der linken Hand und umgekehrt, wer auf der linken Seite steht, mit der rechten, damit die Brust so wenig als möglich durch den Arm verdeckt werde.

§. 66. Um eine leichtere und anständigere Bewegung der Füße zu erwerben, probiere man niemals in Stiefeln.

§. 67. Der Schauspieler, besonders der jüngere, der Liebhaber – und andere leichte Rollen zu spielen hat, halte sich auf dem Theater ein Paar Pantoffeln, in denen er probiert, und er wird sehr bald die guten Folgen davon bemerken.

§. 74. Der Schauspieler lasse kein Schnupftuch auf dem Theater sehen, noch weniger schnaube er die Nase, noch weniger spucke er aus. Es ist schrecklich, innerhalb eines Kunstprodukts an diese Natürlichkeiten erinnert zu werden. Man halte sich ein kleines Schnupftuch, das ohnedem jetzt Mode ist, um sich damit im Notfalle helfen zu können.

§. 82. Die Bühne und der Saal, die Schauspieler und die Zuschauer machen erst ein Ganzes.

§. 84. Man spiele daher niemals zu nahe an den Kulissen.

§. 85. Ebenso wenig trete man ins Proszenium. Dies ist der größte Missstand; denn die Figur tritt aus dem Raume heraus, innerhalb dessen sie mit dem Szenengemälde und den Mitspielenden ein Ganzes macht.

Text

Friedrich Schiller: Wilhelm Tell

„Wilhelm Tell" ist Friedrich Schillers letztes vollendetes Werk und wird in Weimar 1804 unter der künstlerischen Leitung seines Freundes Johann Wolfgang von Goethe uraufgeführt – durch dessen Anregung hat sich der Autor mit der **Schweizer „Tell-Sage"** aus dem 13. Jahrhundert beschäftigt und sie schließlich als fünfaktiges Drama ausgearbeitet.

Der Apfelschuss

Noch vor zwei Jahrhunderten gab es vielerorts keine Schauspielerinnen; zumeist war „Frauenzimmern" das Auftreten auf der Bühne bei schweren Strafen untersagt. Die Frauenrollen wurden von Männern gespielt. Als einst – im Jahre 1757 – der preußische König in seinem Berliner Theater sehr lange warten musste, bis die Vorstellung von Shakespeares „Hamlet" begann, und er schließlich die Geduld verlor, trat der Schauspieldirektor vor den Vorhang und bat um Entschuldigung: Die Königin Gertrude sei noch nicht rasiert...

Zum Inhalt:
Das Schweizer Volk wird vom Königshaus Habsburg unterdrückt. Die Österreicher wollen sich die Urkantone Schwyz, Uri und Unterwalden einverleiben und erklären sie kurzerhand zu ihrem Besitz. Um ihr neues Herrschaftsgebiet zu festigen, setzen diese Verwalter ein, sogenannte Landvögte. Mit dem Vogt Gessler an der Spitze unterjochen und schikanieren sie das Volk.
Einige mutige Schweizer finden sich schließlich in einem Freiheitsbund zusammen und schwören den friedlichen Aufstand gegen die Zwangsherrschaft – der sogenannte „Rütli-Schwur". Von dieser Konspiration hält sich der Titelheld Wilhelm Tell zunächst aber noch fern. Erst nach der berühmten „Apfelschussszene" ändert er seine Meinung: Weil er einem aufgerichteten Hut – Herrschaftssymbol des Landvogts – nicht Gruß und Ehre entbieten will, wie befohlen, soll er seinen Mut beweisen und mit seinem Pfeil einen Apfel auf dem Kopf seines Sohnes treffen. Gessler bietet diese Möglichkeit, der Todesstrafe für Ungehorsam zu entgehen, weil er an Tells Versagen glaubt. Der Treffer gelingt jedoch – allerdings wird der Schütze später trotzdem festgenommen, weil er dem Landvogt droht.
Schließlich kann sich Tell befreien und begleicht seine Rechnung mit Gessler: Aus dem Hinterhalt tötet er den Unterdrücker bei Küssnacht. Der Tod des Tyrannen ist das Signal zum Aufstand des Schweizer Volkes gegen die Habsburger – man ist erfolgreich und dankt Tell als Retter der Freiheit.

Bis heute stellt sich für die Beschäftigung mit dem Werk vor allem eine entscheidende Frage: Ist Tyrannenmord erlaubt? Einen Menschen zu töten ist falsch – und doch: Beseitigt man einen grausamen Herrscher nicht, begeht er nur noch mehr Gräueltaten. Und so versucht auch Tell im Stück, seine Tat zu rechtfertigen, weil sie für „Volk, Heimat, Weib und Kind" geschehen und durch das Recht auf Notwehr gedeckt sei.

Auch der Literaturkritiker Marcel Reich-Ranicki betont, wie aktuell dieses Thema ist:

„Solange politische Attentate verübt werden, so lange ist die Frage, ob Tell das Recht hatte, den Landvogt Gessler, was immer ihm vorzuwerfen ist, meuchlings zu ermorden, keineswegs überlebt.“

In der Praxis und zum Üben

Aufgabe soll es sein, die folgende Kernszene, in der Tell Gessler tötet, in kleinen Gruppen mit selbst gestalteter, einfacher Kostümierung zu inszenieren und anschließend zu präsentieren.

Hinweis: Auf die ausführlichen Regieanweisungen sollte besonders geachtet werden.

Friedrich Schiller: Wilhelm Tell

Die hohle Gasse bei Küssnacht

[...]
Tell *(tritt auf mit der Armbrust):*
Durch diese hohle Gasse muss er kommen,
Es führt kein andrer Weg nach Küssnacht – hier
Vollend' ich's. [...]

Gessler: Ein neu Gesetz will ich in diesen Landen
Verkünden - ich will -
(ein Pfeil durchbohrt ihn, er fährt mit der Hand
ans Herz und will sinken. Mit matter Stimme)
Gott sei mir gnädig!

Rudolf der Harras: Herr Landvogt –
Gott, was ist das?
Woher kam das?

Armgard *(auffahrend):* Mord! Mord! Er taumelt, sinkt!
Er ist getroffen!
Mitten ins Herz hat ihn der Pfeil getroffen!

Rudolf der Harras *(springt vom Pferde):*
Welch grässliches Ereignis – Gott – Herr Ritter –
Ruft die Erbarmung Gottes an – Ihr seid
Ein Mann des Todes!

Gessler: Das ist Tells Geschoss.
(Ist vom Pferd herab dem Rudolf von Harras
in den Arm gegleitet und wird auf der Bank
niedergelassen.)

Tell *(erscheint oben auf der Höhe des Felsen):*
Du kennst den Schützen, suche keinen andern!
Frei sind die Hütten, sicher ist die Unschuld
Vor dir, du wirst dem Lande nicht mehr schaden.
(Verschwindet von der Höhe. Volk stürzt herein.)

Übrigens...

Bei einem Attentat auf dem Züricher Flughafen 1969 berufen sich die Mitglieder einer palästinensischen Befreiungsorganisation bei ihrer Festnahme auf Wilhelm Tell.

Richard Kissling: Wilhelm Tell und sein Sohn, 1895 (Altdorf, Schweiz)

Exkurs

Synthetisches Drama

Das synthetische Drama **(Zieldrama)** stellt eine andere mögliche Bauform eines Theaterstücks dar, die sogar wesentlich häufiger genutzt wird als das analytische Drama (Enthüllungsdrama[1]). In Letzterem ist – als wesentliches Spannungselement – dem Zuschauer die Vorgeschichte der Figuren verborgen. Dem entgegen steht das synthetische Drama, das zwar einen detaillierten Einblick in eben jene Vorgeschichte gewährt, dafür aber viel stärker auf das Ende ausgerichtet ist:

Ein Vorgang zu Beginn eines Dramas hat Folgen, die das Geschehen sich entfalten lassen. Die Bühnenhandlung setzt mit den konfliktauslösenden Ereignissen ein und führt „zielstrebig" auf das Ende hin. In der Tragödie ist dies immer die Katastrophe.

Übrigens ...

Friedrich Schiller könnte man einen begeisterten „Apfel-Fanatiker" nennen. Jedoch hat er die Äpfel nicht gegessen – bei ihm liegen sie verfaulend überall in der Stube herum und verströmen einen Geruch, von dem manch anderem schlecht geworden ist. Nicht so bei Schiller – er liebt das Aroma und nutzt es als „Inspirationsquelle."

Ein bekanntes Stück, das diese Struktur exemplarisch zeigt, ist das bürgerliche Trauerspiel „Kabale und Liebe"[2] von Friedrich Schiller.

Zum Inhalt:

Zwei unterschiedliche Lebenswelten stehen sich gegenüber: auf der einen Seite die bürgerliche Luise und auf der anderen der adelige Ferdinand. Beide lieben sich und wollen, über ihre Standesgrenzen hinweg, zusammenkommen. Doch sowohl Präsident von Walter, Ferdinands Vater, wie auch der Stadtmusikant Miller, Luises Vater, lehnen die Beziehung ihrer Kinder ab. Da der Fürst für seinen Sohn die Heirat mit der ebenfalls adeligen Lady Milford anstrebt, beauftragt er seinen Diener Wurm, die Liebesbeziehung zu zerstören. Durch seine eigene Zuneigung zu Luise motiviert, zwingt Wurm sie dazu, Ferdinand einen Brief zu schreiben, der die Beziehung auflöst. Mit einem Schwur beim Leben ihrer Eltern verpflichtet Luise sich zum Schweigen. Ferdinand erhält schließlich den Brief und stellt seine Geliebte, die ihm aufgrund ihres Versprechens eine Aufklärung verwehrt, zur Rede. Verzweifelt über die gescheiterte Beziehung beschließt Ferdinand, sich und Luise zu vergiften – erst im gemeinsamen Tod kommt die Wahrheit ans Licht.

Weitere Beispiele für synthetische Dramen:

- Sophokles: Antigone (442 v. Chr.)
- Lessing: Emilia Galotti (1772)

In der Praxis und zum Üben

Als der junge Schiller sein bürgerliches Trauerspiel schreibt, geht es ihm erstmals darum, die Bürger und nicht mehr nur den Adel in den Mittelpunkt der Bühnenhandlung zu stellen.

In verschiedenen Gruppen soll zu der Kernkonstellation (übermächtiger Adel gegen tugendhaftes Bürgertum) ein Tableau erarbeitet werden, welches die Figuren in diesem Gefüge darstellt und mit jeweils einem Satz pro Spieler den Inhalt des Stückes vorstellt. Dieser Satz, gesprochen vor dem jeweiligen Freeze im Tableau, sollte die Handlung von „Kabale und Liebe" so verdeutlichen, dass das Publikum sie ohne Vorwissen verstehen kann.

[1] siehe Exkurs: Analytisches Drama, S. 66

[2] „Kabale" bedeutet Intrige bzw. Streit; der Text heißt ursprünglich „Luise Millerin" (1784).

Georg Büchner und sein Dramenfragment „Woyzeck“

Geschichte

1813 – 1837

Georg Büchner (1813 – 1837) wird gerne dem umstrittenen literaturgeschichtlichen Begriff des „Vormärz“ zugeordnet – der Epoche zwischen 1830 und 1848. In diesem Zeitraum kommt es zunächst in Frankreich zur sogenannten „Juli-Revolution“, bei der sich das Bürgertum gegen Machtanspruch und Bevormundung durch den Adel erhebt. Diese revolutionäre Stimmung „schwappt“ schließlich nach Deutschland über und führt im März 1848 zu den Kämpfen für mehr Demokratie, die später als „Deutsche Revolution“ in die Geschichte eingehen.
Büchner ist einer der Autoren dieser Zeit mit radikal-politischen Positionen. Er geht deshalb nicht nur als begabter Dramatiker, sondern auch als freiheitskämpferischer Verfasser der politischen Flugschrift „**Der hessische Landbote**“ (1834) in die Geschichte ein: „Friede den Hütten! Krieg den Palästen!“ – so zitiert bereits der Anfang des Texts das Motto der Französischen Revolution. Und weil die anonym veröffentlichten Schriften des jungen Revolutionärs sozialen Sprengstoff dieser Art enthalten, wird er von der Obrigkeit schließlich steckbrieflich gesucht.

Georg Büchner

Das bekannteste Werk des Autors ist sein soziales Drama „**Woyzeck**“ (1836), das der Nachwelt allerdings nur unvollständig und unvollendet erhalten geblieben ist. Dieses Fragment zeigt exemplarisch den Anspruch Büchners, das Elend einfacher, besitzloser Menschen einer breiteren Öffentlichkeit vor Augen zu führen. In einem medizinischen Fachblatt entdeckt der junge Schriftsteller Büchner, der auch Medizin studiert, den Fall des Mörders Johann Christian Woyzeck. Die Diskussion um die Zurechnungsfähigkeit des Täters, der schließlich hingerichtet wird, liefert Büchner den Stoff für seine Handlung.

Das daraus entstandene Stück zeigt im Besonderen Büchners Fähigkeit, eine **eindrucksvolle Figurensprache** zu wählen: Die Personen des Geschehens sprechen so, wie es ihrem sozialen Status entspricht. Hauptmann und Doktor „philosophieren“ etwa in „geschwollenen“ pseudo-philosophischen Worthülsen oder wissenschaftlichem Fachjargon, während einfache Leute wie Woyzeck, sein Freund Andres oder Marie im Ton der Unterschicht sprechen. Besonders Woyzecks „Stammeln“ zeigt seine Ohnmacht und Unfähigkeit, die eigenen Gefühle und Gedanken auszudrücken:

„**Hauptmann.** Es wird mir ganz Angst um die Welt, wenn ich an die Ewigkeit denke. Beschäftigung, Woyzeck, Beschäftigung! Ewig das ist ewig, das ist ewig, das siehst du ein; nun ist es aber wieder nicht ewig und das ist ein Augenblick, ja, ein Augenblick – Woyzeck, es schaudert mich, wenn ich denk, dass sich die Welt in einem Tag herumdreht, was eine Zeitverschwendung, wo soll das hinaus? Woyzeck, ich kann kein Mühlrad mehr sehn, oder ich werd' melancholisch.

Woyzeck. Jawohl, Herr Hauptmann.“

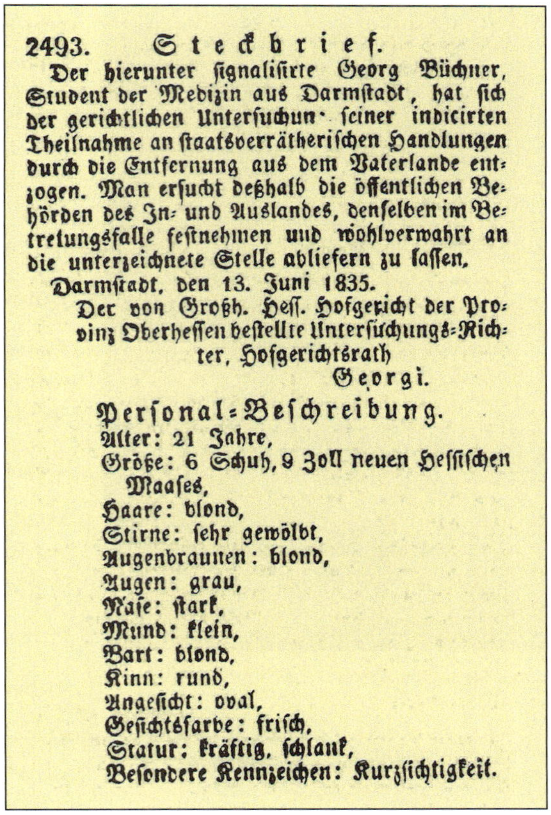

2493. Steckbrief.
Der hierunter signalisirte Georg Büchner, Student der Medizin aus Darmstadt, hat sich der gerichtlichen Untersuchun· seiner indicirten Theilnahme an staatsverrätherischen Handlungen durch die Entfernung aus dem Vaterlande entzogen. Man ersucht deßhalb die öffentlichen Behörden des In- und Auslandes, denselben im Betretungsfalle festnehmen und wohlverwahrt an die unterzeichnete Stelle abliefern zu lassen.
Darmstadt, den 13. Juni 1835.
Der von Großh. Hess. Hofgericht der Provinz Oberhessen bestellte Untersuchungs-Richter, Hofgerichtsrath
Georgi.

Personal-Beschreibung.
Alter: 21 Jahre,
Größe: 6 Schuh, 9 Zoll neuen Hessischen Maases,
Haare: blond,
Stirne: sehr gewölbt,
Augenbraunen: blond,
Augen: grau,
Nase: stark,
Mund: klein,
Bart: blond,
Kinn: rund,
Angesicht: oval,
Gesichtsfarbe: frisch,
Statur: kräftig, schlank,
Besondere Kennzeichen: Kurzsichtigkeit.

Steckbrief von 1835, mit dem nach Georg Büchner gefahndet wurde

Übrigens …

Der Georg-Büchner-Preis gilt als wichtigste deutsche Literaturauszeichnung und wird jedes Jahr von der Darmstädter Akademie für Sprache und Dichtung verliehen. Im Jahr 2012 war die Ehrung mit 50.000 Euro verbunden.

Zum Inhalt:
Der Soldat Franz Woyzeck lebt in Abhängigkeit von seiner Umwelt und seinen Trieben als Opfer dubioser medizinischer Experimente und herzloser Vorgesetzter. Zuletzt verliert er sogar seine Geliebte Marie an einen „Tambour-Major“, dessen Erscheinung und finanzielle Ausstattung ihr imponieren. Deprimiert durch diese Lebensbedingungen, durch körperliche und geistige Benachteiligung sowie materielle Not, tötet er am Ende des Dramas halb wahnsinnig und in triebhafter Eifersucht Marie, die sein letzter Halt im Leben und Mutter seines Sohnes ist.

Die folgende Szene[1] entstammt ungefähr der Mitte des Fragments: Der Protagonist Woyzeck trifft im Wirtshaus den Tambour-Major, welcher prahlt und jeden warnt, sich mit ihm anzulegen. Schließlich wird er wütend und ringt mit Woyzeck, wobei dieser verliert und verspottet wird. Jetzt scheint sich der Mordplan für ihn zu konkretisieren.

In der Praxis und zum Üben

Aufgabe soll es sein, die Szene in Vierergruppen nachzuspielen und die Darstellung durch eine frei gewählte Technik (zum Beispiel Freeze, Zeitlupe, Tableau etc.) zu ergänzen.

Klaus Kinski als Woyzeck (Verfilmung von 1979)

Georg Büchner: Woyzeck

Wirtshaus.
Tambour-Major. Woyzeck. Leute.

TAMBOUR-MAJOR. Ich bin ein Mann! *(Schlägt sich auf die Brust.)* Ein Mann, sag ich. Wer will was? Wer kein besoffen Herrgott ist, der lass sich von mir. Ich will ihm die Nas ins Arschloch prügeln. Ich will – *(zu Woyzeck)* da, Kerl, sauf, der Mann muss saufen, ich wollt die Welt wär Schnaps, Schnaps.

WOYZECK *(pfeift.)*

TAMBOUR-MAJOR. Kerl, soll ich dir die Zung aus dem Hals ziehe und sie um den Leib herumwickle? *(Sie ringen, Woyzeck verliert.)* Soll ich dir noch so viel Atem lassen als en Altweiberfurz, soll ich?

WOYZECK. *(setzt sich erschöpft zitternd auf die Bank.)*

TAMBOUR-MAJOR. Der Kerl soll dunkelblau pfeifen.
Ha. Branndewein das ist mein Leben
Branntwein gibt Courage!

EINER. Der hat sei Fett.

ANDERER. Er blut.

WOYZECK. Eins nach dem andern.

[1] Büchner nutzt hessischen Dialekt.

Offene Dramenform

Exkurs

Im Laufe der Entwicklung der Literaturgeschichte sind sehr viele Dramen entstanden, die der strengen, „geschlossenen"[1] Bauform folgen. Doch schon vor der anbrechenden Moderne wenden sich immer mehr Autoren für ihre Stücke von den strengen Bauprinzipien ab und experimentieren mit weniger strikten Formen. Bereits Goethe schreibt mit seinem „Faust" ein Stück, das nicht mehr den alten Prinzipien folgt. Auch aus diesem Grund schafft der Literaturwissenschaftler Volker Klotz für jene Werke eine neue, eigene Kategorie, die er in Analogie zur geschlossenen, auf Aristoteles zurückgehenden Dramenform, als „offen"[2] bezeichnet. Grundsätzlich wäre es an dieser Stelle sogar einfacher zu sagen: Es gibt keine festen Regeln mehr.

1. Handlung

Die Einheit der Handlung gilt nicht mehr (**Vielfalt der Handlung**); viele Parallel- und Nebenhandlungen sind möglich (Mehrsträngigkeit). Die Geschichte setzt unvermittelt ein („**in medias res**"[3]) und endet abrupt bzw. Fortsetzungen zulassend (offenes Ende). Eine zusammenhängende, aufeinander aufbauende (lineare) Handlung gibt es nicht mehr (keine Handlungskausalität). So wird die in sich geschlossene Szene zum Handlungskonzept. In der Regel verbinden Leit- bzw. Wortmotive[4] oder Bilder die eher lose zusammenhängenden Szenen. Momentaufnahmen, Wiederholungen, kreisförmige Bewegungen der Handlung und viele weitere **Mischformen** sind möglich. Wo das geschlossene Drama noch zielstrebig auf das Ende hinführt, ist die offene Dramenform statisch und ohne echtes Ziel (Afinalität).

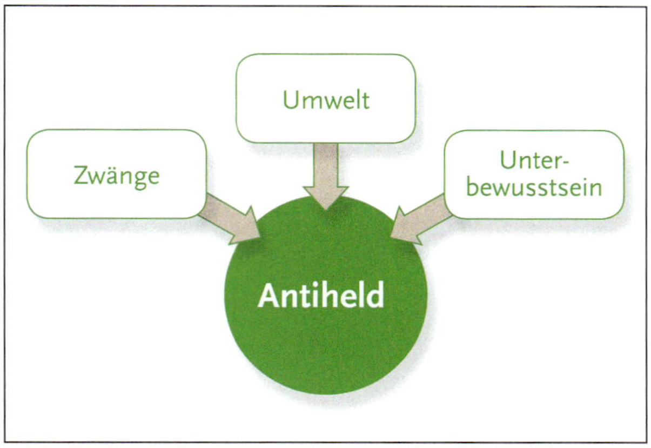

2. Zeit

In der offenen Dramenform können multiple Zeiterfahrungen auftreten (**Vielfalt der Zeit**) – sie kann beispielsweise gedehnt oder gerafft werden; Zeitsprünge oder aber die Verwendung der **Simultantechnik** sind möglich. Letztere ermöglicht beispielsweise eine hohe Dichte – viele Ereignisse, Handlungen und Eindrücke können gleichzeitig durch parallele Reihung vermittelt werden.

3. Ort

Die **Vielfalt des Ortes** bedeutet hier vor allem, dass verschiedene Milieus bzw. Handlungsorte unterschiedliche Atmosphären und Wirkungen[5] erzeugen können. Häufige Ortswechsel sind möglich.

4. Aufbau

Der Bau eines solchen Dramas ist nicht symmetrisch (kein pyramidaler Bau). Es folgt weder Konstruktionsschemata noch strengen Vorgaben. Einzelne, für sich stehende Szenen **(Selbstständigkeit der Teile)** mit einer **Tendenz zur Zersplitterung** werden aneinandergereiht.

Zu Ludwig Tieck kam eines Tages ein junger Dichter, der ihm eine nicht enden wollende Ode vorlas und um eine Beurteilung bat. „Ich habe noch mehr Eisen im Feuer", fügt er hinzu. Tieck trat dieser Drohung sofort entgegen: „Junger Mann, nehmen Sie das Eisen aus dem Feuer und legen Sie Ihre Oden hinein!"

---

[1] siehe Exkurs: Geschlossene Dramenform, S. 72
[2] auch: atektonisch
[3] lat. (ungefähr): „in der Mitte der Dinge"
[4] In Hoffmanns Novelle „Der Sandmann" tauchen beispielsweise immer wieder Bezüge zum Thema „Augen" auf.
[5] Beispiel: ein „Ghetto" als Zeichen für persönliche Beschränkung

5. Personen
Es gibt **keine Ständeklausel** mehr – das ist die wohl wichtigste Neuerung der offenen Dramenform. Dies bedeutet konkret, dass nicht mehr nur Herrscher, Adlige oder eventuell noch Bürger in beschränkter Zahl, sondern nun eine **Vielzahl an Personen** jeder gesellschaftlichen Schicht mit unterschiedlichen Weltbildern auftreten dürfen. Dabei gibt es auch nicht mehr große Heldenfiguren; vermehrt steht der sogenannte **Antiheld**[1] (als Opfer ohne Mündigkeit und Bewusstsein) im Zentrum des Geschehens. So kommt es auch dazu, dass dem Protagonisten **kein gleichwertiger Gegenspieler** entgegentritt und die Mehrzahl der Figuren eher schemenhaft, also unscharf konturiert bleibt. Die Personen agieren unbesonnen und spontan – Unverständnis entsteht beim Zusammentreffen verschiedener Milieus.

6. Sprache
Die Sprache der offenen Dramenform ist oft ein **sozialer Indikator:** Wie eine Person spricht und welche Worte sie dafür nutzt, verrät sofort etwas über ihre Herkunft. Da verschiedenste Figuren auftreten, kommt es zu einer „**Pluralität der Sprachbereiche**". Eine einzelne hohe Sprachebene gibt es in diesem Sinne nicht mehr – Stilmischungen, vor allem mit Alltagssprache, sind die Regel. Teilweise wird die Sprache verstümmelt, durch **Dialekte** gefärbt und sie kommt ganz ohne kunstvolle Rhetorik und Verse aus. Das Gesagte wird erzählt (**Prosa**), zumeist in kurzen, aneinandergereihten Hauptsätzen (**Parataxen**). Der Dialog als Kommunikationsform verfällt so immer mehr: Die Figuren reden aneinander vorbei und die Verständigung misslingt. Dies stellt die Sprache selbst als Kommunikationsmittel in Frage.

7. Welt- und Menschenbild
Im Zentrum dieser Dramenform steht die **Determiniertheit,** also die Abhängigkeit des Menschen von Gesellschaft und Umwelt – verbunden mit der Ohnmacht, etwas verändern zu können. Unmündigkeit, Entfremdung, Identitätsverlust und Pessimismus sind nur einige der Schlagworte, die dieses Menschenbild beschreiben.

8. Beispiele
- Friedrich Schiller: Die Räuber
- Georg Büchner: Woyzeck
- Ödön von Horváth: Geschichten aus dem Wienerwald
- Bertolt Brecht: Mutter Courage und ihre Kinder

Übung

Verkaufsvortrag

Jeder Spieler wählt einen einfachen Gegenstand aus, zum Beispiel Stift, Radiergummi, Mäppchen, Ball, Tasche und so weiter. Im Anschluss daran bekommen alle fünf Minuten Zeit, sich mit dem Objekt vertraut zu machen und dessen Vor-/Nachteile sowie Besonderheiten kennenzulernen.
Schließlich preist reihum jeweils ein Spieler den anderen seinen Gegenstand in einem kurzen, möglichst überzeugenden „Verkaufsvortrag" an und verweist dabei zum Beispiel auf die unglaublichen Vorzüge eines Bleistifts oder einer Trinkflasche.

[1] Daneben kennt man noch den sogenannten „negativen Helden", der im Unterschied zum Antihelden aktiver und selbstzerstörerischer ist und an der Welt eher zerbricht.

Meiningen – Wiege des modernen Regietheaters

Herzog Georg II. von Sachsen-Meiningen

„Ohne Meiningen kein Hollywood" schreibt das Kulturportal des Thüringer Bildungsministeriums – und tatsächlich: Ohne die folgenschwere Reform des Theaters, die im 19. Jahrhundert von der kleinen Stadt Meiningen ausgeht, würden wir uns heute wohl kaum Kinofilme berühmter Regisseure ansehen können.

Als **Herzog Georg II.** 1866 den Thron des Fürstentums Sachsen-Meiningen besteigt, verändert er das **Hoftheater Meiningen** nach seinen Vorstellungen:

Zusammen mit seinem Regisseur Ludwig Chronegk konfrontiert der „Theaterherzog" – wie man ihn später nennt – sein Publikum zum ersten Mal mit den **ungekürzten Originaltexten und Übersetzungen** von Autoren wie Shakespeare, Goethe, Schiller oder Kleist. Im Gegensatz zur herrschenden Meinung ist er überzeugt, man könne dem Publikum die vollständigen Stücke in der Sprache der Autoren zumuten – damit wird er schließlich Recht behalten.

An oberster Stelle steht bei den neuen Methoden des Meininger Theaters das **Ensembleprinzip:** Der „Starbetrieb"[1] wird abgelöst – jetzt ist jeder einzelne Schauspieler gleichberechtigter Teil eines Ensembles. Als Konsequenz daraus leitet sich dann auch die **Gleichwertigkeit der Rollen** ab: Bekommt ein Darsteller bei einer Inszenierung eine Hauptrolle, so muss er darauf gefasst sein, beim nächsten Mal nur in einer Nebenrolle oder gar als Statist aufzutreten, wobei er auch diese Aufgabe mit dem äußersten Maß an Präzision und Hingabe erfüllen muss.

Das Ensembleprinzip macht außerdem die **Einführung des Regisseurs** (von frz. „régir" – leiten) geradezu notwendig, da die Schauspieltruppe schließlich geführt werden muss. Den eigens geschaffenen Posten besetzt der Theaterherzog zwar mit Ludwig Chronegk, behält sich aber das letzte Wort in jeder Angelegenheit vor.

Durch die Arbeit mit dem Ensemble lernt Georg II. auch seine spätere Ehefrau, die Schauspielerin Ellen Franz, kennen, die er 1873 heiratet.

Georg II. bleibt nicht als unbeteiligter Geldgeber passiv im Hintergrund, sondern nimmt auch aktiv Einfluss: Er ist der Direktor seiner Schauspieltruppe und entwirft selbst viele Kostüme, Dekorationen und Bühnenbilder.

Ellen Franz, später Freifrau von Heldburg

In die Theatergeschichte eingegangen sind auch die berühmten „**Massenszenen**" des Meininger Theaters: Verschiedene Inszenierungen sehen als Höhepunkt vor, dass sich die Bühne beispielsweise für die Darstellung einer Schlacht mit vielen Statisten füllt, von denen jeder einzelne für den Theaterherzog genauso wichtig wie ein Hauptdarsteller ist – zuvor hatten sie noch die Bühne als „unbelebte Dekoration" füllen müssen. Alle Statisten folgen dabei der vorher festgelegten Choreografie und bewegen sich zum Beispiel, wenn bestimmte Stichworte im Text fallen, passend dazu, etwa durch Vortreten, Jubeln, Verändern der Blickrichtung und mehr. Man spricht von „Massenregie".

[1] Ein Schauspieler mit viel Ruhm und Erfahrung leitet die Truppe.

Massenszene im Sinne der Meininger

Dies sehen die **Kritiker der Meininger** allerdings mit Skepsis[1] – die gleichberechtigte Wertschätzung der Volksgruppe sei eine „lächerliche Emanzipation der Massen" (Ludwig Seidel).

Mit dem Ziel, eine **Illusion** der wiederbelebten Vergangenheit zu erzeugen, wird die Inszenierung eines Theaterstücks bei den Meiningern zu einem **Gesamtkunstwerk**, das so realistisch und historisch korrekt wie möglich sein soll – dem muss sich allerdings der einzelne Schauspieler unterordnen. Im Meininger-Theater ist deshalb nicht der Darsteller, sondern das Kunstwerk als Ganzes von höchster Bedeutung für eine Aufführung. Die Beteiligten sollen dabei auf der Bühne das Publikum im Prinzip ignorieren, womit Georg II. das **Prinzip der „vierten Wand"**[2] nutzt.

So kommen beispielsweise statt eines einfachen Bühnenbilds eigens angefertigte, kunstvolle Bühnenprospekte[3] zum Einsatz. Diese werden mittels eines Prospektzuges der Handlung entsprechend ausgetauscht und schaffen, auf mehreren Ebenen angeordnet, den Eindruck von Räumlichkeit.

Wie weit die Detailverliebtheit der Truppe um Georg II. geht, zeigt sich beispielsweise daran, dass für eine Inszenierung von Shakespeares „Julius Caesar" ein Archäologe eigens Teile des Forum Romanum in Rom rekonstruieren muss, damit daran der Aufbau der Bühne orientiert werden kann.

Auch die **Requisiten** sind eine wichtige Stütze in diesem Konzept der Wirklichkeitstreue, und so werden oftmals echte Antiquitäten, zum Beispiel Tische und Stühle, die bereits hundert Jahre oder älter sind, eingesetzt, um den Meininger Vorstellungen zu entsprechen. Dies bringt dem Hoftheater allerdings schnell den Vorwurf der **„Ausstattungswut"** ein, die für die Kritiker eher ein **„Theatermuseum"** zu schaffen scheint: Das Drama tritt für sie hinter dem Dekor zurück.

Zusätzlich kommen verschiedenartige **Spezialeffekte** zum Einsatz – für eine Kirchenszene wird beispielsweise frischer Weihrauch in Kombination mit dem Klang echter Glocken eingesetzt. Wasserfälle, lichttechnische Finessen und allerlei „Bühnenzauber" runden dieses Effektfeuerwerk ab.

Die geforderte Detailverliebtheit bzw. Realitätsnähe hat allerdings auch ihren Preis: Bei einer jeden Inszenierung des Theaterherzogs entstehen **hohe Kosten.**

Übrigens...

Zusätzlich zur Etablierung des Regieprinzips sind die Meininger auch mit einem eigenen Ausdruck in die Geschichte eingegangen: Der Begriff der „Meiningerei", der aber heute meist als Schimpfwort verwendet wird, steht für extreme Detailtreue und (teilweise übertriebenen) Historismus.

[1] mit Blick auf die Gefahr eines politischen Aufbegehrens
[2] Es wird so gespielt, als ob die Zuschauer nicht da wären.
[3] bemalte Textilleinwände an einer Zugstange

Auch aus diesem Grund geht die Truppe Georgs II. von 1874 bis 1890 auf **europaweite Tourneen.** In 39 Städten geben sie insgesamt 2591 Vorstellungen, unter anderem in Berlin, London, Paris, Amsterdam, Kiew und St. Petersburg, die nicht nur viele Theaterleute beeinflussen, sondern vor allem die Finanzierung der Produktionen mit Erfolg sicherstellen.

Was schließlich als „**Meininger Prinzipien**" in die Geschichte eingeht, ist eine umfassende Theaterreform – verbunden mit der Begründung des Regietheaters –, die durch die vielen Tourneen der Truppe in ganz Europa bekannt gemacht wird. Als Voraussetzung für das naturalistische Theater beeinflusst sie auch viele Theatertheoretiker wie Konstantin Stanislawski[1] und andere. Der Schriftsteller Hans Herrig (1845 – 1892), Zeitzeuge der Meininger, formuliert bereits 1879: „In der Geschichte des deutschen Theaters wird das Kapitel ‚Die Meininger', wie es auch kommen möge, einen ruhm- und trostreichen Abschnitt bilden."

In der Praxis und zum Üben

Anstatt der wohl unlösbaren Aufgabe, einen Text im Sinne der Meininger-Prinzipien zu inszenieren, soll eine Pro-Contra-Diskussion geführt werden. Dabei werden zwei verschiedene Gruppen gebildet – die eine soll für die „Meiningerei", die andere dagegen sprechen. Zuvor können sich die Beteiligten kurz in der Gruppe auf ihre Argumente besinnen, dann erfolgt der Schlagabtausch auf der Bühne. Die Zeit für die Diskussion muss ausreichend bemessen sein.

Eventuell kann es durchaus sinnvoll sein, am Schluss noch über die Diskussion an sich zu sprechen und die übliche Anschlusskommunikation zu nutzen.

Zum Ablauf:

Ein Diskussionsleiter führt kurz in die Thematik ein, stellt die Beteiligten vor und formuliert eine Streitfrage als Diskussionsgrundlage. Anschließend erteilt er den entsprechenden Spielern auf jeder Seite das Wort und vermittelt im Laufe des Gesprächs zwischen den streitenden Parteien. Am Ende kann noch eine abschließende Stellungnahme der einzelnen Gruppen abgegeben werden, bevor der Diskussionsleiter ein kurzes Fazit formuliert.

Das Theater Meiningen heute

[1] siehe Stanislawski, S. 214

Text

Loriot: Die Bundestagsrede

Viele Menschen werden bestätigen, dass der 2011 verstorbene Vicco von Bülow, den alle unter seinem Künstlernamen „Loriot" kennen, einer der größten deutschen Humoristen der Nachkriegszeit gewesen ist. Die meisten seiner Sketche und Figuren sind legendär und schon ihre bloße Erwähnung löst bei den Kennern ein Schmunzeln aus.

In der Praxis und zum Üben

Es folgt einer von Loriots berühmtesten Texten, in dem er sich satirisch mit der inhaltsleeren, wortreichen Selbstdarstellung mancher Politiker auseinandersetzt. Aufgabe soll es sein, „Die Bundestagsrede" vor Publikum besonders bedeutungsvoll vorzutragen. Es darf abgelesen werden.

Vicco von Bülow (1923 – 2011), genannt Loriot

Loriot: Die Bundestagsrede

Werner Bornheim: „Meine Damen und Herren, Politik bedeutet, und davon sollte man ausgehen, das ist doch – ohne darum herum zu reden – in Anbetracht der Situation, in der wir uns befinden. Ich kann meinen politischen Standpunkt in wenige Worte zusammenfassen: Erstens das Selbstverständnis unter der Voraussetzung, zweitens, und das ist es, was wir unseren Wählern schuldig sind, drittens, die konzentrierte Beinhaltung als Kernstück eines zukunftweisenden Parteiprogramms.

Wer hat denn, und das muß vor diesem hohen Hause einmal unmißverständlich ausgesprochen werden. Auch die wirtschaftliche Entwicklung hat sich in keiner Weise ... Das kann auch von meinen Gegnern nicht bestritten werden, ohne zu verkennen, daß in Brüssel, in London die Ansicht herrscht, die Regierung der Bundesrepublik habe da – und, meine Damen und Herren ... warum auch nicht? Aber wo haben wir denn letzten Endes, ohne die Lage unnötig zuzuspitzen? Da, meine Damen und Herren, liegt doch das Hauptproblem. Bitte denken Sie doch einmal an die Altersversorgung. Wer war es denn, der seit 15 Jahren, und wir wollen einmal davon absehen, daß niemand behaupten kann, als hätte ich damals – so geht es doch nun wirklich nicht! Wir haben immer wieder darauf hingewiesen, daß die Fragen des Umweltschutzes, und ich bleibe dabei, wo kämen wir sonst hin, wo bliebe unsere Glaubwürdigkeit? Eins steht doch fest, und darüber gibt es keinen Zweifel. Wer das vergißt, hat den Auftrag des Wählers nicht verstanden. Die Lohn- und Preispolitik geht von der Voraussetzung aus, daß die mittelfristige Finanzplanung, und im Bereich der Steuerreform ist das schon immer von ausschlaggebender Bedeutung gewesen ...

Meine Damen und Herren, wir wollen nicht vergessen, draußen im Lande, und damit möchte ich schließen. Hier und heute stellen sich die Fragen, und ich glaube, Sie stimmen mit mir überein, wenn ich sage ... Letzten Endes, wer wollte das bestreiten! Ich danke Ihnen ..."[1]

„Es ist genauso schwer, eine Komödie zu schreiben, wie ein Trauerspiel – nur ein bisschen schwerer."
Curt Goetz

Variation: Zusätzlich könnte der Vortrag einzelner Spieler mit einer Videokamera gefilmt werden und später Gegenstand einer genauen Analyse von Gestik, Mimik, Proxemik, Stimme, Sprache und Körperhaltung sein.

[1] Aus lizenzrechtlichen Gründen nicht in reformierter Rechtschreibung

Realismus, Naturalismus und die Jahrhundertwende

Geschichte

1850 – 1900

Realismus

Mit „Realismus“ lässt sich eine (literarische) Bewegung – etwa seit der Mitte des 19. Jahrhunderts – beschreiben, deren wesentliches Merkmal die **Realitätsnähe** ist: Der Stoff, der künstlerisch-literarisch verarbeitet wird, soll authentisch und glaubwürdig umgesetzt werden.
Die Autoren versuchen bei ihrer Arbeit, aus der Rolle des **distanzierten Beobachters** heraus, eine möglichst genaue und objektive Beschreibung der Wirklichkeit zu schaffen – „hässliche“ Themen wie etwa Mord, Hass und Verbrechen werden allerdings ausgeklammert. Diese negativen Lebensbereiche verklären sie „poetisch“, weshalb man hier auch vom **„poetischen Realismus“** spricht.
Und obwohl die Epoche aus Sicht des Theaters wenig produktiv scheint, bringt sie viele große Erzähler, wie Theodor Fontane, Gottfried Keller oder Conrad Ferdinand Meyer hervor, die allesamt als Wegbereiter für den Naturalismus angesehen werden können.

Theodor Fontane

Naturalismus

Der Naturalismus wendet sich noch entschiedener als der Realismus den Einflüssen von Industrialisierung und Technisierung auf das Leben der Menschen zu. In diesem Weltbild erklärt man die menschliche Natur als von Erbanlagen und Umwelteinflüssen stark bestimmt, also **determiniert.**
Schließlich bricht der Naturalismus viele der letzten bis dato bestehenden Tabus: Verarmung, menschliche Abgründe, Alkoholmissbrauch, Gewalt und das Leben der „einfachen Leute“ unterer Gesellschaftsschichten **(Milieudarstellung)** sind wesentliche Themen. Das bringt den Autoren allerdings auch den Vorwurf der **„Hässlichkeitsdichtung“** ein, wenn sie beispielsweise ungeschönt soziales Elend in der Großstadt zeigen.
Populärster Schriftsteller dieser Zeit ist der Literaturnobelpreisträger von 1912, **Gerhart Hauptmann** (1862 – 1946) mit seinem Drama „Die Weber“. Das Schauspiel fußt auf Erzählungen in Hauptmanns Familie und dessen Studien zu den Ereignissen vom Aufstand der schlesischen Weber[1] 1844. Auch weil das Elend der Menschen Hauptgegenstand des Stückes ist, bildet sich hier die Bezeichnung **„soziales Drama“** heraus. Mit derart revolutionären Stücken, die schwierige Kämpfe und gleichermaßen wichtige Siege für den Naturalismus darstellen, etabliert sich dann eine neue Form von **Volkstheater.** Die „Volksbühnen“ dienen damit erstmalig auch dem Zweck, „einfache Leute“ zu erreichen, nicht mehr nur Bürger und Adlige.

„Wer nichts weiß, als sein Fach, der weiß gar nichts – und zwar auch für sein Fach nichts.“
Egon Friedell

In diesem Kontext entwickelt sich das Theater weiter:
Vor allem auf technischer Seite gibt es viele Fortschritte. Die Bühnen werden nicht länger im barocken „Illusionsstil“ gebaut und die Kerzen bzw. Öllampen durch **neue Beleuchtungstechnik** abgelöst – mit der Einführung des Gaslichts und später vor allem der Glühbirne ist nun jede denkbare Be- und Ausleuchtung möglich.
Hinzu kommt, dass nach Jahrhunderten schließlich die **Rollenfächer** aufgelöst werden: Schauspieler ordnet man zum ersten Mal nicht mehr nur klischeehaft in Schubladen ein, wie etwa „geiziger Alter“, „Lebemann“ oder „Salondame“.

Gerhart Hauptmann

[1] Aufstand der Leinenweber in Schlesien gegen ihre unmenschlichen Lebensbedingungen und die rücksichtslose Ausbeutung durch die Unternehmer

Übrigens …

Der Norweger Henrik Ibsen sieht sich als Autor der höchst möglichen Realitätstreue verpflichtet und so umfasst allein die erste Regieanweisung für sein Stück „Nora oder Ein Puppenheim" mehr als 120 Worte.

Darüber hinaus wird in dieser Zeit vor allem dem Regietheater immer mehr Bedeutung beigemessen, und so betritt mit Max Reinhardt um 1903/04 einer der ersten großen Theaterregisseure die deutsche Bühnenlandschaft.

Einen Versuch, den Naturalismus konsequent auf das Drama anzuwenden, stellt der vorliegende Auszug „Die Familie Selicke" (1890) dar.
In Gemeinschaftsarbeit mit Johannes Schlaf (1862 – 1941) schreibt Arno Holz (1863 – 1929) dieses Kleinbürgerdrama. Es gilt als Experiment auf der Bühne. Damit verfügt es über einen Beispielcharakter – man spricht von einem programmatischen Werk.

Zum Inhalt:
Es geht um die zerrütteten Verhältnisse in einer verelendenden Berliner Familie. In diesem Ausschnitt – das Geschehen spielt am Weihnachtsabend – spricht Frau Selicke mit ihrem kranken und sterbenden Kind, der achtjährigen Tochter Linchen. Währenddessen betrinkt sich der Vater außer Haus.

In der Praxis und zum Üben

Die vorliegende Szene soll auf der Bühne mit verteilten Rollen szenisch vorgetragen werden – am besten unter Wahrung des Berliner Dialekts (siehe Hilfestellung, S. 196).

Schlaf & Holz: Die Familie Selicke

Linchen. Ma-ma-chen! …

Frau Selicke *(beugt sich über die Kissen).*
Ach, da biste ja wieder, meine Kleine?

Linchen. Warum – kommt'n Papa noch nicht?

Frau Selicke. […] Er kommt nun bald! … Ach Gott, ja!

Linchen. Er ist wieder – betrunken! Nich wahr!

Frau Selicke. Ach nein! … Nein doch, mein Herzchen! …
Er ist nur einen Weg gegangen! … Er bringt dir was mit!

Linchen. Ach nein! … Er will dich nachher wieder schlagen!

Frau Selicke. Ach, aber meine Kleine! … Weine doch nur nicht,
mein Linchen! … Gott, nein! … Siehste, du darfst dich ja nich aufregen?!
Du wirst ja sonst nich gesund? … Nein, mein Mäuschen! […]

Linchen. Ach Mamachen!
Und ne' neue Puppe möcht ich auch so gerne haben!

Frau Selicke. Ja, die kriegst du! Und auch wieder Wein!

Linchen. Solchen süßen?

Frau Selicke. Ja. […]

Linchen. Auch ein'n … Wagen … ?

Frau Selicke. Ja.

Arno Holz

Linchen. Au! Denn ... fahrn wir die Puppe immer spaziern ... ! Nich wahr, Tönchen?

Toni. Ja, liebes Kind.

Frau Selicke. Ja, meine Kleine! Dann gehst du wieder mit Tönchen spaziern!

Linchen. Au ja! ... Bald – Ma-machen?

Frau Selicke. Ja! Bald! Ganz bald!

Linchen. Morgen?

Frau Selicke. Morgen? Aber, liebes Kind! Du musst dich doch erst noch'n bisschen erholen? ... Nich wahr? ... Aber diese Woche vielleicht!

Linchen. Bestimmt?

Frau Selicke. Ja! ... Bestimmt!

Linchen. Ma-machen ... Ja? Ich – ich werde doch ... wieder gesund?

Frau Selicke. Ja, gewiss, mein Mäuschen! ... Freilich!

(Kleine Pause.)

Linchen. Ma-machen? ...

Frau Selicke. Hm?

Linchen *(lächelnd)*. Kranksein is hübsch!

Frau Selicke. Ach Gott! ... Meine arme, dumme Kleine! ... Warum denn? *(Beugt sich zärtlich zu Linchen hin.)*

Linchen. Weil ... weil du dann ... immer ... so ... gut bist ...

Carl Wilhelm Hübner: Die schlesischen Weber (1844)

Material zur Erarbeitung des Berliner Dialekts:

Rotkäppchen auf Berlinerisch

Es war mal 'ne kleene, süße Jöre, die imma mit 'ne rote Kappe rumlief. Wejen diese Kappe nannte se och jeda Rotkäppchen, wa. Eenmal sachte ihre Mutta: „Rotkäppchen, deine Oma jeht's nich' jut. Du musst zu ihr jehn und ihr wat zu futtern bring', damit's ihr wieda besser jeht. Pass aber uff, daste dia nich im Wald verlaufen tust und imma uff'm Weech bleibst, damit de keen Zoff mit'm Wolf kriegst!" So stiefelte die Kleene los und it kam, wie'd kommen musste. Sie traf den Wolf und Plappermaul det se war, erzählte sie ihm von ihre Jroßmutta. Während se dann jegen den Rat von ihre Mutter noch'n paar Blümchen pflückte, lief der Wolf zur Jrossmutta und hat'se jefressen. Als nun die Kleene beim Haus von ihre Jrossmutta ankam, sabbelte der Wolf mit 'ner hellen Stimme und machte der Kleenen vor, er wäre ihre Jrossmutta. Uff die Fraje, welhalb 'se denn so jrosse Ojen hätte und so'n jrossen Mund, antwortete der Wolf immer clever und so kam die Kleene zur Jrossmutta und wurde von ihr jefressen. Nachdem er so ville jefressen hatte, schlief der Wolf ein und bejann wie blöd zu schnarchen. Det hörte 'n Förster, der an die Hütte vorbeilief, und jing rin, um nachzusehen, watt los is. Da er die Jrossmutta nich sah, sondern den Wolf mit fetter, volljefressener Plautze, verpasste er ihm 'n Fangschuss und befreite die Jrossmutta und die Kleene, indem er den Wolf ausweidete. Jrossmutta und die Kleene freuten sich wie blöde und die Kleene versprach ihre Jrossmutta, nie, nie wieder von Weech abzuweichen und imma uff direktem Weje zu ihr zu jehen. Wenn'se nich jestorben sind, leben'se noch heute...

Text

Conrad Ferdinand Meyer: Die Füße im Feuer

Conrad Ferdinand Meyer (1825 – 1898) ist neben Gottfried Keller (1819 – 1890) wohl der bekannteste Schweizer Autor im 19. Jahrhundert. Der Dichter liebt historische Stoffe und wird damit zum Meister der Novellen und Balladen.

Balladen (von ital. „ballata" – Tanzlied) sind in Strophen gegliederte **Erzählgedichte,** in deren Kern meist ein Konflikt steht, in dem sich ein Held bewähren muss. Einige Autoren haben sie sogar als vollkommenste aller literarischen Formen angesehen, denn sie vereint die drei grundlegenden Literaturgattungen: Die Ballade erzählt eine Begebenheit, wie das Epos oder der Roman (**Epik**); sie enthält typische Strukturen und Merkmale von Gedichten (**Lyrik**) sowie darüber hinaus direkte Rede, also gesprochene Dialoge (**Dramatik**).

Conrad Ferdinand Meyer

Das Geschehen im vorliegenden Werk „Die Füße im Feuer" spielt sich auf drei verschiedenen Ebenen ab:

1. In der Gegenwart (Standarddruck): Ein Kurier bittet im Gewitter um Unterschlupf, erkennt aber nicht, dass er bereits früher schon einmal in dem Schloss gewesen ist.
2. In der Vergangenheit (**Fettdruck**): Der Kurier erinnert sich daran, dass er die Frau des Schlossherren (Edelmann) einst ermordet hat.
3. Im Traum/Unbewussten (<u>unterstrichen</u>): Unbewusst werden Erinnerungen an die blutige Vergangenheit wach. Er ahnt im Traum, dass der Edelmann ihn erkennt und Rache will.

Aufgabe soll es zunächst sein, die Ballade sinngemäß betont vorzutragen. Anschließend werden in verschiedenen Gruppen zu den acht Strophen des Werks entsprechende Standbilder entwickelt. Wichtig ist hierbei, die verschiedenen Handlungsebenen zu unterscheiden (Gegenwart, Vergangenheit und Traum).

Hilfreich zur Erarbeitung kann es sein, sowohl die Entwicklung des namensgebenden Leitmotivs (Feuer, Glut, Blitz etc.) als auch diejenige des Inhalts zu verfolgen – wie in einem analytischen Drama werden die Zusammenhänge erst langsam deutlich.

Anmerkung: Auf Grund des komplexen Inhalts und des Umfangs werden hier die einzelnen Gedichtstrophen kommentiert bzw. kurz zusammengefasst.

Conrad Ferdinand Meyer: Die Füße im Feuer

Strophe I

Wild zuckt der Blitz. In fahlem Lichte steht ein Turm.
Der Donner rollt. Ein Reiter kämpft mit seinem Roß,
Springt ab und pocht ans Tor und lärmt. Sein Mantel saust
Im Wind. Er hält den scheuen Fuchs am Zügel fest.
Ein schmales Gitterfenster schimmert goldenhell,
Und knarrend öffnet jetzt das Tor ein Edelmann ...

Ein Kurier reitet bei Unwetter bis zu einem Schloss.
Er steigt vom Pferd und ein Edelmann öffnet ihm das Tor.

Strophe II

– „Ich bin ein Knecht des Königs, als Kurier geschickt
Nach Nîmes. Herbergt mich! Ihr kennt des Königs Rock!"
– „Es stürmt. Mein Gast bist du. Dein Kleid, was kümmert's mich?
Tritt ein und wärme dich! Ich sorge für dein Tier!"
Der Reiter tritt in einen dunklen Ahnensaal,
Von eines weiten Herdes Feuer schwach erhellt,
Und je nach seines Flackerns launenhaftem Licht
Droht hier ein Hugenott[1] im Harnisch[2], dort ein Weib,
Ein stolzes Edelweib aus braunem Ahnenbild ...
Der Reiter wirft sich in den Sessel vor dem Herd
Und starrt in den lebend' gen Brand. Er brütet, gafft ...
Leis sträubt sich ihm das Haar. Er kennt den Herd, den Saal ...
Die Flamme zischt. Zwei Füße zucken in der Glut.

Der Kurier verweist darauf, im Dienste des französischen Königs unterwegs zu sein und bittet um Unterkunft. Vom Edelmann wird er anstandslos aufgenommen und betritt den Innenraum, der von einem Kaminfeuer beleuchtet wird. Der Kurier sieht sich um und ahnt, dass er früher schon dort gewesen ist.

---

[1] Protestanten sind während der Religionskriege (Hugenottenkriege) 1562 – 1598 im katholischen Frankreich aufgrund ihrer Glaubensüberzeugung verfolgt und getötet worden. Allein in der sogenannten „Bartholomäusnacht" (1572) sterben Tausende von ihnen in Paris.

[2] Brustpanzer, auch Ritterausrüstung

Strophe III
Den Abendtisch bestellt die greise Schaffnerin.
Mit Linnen blendend weiß. Das Edelmägdlein hilft.
Ein Knabe trug den Krug mit Wein. Der Kinder Blick
Hangt schreckensstarr am Gast und hangt am Herd entsetzt ...
Die Flamme zischt. Zwei Füße zucken in der Glut.

Man deckt für ihn den Tisch, und auch die Kinder des Edelmannes scheinen sich an etwas zu erinnern.

© Jens Thiele

Strophe IV
– „Verdammt! Dasselbe Wappen! Dieser selbe Saal!
Drei Jahre sind's ... Auf einer Hugenottenjagd ...
Ein fein, halsstarrig Weib ... ‚Wo steckt der Junker? Sprich!'
Sie schweigt. ‚Bekenn!' Sie schweigt. ‚Gib ihn heraus!' Sie schweigt.
Ich werde wild. Der Stolz! Ich zerre das Geschöpf ...
Die nackten Füße pack ich ihr und strecke sie
Tief mitten in die Glut ... ‚Gib ihn heraus!' ... Sie schweigt ...
Sie windet sich ... Sahst du das Wappen nicht am Tor?
Wer hieß dich hier zu Gaste gehen, dummer Narr?
Hat er nur einen Tropfen Bluts, erwürgt er dich." -
Eintritt der Edelmann. „Du träumst! Zu Tische, Gast ..."

Nun endlich wird dem Kurier klar, dass er vor drei Jahren wirklich schon einmal im Schloss gewesen ist – damals auf der Jagd nach einem Hugenotten. Die Frau des Edelmannes hatte diesen versteckt und sich geweigert, ihn herauszugeben. Der Kurier foltert sie mit Hilfe des Feuers zu Tode. An dieser Stelle macht er sich selbst Vorwürfe, da er leichtsinnig dort eingekehrt ist.

© Jens Thiele

Strophe V
Da sitzen sie. Die drei in ihrer schwarzen Tracht
Und er. Doch keins der Kinder spricht das Tischgebet.
Ihn starren sie mit aufgerissnen Augen an –
Den Becher füllt und übergießt er, stürzt den Trunk,
Springt auf: „Herr, gebet jetzt mir meine Lagerstatt!
Müd bin ich wie ein Hund!" Ein Diener leuchtet ihm,
Doch auf der Schwelle wirft er einen Blick zurück
Und sieht den Knaben flüstern in des Vaters Ohr ...
Dem Diener folgt er taumelnd in das Turmgemach.

Der Kurier wird nervös, beeilt sich mit dem Essen und verlangt nach dem Zimmer für die Nacht. Vom Diener des Edelmannes wird er dorthin geleitet, während der Sohn seinen Vater über die schreckliche Tat aufklärt.

Strophe VI

Fest riegelt er die Tür. Er prüft Pistol und Schwert.
Gell pfeift der Sturm. Die Diele bebt. Die Decke stöhnt.
Die Treppe kracht ... Dröhnt hier ein Tritt? Schleicht dort ein Schritt ... ?
Ihn täuscht das Ohr. Vorüberwandelt Mitternacht.
Auf seinen Lidern lastet Blei, und schlummernd sinkt
Er auf das Lager. Draußen plätschert Regenflut.

Beinahe schlaflos verbringt er die Nacht in der Angst vor der möglichen Rache des Edelmanns, der seine Frau durch ihn verloren hat.

Strophe VII

Er träumt. „Gesteh!" Sie schweigt. „Gib ihn heraus!" Sie schweigt.
Er zerrt das Weib. Zwei Füße zucken in der Glut.
Aufsprüht und zischt ein Feuermeer, das ihn verschlingt ...
– „Erwach! Du solltest längst von hinnen sein! Es tagt!"
Durch die Tapetentür in das Gemach gelangt,
Vor seinem Lager steht des Schlosses Herr – ergraut,
Dem gestern dunkelbraun sich noch gekraust das Haar.

Im Traum fallen ihm die schrecklichen Ereignisse, die schließlich zum Tod der Frau geführt haben, wieder ein. Der Edelmann weckt ihn auf – er scheint von der Situation merklich mitgenommen zu sein.

Strophe VIII

Sie reiten durch den Wald. Kein Lüftchen regt sich heut.
Zersplittert liegen Ästetrümmer quer im Pfad.
Die frühsten Vöglein zwitschern, halb im Traume noch.
Friedsel'ge Wolken schwimmen durch die klare Luft,
Als kehrten Engel heim von einer nächt'gen Wacht.
Die dunkeln Schollen atmen kräft'gen Erdgeruch.
Die Ebne öffnet sich. Im Felde geht ein Pflug.
Der Reiter lauert aus den Augenwinkeln: „Herr,
Ihr seid ein kluger Mann und voll Besonnenheit
Und wisst, dass ich dem größten König eigen bin.
Lebt wohl! Auf Nimmerwiedersehn!" Der andre spricht:
„Du sagst's! Dem größten König eigen! Heute ward
Sein Dienst mir schwer ... Gemordet hast du teuflisch mir
Mein Weib! Und lebst ... Mein ist die Rache, redet Gott."

© Jens Thiele

Die beiden Männer brechen zum Abschied gemeinsam auf. Die Natur wirkt ebenso beruhigt wie die Situation – der Edelmann hat auf Rache verzichtet. Um seiner Sicherheit Willen verweist der Kurier nochmals darauf, im Dienste des Königs zu stehen. Der Edelmann aber beruft sich auf Gott, den größeren König – diesem überlässt er die Rache.

Text

Frank Wedekind: Frühlings Erwachen

„Das Publikum ist gütig. Es lacht sogar an Stellen, wo es gar nichts zu lachen gibt."
Curt Goetz

Mit „**Frühlings Erwachen**" gelingt Frank Wedekind (1864 – 1918) der Durchbruch als Bühnenautor und Dramatiker. Um so erfolgreich zu sein, nutzt er bereits 1891 nicht weniger als einen massiven **Tabubruch:** Das Werk prangert die überkommene Sexualmoral und die gesellschaftlichen Zwänge der Jahrhundertwende an. Sexuelle Aufklärung ist für die prüden Eltern und die Gesellschaft dieser Zeit ein Fremdwort. Da das Stück diese Sorgen und Nöte der Jugendlichen zwischen Schule und Privatleben in den Vordergrund stellt, untertitelt es der Autor selbst mit „Eine Kindertragödie." So ist Wedekind sicher der Erste, der Sexualität öffentlich thematisiert – und das sogar auf der Bühne. Für damalige Zeiten also ein Skandal, deshalb darf „Frühlings Erwachen" anfangs nur in einer zensierten Version aufgeführt werden.

Frank Wedekind

Zum Inhalt:
Das Stück zeigt Gymnasiasten in der Pubertät sowie ihre quälenden Selbstzweifel, Fragen und Sehnsüchte. Die Schule mit ihrem Druck sitzt ihnen im Nacken: Autoritären Lehrern und prüden Eltern mangelt es an Verständnis und Sensibilität. Gespräche von Generation zu Generation scheitern – das führt dazu, dass sich Erwachsene und Jugendliche zunehmend entzweien.
Die Hauptfiguren sind Moritz, Melchior und Wendla. Der Versager Moritz nimmt sich – vor allem über seine Nichtversetzung verzweifelt – das Leben. Eine satirisch-groteske Lehrerkonferenz unter Leitung der Paukerkarikatur „Sonnenstich" und seiner Kollegen „Habebald", „Fliegentod", „Zungenschlag" und „Knüppeldick" versucht, Melchior die Schuld am Tod seines Freundes Moritz zu geben. Als Grund für den Schulverweis führen sie die von ihm verfasste Aufklärungsschrift „Der Beischlaf" an, mit der er seinen Freund aus der sexuellen Unwissenheit befreien wollte.
In diese Geschehnisse ist auch die vierzehnjährige Wendla verwickelt: Sie erwartet, unwissend und ahnungslos, nach einer sexuellen Begegnung und Verführung durch Melchior ein Kind. Aus Angst vor einem Skandal liefert Wendlas Mutter ihre Tochter einer Abtreiberin aus: An der dubiosen pseudo-medizinischen Behandlung stirbt Wendla schließlich. Auf ihrem Grabstein wird die Todesursache verlogen mit „Bleichsucht" vermerkt. In einer makaberen Szene auf dem Friedhof entscheidet sich Melchior schließlich für das Weiterleben.

In der Praxis und zum Üben

Die vorliegende zweite Szene des zweiten Aktes zeigt das „Aufklärungsgespräch" zwischen Wendla und ihrer Mutter in gekürzter Fassung.

Sie soll in Gruppen als Spielszene erarbeitet werden. Die Dialoge dürfen dabei weiter verändert bzw. gekürzt und in zeitgemäße Sprache umgeschrieben werden, so lange dabei die „Verklemmung" im Gespräch der beiden grundlegendes Merkmal bleibt.

Hilfreich für die Erarbeitung kann es außerdem sein, vorbereitend einen Subtext[1] für die Figuren zu formulieren.

[1] siehe Methode: Subtext, S. 125

Frank Wedekind: Frühlings Erwachen

Wohnzimmer.

[...]

Wendla *(sich während des Folgenden vollends ankleidend):*
Du warst bei Ina? - Wie geht es Ina? - Will's noch immer nicht bessern?

Frau Bergmann: Denk dir, Wendla, diese Nacht war der Storch bei ihr und hat ihr einen kleinen Jungen gebracht.

Wendla: Einen Jungen? - Einen Jungen! - O das ist herrlich - -
Deshalb die langwierige Influenza[1]!

Frau Bergmann: Einen prächtigen Jungen!

Wendla: Den muss ich sehen, Mutter! - So bin ich nun zum dritten Male Tante geworden - Tante von einem Mädchen und zwei Jungens!

[...]

Wendla: Warst du dabei, als er ihn brachte?

Frau Bergmann: Er war eben wieder fortgeflogen. -
Willst du dir nicht eine Rose vorstecken?

Wendla: Warum kamst du nicht etwas früher hin, Mutter?

Frau Bergmann: Ich glaube aber beinahe, er hat dir auch
etwas mitgebracht - eine Brosche oder was.

Wendla: Es ist wirklich schade!

Frau Bergmann: Ich sage dir ja, dass er dir eine Brosche mitgebracht hat!

Wendla: Ich habe Broschen genug ...

Frau Bergmann: Dann sei auch zufrieden, Kind. Was willst du denn noch?

Wendla: Ich hätte so furchtbar gerne gewusst, ob er durchs Fenster oder durch den Schornstein geflogen kam.

Frau Bergmann: Da musst du Ina fragen. [...]

Wendla: Oder soll ich nicht lieber den Schornsteinfeger fragen? [...]

Frau Bergmann: Nicht den Schornsteinfeger, Kind; nicht den Schornsteinfeger. Was weiß der Schornsteinfeger vom Storch! [...]

Wendla: Ich gehe, ... Und wenn dein Kind nun hingeht und fragt den Schornsteinfeger?

Frau Bergmann: Aber das ist ja zum Närrischwerden! - Komm, Kind, komm her, ich sag es dir! Ich sage dir alles ... O du grundgütige Allmacht! - Nur heute nicht [...]

Wendla: Sag es mir heute, Mutter; sag es mir jetzt! Jetzt gleich! [...]

Frau Bergmann: - Ich kann nicht, Wendla.

---

[1] Grippe

Wendla. Oh, warum kannst du nicht, Mütterchen! [...] Ich will nicht zucken; ich will nicht schreien; ich will geduldig ausharren, was immer kommen mag.

Frau Bergmann: [...] - Komm in Gottes Namen! – Ich will dir erzählen, Mädchen, wie du in diese Welt hineingekommen. – So hör mich an, Wendla ...

Wendla *(unter ihrer Schürze):* Ich höre.

Frau Bergmann *(ekstatisch):* – Aber es geht ja nicht, Kind! [...]

Wendla *(unter ihrer Schürze)*: Fass dir ein Herz, Mutter!

Frau Bergmann: So höre denn ... !

Wendla *(unter ihrer Schürze, zitternd):* O Gott, O Gott!

Frau Bergmann: Um ein Kind zu bekommen – du verstehst mich, Wendla?

Wendla: Rasch, Mutter – ich halt's nicht mehr aus.

Frau Bergmann: – Um ein Kind zu bekommen – muss man den Mann – mit dem man verheiratet ist ... lieben – lieben sag ich dir – wie man nur einen Mann lieben kann! Man muss ihn so sehr von ganzem Herzen lieben, wie – wie sich's nicht sagen lässt! Man muss ihn lieben, Wendla, wie du in deinen Jahren noch gar nicht lieben kannst ... Jetzt weißt du's.

Wendla *(sich erhebend):* Großer - Gott - im Himmel!

Frau Bergmann: Jetzt weißt du, welche Prüfungen dir bevorstehen!

Wendla: – Und das ist alles?

Frau Bergmann: So wahr mir Gott helfe! – Nimm nun den Korb da und geh zu Ina hinunter. Du bekommst dort Schokolade und Kuchen dazu.

Geschichte

1916 – 1924

Dada und die Lautgedichte

Der **Dadaismus** leitet sich vermutlich von dem kindlichen Laut „dada“ ab und steht für eine **provokative Kunstrichtung**, etwa zwischen 1916 und 1924. Diese lehnt überkommene bürgerliche Kunstideale und ästhetische Gesetze ab, wie etwa diejenigen, die um 1900 beispielsweise harmonische Linien und Blumenmuster (Jugendstil) als schön und vollkommen definieren.
Wie radikal sich der Dadaismus im direkten Vergleich zu den traditionell-bürgerlichen Vorstellungen gestaltet, belegt auch folgende Anekdote:

„Als der Hofprediger Dryander seine Predigt beginnen wollte, rief Baader mit lauter Stimme: ‚Einen Augenblick! Ich frage Sie, was ist Ihnen Jesus Christus? Er ist Ihnen Wurst.’ Natürlich gab es einen fürchterlichen Tumult, Baader wurde verhaftet und wegen Gotteslästerung angeklagt.“ (Brauneck)

„Es gibt Stücke, die so schwach sind, dass sie aus eigener Kraft nicht vom Spielplan herunterkommen.“
Stanislaw Jerzy Lec

Typisch für die Stilrichtung „Dada“ ist auch der sogenannte **Bruitismus** (von frz. „le bruit“, der Lärm bzw. das Geräusch). Dies bezeichnet sowohl die Reproduktion der Klänge von Alltag und Umwelt (etwa Großstadtlärm) als auch die bloße Aufnahme dieser Tongebilde in die Kunst. So werden etwa die Geräusche von quietschenden Autoreifen auf Tonträgern festgehalten und mittels Montagetechnik mit anderen Elementen zu Kunstwerken kombiniert.

Kurt Schwitters: Das Merzbild 21 b

Genauso wird die Lyrik dieser Tendenz angepasst und die sogenannten **Lautgedichte** entstehen: Reduzierte Texte, die nicht in herkömmlicher Weise Sinn und Bedeutung über Worte, sondern nur noch über Klänge transportieren wollen – auch, weil die Dadaisten die Worte der Sprache als „vorbelastet" und nicht mehr zu ihren Vorstellungen passend empfinden. Ein berühmter Vertreter, Hugo Ball (1886-1927), wählt die Bezeichnung **Verse ohne Worte**.

In der Praxis und zum Üben

Aufgabe hierzu soll es sein, in verschiedenen Gruppen einen Gedichtvortrag zu einem der beiden folgenden Werke von Hugo Ball zu erarbeiten. Variationen, vor allem bei Stimme, Betonung und Tempo, sind erwünscht.

Hugo Ball: Seepferdchen und Flugfische

tressli bessli nebogen leila
flusch kata
ballubasch
zack hitti zopp

zack hitti zopp
hitti betzli betzli
prusch kata
ballubasch
fasch kitti bimm

zitti kitillabi billabi billabi
zikko di zakkobam
fisch kitti bisch

bumbalo bumbalo bumbalo bambo
zitti kitillabi
zack hitti zopp

treßli beßli nebogen grügrü
blaulala violabimini bisch
violabimini bimini bimini
fusch kata
ballubasch
zick hiti zopp

Hugo Ball: Karawane

(Originalgestaltung des Autors)

KARAWANE
jolifanto bambla ô falli bambla
grossiga m'pfa habla horem
égiga goramen
higo bloiko russula huju
hollaka hollala
anlogo bung
blago bung
blago bung
bosso fataka
ü üü ü
schampa wulla wussa ólobo
hej tatta gôrem
eschige zunbada
wulubu ssubudu uluw ssubudu
tumba ba- umf
kusagauma
ba - umf

Hugo Ball

Text

Ödön von Horváth: Kasimir und Karoline

Ödön von Horváth

Der österreichisch-ungarische Schriftsteller **Ödön von Horváth** (1901 – 1938) verfasst seine Werke in deutscher Sprache. Lange steht er dabei im Schatten Brechts – Kritiker halten seine Stücke allerdings für noch wirklichkeitsnäher als die Lehrstücke Brechts. Horváths Zeitgenosse Erich Kästner behauptet später sogar, er sei der bedeutendste Dramatiker seiner Generation.
Der Dichter versteht sich als Chronist seiner Zeit, welcher die Dummheit und die bis ins Gefühlsleben hineinreichende Verlogenheit des kleinbürgerlichen Spießers beleuchtet. Er demaskiert diese Denkweise, das heißt er entlarvt sie vor dem Publikum auf der Bühne. Damit fußt er auch auf der Tradition des alten Wiener Volksstücks – bei ihm aber überwiegt der Pessimismus. Man spricht schließlich vom **„neuen kritischen Volksstück"**. Der Autor bekennt später, er wolle diese Gattung „fortsetzen und zerstören" (1932).
Das Stück **„Kasimir und Karoline"** bezeichnet Horváth als „Ballade voll stiller Trauer, gemildert durch Humor".

Zum Inhalt:
Auf dem Münchner Oktoberfest 1929 scheitert die Beziehung des stellenlosen Chauffeurs Kasimir und seiner Braut, der lebenslustigen Angestellten Karoline. Vor dem Hintergrund von Massenarbeitslosigkeit und Weltwirtschaftskrise lassen sich die Träume der beiden von gesellschaftlichem Aufstieg und persönlichem Glück nicht verwirklichen. Während sich Kasimir einem Gaunerduo anschließt, versucht Karoline, sich mit anderen, besser verdienenden Rummelplatzbesuchern zu amüsieren. Diese Entfremdung führt zur Beeinträchtigung und Verhinderung ihrer zwischenmenschlichen Kommunikation. Am Ende haben beide ihre Illusionen verloren; während Kasimir um ein Haar der Verhaftung entgeht, ist Karoline immer noch nur eine kleine Bürokraft.

In der Praxis und zum Üben

Es werden Vierergruppen gebildet, die einen der beiden vorliegenden Auszüge szenisch erarbeiten und anschließend vor Publikum präsentieren. In jeder Gruppe wird dabei ein Regisseur ausgewählt, der als Spielleiter agiert. Außerdem soll gemeinsam eine passende Atmosphäre geschaffen werden (zum Beispiel über Dekoration, Bühnenbild, Musik, Requisiten usw.), die vor allem das Münchner Oktoberfest und seine besondere Stimmung aufnimmt.

Übrigens...
Ödön von Horváth wird 1938 bei einem Sturm in Paris von einem herabstürzenden Ast erschlagen.

Ödön von Horváth: Kasimir und Karoline

3. Szene

Karoline: Der Zeppelin, der fliegt jetzt nach Oberammergau, aber dann kommt er wieder zurück und wird einige Schleifen über uns beschreiben.

Kasimir: Das ist mir wurscht! [...]

Karoline: Wenn du so traurig bist, dann werd ich auch traurig.

Kasimir: Ich bin kein trauriger Mensch.

Karoline: Doch. Du bist ein Pessimist.

Kasimir: Das schon. Ein jeder intelligente Mensch ist ein Pessimist. [...] Du kannst natürlich leicht lachen. Ich habe es dir doch gleich gesagt, dass ich heut unter gar keinen Umständen auf dein Oktoberfest geh. Gestern abgebaut[1] und morgen stempeln[2], aber heut sich amüsieren, vielleicht sogar noch mit lachendem Gesicht!

Karoline: Ich habe ja gar nicht gelacht.

Kasimir: Natürlich hast du gelacht. Und das darfst du ja auch - du verdienst ja noch was und lebst bei deinen Eltern, die wo pensionsberechtigt sind. Aber ich habe keine Eltern mehr und steh allein in der Welt, ganz und gar allein. *Stille.*

Karoline: Vielleicht sind wir zu schwer füreinander –

Kasimir: Wie meinst du das jetzt?

Karoline: Weil du halt ein Pessimist bist und ich neige auch zur Melancholie – Schau, zum Beispiel zuvor – beim Zeppelin –

Szene aus „Kasimir und Karoline", Hessisches Staatstheater Wiesbaden

Kasimir: Geh halt doch dein Maul mit dem Zeppelin!

Karoline: Du sollst mich nicht immer so anschreien, das hab ich mir nicht verdient um dich!

Kasimir: Habe mich gerne! *Ab.*

5. Szene

Kasimir erscheint wieder und winkt Karoline zu sich heran. Karoline folgt ihm.

Kasimir: Wer ist denn das, mit dem du dort sprichst?

Karoline: Ein Bekannter von mir.

Kasimir: Seit wann denn?

Karoline: Schon seit lang. Wir haben uns gerade ausnahmsweise getroffen. Glaubst du mir denn das nicht?

Kasimir: Warum soll ich dir das nicht glauben? *Stille.*

Karoline: Was willst du? *Stille.*

Kasimir: Wie hast du das zuvor gemeint, dass wir zwei zu schwer füreinander sind? *Karoline schweigt boshaft.* Soll das eventuell heißen, dass wir zwei eventuell nicht zueinander passen?

Karoline: Eventuell.

Kasimir: Also das soll dann eventuell heißen, dass wir uns eventuell trennen sollen – und dass du mit solchen Gedanken spielst?

Karoline: So frag mich doch jetzt nicht!

---

[1] entlassen
[2] auf Arbeitslosenhilfe angewiesen sein

Kasimir: Und warum nicht, wenn man fragen darf?

Karoline: Weil ich jetzt verärgert bin. Und in einer solchen Stimmung kann ich dir doch nichts Gescheites sagen! *Stille.*

Kasimir: So. Hm. Also das wird dann schon so sein. So und nicht anders. Da gibt es keine Ausnahmen. Lächerlich.

Karoline: Was redest du denn da?

Kasimir: Es ist schon so.

Karoline *fixiert ihn:* Wie? *Stille.*

Kasimir: Oder ist das vielleicht nicht eigenartig, dass es dir gerade an jenem Tage auffällt, dass wir zwei eventuell nicht zueinander passen – an jenem Tage, an welchem ich abgebaut worden bin? *Stille.*

Karoline: Ich versteh dich nicht, Kasimir.

Kasimir: Denk nur nach. Denk nur nach, Fräulein! *Stille.*
[...]

Geschichte

Überblick: Theatertheorien des 20. Jahrhunderts

Ludwig Meidner: Apokalyptische Landschaft, 1912

Am Anfang des 20. Jahrhunderts verändert sich die Welt radikal. Neue Technologien wie Auto, Telefon oder Film bieten einerseits ungeahnte Möglichkeiten, tragen andererseits aber zu gesellschaftlicher Beschleunigung bei. Europa befindet sich im Umbruch. Von 1914 bis 1918 erschüttert der grausame Erste Weltkrieg Europa und trägt dazu bei, dass die Menschen, insbesondere Künstler, die Wirklichkeit verändert wahrnehmen.

In diesem Kontext der Unruhe und elementarer Veränderungen erscheint alles bisher Dagewesene in Musik, bildender Kunst und Schauspiel nicht mehr zeitgemäß. So entstehen – neben dem **werktreuen Theater** – zwei weitere wichtige Strömungen: das **politische** und das **Avantgarde-Theater.** Vor allem auf die beiden Letztgenannten lassen sich wesentliche Entwicklungen im Theater des 20. Jahrhunderts zurückführen.

1. Werktreues Theater

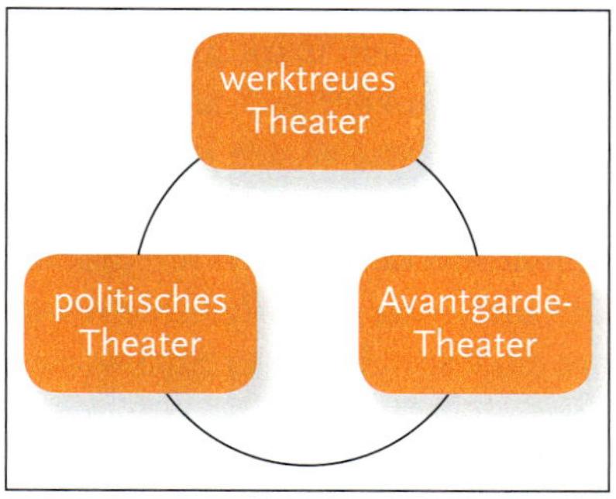

Der Begriff ist hier gewählt, um all den Theaterregisseuren und -theoretikern gerecht zu werden, die versuchen, Stücke so auf die Bühne zu bringen, wie der Autor sie konzipiert. Innerhalb dieses Dramenverständnisses lassen sich allerdings verschieden starke Ausprägungen erkennen: Einige Regisseure fordern, auch schon gegen Ende des 19. Jahrhunderts, die absolute Abbildung der Wirklichkeit auf der Bühne und damit eine Darstellung, die sich so realitätsnah gibt, dass der Zuschauer vergisst, dass alles nur „Spiel“ ist. Andere dagegen machen Theater einfach weiter „traditionell“: Sie setzen die Spielvorlage möglichst im Sinne des Autors um – jedoch mit mehr künstlerischer Freiheit.
Gegen dieses herkömmliche – man könnte sagen spießbürgerliche – Unterhaltungstheater richten sich die beiden anderen Strömungen.

2. Avantgarde-Theater

Der Begriff „Avantgarde“, stammt aus der französischen Militärsprache und meint „Vorhut“ – also diejenigen Soldaten, die als erste voranschreiten und kämpfen. Ähnlich verstehen sich auch viele Theatertheoretiker und Regisseure: Sie wollen das traditionelle Theater und seine Illusionen ablösen, neue Spielformen finden und Schauspieler und Publikum wieder zu einer Einheit machen. Dafür orientieren sich einige von ihnen am Theater des Fernen Ostens oder nutzen neue Medien, wie etwa den Film. Die verschiedenen Ansätze vereint dabei eigentlich nur – grob formuliert – die gemeinsame „Vorkämpfer-Rolle“.

„Theater darf nie dem Zeitgeist hinterherlaufen.“
Dieter Dorn

3. Politisches Theater

Auf die politisch-gesellschaftliche Wirkung des Theaters besinnen sich vor allem Erwin Piscator und Bertolt Brecht. Beide sind überzeugt davon, dass sich die Wirklichkeit mit ihren Konflikten, Krisen und Kriegen sowie der Mensch selbst durch das Theaterspiel beeinflussen bzw. verändern lässt.
Der politische Regisseur kann also durch seine Arbeit ein Stück – auch von Sophokles oder Goethe – so politisieren und dem Zeitgeist anpassen, dass er den Zuschauer zu aktivieren vermag. Das Publikum soll dann im Theater – einfach formuliert – zur Erkenntnis kommen: „Das müssen wir verändern“ und dies schließlich im wahren Leben in die Tat umsetzen.

Vorausblick auf die nächsten Kapitel:

Die nachfolgenden Kapitel beschäftigen sich mit einer Auswahl sehr unterschiedlicher Theaterpersönlichkeiten des 20. Jahrhunderts, die hier nur einleitend kurz charakterisiert werden sollen:

Zunächst ist **Konstantin S. Stanislawski** zu nennen, der bereits am Ende des 19. Jahrhunderts damit beginnt, eine Theorie des Schauspielens, das heißt eine Schauspielausbildung nach festen Regeln, zu begründen. Damit betritt er Neuland in der Theatergeschichte und zählt bis heute zu den wichtigsten Vordenkern auf diesem Gebiet. Zusätzlich fordert er ein Theater, das auf der Bühne eine perfekte Darstellung der Wirklichkeit zeigt.

Der Franzose **Antonin Artaud** schlägt einen ganz anderen Weg ein: Er will zurückfinden zu einem ursprünglichen, rituell-kultischen Theaterspiel. Dieses „Theater der Grausamkeit“ soll dabei kein „Theater“ mehr sein, sondern ein reales Erlebnis. Dafür lässt er sich auch von seinem Landsmann **Alfred Jarry** beeinflussen, der als Vorreiter des expressionistischen Schauspiels gilt.

Bertolt Brecht hingegen revolutioniert das Theater: Verfremdungseffekte, Songs, Distanzierung des Schauspielers von der Rolle, episches Theater, Lehrtheater – das sind nur einige der Stichworte, die eine neuartige Theorie- und Praxisarbeit beschreiben. Seine Werke entstehen in einer Zeit, in der Deutschland vom Nationalsozialismus beherrscht wird und er ins Exil fliehen muss. Deshalb sind sie politisch und wollen den Zuschauer aktivieren sowie ihn zum konkreten Handeln motivieren.

„Wenn wir ehrlich sind, ist das Theater an sich eine Absurdität.“
Thomas Bernhard

Dem entgegen steht die Theorie des 1933 geborenen **Jerzy Grotowski,** der die Armut im Theater fordert und sich in seinem „Theaterlaboratorium“ nur noch auf den Schauspieler als einziges und wesentliches Ausdrucksmittel konzentriert.

Die Ideen von Artaud, Brecht und Stanislawski vereint schließlich **Peter Brook** in seinem Konzept „Der leere Raum“. Er entwickelt dabei einen Ansatz, der zwischen Illusionierung und Aktivierung der Zuschauer steht, sich im Wesentlichen auf das Schauspiel konzentriert, aber auch neue Formen und „rituelle“ Techniken nutzt.

Der Brasilianer **Augusto Boal** sieht sich in der Nachfolge der Ideen Brechts und nutzt das Theaterspiel, um die lange herrschende Diktatur in Südamerika zu bekämpfen. Sein Konzept will die Revolution „proben“, auf Unterdrückungen aufmerksam machen und die Menschen dazu bewegen, aktiv zu werden.

Im Deutschland der Nachkriegszeit setzt sich **Peter Weiss** in Form des „dokumentarischen Theaters“, das sich nur auf Gesprächsprotokolle, Dokumente und andere „Fakten“ stützt, mit dem Nationalsozialismus auseinander.

Mit der veränderten Weltsituation beschäftigt sich schließlich auch das „Absurde Theater“ – Beispiele von **Samuel Beckett, Eugène Ionesco und Thomas Bernhard** zeigen hier, dass sich das Schauspiel in seinen Darstellungsformen grundlegend verändert hat und etwa sogenannte „Anti-Stücke“ auch teilweise ganz ohne Sprach- und Sachlogik auskommen können.

Anmerkung:
„Die Theaterkonzepte der Moderne werden häufig auch als Theatertheorien bezeichnet. Die Grenzen zwischen Theaterkonzept und Theatertheorie, die den Charakter von Grundlagenforschung hat, können in Einzelfällen fließend sein, so beispielsweise in den Entwürfen Brechts für ein episches Theater, doch in der Regel erheben die Theaterkonzepte der Moderne nicht den Anspruch auf strenge Wissenschaftlichkeit.“ (Schwab/Weber)

Theatertheorien des 20. Jahrhunderts am Beispiel „Amoklauf“

Projekt

Das Theater soll sich in erster Linie mit dem Leben beschäftigen und nicht unterhalten oder illusionieren. So oder ähnlich ließe sich eine inhaltliche Verbindung zwischen den Theatertheoretikern und Regisseuren des 20. Jahrhunderts definieren. Obwohl einige ihrer Gedanken für die konkrete Theaterarbeit in einer kleinen Gruppe sicherlich zu komplex sind, will das folgende Spielprojekt dennoch versuchen, sie in der Praxis konkret anzuwenden und einen Bezug zum Leben zu schaffen.

Vorbereitung:

Vier Gruppen werden gebildet, deren Spieler sich mit jeweils einem der auf den folgenden Seiten näher betrachteten Theatertheoretiker Stanislawski, Artaud, Brecht und Grotowski beschäftigen. Als Grundlage erarbeitet jede Gruppe die wesentlichen Kernpunkte ihrer gewählten Theorie als Kurzvortrag, stellt sie den anderen Spielern vor und fertigt darüber hinaus als Handout eine schriftliche Zusammenfassung von maximal einer DIN-A4-Seite Umfang an.

Thematik:

Der Schwerpunkt der zu erarbeitenden Spielszenen ist „Amoklauf“[1]. Grundsätzlich wird hier natürlich darauf verwiesen, dass es um ein sehr heikles Thema geht, das mit der gebotenen Sensibilität behandelt werden muss.

Immer wieder kommt es in Deutschland, aber auch in anderen Ländern, zu gewalttätigen Ausbrüchen Einzelner, die meist in einem Blutbad und mit dem Selbstmord des Täters enden. Bis heute sind sich die Wissenschaftler dabei nicht einig, welche Ursachen genau zu diesem Verhalten des Täters führen. Richtig ist allerdings, dass in der Regel mehrere Faktoren zusammenwirken: Persönlichkeit des Täters, soziales Umfeld, erlittene Enttäuschungen, Mobbing und vieles mehr spielen eine wichtige Rolle.

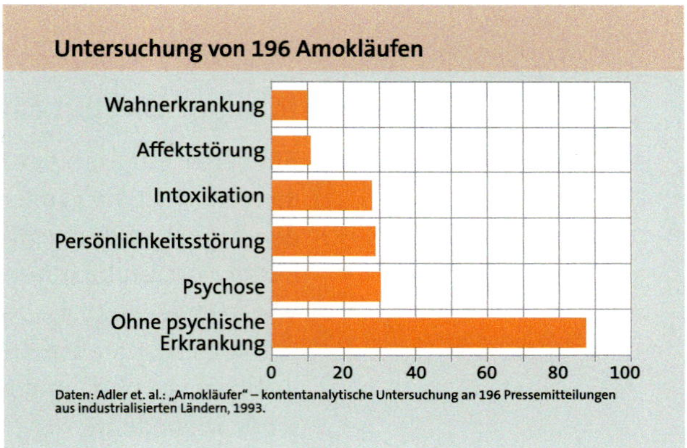

Die folgende Aufgabe versucht, sich mit den Mitteln des Theaters der Thematik zu nähern sowie den Schauspielern und Zuschauern dadurch eine neue Perspektive zu einem Problem anzubieten, das die meisten nur passiv als Außenstehende über die Medien betrachten können.

Aufgabe:

In den vier Gruppen soll jeweils eine Spielszene entwickelt und anschließend vor Publikum präsentiert werden, welche folgende Aspekte berücksichtigt:

Rahmenbedingungen und Durchführung:

- **Thema:** Amoklauf in der Schule

  zum Beispiel:
  - vor einem Amoklauf (Darstellung der Beweggründe eines Täters)
  - der Amoklauf (Versuch einer Darstellung der Durchführung)
  - nach dem Amoklauf (Was geschieht später? Welche Konsequenzen ergeben sich?)

---

[1] Das Wort „Amok“ entstammt dem Malaiischen und bedeutet „Wut“ bzw. „wütend“.

- **Hauptkriterium:** Jede Gruppe entwickelt ihre Szene auf Basis einer ausgewählten Theatertheorie. Für die Erarbeitung soll eine festgelegte Anzahl von Ideen genutzt werden. Bei der Brecht-Gruppe könnte zum Beispiel ein Verfremdungseffekt verwendet werden – das ist einer der Kernbegriffe dieser Theorie.
  Gruppe 1: Stanislawski (zwei wesentliche Kernbegriffe seiner Theorie sollen in der Szene umgesetzt werden)
  Gruppe 2: Artaud (drei Kernbegriffe)
  Gruppe 3: Brecht (drei Kernbegriffe)
  Gruppe 4: Grotowski (zwei Kernbegriffe)
- **Hilfestellung:** Verschiedene Materialien stehen zur Verfügung (siehe „Materialien").
- **Besetzung, Handlung, Ausdrucksträger:** frei wählbar
- **Aufführungsdauer:** fünf bis zehn Minuten
- **Ort:** Es soll ein zur Theorie passender Spielort ausgewählt werden (zum Beispiel Hof, Treppenhaus, Keller etc.).
- **Spielvorlage:** Eine ausführliche, schriftliche Spielvorlage wird benötigt.
- **Zeitrahmen:** mindestens 180 Minuten (plus 60 Minuten für die Vorbereitungsphase)

Materialien:

Text 1:

Rüdiger Baßler: Mal so richtig gepflegt grillen

Ein netter Junge sei der 17-jährige Tim K. gewesen, sagten fast alle in Winnenden, die den Jugendlichen kannten. Niemand schien sich in der Stadt zu finden, der den Amoklauf in der Albertville-Realschule am Mittwochmorgen auch nur annähernd erklären konnte.

Wie wenige wirkliche Freunde der Schütze gehabt haben muss, wie wenigen er sich anvertraute, brachten nun die Ermittlungen der Polizei zutage. Tim K. litt demnach an starken, krankhaften Depressionen und war deswegen in psychiatrischer Behandlung.

Entsprechende Hinweise aus einem Schreiben, das an die Musterungsbehörde der Bundeswehr gerichtet war, fand die Polizei bei der Wohnungsdurchsuchung im Elternhaus in Weiler zum Stein. Tim K. war über längere Zeit hinweg in einer psychiatrischen Klinik in Weinsberg im Raum Heilbronn behandelt worden.

Er sollte die Behandlung später ambulant am psychiatrischen Landeskrankenhaus in Winnenden fortsetzen, doch nach kurzer Zeit ging er nicht mehr hin. Er erschoss am Mittwoch auf seiner Flucht vor der Polizei auf dem Parkplatz der Klinik einen Handwerker.

Mitwisser der Tat gab es aber doch. In der Nacht von Dienstag auf Mittwoch um 2.45 Uhr setzte der Schütze von seinem Computer zu Hause eine Nachricht an einen in Bayern lebenden Bekannten ab, die er in einem Internetforum, einem so genannten „Imageboard", hinterlegte, so die Polizei. „Scheiße Bernd, es reicht mir", heißt es in dem Kommunikationsforum, das von einem US-amerikanischen Server aus betrieben wird. „Ich habe dieses Lotterleben satt. Immer dasselbe. Alle lachen mich aus. Niemand erkennt mein Potenzial."

Dann die Ankündigung: „Ich werde morgen früh an meine frühere Schule gehen und mal so richtig grillen." Dann verfiel der Schreiber, wohl in der Erwartung eines doch größeren Publikums, in den Plural: „Merkt euch nur den Namen des Orts: Winnenden."

Der Adressat in Bayern las nach Angaben der Polizei die Nachricht – und antwortete, er lache sich tot. Ein weiterer Besucher des Boards aus Nordrhein-Westfalen bemerkte, er glaube das alles erst, wenn er Fotos sehe. Auf die Idee, die Polizei zu informieren, kam niemand.

Über die Echtheit des Amok-Eintrags herrschte am Donnerstag Verwirrung: Während die Staatsanwaltschaft bestätigte, dass die Ermittler entsprechende Einträge auf dem Computer des Täters gefunden hätten, war auf der Startseite des genannten Forums, Krautchan, eine Stellungnahme zu lesen, in der die Amok-Ankündigung als Fälschung bezeichnet wird. Auf der Seite ist auch ein Screenshot zu finden, der das angebliche Originalposting zeigt, das völlig harmlos ist. Dies würde nahelegen, dass der im Internet diskutierte Screenshot der Tatankündigung gefälscht wurde. Am Abend bestätigte dies dann die Polizei.

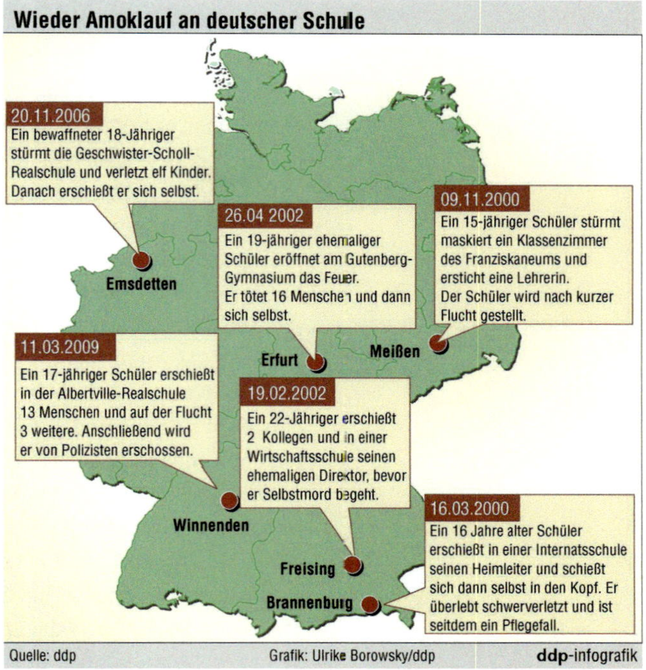

Der Computer des Amokläufers gab nach Angaben des Innenministeriums aber noch mehr preis: Sogenannte Killerspiele, Gewaltfilme und Pornofotos, deren Inhalt Siegfried Mahler von der Staatsanwaltschaft Stuttgart allerdings als altersüblich bezeichnete. Was nicht alterstypisch war: An der Wand im Zimmer des 17-Jährigen hingen Softair-Pistolen.

Der Täter sei Gastschütze im Schützenverein des Vaters gewesen, sagte der baden-württembergische Innenminister Heribert Rech (CDU). Inzwischen gilt es nicht mehr als sicher, ob der Sohn sich die Tatwaffe, eine Beretta-Pistole, tatsächlich aus dem Schlafzimmer des Vaters geholt hatte oder ob er sich die achtstelligen Kombinationen der beiden Waffenschränke im Haus beschaffte.

Zehn Langwaffen und vier Pistolen lagerten im Haus. Was die Polizei sicher weiß: Der 17-Jährige hatte, als er sich in die Albertville-Schule aufmachte, mehr als 200 Schuss Munition verschiedenen Kalibers bei sich. 112 Kugeln feuerte er während seines zweieinhalbstündigen Amoklaufs ab.

Nichts von dem, was die Ermittler zum Lebenslauf des Schützen sagten, gibt Hinweise auf ein Tatmotiv. Tim K. war nach dem Realschulabschluss 2008 an eine Privatschule in Waiblingen zur zweijährigen Vorbereitung eines kaufmännischen Berufs gewechselt. Er hatte eine drei Jahre jüngere Schwester. In der Freizeit spielte er, wenn er nicht vor seinem Computer saß, Tischtennis oder ging zum Krafttraining. Seine bevorzugte Disziplin, für die er seit zwei Jahren trainierte: Armdrücken.

Die Staatsanwaltschaft verzichtete auf die Obduktion der Leichen der 14 Opfer, die am Mittwoch in Winnenden und Wendlingen im Kugelhagel starben. Nur der Körper des Täters wird rechtsmedizinisch untersucht. Die Toten sollen demnächst im Gebäude des psychiatrischen Landeskrankenhauses in Winnenden aufgebahrt werden.

Während die Polizei in Baden-Württemberg den Amoklauf schon zu großen Teilen abgearbeitet hat, ist sie mit weiteren Straftaten beschäftigt, die im Zusammenhang mit dem Fall Winnenden stehen. Anonyme Amokdrohungen, beklagte der Landespolizeipräsident Erwin Hetger, seien im Verlauf der letzten 24 Stunden bei Schulen und Behörden in Stuttgart, Ulm, Freiburg, Pforzheim, Metzingen und Esslingen eingegangen.

Text 2: Vera Gaserow: Und dann hängten sie den Viktor auf

BERLIN – Das Schlimme ist, dass er Recht hat: „Der Vorfall", sagt Hans Joachim Munte, Volksbildungsstadtrat im Ostberliner Bezirk Köpenick, „der Vorfall ist eine Katastrophe. Aber er hat nur rein zufällig an dieser Schule stattgefunden. Es hätte auch eine andere sein können." „Der Vorfall", „der Skandal", „der Scherz", „Es" – die Beteiligten haben noch keine Sprachregelung gefunden für das, was an der 5. Gesamtschule in Berlin Köpenick passiert ist. An einem Freitagmittag drängen die Zehntklässler vom Sportunterricht in die Umkleideräume. Viktor Z. hat es besonders eilig. Am Tag zuvor hatten zwei Mitschüler dem Sechzehnjährigen im Nebenraum der Turnhalle ein Springseil um den Hals geschlungen und gedroht: „Morgen bist du wieder dran!" Viktor beeilt sich deshalb mit dem Umkleiden. Nur ein Schuh fehlt noch, als drei Klassenkameraden ihm ein Seil über den Kopf werfen und ihn unter lautem Lachen quer durch den Umkleideraum ziehen. Einer wirft das Seilende über ein Lüftungsrohr – Viktor hängt am anderen und kämpft um Luft. Die Klasse steht daneben und amüsiert sich. „Es ging alles so schnell", werden die Mitschüler später sagen. Viktor hat Glück im Unglück: Das Lüftungsrohr ist ein schlechter Galgen. Es knickt unter dem Gewicht des Körpers ein. Doch Sascha, Stefan und Francis lassen nicht ab von ihrem Opfer. Sie zerren es in den Waschraum unter die Dusche, befeuchten das Seil am Hals des Mitschülers, damit der Knoten auch ja nicht mehr aufgeht. Da japst Viktor schon nach Luft und läuft blau an. Er kann sich befreien und findet schließlich einen Sportlehrer, der die Schlinge aufschneidet. Was dann passiert, macht das Geschehen nur noch schlimmer – Lehrer, Eltern und Schüler reagieren mit einer Mischung aus hilflosem Versagen, Verniedlichung und Vertuschung. Auf der Suche nach der Schuld findet man im Umkehrschluss schnell einen Sündenbock: Viktor Z. und seine Mutter, die „den Vorfall" nicht auf sich beruhen lassen wollen. Viktor wird unmittelbar nach der Tat von der Direktorin ohne jegliche Begleitung zum Arzt geschickt. Nur Francis, einer der drei beteiligten Mitschüler, geht ein Stück des Weges mit – und gibt zu verstehen, dass bei Viktor zu Hause schon mal die Scheiben klirren könnten, wenn er zur Polizei ginge. Während an der Schule der normale Unterricht weiterläuft, diagnostizieren die Ärzte im Krankenhaus Schürfwunden, Würgemale rund um den Hals, Schluckbeschwerden.

Eine Polizeistreife, die gerade auf der Unfallstation zu tun hat, bekommt zufällig von dem Vorfall Wind und nimmt das Tatgeschehen auf. Die Polizeibeamten sind es schließlich auch, die Viktors Mutter am späten Nachmittag von dem Vorfall berichten.

Von der Schule – kein Anruf, keine Nachfrage nach Viktors Befinden. „Die wollten", sagt Viktor, „ihr ruhiges Wochenende haben." Erst einen Tag später meldet sich die Schulleiterin. Am Montag erstattet Viktors Mutter Strafanzeige gegen die drei Täter. Sascha, Stefan und Francis werden unter dem Verdacht des versuchten Totschlags von der Schulbank weg verhaftet. Die Lehrer selbst hatten die Behörden bis dahin noch gar nicht eingeschaltet.

Die 5. Gesamtschule handelt nach dem Prinzip vieler Schulen: Nichts nach außen dringen lassen, bloß nicht als Rabaukenschule dastehen, das schadet der Reputation „Wenn es nach der Schule gegangen wäre", sagt Viktors Mutter, „wäre gar nichts passiert. Die hätten tief durchgeatmet und die Sache beiseite geschoben." Diese Vermutung bestätigt sich bald. Wenige Tage nach „dem Vorfall" tagt der Bildungsausschuss des Bezirkes in der Köpenicker Schule. „Gewalt in der Schule" steht auf dem Plan der schon seit langem anberaumten Sitzung. Eineinhalb

Stunden diskutieren Bezirksabgeordnete, Experten und Lehrer über das Thema. Die Reihen sind fest geschlossen. Der Vorfall in den eigenen Räumen, der um ein Haar einen Schüler das Leben gekostet hätte, wird mit keinem Wort erwähnt. „Ein schlimmes Zeichen dafür", urteilt Stadtrat Munte, „dass das Problem nicht offensiv angegangen wird."

Aber immerhin – mit einiger Verspätung wird eine Klassenversammlung angesetzt, die Beteiligung ist rege. Die Eltern der drei Täter fehlen. Viktors Mutter hatte gehofft, sie hier zu treffen, um endlich Aufschluss zu finden über das „Warum" dieser Tat und das „Wie weiter?" Doch als sie diese Fragen stellt, schlägt ihr eine „feindselige Stimmung" entgegen. Die Zeitungen haben inzwischen über den Vorfall berichtet, nicht immer ganz korrekt. Der Ruf der Schule steht auf dem Spiel, und das ein halbes Jahr vor den Abschlusszeugnissen, monieren die Eltern. Mehr noch als die gruselige Tat regt sie die Berichterstattung darüber auf. Unverschämtheit, dass sein Sohn nur wegen eines „Kerls, der sich offenbar als Medienstar fühlt", jetzt vielleicht keine Lehrstelle mehr bekomme, wettert ein Vater. Wie viel die Zeitungen denn so gezahlt hätten? Um den Ruf der Schule sorgt sich auch der Klassensprecher. Der ganze Presserummel um Viktor sei schuld, wenn die Klasse im Sommer ohne Arbeit und Ausbildung dastünde. Ein einziger Mitschüler entschuldigt sich bei Viktor, weil er – statt einzugreifen – gelacht hatte, als es hieß „jetzt hängen wir den Viktor auf". Ein anderer gesteht immerhin ein, er habe Angst gehabt, er könne der nächste sein.

Als Viktor nach einer Woche erstmals wieder in die Schule kommt, wird in der Klasse wieder nur über die gefährdeten Lehrstellen diskutiert, über die schädlichen Zeitungsberichte und das Geld, das es dafür angeblich gegeben hat. „Jetzt kann der Viktor ja unsere Klassenfahrt bezahlen", pöbelt ein Mitschüler. Nach zwei Tagen hält Viktor es nicht mehr aus. Kurz vor seinem Abschluss wird er noch die Schule wechseln. Einer der drei Täter, der einzige, der bisher aus der Untersuchungshaft entlassen wurde, soll auf Wunsch der Mitschüler in der alten Klasse bleiben.

Zu Hause in der Köpenicker Wohnung sucht Viktor unwillig eine Antwort auf die Frage: „Warum gerade du?" Es fällt ihm nur ein: „Weil die sich immer die Schwächeren suchen." Und: „Weil ich gerade dastand." Seine Mutter sagt: Viktor sei kein Vereinsmeier. Er mache gern Radtouren und stehe etwas außerhalb. „Das wird in so einer Klasse nicht gern gesehen." Eine Mitschülerin nennt Viktor „arrogant", er sondere sich ab: „Irgendwie hat der das auch verdient."

„So einen Vorfall kann man eigentlich gar nicht vermeiden", meint der Stadtrat, „das kam wie ein Blitz aus heiterem Himmel." Doch zumindest das Donnergrollen war an der 5. Köpenicker Gesamtschule – wie an anderen Schulen auch – hörbar gewesen. Die Schülerklientel des Bezirks gilt nicht gerade als problemlos. Und Sascha, der Anführer des „Vorfalls", ist bei Mitschülern, Lehrern und Polizei „einschlägig" als Rechtsradikaler bekannt. „Mit dem hat sich niemand in der Schule angelegt. Vor dem haben alle Angst gehabt", berichtet Viktor und vergisst dabei ganz, dass dieser Siebzehnjährige mit den kurz geschorenen Haaren und den Springerstiefeln bis vor gar nicht langer Zeit sein Klassensprecher war. Wegen seines martialischen und rechtsradikalen Auftretens hatte das Lehrerkollegium sogar lange überlegt, ob er die zehnte Klasse noch einmal wiederholen darf. Sascha durfte – unter Auflagen, die dann kaum überprüfbar waren.

Was soll man machen, mit einem Jugendlichen wie ihm? Immerhin bot die Schule auch Projektunterricht zum Thema „Gewalt unter Schülern und gegen Ausländer" an. Auch Sascha hatte schon öfter daran teilgenommen – zuletzt einen Tag, bevor es hieß: „Jetzt hängen wir den Viktor auf!"

Theorie

1863 – 1938

Konstantin S. Stanislawski

Konstantin S. Stanislawski

Eines der wichtigsten Merkmale des Films ist die Art, wie die Darsteller spielen: Die **Illusion** von Realität soll so perfekt wie möglich sein – der Zuschauer sieht einen Kommissar, Geheimagenten oder König, niemals aber einen Schauspieler. Die erste **Schauspieltechnik** mit dem Ziel, eine solch realistische Darstellung zu erreichen, entwickelt Konstantin Sergejewitsch Stanislawski (**Stanislawski-System**). Seine Theorien, die er für das Theater konzipiert, werden später weiterentwickelt (u. a. von Lee Strasberg und Stella Adler) und bilden als „The Method" eine der Grundlagen für die Ausbildung von Filmschauspielern. Zu den vielen berühmten Schülern gehören unter anderem James Dean, Marlon Brando, Marylin Monroe, Robert De Niro und Al Pacino.
Inspiriert wird Stanislawski durch ein Gastspiel der Meininger[1] in Moskau. In seiner Autobiografie heißt es dazu:

„Das berühmte Ensemble [...] stellte erstmals eine neue Art von Inszenierung vor: historisch getreue Ausstattung, Volksszenen, prachtvolle Dekorationen, erstaunliches diszipliniertes Spiel und perfekte Organisation eines richtigen Festes der Kunst. Ich ließ keine einzige Vorstellung aus, nicht nur, um sie zu sehen, sondern auch, um sie zu studieren."(Simhandl)

Anscheinend direkt lässt sich Stanislawskis oberstes Prinzip – die **konsequent illusionistische Reproduktion der Lebenswirklichkeit auf der Bühne** – auf diese Begegnung mit den Meiningern zurückführen. Damit folgt er den Ideen des Naturalismus und fordert, einfach formuliert, auf der Bühne kein „Schau-Spiel", sondern „realistisches Leben" zu zeigen.
Um dies zu erreichen, nutzt der Theatertheoretiker (und Schauspieler) das Prinzip der **„vierten Wand"**: Die Darsteller sollen sich vorstellen, dass sich zwischen ihnen und dem Publikum eine (halbtransparente Glas-) Wand befindet, die sie von den Zuschauern trennt, durch die das Publikum aber hindurchschauen kann. Die Bühne wird zur abgeschlossenen Welt und der Zuschauerraum ein „schwarzes Loch", das der Schauspieler nicht beachten soll.
Um die perfekte Bühnenillusion zu erreichen, bedarf es bei Stanislawski der **Geschlossenheit der Ensembleleistung:** Alle, die bei einer Aufführung in irgendeiner Form beteiligt sind, sollen wie eine Einheit zusammenarbeiten und Mitgestalter sein.
In diesem Kontext haben für ihn auch Bühnenbild, Kulissen und vor allem die **Requisiten** eine besondere Bedeutung: Sie tragen in gleichem Maße zur Erschaffung der Bühnenillusion bei. Hinzu kommt, dass bei Stanislawski Feuer immer echtes Feuer, Tee immer frischer Tee und ein Braten immer echtes, duftendes Fleisch sein muss. Die Darsteller werden auch schon Wochen vor der eigentlichen Aufführung gezwungen, ihre Kostüme regelmäßig zu tragen, damit sie sich dann nachher umso natürlicher darin bewegen können:
„Die detailgetreue, konsequent illusionistische Reproduktion der Lebenswirklichkeit auf der Bühne war das Prinzip der Inszenierungen am Künstlertheater. Stanislawski schickte zum Beispiel die Regisseure für eine Aufführung von Shakespeares Julius Caesar nach Rom und den Bühnenbildner einer Othello-Inszenierung nach Zypern, um dort Lokalstudien zu betreiben, die die Lebensechtheit oder – wie es

Übrigens...

Der berühmte russische Theaterregisseur stammt aus einer reichen Fabrikantenfamilie und nimmt als Künstler den Namen „Stanislawski" an, um den Ruf seiner Familie nicht zu gefährden. Eigentlich heißt er mit Nachnamen Alexejew.

[1] siehe Kapitel: Meiningen – Wiege des modernen Regietheaters, S. 189

hieß – die Wahrheit des Theaters garantieren sollten. Für Ibsen-Inszenierungen wurden Möbelstücke und anderes Interieur[1] für die Bühnenausstattung aus Norwegen importiert. Jedes Zimmer wurde auf der Bühne originalgetreu nachgebaut. Stanislawski ließ gelegentlich sogar jene Räume, die an den Bühnenraum angrenzten und hinter der Bühne lagen, die der Zuschauer nie zu sehen bekam, ebenso originalgetreu aufbauen wie die Bühne selbst, damit sich die Schauspieler unmittelbar vor ihrem Auftritt auf der Bühne bereits in der richtigen Atmosphäre bewegen und sich psychisch einstimmen konnten. Er selbst ließ sich einmal während der Einstudierung einer Ritterrolle im Keller eines Schlosses einsperren, um in die rechte Stimmung zu kommen. Stanislawskis Künstlertheater erreichte mit seinen naturalistischen Inszenierungen einen Grad an illusionistischer Perfektion, wie er bis dahin an keinem anderen Theater je erreicht worden war."(Brauneck)

Um dieses Theaterspiel zu trainieren, entwickelt Stanislawski ein spezielles System von verschiedenen, zusammenwirkenden Methoden und Techniken, so zum Beispiel die **produktive Einfühlung:** Bei den Proben wird die jeweils beste Darstellungsweise, zum Beispiel für einen einzelnen Satz, durch verschiedene Inspirationen im Gedächtnis des Schauspielers fixiert. Agiert er das nächste Mal auf der Bühne und spricht seinen Satz, dann reproduziert er einfach nur genau das, was vorher mittels produktiver Einfühlung erarbeitet worden ist.
Diese Darstellungsweise wird vom **affektiven Gedächtnis**[2] unterstützt: Eine Rolle gestaltet sich, indem der Schauspieler Erfahrungen aus seinem Leben und von den Proben mit seiner schöpferischen Fantasie und der genauen Kenntnis des Umfelds der Rollenfigur kombiniert.

Beispiel:
Soll der Darsteller auf der Bühne in einem Vorgang extreme Wut und Ungeduld zeigen, weil es ihm – innerhalb der Rolle – nicht gelingt, ein spezifisches Detail korrekt umzusetzen (zum Beispiel das Öffnen eines Türschlosses), dann muss er versuchen, sich an eine möglichst ähnliche Situation aus seinem eigenen Leben zu erinnern, die ihm dabei hilft, die entsprechenden Gefühle zu erreichen. So könnte man sich in diesem Fall bewusst machen, wie man einst versucht hat, eine Schraube vergeblich mit großer Gewaltanwendung zu lösen, und frustriert darüber einen Wutanfall bekommen hat.

Stanislawski entwickelt darüber hinaus weitere Techniken zur Einfühlung, darunter eine Ballwurfübung: Die Schauspieler bekommen Tennisbälle und sollen nur durch die Art, wie sie den Ball werfen, ganz ohne Sprache, eine Aussage übermitteln.
Eine andere Herangehensweise bietet die Konzentrationsübung des **„Wenn-Wäre"**: „Der Darsteller sagt sich: Alle diese Dekorationen, Gegenstände, Masken, Kostüme, das öffentliche Schaffen und anderes sind durch und durch Lüge. Ich weiß das und kehre mich nicht daran. Mir sind die Dinge nicht wichtig, sondern das, was ich tun, wie ich mich in dieser oder jener Erscheinung verhalten würde – wenn alles, was mich auf der Bühne umgibt, Wahrheit wäre. Ich begriff, dass die schöpferische Arbeit in dem Augenblick beginnt, wenn in der Seele und Fantasie des Schauspielers das magische schöpferische ‚Wenn-Wäre' auftaucht." (Stanislawski)

[1] Innenausstattung
[2] Später entwickelt er den Begriff weiter zu „emotionales Gedächtnis".

Nach dem Kriege 1914-18 kam Stanislawski nach Berlin. „Würden Sie nicht einmal hier in unsrer Stadt etwas inszenieren?", fragte man ihn. – „Am liebsten einen Shakespeare", antwortete er. - „Und welches Honorar würden Sie beanspruchen?", fragte einer der anwesenden Theatergewaltigen. – „Nur was ich zum Leben brauche. Meine Pension am Bayerischen Platz kostet acht Mark pro Tag", sagte der Meister, der in persönlichen Dingen sehr anspruchslos war. Die Frager wiegten sich schon in Hoffnungen und erkundigten sich bloß der artigen Form halber: „Und was brauchen Sie noch?" – „Ich brauche fünfzig junge Leute ... die müssen noch nie Theater gespielt haben ... also ganz unverdorben ... die lasse ich durch meine Assistenten ausbilden ... das dauert zwei Jahre ... dann beginne ich selber mit den Proben ... die dauern noch zwei Jahre ..." - Da gingen die Kollegen schnell zu einem anderen Thema über.

Der Darsteller weiß, dass das Spiel auf der Bühne „Lüge", also nicht Realität ist. Er macht sich dies bewusst und kann dann die Welt umso genauer reproduzieren, wenn er so tut, als ob alles „Wahrheit" wäre. Dies betrifft auch den Zuschauer, der sich nur dann auf das Spiel einlassen kann, wenn er so denkt, **„als ob"** alles real wäre.

Damit steht Stanislawski in direktem Gegensatz zu Brecht, der eine klare Trennung zwischen Rolle und Schauspieler fordert und auch für das Publikum den Schein der Illusion konsequent zu brechen versucht.

Stanislawski als Schauspieler in einem Stück von Tschechow

Er geht schließlich dazu über, eine jede Rolle in zwei verschiedene „Teile" aufzuspalten – **das körperliche und das geistige Leben.**

Körperlich meint in diesem Sinne vor allem die Verhaltensweisen, etwa die Gestik, Mimik und Proxemik eines Schauspielers. Stanislawski erkennt, dass die Gefühle eines Menschen bzw. einer Figur weitaus schwieriger auf Kommando nachzuahmen sind als beispielsweise ihre Bewegungen oder ihre Körpersprache. Deshalb geht er von einem **„gewalzten Weg"** aus: Es ist leichter, den Körper und seine Bewegungen zu kontrollieren als das Gefühl. So entstehen geistiges Leben und Gefühle wie von selbst aus der Einfühlung in das körperliche Leben der Rolle.

Beispiel:
Wenn ein Schauspieler den Zustand „Schmerz" in seiner Rolle ausdrücken soll, ist es weitaus schwieriger für ihn, innerlich – das heißt auf einer emotional-gedanklichen Ebene – Schmerz darzustellen als äußerlich, indem er beispielsweise eine entsprechende Mimik, Körperhaltung bzw. Tränen zeigt.
Stanislawski stellt fest: Beide Seiten einer Rolle bedingen sich gegenseitig und stehen in direktem Zusammenhang. Das bedeutet für das Beispiel: Wenn der Schauspieler erst einmal körperlich Schmerz ausdrückt, dann beginnt er schließlich auch innerlich Schmerz zu fühlen und erreicht dadurch wie von selbst das geistige Leben.

„Meine Methode beruht darauf, die inneren und äußeren Vorgänge miteinander zu verbinden und das Gefühl für die Rolle durch das physische Leben des menschlichen Körpers hervorzurufen. [...] Das Grundprinzip ist verständlich und nicht neu: Wenn die Rolle sich nicht von selbst, aus dem Innern und aus der Seele heraus einlebt, so gehen Sie vom Äußeren, also vom Körper aus an sie heran. [...] Die Folgerung ist, dass das körperliche Leben der Rolle wesentlich dazu beiträgt, ihr geistiges (seelisches) Leben herauszubilden. [...] Es ist leichter, über den Körper zu gebieten als über das Gefühl. Wenn daher das geistige Leben der Rolle nicht von selbst entsteht, dann schaffen Sie ihr das körperliche Leben."(Stanislawski)

In späteren Jahren vertieft Stanislawski seine Forschungen zum Zusammenhang von inneren und äußeren Vorgängen einer Rolle: Seine Ideen entwickelt er zur „Theorie der physischen Handlung" weiter.

Die notwendigen Informationen für eine so realitätsnahe Darstellung sollen die

Bühnenbild im Sinne Stanislawskis zu Tschechows „Onkel Wanja“

Schauspieler aus dem Stück, das heißt aus Biografie, Lebensumständen, Umwelt etc. einer Rolle herausarbeiten. Stanislawski fordert darüber hinaus die **„Wahrheit des Theaters“**: Der Schauspieler soll also an das glauben, was er spielt.
Schließlich spricht der Theaterregisseur auch noch von einer **„Überaufgabe“**: Unter diesem Begriff versteht er die Leitidee bzw. das Anliegen des Autors, das der Aufführung einen Rahmen geben soll – so wird sichergestellt, dass nicht nur auf die Details des „perfekten Spiels“ geachtet wird, sondern das Stück auch inhaltlich eine Einheit bleibt, welche auch die Schauspieler beachten sollen.
In der Praxis testet Stanislawski seine neuen Ideen an dem von ihm 1898 mitbegründeten Moskauer Künstlertheater. Für seine dortige Arbeit kann er auch die beiden berühmten russischen Schriftsteller Anton Tschechow und Maxim Gorki gewinnen. Mit seinen Inszenierungen verfolgt er dabei immer auch die Idee eines Theaters für alle Menschen und Schichten. Er will eine kulturelle Institution erschaffen, welche die Menschen zu **„reiner Menschlichkeit“** erhebt: „Wir streben danach, das erste vernunftvolle, sittliche, allen zugängliche Theater zu schaffen.“

„An der miserablen Qualität unserer Theater ist nicht das Publikum schuld.“
Anton Tschechow

Theorie

Konstantin S. Stanislawski: Die Arbeit des Schauspielers an der Rolle

Der nachfolgende Auszug aus Stanislawskis Schrift „Die Arbeit des Schauspielers an der Rolle“ zeigt noch einmal deutlich, wie Stanislawski sich die Verbindung von körperlichem und geistigem Leben einer Rolle vorstellt.

Der Text ist zum besseren Verständnis gekürzt und mit Zwischenüberschriften versehen worden.

Die Herangehensweise an eine Rolle führt vom Äußeren (Körper) zum Inneren (Seele).

Ich komme auf das zurück, womit wir begonnen und um dessentwillen wir den letzten Versuch unternommen haben, das körperliche Leben Ihrer Rollenfigur zu schaffen; nämlich: welche neuen Wege und Verfahren sind für die höchstmöglich natürliche, unmittelbare, intuitive und innere Behandlung des Stückes und der Rolle zu suchen? Bemühen Sie sich, aus dem, was wir uns soeben in der Praxis angeeignet haben, die theoretische Seite abzuleiten, zu erkennen. Das Grundprinzip ist verständlich und nicht neu: Wenn die Rolle sich nicht von selbst, aus dem Innern und aus der Seele heraus einlebt, so gehen Sie vom Äußeren, also vom Körper aus an sie heran.

Das körperliche Leben ist eine Stütze für die Darstellung, ein „gewalzter Weg".

Das Schema des körperlichen Lebens ist nur ein Anfang. Das Wichtigste haben wir noch vor uns, nämlich das Ausloten der großen Tiefen, wo schon das geistige Leben im Menschen der Rolle entsteht, das zu gestalten eine der wichtigsten Aufgaben unserer Kunst ist. Jetzt ist diese Aufgabe sehr viel besser vorbereitet und ihre Lösung sehr erleichtert. Wenn man ohne Vorbereitung und Stütze versucht, ein Gefühl zu empfinden, dann ist es schwer, es in seiner ganzen Zartheit einzufangen. Aber jetzt, so Sie eine Stütze, und zumal eine so feste haben, wie die physisch empfundene des körperlichen Lebens, hängen Sie nicht mehr in der Luft, sondern gehen auf einem festen gewalzten Weg, von dem Sie nicht abweichen können.

Wahrheit und Glaube sind ein „Lockvogel" für das Gefühl.

Das Wissen um das Leben des Körpers ist ein herrlicher fruchtbarer Boden, auf dem alles eine fühlbare materielle Begründung findet. Die auf diesem Boden begründeten Handlungen fixieren die Rolle am besten, denn es ist leicht, hier die kleine oder große Wahrheit zu finden, die auch den Glauben an alles, was wir auf der Bühne tun, hervorruft. Ich brauche nicht nochmals über die Bedeutung der Wahrheit und des Glaubens im Schaffensprozess zu sprechen. Sie wissen, was für ein Lockvogel beides für das Gefühl ist.

Die Empfindung des körperlichen Lebens führt zum seelischen (geistigen) Leben der Rolle.

Ich erinnere Sie lieber daran, dass das körperliche Leben der Rollengestalt auch noch deshalb wichtig ist, weil es mit der Linie des Gefühls unzertrennlich verbunden ist. Wenn der Künstler sich physisch richtig eingelebt hat, muss das Gefühl in geringerem oder stärkerem Grade darauf reagieren. [...] Prüfen Sie selbst, ob Ihr Gefühl unbewegt bleibt, wenn Sie das Leben Ihres Körpers vermittels seiner physischen Handlungen wirklich echt leben. Wenn Sie in diesen Prozess tiefer eindringen und beobachten, was gleichzeitig in Ihrer Seele vorgeht, dann werden Sie sehen, dass, wenn Sie sich selbst Ihr physisches Leben auf der Bühne glauben, Sie auch die Gefühle empfinden, die ihm entsprechen und einen logischen Zusammenhang damit haben. Und demnach ruft das körperliche Leben, das aus der Rolle entnommen ist, ein analoges seelisches Leben dieser Rolle hervor. [...]

Es ist einfacher, über den Körper zu gebieten als über das Gefühl.

Die direkte Einwirkung auf den launenhaften inneren schöpferischen Apparat des Künstlers ist schwieriger, unfassbarer und weniger fühlbar als die unmittelbare Einwirkung auf den physischen Apparat, der einem Befehl williger folgt. Es ist leichter, über den Körper zu gebieten als über das Gefühl. Wenn daher das geistige Leben der Rolle nicht von selbst entsteht, dann schaffen Sie ihr das körperliche Leben. Das körperliche Leben der darzustellenden Person zu schaffen, ist die Hälfte der Arbeit an der Rolle, da die Rolle zwei Seiten hat, eine physische und eine geistige. [...]

Nur wenn der Schauspieler an sich und seine Darstellung glaubt, stellt sich das Gefühl ein.

Eine der unwiderstehlichsten Lockungen für unser Gefühl ist verborgen in Wahrheit und Glauben. Es lohnt sich für den Schauspieler, wenigstens an eine der allerkleinsten physischen Wahrheiten seiner Handlung oder seines allgemeinen Zustandes zu glauben, denn sofort wird sich sein Gefühl aus diesem Glauben an die Echtheit der physischen Handlung ergeben. Es lohnt sich für den Schauspieler, an sich selbst zu glauben, denn sofort öffnet sich seine Seele für die Aufnahmen der inneren Aufgaben und Empfindungen der Rolle. [...] Dazu ist entsprechendes Material nötig. Dieses finden wir im Stück und in der Rolle.

Antonin Artaud

Theorie

1896 – 1948

Der französische Theatertheoretiker und Vordenker Antonin Artaud (1896 – 1948) findet zu seinen Lebzeiten nur wenig Beachtung und Anerkennung. Erst in den 1960er-Jahren interessieren sich immer mehr internationale Persönlichkeiten der Theaterszene wie Peter Brook und Jerzy Grotowski für seine radikalen und völlig neuartigen Ideen.
Die Vorstellungen Artauds sind so komplex, dass man sie zurecht mit dem Begriff **Theaterutopie**[1] bezeichnen kann. Der Theatertheoretiker selbst schafft es kaum, sein Konzept vollständig in die Praxis umzusetzen, weshalb die meisten der Menschen, die sich näher mit seinen Schriften beschäftigen, diese eher als Inspirationsquelle und nicht als praktische Handlungsanweisungen verstehen.

Antonin Artaud

Mit seinem **„Theater der Grausamkeit“** entwirft Artaud eine Art von „Theaterreligion“ – dieses Theater will kein Theater mehr sein, sondern ein realer Moment des Lebens, vergleichbar mit dem Besuch einer Feier: „Wenn ich lebe, merke ich nicht, dass ich lebe. Aber wenn ich spiele, dann merke ich, dass ich existiere.“
Artauds Theater will wirken, **„wie die Pest“** – als „Purgatorium“[2], das mit Tod oder Heilung endet: Die Seuche tötet die Menschen und wirkt auf die Massen ein – sie ist fähig starke Veränderungen zu bewirken. Wer überlebt, ist ein anderer Mensch: So lässt sich auch sein Konzept verstehen. Es will die Überlebenden „heilen“ und das Theater auf seine **kultisch-religiösen Ursprünge** zurückführen.
Um dies zu erreichen, versucht der Regisseur in einem ersten Schritt, das Theater vom **Text** zu lösen. Seiner Meinung nach trennt die Vorherrschaft der Sprache und Textgrundlage im herkömmlichen Theater den Geist vom Körper. Deshalb werden bei ihm auch keine klassischen Dramen verwendet, sondern nur Themen und Stoffe aus gewissen Umfeldern aufgegriffen.

Artaud will dem Theater seine „Sprache“ zurückgeben: Er versucht, eine verbale Kommunikationsform zwischen Gebärde und Denken wiederzuentdecken, die ihren „Ausdruck im Raum“ findet und nicht nur mit Worten. Diese neue **Sprache im Raum** setzt sich zusammen aus Klängen, Schreien, Bewegungen, Knalleffekten, meterhohen Puppen, Licht, Lautmalerei und mehr. Die **„Metaphysik[3] des Wortes“** gebietet bei Artaud, dass Wörter nicht mehr im herkömmlichen Sinne, sondern als Zauberformeln gebraucht werden. Außerdem ist die Sprache auf diese Weise nur eines von vielen gleichwertigen Darstellungsmitteln.

Diese Kommunikationsform versteht sich als traumähnliche Chiffren[4]-Sprache: Wenn wir schlafen, begegnen uns im Traum Figuren, Personen, Objekte etc., die eine besondere, vom Unterbewusstsein bestimmte Bedeutung haben. Obwohl wir dann zum Beispiel eine Spinne sehen, bedeutet dies nicht automatisch „Spinne“, sondern kann konkrete Vorstellungen und Befürchtungen wie Angst, Ekel, Gefangensein oder Ausweglosigkeit widerspiegeln.

[1] Der Begriff geht zurück auf den Roman „Utopia“ von Thomas Morus, der darin eine (fiktive) ideale Gesellschaftsordnung entwirft. Im Griechischen bedeutet er wörtlich „Nicht-Ort“ und wird heute im allgemeinen Sprachgebrauch ähnlich verwendet – es handelt sich meist um etwas, das höchst schwierig zu erreichen ist.
[2] Fegefeuer (wörtlich: „Reinigungsort“)
[3] philosophische Disziplin, die sich mit den „letzten Fragen“ und den Zusammenhängen des Seins beschäftigt
[4] Geheimzeichen, die entschlüsselt werden müssen

Artaud als Schauspieler

Eine solche Sprache will Artaud finden und genau reproduzierbar machen. Dafür orientiert er sich am balinesischen Theater, das vor allem auf genau einstudierten Bewegungen und Gesten aufbaut, von denen jede einzelne eine spezifische, teilweise symbolische Bedeutung hat. Das vergleicht er auch mit den ägyptischen Hieroglyphen: Diese (wörtlich) „heiligen Zeichen" gehören zu den ältesten Schriftformen der Menschheit. Hier gibt es neben einzelnen Buchstaben auch Symbole wie etwa das Auge, welches aber vor allem für „Sehen" und nicht nur für „Auge" steht.

Übrigens...

Artaud wird sein ganzes Leben lang von diversen Leiden geplagt, nimmt verschiedene Drogen gegen seine Schmerzen und verbringt schließlich die letzten neun Jahre seines Lebens in einer psychiatrischen Anstalt in der Nähe von Paris.

Diese Betrachtungsweise der Sprache bezieht sich beim Theatertheoretiker nicht nur auf die verbale Kommunikation, sondern auch speziell auf die Bewegungen. Sie sollen ebenso symbolhaft Bedeutung übertragen – das beschreibt er als **„Lyrismus der Gebärde"**[1].
In gleicher Weise werden auch Gesichtsausdrücke genau festgelegt und katalogisiert. Bei Bedarf „setzen" sie die Schauspieler – nach entsprechendem Training – wie Masken unvermittelt „auf". Bewegungen und Gesichtsausdrücke verschmelzen dann mit den anderen Ausdrucksformen im Raum und werden zu einer Einheit. Darüber hinaus gilt für alle Darsteller, dass sie prinzipiell lediglich **passive Elemente** der Inszenierung sind – ihnen bleibt jede persönliche Initiative untersagt.

Auch den Zuschauer- und Bühnenraum schafft Artaud ab. In der entstehenden direkten Verbindung von Publikum und Schauspielern soll der **Raum als Einheit** sprechen wie ein Geysir, der aus einer Felswand losbricht – so das ungewöhnliche Bild des Theoretikers. Diese Positionierung unterstützt dabei den Gedanken der **existenziellen Grenzerfahrung:** Das Publikum wird von der Handlung und dem Spiel durchzogen und umhüllt. Um dem folgen zu können, sitzen die Anwesenden auf Drehstühlen. Wenn, wie Artaud sagt, mehrere Höhepunkte an verschiedenen Stellen simultan entstehen, können sich die Zuschauer schneller dem Geschehen zuwenden. Wie Schlangen mit Musik – so soll das Publikum „beschworen" werden.
Um diese Wirkung zu erreichen, enthält jedes Schauspiel immer **Elemente der „Grausamkeit"**: Doch das ist nicht im Sinne von Schmerz oder „Zerstückelung" gemeint, sondern bezieht sich auf die von Artaud erkannte Unfreiheit des Menschen. Beklemmung, Angst, Hass und Hilflosigkeit – solche Gefühle können grausam zu uns sein.

Geysir

[1] hier: übertrieben gefühls- und stimmungsbetonte Darstellung

Fazit: Auch wenn die Gesamtheit seiner Vorstellungen den meisten Menschen wirr und gelinde gesagt „abstrakt" erscheint, so gilt es doch festzuhalten, dass Artaud viele andere Theatertheoretiker mit seinen völlig neuen Ideen und Konzepten nachhaltig beeinflusst.

Antonin Artaud: Das Theater der Grausamkeit & Schluss mit den Meisterwerken

Theorie

Weitere Einblicke in Artauds Theorien sollen die nachfolgenden Textauszüge aus „Das Theater der Grausamkeit" und „Schluss mit den Meisterwerken" bieten. Sie sind zum besseren Verständnis gekürzt und mit Zwischenüberschriften versehen worden.

Man muss dem Theater seine eigene Sprache zurückgeben.

Die Idee des Theaters, die nur in einer magischen, furchtbaren Verbindung mit der Wirklichkeit und mit der Gefahr Gültigkeit besitzt, kann nicht fortwährend prostituiert[1] werden. Wird die Frage nach dem Theater auf diese Weise gestellt, so muss sie allgemeine Aufmerksamkeit erregen, wobei stillschweigend angenommen wird, dass das Theater infolge seines körperlichen Charakters und weil es nach Ausdruck im Raum, dem einzig realen nämlich, verlangt, den magischen Mitteln der Kunst und des Wortes in ihrer Gesamtheit eine organische[2] Entfaltung, gleichsam als erneuerte Exorzismen[3], erlaubt. Aus alledem geht hervor, dass man dem Theater erst dann sein spezifisches Wirkungsvermögen zurückgeben wird, wenn man ihm seine eigene Sprache zurückgibt.

„Das Mitspracherecht des Schauspielers ist der Text."
Fritz Kortner

Die Unterwerfung des Theaters unter den Text soll durchbrochen werden.

Das heißt: Anstatt auf Texte zurückzugreifen, die als endgültig, als geheiligt angesehen werden, kommt es vor allem darauf an, die Unterwerfung des Theaters unter den Text zu durchbrechen und den Begriff einer Art von Sprache zwischen Gebärde und Denken wiederzufinden. Diese Sprache ist nur durch die Möglichkeiten des dynamischen Ausdrucks im Raum zu definieren, die den Ausdrucksmöglichkeiten mittels des dialogischen Wortes entgegengesetzt sind. [...]

Zur Sprache im Raum

Hier nun, außerhalb der hörbaren Sprache der Laute, greift die sichtbare Sprache der Gegenstände, der Bewegungen, der Haltungen, der Gebärden ein, unter der Bedingung jedoch, dass ihr Sinn, ihre Physiognomie[4], ihr Zusammentreten bis ins Zeichenhafte erweitert werden, indem man diese Zeichen zu einer Art Alphabet ordnet. Nachdem das Theater sich dieser Sprache im Raum, dieser Sprache aus Klängen, aus Schreien, aus Lichtern und onomatopoetischen[5] Lauten bewusst geworden ist, hat es sie zu organisieren, indem es aus Figuren und Gegenständen richtige Hieroglyphen bildet und sich ihrer Symbolik und ihrer Korrespondenzen in Bezug auf alle Organe und auf allen Ebenen bedient. Es geht also für das Theater im Hinblick auf seinen psychologischen und humanistischen Leerlauf darum, eine Metaphysik[6] des Wortes, der Gebärde, des Ausdrucks zu schaffen. [...]

[1] hier: herabwürdigen
[2] hier: eine Einheit bildend
[3] Beschwörung/Austreibung von Geistern und Dämonen
[4] äußere Erscheinung
[5] lautmalerisch („grunzen", „wauwau")
[6] philosophische Disziplin, die sich mit den „letzten Fragen" und den Zusammenhängen des Seins beschäftigt

Der neue Gebrauch der Worte als „Zauberformeln"

Indem sie den abendländischen Gebrauch des Wortes aufgibt, macht sie die Wörter zu Zauberformeln. Sie weitet die Stimme. Sie gebraucht stimmliche Schwingungen und Eigenschaften. Sie lässt Rhythmen rasend auf der Stelle treten. Sie stampft Laute ein. Sie zielt darauf ab, die Sensibilität zu steigern, zu betäuben, zu bestricken, abzuschalten. Sie entwickelt den Sinn für einen neuen Lyrismus der Gebärde, der infolge seiner Überstürzung oder seiner Schwingungsweite in der Luft den Lyrismus der Wörter noch übertreffen wird. [...]

Das Schauspiel[1]

Jedes Schauspiel wird ein körperliches, objektives Element enthalten, das für alle wahrnehmbar ist. Schreie, Klagen, Erscheinungen, Überraschungen, allerlei Knalleffekte, nach bestimmten rituellen Modellen zugeschnittene magische Schönheit der Stimmen, Charme der Harmonie, seltene Musiknoten, Farben der Gegenstände, körperlicher Rhythmus der Bewegungen, dessen Crescendo[2] und Decrescendo das Pulsieren von Bewegungen annehmen wird, die allen vertraut sind, konkrete Erscheinungen neuer überraschender Gegenstände, mehrere Meter hohe Puppen, unvorhergesehene Lichtwechsel, körperliche Wirkung des Lichtes, das einen heiß und kalt überläuft usw. [...]

Die Inszenierung

Um die Inszenierung, betrachtet nicht als simpler Berechnungsgrad eines Textes auf der Bühne, sondern als Ausgangspunkt für jede Bühnenschöpfung, wird sich die typische Theatersprache bilden. Und durch den Einsatz und die Handhabung dieser Sprache wird die alte Dualität[3] von Autor und Regisseur verschwinden; sie wird durch eine Art von alleinigem Schöpfer ersetzt werden, dem die doppelte Verantwortung für Schauspiel und Handlung zufallen wird. [...]

Die Sprache der Bühne

Im Hinblick auf ihre direkte symbolische Teilhabe an dieser konkreten Bühnensprache werden auch die Tausende und Abertausende von Gesichtsausdrücken im Maskenzustand etikettierbar und katalogisierbar sein, und zwar außerhalb ihrer besonderen psychologischen Verwendbarkeit. [...]

Die Bühne – Der Zuschauerraum

Wir schaffen Bühne wie Zuschauerraum ab. Sie werden ersetzt durch eine Art von einzigem Ort ohne Abzäunung oder Barriere irgendwelcher Art, und dieser wird zum Theater der Aktion schlechthin. Zwischen Zuschauer und Schauspiel, zwischen Schauspieler und Zuschauer wird wieder eine direkte Verbindung geschaffen werden, denn der im Zentrum der Handlung befindliche Zuschauer wird von ihr umhüllt und durchzogen. Diese Handlung rührt von der Gestalt des Zuschauerraums her. So geben wir die jetzigen Theatersäle auf und werden einen Schuppen oder irgendeine beliebige Scheune nehmen, die wir gemäß den Prozeduren umbauen lassen werden, die zur Architektur bestimmter Kirchen oder heiliger Stätten und bestimmter zentraltibetanischer Tempel geführt haben. Im Innern dieses Gebäudes werden besondere Höhen- und Tiefenproportionen herrschen. Der völlig schmucklose Zuschauerraum wird von vier Wänden umschlossen sein, und das Publikum wird unten, in der Mitte des Raumes, auf drehbaren Stühlen sitzen, so dass es dem

[1] Diese und alle folgenden Überschriften stammen von Artaud selbst.
[2] aus der Musik: lauter werden, anschwellen
[3] Zweiheit

Schauspiel folgen kann, das sich rundherum abspielt. Und wirklich wird das Fehlen einer Bühne im üblichen Sinne des Wortes zur Entfaltung der Handlung in allen vier Ecken des Zuschauerraums führen. In allen vier Himmelsrichtungen des Saals werden für Schauspieler und Handlung besondere Stellen vorbehalten bleiben. [...]

Die Gegenstände – Die Masken – Die Requisiten

Puppen, riesige Masken, Gegenstände von merkwürdigen Maßen werden in der gleichen Eigenschaft auftauchen wie verbale Bilder [...].

Die Dekoration

Es wird keine Dekoration geben. Für diesen Zweck werden ausreichen: Hieroglyphen-Figuren, rituelle Kostüme, Puppen von zehn Meter Höhe, die den Bart König Lears im Sturmwind darstellen, mannshohe Musikinstrumente, Gegenstände unbekannter Form und Bestimmung. [...]

Die Werke

Wir werden keine geschriebenen Stücke spielen, sondern im Umkreis von bekannten Themen, Tatsachen und Werken Versuche einer direkten Inszenierung unternehmen. Beschaffenheit und Anordnung des Zuschauerraumes verlangen ein Schauspiel, und kein noch so umfangreiches Thema könnte sich uns entziehen.

Schauspiel

Es gilt eine Vorstellung vom allumfassenden Schauspiel wiederzuerwecken. Das Problem besteht darin, den Raum sprechen zu lassen, ihn zu erhalten, zu erfüllen; wie ein in die ebene Felswand vorgetriebener Stollen, der plötzlich Geysire und Büschelfeuerwerke entstehen lassen würde.

Der Schauspieler

Der Schauspieler ist sowohl ein Element von überragender Bedeutung, denn der Erfolg des Schauspiels hängt ja davon ab, wie sein Spiel wirkt, als auch eine Art passives, neutrales Element, weil ihm jede persönliche Initiative aufs strengste versagt bleibt. Aber auf diesem Gebiet gibt es keine präzisen Regeln [...]. [...]

Die Grausamkeit

Ohne ein Element von Grausamkeit, das jedem Schauspiel zugrunde liegt, ist Theater nicht möglich. Bei dem Degenerationszustand, in dem wir uns befinden, wird man die Metaphysik via Haut wieder in die Gemüter einziehen lassen müssen. [...] Und deshalb schlage ich ein Theater der Grausamkeit vor. – Bei der Manie, alles herabzusetzen, die wir heutzutage allesamt haben, hat das Wort „Grausamkeit", als ich es in den Mund genommen habe, für jedermann sofort soviel wie „Blut" bedeutet. Doch „Theater der Grausamkeit" bedeutet zunächst einmal Theater, das für mich selbst schwierig und grausam ist. Und auf der Ebene der Vorführung handelt es sich nicht um jene Grausamkeit, die wir uns gegenseitig antun können, indem wir einander zerstückeln, indem wir unsere persönlichen Anatomien mit der Säge bearbeiten oder, wie die assyrischen Herrscher, indem wir uns mit der Post Säcke voll Menschenohren, voll säuberlich abgetrennter Nasen und Nasenflügel zuschicken, sondern um die sehr viel schrecklichere und notwendigere Grausamkeit, welche die Dinge uns gegenüber üben können. Wir sind nicht frei. [...]

Bertolt Brecht

1898 – 1956

Rudolf Schlichter:
Bertolt Brecht, 1926

Kurzbiografie:

Bertolt (eigentlich Eugen Berthold Friedrich) Brecht kommt 1898 in Augsburg zur Welt. Ein Medizinstudium in München bricht der Fabrikantensohn ab. 1918 entsteht sein erstes Theaterstück „Baal".
Für „Trommeln in der Nacht" erhält er 1922 den Kleist-Preis. In München und Berlin führt er dann Regie. 1928 findet die Uraufführung der „Dreigroschenoper" mit großem Erfolg statt. 1933 emigriert Brecht nach Skandinavien und 1941 nach Kalifornien. Die folgenden Jahre im Exil sind geprägt durch seinen Widerstand gegen Hitler und den Nationalsozialismus.
Im Ausland entstehen zahlreiche Gedichte, Bearbeitungen und die bekanntesten Theaterstücke: „Leben des Galilei", „Mutter Courage und ihre Kinder", „Herr Puntila und sein Knecht Matti", „Der aufhaltsame Aufstieg des Arturo Ui" und „Schweyk im Zweiten Weltkrieg".
1948 kehrt Brecht nach Deutschland zurück und erprobt mit seiner Ehefrau Helene Weigel, einer bekannten Schauspielerin, in Ostberlin seine Dramentheorie in der Praxis. 1954 wird das renovierte Theater am Schiffbauerdamm Spielstätte seines auch heute noch berühmten **Berliner Ensembles**. 1956 stirbt der Autor in Berlin.
Sein Ruhm liegt wohl darin, dass er als Dramatiker, „Stückeschreiber", wie er sich selbst nennt, als Regisseur und schließlich als Lyriker ungewöhnlich schöpferisch ist und Beträchtliches leistet. Als Grabinschrift wünscht er sich:

„Er hat Vorschläge gemacht. Wir haben sie angenommen."

Zur Theorie:

Brecht hat der Nachwelt seine **Dramentheorie** nur in kurzen Schriften übermittelt (Arbeitsjournale, Notizen, Vorträge, Anmerkungen, Kommentare etc.). Schon mit den Begriffen, mit denen er sein neues Konzept beschreibt, scheint er Neuland zu betreten.
Statt der strengen Struktur eines klassischen Theaterstücks zu folgen, richtet er sich gegen eine Theatertradition im Sinne der normativen, also verpflichtenden Poetik des Aristoteles und nennt seine eigene Bühnenkunst deshalb **nicht-aristotelisch.**

„Es gilt zwei Dinge zu entwickeln: Die Schauspielkunst und die Zuschaukunst."
Bertolt Brecht

Doch für die Theorie und Praxis der Bühnenarbeit im Sinne Brechts hat sich der populäre Begriff **episches Theater** behauptet – und das, obwohl dieser höchst missverständlich und unpräzise erscheint. Problematisch ist hierbei, dass die alte, klassische Einteilung der Gattungen Epik, Lyrik und Dramatik den Begriff „episch" für die reine Erzählung, wie etwa bei Romanen, und nicht für das dialogische Theaterspiel reserviert.
Richtig ist allerdings, dass Brecht gerne Elemente der epischen Dichtung für seine Bühnenstücke übernimmt. Das Geschehen entfaltet sich bei ihm eher wie Ausschnitte eines erzählten Bilderbogens denn als dramatisch sich zuspitzende Handlung, die den Zuschauer mitreißt. Anstelle von Mitleid und Furcht will Brecht vor allem **Wissbegierde und Neugier** wecken.

Ihm schwebt ein **fundamentaler Funktionswechsel der Kunst** vor und er greift – gegen Ende der Weimarer Republik – politische Theaterexperimente Erwin Piscators (der ursprüngliche Begründer des epischen Theaters) und Wsewolod Meyerholds auf. Nach seiner Marx-Lektüre übt Brecht verstärkt Kritik an den bürgerlichen Kulturinstitutionen und dem Kapitalismus. Für ihn ist das bürgerlich-traditionelle Theater zu bieder bzw. festgefahren und das maßlose Streben nach materiellen Gütern oder Geld unerträglich.

Brechts Theater zielt nicht auf Leidenschaft, Einfühlung und Identifikation ab: Das Publikum soll sich nicht mit den Figuren identifizieren, sondern in **kritisch-distanzierter Haltung** mit dem Geschehen auseinandersetzen und seinen Blick auf Missstände und unwürdige gesellschaftliche Verhältnisse richten. **Ziel ist, Veränderungen zu bewirken:** Das epische Theater verlangt vom Zuschauer Entscheidungen, will ihn aktivieren und ihm Handlungsmöglichkeiten anbieten. Das ist dann erreicht, wenn beispielsweise jemand im Publikum aufsteht und sagt:

„Diese Zustände sind ungerecht. Das war mir vorher nicht bewusst. Jetzt weiß ich, was dagegen unternommen werden kann, und ich werde es tun."

Als Konsequenz dieser Ideen bedarf es einer neuen Art des Rollenverständnisses: Der Schauspieler soll sich nicht mit der Rolle identifizieren und in sie einfühlen, sondern **Distanz wahren** – er ist nicht die Figur, sondern er zitiert sie. Dies wird beispielsweise durch sachliches und kühles Spiel deutlich gemacht.

Brecht formuliert das so: **„Zeigt, dass ihr zeigt!"**. Episches Theater strebt damit keine Illusionierung des Zuschauers an – es will nicht möglichst realistisch sein. **Das „Wie" der Darstellung steht über dem „Was"**: Der Spielcharakter einer Aufführung wird entlarvt und das Publikum erkennt, dass alles nur „Schau-Spiel" ist. Die dafür notwendigen Stilmittel und Kunstgriffe sind für Brecht die **Verfremdungseffekte** (kurz: **V-Effekte**). In diese Kategorie fallen mannigfaltige Bühnentechniken, die er schätzt und oft benutzt.

Szene aus „Mann ist Mann", Berlin 1930

Unerbittlich war Brecht gegen notorische Dummköpfe. Die übliche Redensart: „Mag sein, er macht Fehler, aber man muss den guten Willen erkennen...", brachten ihn auf. Die mit gutem Willen Schlechtes machten, mochte er nicht. Für ihn war das Resultat einer Arbeit maßgebend, nicht der gute Wille. Als man sich bei einer Besprechung über die Unzulänglichkeit einiger Regisseure und Intendanten in der Republik beklagte, sagte er: „Weg mit ihnen!" „Man kann sie doch nicht auf die Straße setzen", gab ein Versöhnler zu bedenken. „Man kann", sagte Brecht, „unsere Straße ist gut."

„Das Theater bleibt Theater, auch wenn es Lehrtheater ist, und soweit es gutes Theater ist, ist es amüsant."
Bertolt Brecht

V-Effekte sind zum Beispiel:

- **Kommentare eines Erzählers oder Chores** zum Handlungsablauf oder zum Geschehen.
- **Kommentare der Darsteller** – entweder aus den Rollen und Figuren heraus (lat. „ad spectatores"[1]), oder selbst durch die Schauspieler (teilweise geflüstert). Der Übergang von Darstellung zu Kommentar erfolgt meist unvermittelt.
- **Spruchbänder, Plakate, Masken, Kostüme und Projektionen**, die etwa den Inhalt vorwegnehmen (beispielsweise als Szenenüberschriften) und das Interesse des Publikums von der Spannung zur Darstellung selbst und den Problemen lenken. In einer Aufführung nutzt Brecht etwa auf Spruchbändern die Provokation „Glotzt nicht so romantisch!".
- **Liedeinlagen, Songs und Musik** fasst der Autor als wesentliche Bestandteile seiner Stücke auf. Sie dienen meist dazu, gezielt aufmerksam zu machen, ironisch zu kommentieren oder zu provozieren.
- **„Gestische Sprache"**: Sprache ist hier nicht Ausdruck des Gefühls, sondern zeigt eine soziale Zugehörigkeit. (Der Großgrundbesitzer Puntila spricht dementsprechend gehobener als sein Knecht Matti, der Vertreter der Unterschicht.)
- **Offenheit und Transparenz** für den Zuschauer, zum Beispiel bei Szenenwechseln oder Umbauten, die in voller Sicht und als Teil der Aufführung gezeigt werden.

Grundsätzlich sind Verfremdungseffekten keine Grenzen gesetzt, solange sie ihre Funktion erfüllen. Deshalb ist eine **Vielzahl an Möglichkeiten** denkbar, auch das Verlegen der Handlung in exotische Milieus oder die ferne Vergangenheit bzw. Zukunft.

Zusammenfassend lässt sich hier sagen, dass Verfremdungseffekte dem Theater eine neue Qualität geben, indem sie die Einfühlung der Zuschauer und Schauspieler in die Figuren verhindern – sie **nehmen den „Stempel des Vertrauten"**. Zusätzlich schaffen sie kritische Distanz und machen die Vorgänge merkwürdig, auffallend bzw. erklärungsbedürftig.

Bertolt Brecht:
Schweyk im Zweiten Weltkrieg

Brecht nennt seine Werke schließlich auch **„Lehrstücke"**. Problematisch an dieser Bezeichnung wirkt die deutlich erkennbare Tendenz, Menschen belehren zu wollen. Deshalb wirft man dem Autor mitunter vor, Theater mit erhobenem Zeigefinger zu machen und dabei nur die Lehren von Karl Marx predigen zu wollen. Prinzipiell ist der Begriff allerdings auch so gemeint, dass gar kein Publikum für diese Stücke benötigt wird: „Das Lehrstück lehrt dadurch, daß es gespielt, nicht dadurch, daß es gesehen wird. Prinzipiell ist für das Lehrstück kein Zuschauer nötig, jedoch kann er natürlich verwertet werden. Es liegt dem Lehrstück die Erwartung zugrunde, daß der Spielende durch die Durchführung bestimmter Handlungsweisen, Einnahme bestimmter Haltungen, Wiedergabe bestimmter Reden und so weiter gesellschaftlich beeinflußt werden kann."(Brecht)
Brecht vermeidet schließlich Begriffe wie „episches Theater" und „Lehrtheater" wegen ihrer Missverständlichkeit.

[1] Bemerkung einer Bühnenfigur, die an das Publikum gerichtet wird

Er bevorzugt die schlüssigere Bezeichnung **„Dialektisches Theater"**. Dialektik[1] bedeutet hier die Idee, dass Welt und Gesellschaft veränderbar sind. Dies folgt der Grundidee eines Dreischritts im philosophischen Konzept von Hegel und Marx: Existierende Vorstellungen oder Machtstrukturen (These) verkehren sich in ihr Gegenteil (Antithese) und daraus kann letztendlich etwas Neues entstehen (Synthese).

Fazit:

Mit seinen Stücken und Gedichten, seinen Ideen und Visionen hat Brecht das Theater der Moderne in so entscheidendem Maße geprägt und beeinflusst, dass kein Weg an ihm vorbeiführt: Für Regisseure, Schauspieler, Zuschauer, Lernende und Lehrende ist die intensive Beschäftigung mit dem umfangreichen Werk des Dichters und den politischen Ideen des „Phänomens Brecht" Pflicht.

Brecht-Karikatur von Dolbin, 1930

Theorie

Bertolt Brecht: Die Straßenszene als Grundmodell für episches Theater

Was sich Brecht unter „epischem Theater" im Detail vorstellt, zeigt der nachfolgende Auszug seiner theoretischen Schrift zur „Straßenszene" (1938), die Brecht als „Grundmodell einer Szene des epischen Theaters" definiert.
Der Text ist zum besseren Verständnis gekürzt und mit Zwischenüberschriften versehen worden.[2]

Zu den Wurzeln des epischen Theaters

Während der ersten anderthalb Jahrzehnte nach dem Weltkrieg wurde auf einigen deutschen Theatern eine verhältnismäßig neue Spielweise ausprobiert, die sich wegen ihres deutlich referierenden, beschreibenden Charakters und weil sie sich kommentierender Chöre und Projektionen bediente, episch nannte. Vermittels einer nicht ganz einfachen Technik distanzierte sich der Schauspieler von der Figur, die er spielte, und stellte die Stücksituationen in einen solchen Sehwinkel, daß sie Gegenstand der Kritik der Zuschauer werden mußten. […]

Schilderung eines Verkehrsunfalls als Grundmodell epischen Theaters

Es ist verhältnismäßig einfach, ein Grundmodell für episches Theater aufzustellen. Bei praktischen Versuchen wählte ich für gewöhnlich als Beispiel allereinfachsten, sozusagen „natürlichen" epischen Theaters einen Vorgang, der sich an irgendeiner Straßenecke abspielen kann: Der Augenzeuge eines Verkehrsunfalls demonstriert einer Menschenansammlung, wie das Unglück passierte. Die Umstehenden können den Vorgang nicht gesehen haben oder nur nicht seiner Meinung sein, ihn „anders sehen" – die Hauptsache ist, daß der Demonstrierende das Verhalten des Fahrers oder des Überfahrenen oder beider in einer solchen Weise vormacht, daß die Umstehenden sich über den Unfall ein Urteil bilden können.

Die „Demonstration an der Straßenecke" reicht als Grundmodell aus.

Dieses Beispiel epischen Theaters primitivster Art scheint leicht verstehbar. Jedoch bereitet es erfahrungsgemäß dem Hörer oder Leser erstaunliche Schwierig-

[1] ungefähr: Denken in Widersprüchen
[2] Aus lizenzrechtlichen Gründen werden die Texte von Bertolt Brecht nicht in reformierter Schreibung abgedruckt.

keiten, sobald von ihm verlangt wird, die Tragweite des Entschlusses zu fassen, eine solche Demonstration an der Straßenecke als Grundform großen Theaters, Theater eines wissenschaftlichen Zeitalters, aufzunehmen. Gemeint ist damit nämlich, daß dieses epische Theater sich in allen seinen Einzelheiten als reicher, komplizierter, entwickelter geben kann, daß es aber grundsätzlich keine anderen Elemente als diese Demonstration an der Straßenecke zu enthalten braucht, um großes Theater sein zu können, daß es andererseits kein episches Theater mehr genannt werden könnte, wenn eines der Hauptelemente der Demonstration an der Straßenecke fehlte. Bevor dies begriffen ist, kann das Folgende nicht wirklich begriffen werden. Bevor das Neuartige, Ungewohnte, zur Kritik unbedingt Herausfordernde der Behauptung, eine solche Demonstration an der Straßenecke reiche als Grundmodell großen Theaters aus, begriffen ist, kann das Folgende nicht wirklich begriffen werden.

Die Darstellung benötigt keine künstlerische Perfektion.

Man bedenke: Der Vorgang ist keineswegs das, was wir unter einem Kunstvorgang verstehen. Der Demonstrierende braucht kein Künstler zu sein. Was er können muß, um seinen Zweck zu erreichen, kann praktisch jeder. Angenommen, er ist nicht imstande, eine so schnelle Bewegung auszuführen, wie der Verunglückte, den er nachahmt, so braucht er nur erläuternd zu sagen: er bewegte sich dreimal so schnell, und seine Demonstration ist nicht wesentlich geschädigt oder entwertet. Eher ist seiner Perfektion eine Grenze gesetzt. Seine Demonstration würde gestört, wenn den Umstehenden seine Verwandlungsfähigkeit auffiele. Er hat es zu vermeiden, daß jemand ausruft: „Wie lebenswahr stellt er doch einen Chauffeur dar!“ Er hat niemanden „in seinen Bann zu ziehen“. [...]

Es wird keine Illusion geschaffen – das Theater verbirgt nicht, dass es „Schau-Spiel“ ist.

Völlig entscheidend ist es, daß ein Hauptmerkmal des gewöhnlichen Theaters in unserer Straßenszene ausfällt: die Bereitung der Illusion. Die Vorführung des Straßendemonstranten hat den Charakter der Wiederholung. Das Ereignis hat stattgefunden, hier findet die Wiederholung statt. Folgt die Theaterszene hierin der Straßenszene, dann verbirgt das Theater nicht mehr, daß es Theater ist, so wie die Demonstration an der Straßenecke nicht verbirgt, daß sie Demonstration (und nicht vorgibt, daß sie Ereignis) ist. Das Geprobte am Spiel tritt voll in Erscheinung, das auswendig Gelernte am Text, der ganze Apparat und die ganze Vorbereitung. Wo bleibt dann das Erlebnis, wird die dargestellte Wirklichkeit dann überhaupt noch erlebt?

Theater soll kein „Erlebnis“ sein.

Die Straßenszene bestimmt, welcher Art das Erlebnis zu sein hat, das dem Zuschauer bereitet wird. Der Straßendemonstrant hat ohne Zweifel ein „Erlebnis“ hinter sich, aber er ist doch nicht darauf aus, seine Demonstration zu einem „Erlebnis“ der Zuschauer zu machen; selbst das Erlebnis des Fahrers und des Überfahrenen vermittelt er nur zum Teil, keinesfalls versucht er, es zu einem genußvollen Erlebnis des Zuschauers zu machen, wie lebendig er immer seine Demonstration gestalten mag. Seine Demonstration verliert zum Beispiel nicht an Wert, wenn er den Schrecken, den der Unfall erregte, nicht reproduziert; ja, sie verlöre eher an Wert. Er ist nicht auf Erzeugung purer Emotionen aus.

Ein Theater, das ihm hierin folgt, vollzieht geradezu einen Funktionswechsel, wie man verstehen muß.

Die Demonstration verfolgt gesellschaftlich-praktische Zwecke.

Ein wesentliches Element der Straßenszene, das sich auch in der Theaterszene vorfinden muß, soll sie episch genannt werden, ist der Umstand, daß die Demonstration gesellschaftlich praktische Bedeutung hat. Ob unser Straßendemonstrant nun zeigen will, daß bei dem und dem Verhalten eines Passanten oder des Fahrers ein Unfall unvermeidlich, bei einem andern vermeidlich ist, oder ob er zur Klärung der Schuldfrage demonstriert – seine Demonstration verfolgt praktische Zwecke, greift gesellschaftlich ein.

Der Darstellungszweck bestimmt die Detailtreue.

Der Zweck seiner Demonstration bestimmt, welchen Vollständigkeitsgrad er seiner Nachahmung verleiht. Unser Demonstrant braucht nicht alles, nur einiges von dem Verhalten seiner Personen zu imitieren, eben so viel, daß man ein Bild bekommen kann. Die Theaterszene gibt im allgemeinen weit vollständigere Bilder, gemäß ihres weiter gesteckten Interessenkreises. Wie wird die Verbindung zwischen Straßenszene und Theaterszene hierin hergestellt? Die Stimme des Überfahrenen, um ein Detail herauszugreifen, mag zunächst keine Rolle gespielt haben beim Unfall. Eine Meinungsverschiedenheit unter den Augenzeugen darüber, ob ein Ausruf, den man hörte („Obacht“ [1]), vom Verunglückten oder von einem andern Passanten herrührte, kann unsern Demonstranten dazu veranlassen, die Stimme zu imitieren. [...] Eine Reihe von Eigenschaften des Überfahrenen bedürfen der Darstellung. War er zerstreut? Wurde er abgelenkt? Durch was vermutlich? Was in seinem Benehmen deutete darauf hin, daß er gerade durch jenen Umstand und nicht durch einen andern abgelenkt werden konnte? Und so weiter und so weiter.

Der Aufwand muss im Verhältnis zur Wirkung stehen.

Wie man sieht, gibt unsere Demonstrationsaufgabe an der Straßenecke Gelegenheit für ziemlich reiche und vielseitige Abbildung von Menschen. Trotzdem wird ein Theater, das in den wesentlichen Elementen nicht über die Darbietungen unserer Straßenszene hinaus gehen will, in der Imitation gewisse Schranken anerkennen müssen [...]. Es muß seinen Aufwand rechtfertigen können aus dem Zweck heraus. Die Demonstration wird zum Beispiel beherrscht von der Frage des Schadenersatzes und so weiter. [...]

Die Darstellung der Charaktere wird aus der Handlung abgeleitet.

Ein weiteres wesentliches Element der Straßenszene ist, daß unser Demonstrant seine Charaktere ganz und gar aus ihren Handlungen ableitet. Er imitiert ihre Handlungen und gestattet dadurch Schlüsse auf sie. Ein Theater, das ihm hierin folgt, bricht weitgehend mit der Gewohnheit des üblichen Theaters, aus den Charakteren die Handlungen zu begründen, die Handlungen dadurch der Kritik zu entziehen, daß sie als aus den Charakteren, die sie vollziehen, unhinderbar, mit Naturgesetzlichkeit hervorgehend dargestellt werden. Für unseren Straßendemonstranten bleibt der Charakter des zu Demonstrierenden eine Größe, die er

[1] „Achtung!“

nicht völlig auszubestimmen hat. Innerhalb gewisser Grenzen kann er so und so sein, das macht nichts aus. Den Demonstranten interessieren seine unfallerzeugenden und unfallverhindernden Eigenschaften[1]. [...]

Emotionen sollen der Kritik des Zuschauers unterworfen sein.

Um über die Modellszene nicht hinauszugehen, muß das Theater nur jeweils jene Technik entwickeln, durch welche die Emotionen der Kritik des Zuschauers unterworfen werden. Damit ist natürlich nicht gesagt, daß der Zuschauer prinzipiell verhindert werden muß, gewisse Emotionen, die vorgeführt werden, zu teilen; jedoch ist die Übernahme von Emotionen nur eine bestimmte Form (Phase, Folge) der Kritik.

Technik: Der Schauspieler muss Demonstrant bleiben.

Der Demonstrant des Theaters, der Schauspieler, muß eine Technik aufwenden, vermittels der er den Ton des von ihm Demonstrierten mit einer gewissen Reserve, mit Abstand wiedergeben kann (so, daß der Zuschauer sagen kann: „Er regt sich auf – vergebens, zu spät, endlich“ und so weiter). Kurz gesagt: der Schauspieler muß Demonstrant bleiben; er muß den Demonstrierten als eine fremde Person wiedergeben, er darf bei seiner Darstellung nicht das „er tat das, er sagt das“ auslöschen. Er darf es nicht zur restlosen Verwandlung in die demonstrierte Person kommen lassen. [...]

Verfremdungseffekte ermöglichen Kritik, indem sie das „Selbstverständliche“ auffällig machen.

Wir kommen zu einem der eigentümlichen Elemente des epischen Theaters, dem sogenannten V-Effekt (Verfremdungseffekt). Es handelt sich hierbei, kurz gesagt, um eine Technik, mit der darzustellenden Vorgängen zwischen Menschen der Stempel des Auffallenden, des der Erklärung Bedürftigen, nicht Selbstverständlichen, nicht einfach Natürlichen verliehen werden kann. Der Zweck des Effekts ist, dem Zuschauer eine fruchtbare Kritik vom gesellschaftlichen Standpunkt zu ermöglichen. Können wir diesen V-Effekt als sinnvoll für unsern Straßendemonstranten nachweisen?

Zur Darstellung des V-Effekts

Wir können uns vorstellen, was geschieht, wenn er ihn hervorzubringen unterlassen hat. Folgende Situation könnte entstehen. Ein Zuschauer könnte sagen: „Wenn der Verunglückte, wie Sie es zeigen, den rechten Fuß zuerst auf die Straße setzte, dann ...“ Unser Demonstrant könnte ihn unterbrechen und sagen: „Ich habe gezeigt, daß er mit dem linken zuerst auf die Straße kam.“ Bei dem Streit, ob er wirklich den linken oder rechten Fuß bei seiner Demonstration zuerst auf die Straße setzte und vor allem, was der Überfahrene machte, kann die Demonstration so abgeändert werden, daß der V-Effekt entsteht. Indem der Demonstrant nunmehr auf seine Bewegung genau achtet, sie vorsichtig, wahrscheinlich verlangsamt, vollzieht, erzielt er den V-Effekt; das heißt, er verfremdet den kleinen Teilvorgang, hebt ihn in seiner Wichtigkeit hervor, macht ihn merkwürdig. [...]
Das epische Theater ist hochartistisches Theater mit komplizierten Inhalten und weiter sozialer Zielsetzung.

---

[1] Alle Personen, die charakterlich die von ihm angegebenen Bedingungen erfüllen, die von ihm imitierten Züge zeigen, werden dieselbe Situation erzeugen.

Brecht und der Verfremdungseffekt

Exkurs

Brechts Theorien sind zwar für die Praxis gedacht, dennoch haben viele Darsteller keine konkrete Vorstellung von einer möglichen Umsetzung seiner Ideen, was vor allem daran liegt, dass sich nur wenige Theatermacher an die schwierige Aufgabe wagen, ein ganzes Stück im Sinne Brechts zu inszenieren.
Um deshalb an dieser Stelle ein Praxisbeispiel zu einem nicht von Brecht stammenden Text geben zu können, stellt sich dieses Kapitel folgende Aufgabe:
Der vorliegende Szenenauszug aus Goethes „Faust I" soll, unter Einsatz nur weniger Hilfsmittel, im Sinne von Brechts Theaterkonzept inszeniert und anschließend kritisch bewertet werden.

„Das Theater darf nicht danach beurteilt werden, ob es die Gewohnheiten seines Publikums befriedigt, sondern danach, ob es sie zu ändern vermag."
Bertolt Brecht

Zum Hintergrund der Szene:
Faust hat sich in Gretchen verliebt und sie nach der Messe auf der Straße angesprochen. Sie, ein Mädchen aus einfachen Verhältnissen, weiß die Avancen des gebildeten und berühmten Doktors, Heinrich Faust, nicht zu deuten. Erst am Ende gestehen sich beide ihre Liebe.

Text: Johann Wolfgang von Goethe: Faust I (V. 3163 – 3194)

Faust.
Du kanntest mich, o kleiner Engel, wieder,
Gleich als ich in den Garten kam?

Margarete.
Saht Ihr es nicht? Ich schlug die Augen nieder.

Faust.
Und du verzeihst die Freiheit, die ich nahm?
Was sich die Frechheit unterfangen,
Als du jüngst aus dem Dom gegangen?

Margarete.
Ich war bestürzt, mir war das nie geschehn;
Es konnte niemand von mir Übels sagen.
Ach, dacht' ich, hat er in deinem Betragen
Was Freches, Unanständiges gesehn?
Es schien ihn gleich nur anzuwandeln,
Mit dieser Dirne gradehin zu handeln.
Gesteh' ich's doch! Ich wusste nicht, was sich
Zu Eurem Vorteil hier zu regen gleich begonnte[1];
Allein gewiss, ich war recht bös' auf mich,
Dass ich auf Euch nicht böser werden konnte.

Faust.
Süß Liebchen!

Margarete.
Lasst einmal!
(Sie pflückt eine Sternblume und zupft die Blätter ab, eins nach dem andern.)

Faust-Illustration von Eugène Delacroix, um 1825

[1] begann

Faust.
Was soll das? Einen Strauß?

Margarete.
Nein, es soll nur ein Spiel.

Faust.
Wie?

Margarete.
Geht! Ihr lacht mich aus.
(Sie rupft und murmelt.)

Faust.
Was murmelst du?

Margarete
(halblaut.) Er liebt mich - liebt mich nicht.

Faust.
Du holdes Himmelsangesicht!

Margarete
(fährt fort.) Liebt mich - Nicht - Liebt mich - Nicht –
(Das letzte Blatt ausrupfend, mit holder Freude.)
Er liebt mich!

Faust.
Ja, mein Kind! Lass dieses Blumenwort
Dir Götterausspruch sein. Er liebt dich!
Verstehst du, was das heißt? Er liebt dich!
(Er fasst ihre beiden Hände.)

Margarete.
Mich überläuft's!

Faust.
O schaudre nicht! Lass diesen Blick,
Lass diesen Händedruck dir sagen,
Was unaussprechlich ist:
Sich hinzugeben ganz und eine Wonne
Zu fühlen, die ewig sein muss!
Ewig! – Ihr Ende würde Verzweiflung sein.
Nein, kein Ende! Kein Ende!

Zur praktischen Umsetzung:
Die wichtigste Komponente in der Theorie Brechts bilden die Verfremdungseffekte, die das Publikum davon abhalten, sich mit den dargestellten Figuren zu identifizieren, die für Distanz sorgen und ermöglichen, das Geschehen objektiv zu betrachten.

In diesem Sinne empfiehlt es sich hier konzeptionell für die Umsetzung, zunächst einen Rollentausch von Mann und Frau vorzunehmen – das heißt, ein männlicher Spieler übernimmt die Rolle Gretchens, während eine weibliche Spielerin Faust darstellt.

Um den Hintergrund dieser Technik zu ergänzen, sollte festgehalten werden, dass sich Brecht in Moskau vom Spiel des damals weltbekannten Mei Lanfang begeistern lässt, der als männlicher Darsteller von Frauenrollen Weltruhm erlangt.
Diese verfremdete Spielweise durch Rollentausch beeinflusst den Autor nachhaltig.
Begonnen werden kann die Spielszene aus „Faust I“ mit einem einleitenden Kommentar eines Schauspielers aus dem Off[1], zum Beispiel versteckt hinter der Bühnenfläche. Der andere Darsteller sollte in dieser Zeit im Freeze auf der Bühne stehen.
Brecht verwendet diese gesprochenen Hinweise, um dem Publikum den Inhalt einer Szene zu erklären, damit die Zuschauer die Möglichkeit haben, sich von der Handlung zu lösen. Ein möglicher Sprechtext wäre:

Pekingoper: männlicher Schauspieler in einer Frauenrolle

„Faust und Gretchen spazieren im Garten. Sie fragt sich, ob Faust – ein vornehmer und gebildeter Mann – sie, eine einfache Frau niederen Standes, wirklich liebt. Um dies herauszufinden, zupft sie die Blütenblätter einer Blume ab. Dies hat Erfolg und beide gestehen sich ihre Liebe.“

Um zusätzlich eine Szenenüberschrift im Sinne des Theatermachers zu nutzen, könnte über der Bühne oder an der Seite der Hinweis „Gretchen und Faust im Garten“ sichtbar werden.
Erst nach dem einleitenden Kommentar beginnt das Spiel auf der Bühne. Die beiden Schauspieler sollten einfach kostümiert sein, das heißt, die weibliche Spielerin könnte ihre männliche Rolle zum Beispiel durch eine Sonnenbrille und einen Hut andeuten, während umgekehrt der männliche Spieler einen Rock über seiner Hose und eine Perlenkette tragen könnte.
Um die von Brecht geforderte Distanz der Darsteller zum Dargestellten weiter zu verstärken, wird der Sprechtext von den beiden Schauspielern lediglich abgelesen und von der Faust-Darstellerin mit besonders tiefer Stimme, vom Gretchen-Darsteller dagegen mit hoher Fistelstimme (wie im chinesischen Theater) vorgetragen.
Als zusätzlicher Verfremdungseffekt für das Publikum können beide Darsteller zum Beispiel an ihrem Kostümoberteil eine Taschenlampe befestigen, die den Blick der Zuschauer auf sich, und damit von der Mimik weg, lenkt.
Für das „Er liebt mich, er liebt mich nicht“ von Gretchen kommen darüber hinaus in diesem Konzept Wäscheklammern zum Einsatz, die vom Gretchen-Darsteller in die Publikumsmenge geworfen werden: Das hat ebenfalls die Wirkung eines Verfremdungseffekts und lenkt die Aufmerksamkeit der Zuschauer auf den Hintergrund dieses Rituals und Gretchens Naivität.
Innerhalb dieser Inszenierung kann es durchaus passieren, dass einzelne Zuschauer zu lachen beginnen – das ist erlaubt, erfordert aber eine Publikumsansprache im Sinne Brechts, damit die Spielhandlung keinen ausschweifenden Unterhaltungscharakter erhält.
Eine mögliche Vorgehensweise wäre: Die Faust-Darstellerin geht auf ein vorher verabredetes Zeichen hin kurz in den

Faust und Gretchen. Holzstich, um 1880

[1] Der Sprecher bleibt unsichtbar im Hintergrund.

„Im Grunde genommen ist es die Liebesgeschichte eines Intellektuellen mit einer Kleinbürgerin. Das muß ja mit dem Teufel zugegangen sein."
Brecht zu Faust I

Freeze, während der Gretchen-Darsteller die Bühne verlässt, in den Zuschauerraum tritt und „aus seiner Rolle fällt". Mit ernster Miene und halb-ironischen Worten kann dann noch einmal formuliert werden, dass alles nur „Schau-Spiel" ist:

„Wir bitten Sie, an dieser Stelle nicht zu lachen und die ernste Natur der Szene zu beachten. Gretchen versucht sich über seine Gefühle klar zu werden – Störungen der Handlung durch das Publikum machen unsere Aufgabe nicht leichter."

Um am Ende der Spielhandlung noch einmal den Rollentausch als Verfremdungseffekt zu verstärken, kann die Darstellung in einem abschließenden Tableau münden, bei dem der Gretchen-Darsteller mit „Ich liebe ihn!" einsetzt und die Faust-Darstellerin entsprechend mit „Ich liebe sie!" antwortet. Für diese letzten Zeilen würde es sich anbieten, von der Bühne in den Zuschauerraum zu treten – auch um deutlich zu machen, dass es sich hier nicht mehr um Teile des Originaltexts handelt.

Figurensplitting und Geschlechtertausch bei Mephisto in einer Faust-Inszenierung von Thomas Schulte-Michels

Zu Analyse und Bewertung:
Brecht gehört zu den wichtigsten Vertretern des politischen Theaters, das heißt, er fordert von jedem Stück eine politische Aussage oder die Möglichkeit für die Zuschauer, bestimmte Vorstellungen, Ideen bzw. Handlungen neu bewerten oder hinterfragen zu können.
Dass sich diese Betrachtungsweise nicht ohne Weiteres auf jeden Autor anwenden lässt, zeigt der ausgewählte Textauszug beispielhaft: Als Goethes Drama entsteht, sind die gesellschaftlichen Verhältnisse vollkommen anders als zu Brechts Zeit. Darüber hinaus ist „Faust I" ein im Grunde eher unpolitisches Stück. Und dennoch: Die Verwendung der gewählten Verfremdungseffekte, vor allem des Rollentausches zwischen Gretchen und Faust, ermöglicht dem Zuschauer und den Schauspielern eine kritische Distanz zum Geschehen.

Der Autor selbst formuliert das so:
„Von einer Person anderen Geschlechts gespielt, wird die Figur ihr Geschlecht deutlicher verraten [...]. Vor allem sichert der Schauspieler, indem er die Gegenfiguren mitentwickelt oder zumindest ihre Darsteller vertritt, den so entscheidenden gesellschaftlichen Standpunkt, von dem aus er seine Figur vorführt. Der Herr ist nur so ein Herr, wie ihn der Knecht es sein läßt usw."

Erst also durch diese Spielweise erhält das Publikum die Möglichkeit, hinter die bloße Spielhandlung zu blicken (Gretchen ist unentschlossen und versichert sich Fausts Liebe durch Blumenzupfen) und die Figuren selbst zu hinterfragen:
Wieso verhält sich Gretchen so? Warum zeigt sie solche Unterwürfigkeit? Kann man sich der Liebe durch „Blumenzupfen" versichern? Ist die Liebe wirklich so eine ambivalente, das heißt wechselhafte, menschliche „Eigenschaft", die Verwirrung hervorruft? Wäre es für uns „passender", wenn sich Gretchen wie eine emanzipierte Frau verhalten würde?

Geschlechtertausch in „Victor oder Die Kinder an der Macht" von Roger Vitrac

Genau das fordert Brecht für seine Verfremdungseffekte, sie sollen „die Welt so [...] zeigen, daß sie behandelbar wird", bzw. solche und andere Fragen aufwerfen. Und damit hat die Szene ihr Ziel erreicht: Das „Wie" der Darstellung steht, wie Brecht es nennt, über dem „Was". Und obwohl hier noch keine konkreten Handlungsmöglichkeiten geliefert werden – das liegt in der Natur des Texts begründet – so beginnt der Zuschauer doch zumindest, Fragen zu stellen und nachzudenken. Gleiches gilt für die Schauspieler, die in der Distanz zu ihren Rollenfiguren spielen und auch durch den Rollentausch ein neues Verständnis erlangen.

„Wir stehen selbst enttäuscht und sehn betroffen // Den Vorhang zu und alle Fragen offen."
Bertolt Brecht

Jerzy Grotowski

Theorie

1933 – 1999

Jerzy Grotowski, 1974

Der 1933 in Polen geborene Jerzy Grotowski gehört zu den größten Theaterreformern des 20. Jahrhunderts. Sein Konzept nennt er **„Das arme Theater"**. Um zu verstehen, was der Begriff meint, sollte man sich allerdings zunächst mit seinem Gegenteil beschäftigen – so verfährt auch Grotowski bei seinen Überlegungen:
Was viele städtische Bühnen dem Zuschauer bieten, ist für ihn immer eine Kombination verschiedener Elemente unterschiedlicher Kunstgattungen **(Eklektizismus [1])**: Malerei, Architektur, Musik, Tanz, Schauspiel und so weiter – all diese Formen vereinen sich hier zumeist in einer einzigen Aufführung. Darüber hinaus versuchen die Bühnen, so der Regisseur und Theaterleiter, Film und Fernsehen nachzueifern. Dieses Unterfangen ist für Grotowski zum Scheitern verurteilt, da das Theater dem Film nicht gerecht werden kann. Der Theatertheoretiker sieht in solchen Bestrebungen nur ein „synthetisches" Theater, das „reich an Trugschlüssen" ist und deshalb von ihm als **„reiches Theater"** definiert wird.

[1] von griech. „eklektos": ausgewählt

Um sich von dieser Form abzugrenzen, beschließt Grotowski zu erforschen, welche Ausdrucksmittel überhaupt für Theater notwendig sind. Die logische Konsequenz ist daher die Forderung nach **Armut im Theater:** Grotowski entdeckt, dass der Schauspieler mit seinem „nackten Körper" allein alle anderen Ausdrucksmittel durch Gestik, Mimik, Proxemik etc. ersetzen kann – solange er „glaubhaft" spielt. Erst die von ihm geforderte Armut also lässt den Reichtum der Ausdrucksmittel des Darstellers deutlich werden.
Für die Ausbildung seiner Darsteller entwickelt Grotowski ein strenges körperliches und psychisches **Training.** Er verlangt dabei „Ernst, Ehrlichkeit, Hingabe und totale Selbstoffenbarung." Ziel dieses „Theaters der Erfahrung" ist, dass der einzelne Darsteller sich weiterentwickelt und reifen kann. So wird die Theaterhandlung der Akteure bei ihm zu einem **Ritual der Selbstfindung** mit unbedingter Hingabe – der „totale Akt", in dem sich der Schauspieler mit sich selbst auseinandersetzt.
Dies geschieht mittels komplizierter Techniken und eines der Trance ähnlichen Zustands – ein Zeitgenosse des Reformers beschreibt dies mit „Theater als Yoga". Es wird schließlich eine **Einfühlung „auf arme Weise"** ermöglicht: Sekundenschnell kann sich der Spieler in seine Rolle versetzen und den Text zu Theater machen – nur durch die **Mittel des Körpers.**
In Grotowskis **Theater-Laboratorium**, wie er es nennt, erforscht er auch die Beziehung zwischen Schauspielern und Publikum. Dieses Theater, das Provokation sein und Tabus brechen will, soll nicht nur den Schauspieler, sondern auch das Publikum zur Selbsterkenntnis führen.

Szenenbild einer Inszenierung von Grotowski

Zeichnung von Jerzy Grotowski: Szenarium für „Kordian“, 1962

Das „Ablegen der Alltagsmasken“ und die Forderung nach Grenzüberschreitung gipfelt schließlich in der **Abschaffung des Bühnenraumes:** Die Zuschauer sollen ein Teil der Aufführung werden – Grotowski spricht von „zwei Ensembles“. Wie er sich dies konkret vorstellt, machen die folgenden beiden Beispiele deutlich:

1. Die Handlung von „Kordian“, ein polnisches Drama der Romantik[1], verlegt der Theaterregisseur als Wahnvorstellung der Patienten in eine psychiatrische Klinik. Die Zuschauer sitzen dabei auf den Betten neben den Schauspielern und werden auch zum Mitwirken, etwa durch Mitsingen, angeregt.
2. Bei der Inszenierung von Marlowes „Doktor Faustus“ wird das Publikum mit den Darstellern an eine lange Tafel gesetzt und dort auch bewirtet, während parallel dazu gespielt wird.

„Das Theater ist die tätige Reflexion des Menschen über sich selbst.“
Novalis

Was die Bühnenbeleuchtung angeht, so zeigt die Aufführungsskizze zu „Kordian“, dass verschiedene **stationierbare Lichtquellen** zum Einsatz kommen. Die Schauspieler können diese einerseits bewegen oder andererseits in den Lichtkegel treten, um beleuchtet zu sein.
Zu Grotowskis Inszenierungen soll noch angemerkt werden, dass zumeist nur relativ wenige Zuschauer zugelassen sind, da sich ein solches Theater nur im kleinen Kreis, das heißt teilweise mit nicht mehr als etwa fünfzig Besuchern, aufführen lässt.

Peter Brook schreibt in einem Vorwort über Grotowski:

„Grotowski ist einzigartig. Warum? Weil meines Wissens niemand sonst auf der Welt, niemand seit Stanislawski, die Natur des Schauspielens, seine Erscheinungsformen und seine Bedeutung, Wesen und Wissenschaft seiner geistig-emotionalen Vorgänge so tiefgreifend und vollständig untersucht hat wie Grotowski.“

[1] Literatur- und kunstgeschichtliche Epoche vom Ende des 18. bis weit ins 19. Jahrhundert, die sich unter anderem mit Themen wie Leidenschaft, Gefühl, Sehnsucht und Geheimnis beschäftigt.

Theorie

Jerzy Grotowski: Für ein armes Theater

Wie Grotowski selbst seine Idee vom „armen Theater" versteht, zeigt der folgende Auszug seiner gleichnamigen Theorieschrift, der gekürzt und zum besseren Verständnis mit Zwischenüberschriften versehen worden ist.

Der Ursprung des „experimentellen Theaters"

Wenn man mich fragt, „wo liegt der Ursprung Ihres experimentellen Theaters?", werde ich immer ein wenig ungeduldig. Anscheinend wird angenommen, „experimentelle" Arbeit sei peripher, [...] sei zusätzlich gemeint. Vom Ergebnis erwartet man einen Beitrag zum modernen Theater – wo auf der Szene moderne Plastik und elektronische Effekte verwendet werden, zeitgenössische Musik, Schauspieler, die zusammenhanglos stereotype Clown- und Kabarettnummern abziehen. Ich kenne dieses Theater: ich gehörte dazu. Unsere Arbeit im Theaterlaboratorium geht in eine andere Richtung.

Zu Eklektizismus und der Beziehung von Schauspielern und Publikum

Zum Ersten wollen wir Eklektizismus vermeiden, wir wollen uns gegen die Auffassung, dass Theater eine Kombination verschiedener Kunstgattungen sei, wehren. Wir wollen den Versuch einer Definition unternehmen, wodurch Theater gekennzeichnet ist, was diese Tätigkeit von anderen Darstellungsformen und öffentlichen Schaustellungen unterscheidet. Zum Zweiten sind unsere Produktionen detaillierte Erforschungen der Beziehung zwischen Schauspieler und Publikum. Das heißt, wir halten die personale und szenische Technik des Schauspielers für den Kern des Theaters. Es ist schwierig, die Einflüsse auf diese Konzeption genau anzugeben, aber ich kann ihre Tradition aufzeigen. Ich habe bei Stanislawski gelernt. [...] Unsere Lösungen unterscheiden sich allerdings bei weitem von den seinen – manchmal kommen wir zu entgegengesetzten Schlüssen. [...]

Das Reifen des Schauspielers

Besonders inspiriert haben mich auch die Arbeitsmethoden des östlichen Theaters – speziell der Peking-Oper, des indischen Kathakali-Theaters und des japanischen Nô-Theaters. Ich könnte andere Theaterformen zitieren, aber die Methode, die wir entwickeln, ist keine Kombination von aus diesen Quellen erborgten Techniken (obwohl wir manchmal, wenn es uns von Nutzen ist, Details übernehmen). Dem Schauspieler soll kein festgelegtes Arsenal von Fertigkeiten beigebracht werden, ihm soll kein „Zaubersack voller Kunststücke" übergeben werden. Unsere Methode ist nicht deduktiv[1], besteht nicht in der Aneignung von Fertigkeiten. Alles in ihr ist auf das „Reifen" des Schauspielers konzentriert, das aus der Spannung zu seinen extremsten Möglichkeiten hervorgeht, durch vollkommene Selbstenthüllung, durch Bloßlegung seines Innersten – all dies ohne die geringste Spur von Egoismus und Selbstgefälligkeit. Der Schauspieler verwirklicht sich in einer totalen Hingabe. Es handelt sich um eine Technik der „Trance". [...]

Der Abbau innerer Widerstände mittels „via negativa"

Einen Schauspieler in unserem Theater zu erziehen heißt nicht, ihm etwas einzupauken; wir versuchen den Widerstand, den sein Organismus dem physischen Prozess entgegensetzt, zu eliminieren. Im Endergebnis fällt die Zeitspanne zwischen innerem Impuls und äußerer Reaktion weg, der innere Impuls ist gleich-

[1] das Spezielle aus dem Allgemeinen ableiten

zeitig die äußere Reaktion. Impuls und Aktion fallen zusammen: die Physis löst sich auf, verzehrt sich, und der Zuschauer sieht lediglich eine Reihe sichtbar gewordener Impulse. Also die via negativa[1], die negative Methode, ist keine Ansammlung von Fertigkeiten, sondern Abbau der Widerstände. [...] Der erforderliche Bewusstseinszustand wäre eine passive Bereitschaft, einen aktiven Part zu verwirklichen, ein Zustand, in dem man nicht „etwas tun möchte", sondern eher „es mit sich geschehen lässt". [...]

Sichtbarmachen der Impulse und Zeichen

Die Formen des allgemeinen „natürlichen" Verhaltens verschleiern die Wahrheit; wir komponieren eine Rolle als Zeichensystem, das aufzeigt, was hinter der allgemein sichtbaren Maske vor sich geht: die Dialektik[2] des menschlichen Verhaltens. Im Augenblick eines psychischen Schocks, des Schreckens, der Todesangst oder der ungeheuren Freude verhält sich der Mensch nicht „natürlich". Ein Mensch in einem gesteigerten geistigen Zustand drückt sich in rhythmisch artikulierten Zeichen aus, beginnt zu tanzen, zu singen. Die elementare Gesamtheit des Ausdrucks vermittelt sich uns als Zeichen, nicht als gewöhnliche Geste. [...] Wir subtrahieren, versuchen, die Zeichen aus den Elementen des sogenannten „natürlichen" Verhaltens, die den reinen Impuls verunklären, herauszudestillieren[3]. [...]

Forschungsschwerpunkte

Deshalb bemühte ich mich ab 1960 mit aller Kraft um eine Methode. Ich versuchte, durch Experimentieren mit der Praxis Antworten auf die Fragen zu finden, die sich mir von Anfang an gestellt hatten: Was ist Theater überhaupt? Was ist das Einzigartige daran? Was kann Theater, was Film und Fernsehen nicht können? Zwei konkrete Konzeptionen kristallisierten sich heraus: das Arme Theater und die Aufführung als ein Akt der Überschreitung.

Schrittweise Abwendung vom „reichen Theater"

Wir sonderten nach und nach alles aus, was uns überflüssig erschien, und stellten fest, dass Theater ohne Schminke, ohne Bühnenbild und Kostüm in verselbstständigter Form, ohne abgeteilte Bühne, ohne Beleuchtung und Geräuschkulisse usw. stattfinden kann. Auf die spürbare, unmittelbare, „lebendige" Kommunikation zwischen Schauspieler und Publikum ist es jedoch angewiesen. Das ist eine altbekannte theoretische Wahrheit, sicherlich, aber wenn man die Praxis streng nach ihr beurteilt, werden die meisten unserer üblichen Theaterauffassungen fragwürdig. Sie erschüttern den Glauben, Theater sei die Synthese[4] völlig verschiedener Kunstgattungen – Literatur, Bildhauerei, Malerei, Architektur, Beleuchtung, Darstellung (unter Anleitung eines Regisseurs). Dieses „synthetische Theater" ist das zeitgenössische Theater, wir nennen es einfach das „Reiche Theater" – reich an Trugschlüssen. Das Reiche Theater nährt sich von künstlerischem Diebesgut, das es anderen Kunstgattungen entwendet; es verfertigt Konglomerate[5] ohne Sinn und Form, präsentiert sie jedoch als organisches Kunstwerk. [...]

Die Konsequenz: Armut im Theater

Wie sehr auch immer das Theater seine technischen Mittel erweitert und ausnützt, es bleibt doch, verglichen mit Film und Fernsehen, technisch minderwertig. Deshalb schlage ich als Konsequenz die Armut im Theater vor. Wir haben die Einteilung Bühne – Zuschauerraum aufgegeben: der Raum für Schauspieler und

[1] lat. für „der negative Weg"
[2] hier: innere Gegensätzlichkeit
[3] hier: herausfiltern
[4] Zusammenführung
[5] Zusammenballungen

Publikum wird für jede Aufführung neu entworfen. So kann die Beziehung zwischen Publikum und Schauspieler unendlich variiert werden. Der Schauspieler kann mitten unter den Zuschauern spielen, kann zum Publikum gehören und diesem dadurch eine passive Rolle in dem Drama zuweisen [...]. Die Schauspieler können auch mitten unter den Zuschauern agieren und sie nicht beachten, durch sie hindurchsehen. Die Zuschauer können von den Schauspielern separiert werden – durch einen hohen Zaun zum Beispiel, über welchen sie gerade ihre Köpfe recken können [...]; sie schauen aus dieser völlig schrägen Perspektive auf die Schauspieler wie auf Tiere in einem Käfig herunter oder sie verfolgen die Handlung [...]. [...] Es kann auch der ganze Raum als konkreter Schauplatz verwendet werden: bei Fausts „Abendmahl" im Refektorium des Klosters, wo er den Zuschauern, die Gäste auf einem barocken Fest sind und an langen Tafeln bedient werden, die Ereignisse seines Lebens darlegt. Die Hauptsorge sollte sein, die jeder Aufführung angemessene Beziehung von Schauspieler und Publikum herauszufinden und die Entscheidung in Arrangements umzusetzen, die die Physis aller Beteiligten einbeziehen.

Zum Einsatz stationierbarer Lichtquellen

Wir verzichten auf die von Scheinwerfern ausgeleuchtete Bühne, was uns eine weite Skala von Möglichkeiten eröffnete, indem wir dem Schauspieler selbst stationierte Lichtquellen an die Hand geben, für einen überlegten Umgang mit Schatten und Lichtspots usw. Es hat seine besondere Bedeutung, wenn sich ein Schauspieler plötzlich in einer beleuchteten Zone befindet; es heißt mit anderen Worten: er wird sichtbar, er beginnt seine Rolle in der Aufführung zu spielen. [...]

Einfühlung „auf arme Weise"

Wir verzichteten auf Schminke, falsche Nasen, ausgestopfte Bäuche – auf alles, womit sich der Schauspieler vor der Vorstellung in der Garderobe zurechtmacht. Wir entdeckten dabei, dass der Schauspieler eine theatergemäße Verwandlung von einem Typ in einen anderen, von einem Charakter in einen anderen, von einer Gestalt in eine andere vollziehen kann – vor den Augen des Publikums – auf eine arme Weise, nur durch seinen Körper und die Kunst, mit ihm umzugehen. [...] Die Eliminierung der bildnerischen Elemente, die ein Eigenleben führen (das heißt, noch etwas außerhalb dessen repräsentieren, als wofür der Schauspieler sie gebraucht), führt zur Erschaffung der elementarsten und sinnfälligsten Objekte durch den Schauspieler selbst. Er verwandelt durch genaue Gestenführung den Fußboden in ein Meer, den Tisch in einen Beichtstuhl, ein Stück Eisen in einen Partner aus Fleisch und Blut usw. [...]

Bedingungen für Theater und Wiedergeburt des Schauspielers

Ich behaupte nicht, dass alles, was wir machen, neu ist. Wir unterliegen, bewusst oder unbewusst, den Einflüssen unserer Tradition von Wissenschaft und Kunst; wir unterliegen dem Aberglauben und den seltsamen Ängsten der Zivilisation, die uns geformt hat, genauso wie wir die spezifische Luft des Kontinents atmen, auf dem wir geboren sind. All das beeinflusst unsere Unternehmungen, auch wenn wir es manchmal leugnen. [...] Der Schauspieler erlebt eine Wiedergeburt – nicht nur in seinem Beruf, sondern als Mensch – und mit ihm werde ich wiedergeboren. Ich drücke mich sehr ungeschickt aus, gemeint ist das Ziel der vollkommenen gegenseitigen Anerkennung zweier menschlicher Wesen.

Peter Brook

Theorie

geb. 1925

Der Brite Peter Brook gehört zu den bedeutendsten Regisseuren des 20. Jahrhunderts. Mit seinem Werk „Der leere Raum“ (1968) geht er ganz neue Wege und vereint darin vor allem die Ideen von Artaud, Grotowski und Brecht.
Brook beschäftigt sich zunächst mit den Theaterbühnen seiner Zeit und definiert sie als **„tödliches Theater“**: Seiner Meinung nach tötet dieses die Fantasie der Menschen mit seiner immer gleichen Inszenierungsweise – es verwechselt, so Brook, Liebe mit Sex, Schönheit mit Ästhetizismus und Magie mit Hokuspokus.
Der Theaterregisseur aber möchte der Verkümmerung der Fantasie entgegenwirken und Theater wieder zu einem echten **„Lebensmittel“** für die Menschen machen, nach dem sie sich verzehren und das sie noch überraschen kann.
Brook sucht deshalb nach einer neuen Bildsprache und **neuen Formen** für das Theater. Erster Schritt in diese Richtung ist für ihn die Besinnung auf nur diejenigen Elemente, die für Theater absolut notwendig sind:

Peter Brook

„Ich kann jeden leeren Raum nehmen und ihn eine nackte Bühne nennen. Ein Mann geht durch den Raum, während ihm ein anderer zusieht; das ist alles, was zur Theaterhandlung notwendig ist.“

Er stellt damit den **Schauspieler** in den Mittelpunkt seiner Arbeit und verzichtet weitgehend auf Requisiten und Bühnendekoration. Da sein Theater mit Illusionen arbeitet und diese für alle Menschen verständlich sind, versucht er auch, eine Bühnensprache zu schaffen, die seine Ideen unterstützt:

„‚Orghast‘ nannten sie diese Sprache, die als reine Lautsprache so aufgebaut war, dass den Lauten und ihren Verbindungen ‚universell‘ zu verstehende Bedeutungen zugeordnet waren. Hughes und Brook stützten sich dabei auf die Hypothese, dass gesprochene Wörter aus alten Sprachen Bedeutungen haben, die beim Hörer unmittelbar eine emotionale Reaktion hervorrufen […].“ (Brauneck)

Szenenbild aus „Timon von Athen“, inszeniert von Peter Brook, Paris 1974

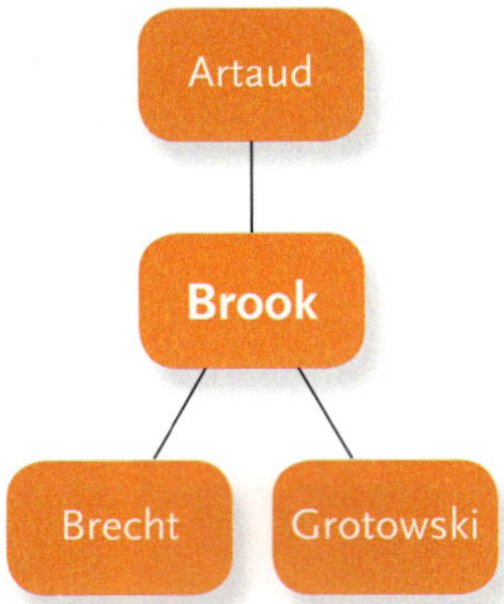

Brook entwickelt die Ideen von **Artaud, Grotowski und Brecht** weiter: Artauds Konzentration auf Körpersprache, Bewegungen und die rituelle Erfahrung verbindet er mit Grotowskis Idee vom armen, dekorationslosen Theater, das den Schauspieler in den Mittelpunkt stellt.
Dabei übernimmt er jedoch keinesfalls alle Vorstellungen der anderen Theatertheoretiker – bei Artaud sieht Brook beispielsweise die Gefahr, dass ein solches Theater ins Irrationale abdriftet. In der Auseinandersetzung mit Brecht, der für ihn den Zuschauer zu viel belehren will, entsteht schließlich seine charakteristische Inszenierungstechnik: Das **Ergebnis** ist ein Theater, welches den Zuschauer sowohl zum Nachdenken und Hinterfragen anregen als auch unterhalten und illusionieren will.
Diese besondere Verbindung entdeckt Brook in der Bühnenarbeit Shakespeares wieder: Szenen mit derber Komik werden gefolgt von solchen mit hohem philosophischem oder gesellschaftspolitischem Gehalt. Deshalb fordert er: „Wir müssen [...] einen Weg vorwärts finden, der zu Shakespeare zurückführt. Gerade durch den Gegensatz von Derbem und Heiligem [...] erhalten wir die aufwühlenden und unvergesslichen Eindrücke seiner Stücke."
Neben dem für seine Arbeit wesentlichen **Prinzip der Illusion** sucht der Theaterregisseur stets auch nach dem jeweils einfachsten „Zeichen", um etwas Bestimmtes auf der Bühne darstellen zu können. Diese beiden Aspekte vereinen sich zum Beispiel bei seiner Arbeit mit einem Papierschmetterling:
Als Abschluss eines Stückes über den Vietnamkrieg lässt Brook von seinen Schauspielern einen Schmetterling verbrennen. So gelangt er zu einem möglichst einfachen und doch zugleich wirkungsvollen **Zeichen**. Wichtig ist ihm hierbei, dass die Darsteller einen Papierschmetterling so verbrennen, dass das Publikum glaubt, einen echten zu sehen. Als sich daraufhin der königliche Tierschutzverein an ihn wendet und protestiert, teilt Brook ihm mit, dass es sich um keinen echten Schmetterling gehandelt habe. Für den Fall, dass der Verein die Wahrheit verrate (und so die Publikumswirkung einschränke), droht er ihm schließlich damit, beim nächsten Mal wirklich einen echten Schmetterling zu verwenden.

„In modernen Theaterstücken kann man die Schönheit eines so gewaltigen Werkes das erste Mal gar nicht fassen. Und zum zweiten Mal sieht man sich so etwas nicht an."
Curt Goetz

Szene aus „Fragments", inszeniert von Peter Brook, Kalifornien 2011

Peter Brook: Der leere Raum

Theorie

Um Peter Brooks Ideen näher betrachten zu können, folgt ein Auszug aus seiner Schrift „Der leere Raum", der gekürzt und zum besseren Verständnis mit Zwischenüberschriften versehen worden ist.

Im heutigen Theater verliert das gesprochene Wort an Bedeutung.

Heute scheint das Theater des Zweifels, der Unruhe, der Sorge, der Angst wahrer als das Theater mit edlem Ziel. [...] Man hat mir zuweilen vorgeworfen, dass ich das gesprochene Wort zerstören wolle, und in diesem absurden Vorwurf steckt tatsächlich ein Gran[1] Wahrheit. Durch die Verschweißung mit dem amerikanischen Idiom[2] ist unsere sich ständig wandelnde Sprache zu einem noch nicht dagewesenen Reichtum gelangt, und doch scheint es nicht so, als sei das Wort für die Dramatiker das gleiche Werkzeug wie einst. Liegt es daran, dass wir in einem Zeitalter der Bilder leben? Oder dass wir durch eine Periode der Bildersättigung gehen müssen, damit sich der Bedarf nach Sprache wieder einstellt? Das ist gut möglich, denn heute scheinen die Schriftsteller unfähig zu sein, durch das Mittel der Worte Ideen und Bilder mit elisabethanischer Kraft aufeinanderprallen zu lassen. [...]

Orientierung an Artaud

Und doch hat in dieser Wüste ein Prophet die Stimme erhoben. Ein erleuchteter Geist, Antonin Artaud, der gegen die Sterilität des französischen Theaters vor dem Krieg Sturm lief, hat Essays[3] geschrieben, in denen er aus seiner Fantasie und Intuition ein anderes Theater beschrieb – ein heiliges Theater, in dem die brennende Mitte durch die ihm zunächst stehenden Formen spricht. Ein Theater, das funktioniert wie die Pest, durch Ansteckung, durch den Rausch, durch Analogie, durch Magie; ein Theater, in dem das Stück, das Ereignis als solches an Stelle eines Textes steht. [...] Der Titel [„Das Heilige Theater"] war als Huldigung für Artaud gedacht, bedeutete aber nicht, dass wir versuchten, Artauds eigenes Theater zu rekonstruieren. Alle, die wissen wollen, was „Theater der Grausamkeit" bedeutet, sollten sich an Artauds eigene Schriften halten. Wir haben dieses auffällige Etikett benutzt, um unsere eigenen Experimente zu decken, die weitgehend von Artauds Gedanken unmittelbar beeinflusst waren – obwohl viele Übungen sich von seinen Vorschlägen weit entfernten. Wir begannen nicht in der brennenden Mitte, sondern sehr einfach an den Rändern.

Kommunikations- und Sprachexperimente: Was wird mindestens für Theater benötigt?

Wir setzten einen Schauspieler vor uns hin, forderten ihn auf, sich eine dramatische Situation vorzustellen, die keine körperliche Bewegung benötigte, und dann versuchten wir alle zu begreifen, in welchem Zustand er sich befand. Das war selbstverständlich unmöglich, worauf es bei dieser Übung auch ankam. Die nächste Stufe war die Entdeckung dessen, was er als das Mindeste brauchte, bis eine Verständigung zustande kam: war es ein Klang, eine Bewegung, ein Rhythmus – und waren diese austauschbar –, oder hatte jedes Mittel seine besonderen Stärken und Schranken? So arbeiteten wir also, indem wir drastische Bedingungen aufzwangen. Ein Schauspieler muss eine Idee mitteilen – der Anfang muss immer ein Gedanke oder ein Wunsch sein, den er ausstrahlen muss – aber er hat

[1] hier gemeint: eine Spur, eine Prise
[2] feste Redewendung
[3] kurze Abhandlung

zum Beispiel nur einen Finger, einen Ton in der Stimme, einen Schrei oder die Fähigkeit zu pfeifen zu seiner Verfügung.

Die Notwendigkeit, ohne Worte zu kommunizieren, erzeugt eine Form der Geräuschkommunikation.

Ein Schauspieler sitzt an einem Ende des Zimmers, das Gesicht zur Wand. Am anderen Ende ist ein anderer Schauspieler, er betrachtet den Rücken des ersten, der sich nicht bewegen darf. Nun muss der zweite den ersten zum Gehorsam zwingen. Da ihm der erste den Rücken zukehrt, kann der zweite seine Wünsche nur durch Geräusche kundtun, denn Worte sind ihm nicht erlaubt. Das scheint unmöglich, kann aber erreicht werden. Es ist, als überquere man auf einem Seil einen Abgrund: die Notwendigkeit erzeugt plötzlich seltsame Kräfte. Ich habe von einer Frau gehört, die ein großes Auto von ihrem verletzten Kind gehoben hat – eine Leistung, die für ihre Muskeln in jeder voraussehbaren Lage unmöglich war. [...] Bei dieser Übung haben wir auch viele Male ein gleichermaßen phänomenales Resultat beobachtet: ein langes Schweigen, große Konzentration, ein Schauspieler, der versuchsweise eine Skala von Zisch- oder Gurgellauten durchlief, bis plötzlich der andere Schauspieler aufstand und durchaus zuversichtlich die Bewegung ausführte, die der andere sich vorstellte. Ähnlich experimentierten diese Schauspieler, um sich mitzuteilen, indem sie mit dem Fingernagel klopften: Sie gingen von einem starken Bedürfnis aus, etwas auszudrücken, und benutzten wieder nur ein einziges Werkzeug. Hier war es Rhythmus – bei anderer Gelegenheit waren es die Augen oder der Hinterkopf. [...]

Imitation ohne körperliche Veränderung

Einer der interessantesten Momente trat während einer Übung ein, bei der jedes Mitglied der Gruppe ein Kind zu spielen hatte. Natürlich brachte einer nach dem anderen die „Imitation" eines Kindes, indem er sich duckte, zappelte oder quäkte – und das Ergebnis war ausgesprochen peinlich. Dann trat der Größte der Gruppe vor und spielte zu jedermanns Befriedigung ohne irgendeine körperliche Veränderung, ohne den Versuch, Babysprache zu sprechen, vollkommen die Idee, zu deren Verwirklichung er aufgerufen war. Wie? Ich kann's nicht beschreiben; es geschah als unmittelbare Kommunikation, nur für die Anwesenden. Das nennen manche Theater-Magie, andere Wissenschaft, aber es ist ein und dasselbe. Eine unsichtbare Idee wurde richtig schaubar. Ich sage „schaubar", weil ein Schauspieler, der eine Geste macht, für sich selbst aus seinem tiefsten Bedürfnis heraus schafft, und doch auch für den anderen. [...]

Weitere Experimente mit wortloser und nicht-logischer Sprache

Langsam tasteten wir uns an verschiedene wortlose Sprachen heran: Wir nahmen ein Ereignis, ein Erlebnisfragment und verwandelten sie durch Übungen in Formen, die mitteilbar waren. Wir ermutigten die Schauspieler, sich nicht nur als Stegreifspieler zu sehen, die sich blindlings ihren inneren Impulsen auslieferten, sondern als Künstler, die verantwortungsbewusst zwischen Formen suchten und wählten, so dass eine Geste oder ein Schrei wie ein Objekt wird, das er entdeckt und selbst neu gestaltet. In naturalistischen Stücken gestaltet der Dramatiker den Dialog so, dass der zwar natürlich erscheint, aber sichtbar macht, was er zeigen will. Durch den alogischen Gebrauch der Sprache, durch die Einstreuung des Lächerlichen in die Rede und des Fantastischen ins Betragen eröffnet der Autor des absurden Theaters für sich ein neues Vokabular. Es kommt zum Beispiel ein Tiger ins Zimmer, aber das Paar schenkt ihm keine Bedeutung. Die Frau spricht, der Mann antwortet, indem er sich die Hose auszieht, und ein neues Paar fliegt durchs Fenster herein. Das absurde Theater hat das Unreale nicht nur um seiner selbst willen gesucht. Es hat es dazu benutzt, um gewisse Forschungen anzustellen, weil es in unseren Alltagsunterhaltungen etwas Unwahres spürte und im scheinbar Weithergeholten etwas Wahres. [...]

Zu Artauds „heiligem Theater"

Was [Artaud] in seinem Suchen nach dem Heiligen gewollt hat, war absolut: er wollte ein Theater, das ein heiliger Ort wäre, er wollte, dass das Theater von einer Schar geweihter Schauspieler und Regisseure bedient würde, die aus ihrer eigenen Persönlichkeit eine endlose Folge leidenschaftlicher Szenenbilder schufen und dadurch eine so mächtige und unmittelbare Explosion des menschlichen Stoffes hervorbrächten, dass nie wieder jemand zum Theater der Anekdote und des Dialogs zurückkehren würde. [...] Er wollte ein Publikum, das alle Abwehr fahren ließe, das sich durchlöchern, schockieren, verblüffen und vergewaltigen ließe, so dass es zu gleicher Zeit mit einer mächtigen neuen Ladung gefüllt werden könnte. Das klingt ungeheuer und weckt doch einen nagenden Zweifel. Wie passiv wird dadurch der Zuschauer? Artaud behauptete, dass wir uns nur im Theater von den erkennbaren Formen befreien könnten, in denen wir unser tägliches Leben hinbringen. Dies machte das Theater zu einem heiligen Ort, in dem eine größere Realität gefunden werden könnte.

Augusto Boal

Theorie

1931 – 2009

Der wichtigste Theaterreformer im Lateinamerika des 20. Jahrhunderts ist Augusto Boal. In seinem Konzept **„Theater der Unterdrückten"** („teatro do oprimido") entwickelt er viele neuartige und revolutionäre Ideen. Seine Vorstellungen sind dabei von den Erfahrungen in seiner Heimat Brasilien geprägt, das 1964-1985, also 21 Jahre lang, von einer **Militärdiktatur** unterdrückt wird. Inhaftierung, Folter und Exil hat Boal am eigenen Leib erfahren müssen. So schreibt er:

Augusto Boal

„Das Theater der Unterdrückten und seine Formen [...] entstanden als Antwort auf die Repression in Lateinamerika, wo täglich Menschen auf offener Straße niedergeknüppelt werden, wo die Organisationen der Arbeiter, Bauern, Studenten und Künstler systematisch zerschlagen, ihre Leiter verhaftet, gefoltert, ermordet oder ins Exil gezwungen werden. Dort ist das Theater der Unterdrückten entstanden."

Welche schrecklichen Gräueltaten sich im Land noch ereignen, schildert er so: „Einem Komponisten wurden im Nationalstadion von Chile beide Hände abgehackt. Einem Bauern wurden am ganzen Körper Messerstiche zugefügt, dann wurde er mit Honig beschmiert und auf einen Ameisenhaufen gelegt. Das geschah in Pernambuco, Brasilien. Studenten der Universität La Paz, Bolivien, wurden auf einen großen Platz zusammengetrieben und von Tieffliegern mit Maschinengewehren niedergemäht. Auf der Plaza de las Tres Culturas, in Mexiko, wurden 300 Studenten von Panzern niedergewalzt. Die Soldaten hatte man unter Drogen gesetzt. Dort ist das Theater der Unterdrückten entstanden."

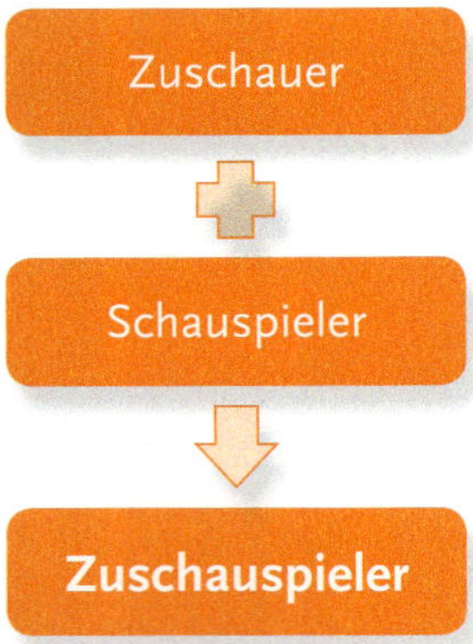

Boal orientiert sich bei seiner Arbeit an den **Ideen Brechts**, entwickelt diese aber weiter – für ihn zeigt das Theater nicht nur Ideen im „Dienst der Revolution“, sondern ist ein Teil der Veränderung und ihre Vorbereitung, sozusagen die „Generalprobe“ des Aufstands.
Er möchte ein Theater, welches das Leben selbst beeinflusst, also etwas verändern kann. Dafür hebt Boal die Trennung zwischen Schauspielern und Publikum bzw. Zuschauerraum und Bühne vollständig auf. Als Konsequenz daraus gelangt er zu einem neuen Begriff, dem **„Zuschauspieler“** (engl. **„spectactors“**[1]).
So entsteht ein **Volkstheater** („teatro popular“) für jedermann, für das man keine professionelle Ausbildung benötigt. Dadurch, dass er freiwillig mitmacht, lernt der Einzelne und ist künstlerisch tätig – Theater vom Volk für das Volk:

„Volkstheater erfasst die Themen stets aus der Erfahrungsperspektive des Volkes. Es müssen nicht unbedingt politische Themen sein. Alles, was die Menschen betrifft, kann zum Sujet[2] werden [...].“

Das **„Theater der Unterdrückten“** soll dabei immer die namensgebenden „Unterdrückungen“ in den Mittelpunkt der Betrachtung rücken: Diskriminierung von Ausländern, Zensur von Ideen, alltägliche Verhöhnungen – all das und viel mehr kann Thema sein. Wichtig ist, dass der Zuschauer aktiv wird und Fragen stellt – auf diese Weise übernimmt er selbst die Hauptrolle:

„Die Unterdrückten müssen zu Wort kommen. Nur sie selbst können ihre Unterdrückung zeigen. Sie müssen ihre eigenen Wege zur Freiheit entdecken, sie selbst müssen die Handlungen proben, die sie zur Freiheit führen. [...] Schluss mit einem Theater, das die Realität nur interpretiert; es ist an der Zeit, sie zu verändern. Der Zuschauer, der in einer Forumtheater-Sitzung fähig gewesen ist zu einem Akt der Befreiung, will diesen auch draußen, im Leben, vollbringen, nicht nur in der fiktiven Realität des Theaters. Die „Probe“ bereitet ihn auf die Wirklichkeit vor.“

Augusto Boal reist als Theaterpädagoge in viele Länder und bietet Workshops an, in denen er seine Ideen vom „Theaterkampf“ für eine bessere und gerechtere Welt vermittelt. Als er sich schließlich 1992 in Rio de Janeiro für die Wahl zum Stadtrat aufstellen lässt und diese auch gewinnt, kann Boal seine Vorstellung von der politischen Arbeit durch **„legislatives Theater“** verwirklichen – bis 1996 entstehen aus seinen Theaterprojekten heraus viele Vorschläge und Ideen, die schließlich sogar in dreizehn verabschiedeten Gesetzen münden. Dies zeigt nicht zuletzt, dass Theater auch konkret Politik und Leben der Menschen positiv beeinflussen und verändern kann.

Boals wichtigste bzw. bekannteste Methoden „unsichtbares Theater“, „Zeitungstheater“, „Forumtheater“ und „Statuentheater“ sollen im Folgenden exemplarisch erläutert werden:

Das unsichtbare Theater ist eine Art von Straßentheater. Die Schauspieler studieren vorher eine Szene mit allen denkbaren Entwicklungen ein, die sie später irgendwo im öffentlichen Raum aufführen. Dieses Schauspiel thematisiert immer ein gesellschaftlich oder politisch brisantes Thema, wie etwa Fremdenfeindlichkeit. Die Szene wird dann beispielsweise in der U-Bahn aufgeführt – die dort

[1] Wortneuschöpfung aus engl. „spectator“ und „actor“
[2] Thema

anwesenden Menschen wissen nicht, dass sie ein Schauspiel beobachten und werden so ungewollt zu Beteiligten. Diese Zuschauer sollen dadurch aktiv werden und in die Szene eingreifen, indem sie zum Beispiel eine Schlägerei verhindern. **Boals Ziel**: Diskussionen auslösen, die Menschen sensibilisieren, sie erziehen, das Richtige zu tun und – in diesem Fall – Zivilcourage zu beweisen.

Die einzige seiner Methoden, die in Brasilien entsteht, ist das **Zeitungstheater.** Es geht darum wahrzunehmen, dass auch vermeintlich objektiv geschriebene Texte die Menschen täuschen können. Zeitungsmeldungen, Festreden, Ansprachen und so weiter sollen durch Boals Techniken genau verstanden, kritisch hinterfragt und „entlarvt" werden. So wird zum Beispiel ein Text über ein ausschweifendes Staatsbankett öffentlich vorgelesen und mit einer Meldung kombiniert, in der die Regierung die Rationierung von Fleisch und anderen Lebensmitteln für die Bürger ankündigt.

Eine andere Spielart ist das **Forumtheater.** Hierbei wird eine Szene von etwa fünf bis zehn Minuten Länge erarbeitet, die eine Unterdrückung thematisiert und einen Lösungsvorschlag zeigt. Danach sollen die Zuschauspieler, wenn ihnen etwas nicht gefällt oder wenn sie einen anderen Lösungsvorschlag haben, „Stopp!" rufen und den entsprechenden Darsteller ablösen.

Vorstufe zum Forumtheater ist das **Statuentheater,** bei dem zunächst der Zustand der Unterdrückung in einer Art Standbild präsentiert wird. Dann soll ein Bild zur Lösung dieses Problems dargestellt werden, um schließlich den „Übergangszustand" als Standbild zu erhalten.

„Alle beseitigbaren, gesellschaftlichen Unvollkommenheiten gehören nicht in die Tragödie, sondern in die Komödie."
Bertolt Brecht

Augusto Boal: Unsichtbares Theater

Theorie

Das unsichtbare Theater ist eine sehr reizvolle und gleichermaßen einfach umzusetzende Technik, die sich in jedem gesellschaftlichen Umfeld ausprobieren lässt. Nachstehend folgt ein Auszug aus Boals Erlebnissen und Regeln zu dieser Theaterform.

In der Praxis und zum Üben

Die Gruppe soll sich gemeinsam ein Thema für eine Szene zu einem Unterdrückungsverhältnis, wie Boal es nennen würde, überlegen und hierzu anschließend eine Spielhandlung entwickeln. Diese wird schließlich in einem öffentlichen Rahmen (Supermarkt, Bank, Schule, Fußgängerzone etc.) präsentiert, mit dem Ziel, die zunächst unbeteiligten Zuschauer, die nicht wissen, dass sie Teil des Schauspiels sind, zu sensibilisieren und zu aktivieren. Mögliche Themen sind zum Beispiel Mobbing, Fremdenfeindlichkeit, Betrug, Raub und so weiter...

Bei jeder szenischen Ausarbeitung gilt es hier allerdings, sich vorher genau zu überlegen, wie die unbeteiligten Zuschauer auf das Gesehene reagieren könnten und welche möglichen Konsequenzen und Verstrickungen denkbar sind. Hilfreich können auch die von Boal aufgestellten „Spielregeln und Ziele" sein.

Achtung: Niemals sollten zu riskante Aufführungsideen verwirklicht werden – die Sicherheit der Schauspieler muss oberste Priorität haben. Boal selbst muss teilweise die Polizei einbinden, um möglichen Eskalationen zu vermeiden: Es kann schließlich niemals zuverlässig vorhergesagt werden, wie ein Zuschauer möglicherweise reagiert.

Augusto Boal bei einem seiner Workshops

Augusto Boal: Unsichtbares Theater

Unsichtbares Theater ist Theater. Es handelt stets von einem aktuellen Thema, von dem mit Sicherheit [angenommen] werden kann, dass es bei den Zuschauern auf Interesse stößt. [...] In Europa haben wir Experimente mit Unsichtbarem Theater in der Pariser Métro gemacht, in Stockholm auf Fähren, in Restaurants, auf den Straßen und sogar während eines Vortrags in einem Saal.
[...] Anders das „Unsichtbare Theater". Hier wissen die Zuschauer nicht, dass sie Zuschauer sind, und sind daher, gleichzeitig, auch Akteure. Sie agieren gleichberechtigt mit den Schauspielern, die ihnen nur eins voraushaben: Sie wissen, was gespielt wird. Zugleich werden die Schauspieler hier zu Zuschauern. Dieses Theater, das sich von seinen traditionellen Ritualen befreit, braucht nicht die Bühne als Schauplatz: Jeder Schauplatz wird zur Bühne für die Dauer der Handlung. [...]

Das Unsichtbare Theater geht von einem geschriebenen Text aus, einer fest umrissenen Konfliktsituation. Es muss bis ins Detail genau vorbereitet werden, nicht nur, was die Szene selbst und das Zusammenspiel der Schauspieler betrifft, sondern auch hinsichtlich der möglichen Mitwirkung der „Zuschauer". Die Schauspieler müssen darauf vorbereitet sein, alle denkbaren Stichworte der Zuschauer in ihr Spiel aufzunehmen. [...]
Eine einfache Variante des Unsichtbaren Theaters besteht darin, vorzugsweise im Zug, Reisebus usw. heikle Themen ins Gespräch zu bringen, um eine Diskussion auszulösen und Denkanstöße zu geben. Wir nannten diese Form den „Auslöser" oder die „Zeitzünderbombe". Die politische Wirkung dieser Spielform hängt ab von der Wahl des Gesprächsstoffs und einer geschickten Gesprächsführung.

Unsittliche Annäherung
Diese Szene haben wir dreimal in der Pariser Métro, auf der Strecke Vincennes-Neuilly, gespielt. Ort der Handlung war der Wagen vor den Erste-Klasse-Abteilen, in der Zugmitte.

1. Alle an der Szene beteiligten Schauspieler bis auf zwei steigen an der ersten Haltestelle ein. Wir verteilen uns im Wagen. Zwei Schauspielerinnen stellen sich an die Tür in der Wagenmitte, eine andere Schauspielerin, das „Opfer", setzt sich auf eine Bank, der Tunesier auf den Platz daneben, die Mutter mit Kind weiter hinten. Zwei Stationen lang geschieht nichts Außergewöhnliches. Wir lesen Zeitung oder unterhalten uns mit den Fahrgästen.
2. An der dritten Station steigt der „Sittenstrolch" zu. Er setzt sich dem „Opfer" gegenüber oder stellt sich neben die junge Frau, wenn die Bank besetzt ist. Nach einigen Minuten beginnt er, sein Bein gegen das der jungen Frau zu drücken. Sie sagt, er solle das gefälligst lassen. Der Mann entschuldigt sich, es sei ein Versehen gewesen. Keiner der Fahrgäste mischte sich ein oder ergriff Partei für die junge Frau. Wenig später versucht der Mann es noch einmal, diesmal streichelt er ihr, für alle sichtbar, den Oberschenkel. Die junge Frau reagiert sehr heftig. Niemand leistete ihr Beistand. Sie stand auf und ging weiter nach vorn. Der Tunesier lächelte dem „Sittenstrolch" anerkennend zu.
3. An der fünften Haltestelle steigt ein neues Opfer ein, diesmal ein junger Mann. Wir hatten für diese Rolle einen hübschen Schauspieler ausgesucht. Kaum war er eingestiegen, begannen die zwei Schauspielerinnen, die an der Tür standen, sich über sein Aussehen zu unterhalten. Nach einigen Minuten machte sich die eine an ihn heran und fragte ihn nach der Uhrzeit. Er gab Auskunft. Dann fragte

sie ihn, wo er aussteigen werde. „Ich wüsste nicht, warum Sie das interessieren könnte. Ich frage ja auch nicht, wo Sie aussteigen." „Aber Sie hätten mich danach fragen können. Dann würde ich antworten: Ich steige ‚République' aus. Wir können zusammen aussteigen, spazieren gehen oder zusammen eine Tasse Kaffee trinken." Diese ungewohnte Szene verschlug den Fahrgästen zunächst die Sprache. Der junge Mann versuchte sich zu entziehen, aber sie hielt ihn fest: „Weißt du, ich finde dich irre, du siehst unheimlich toll aus." Vergebens versuchte sich der junge Mann loszumachen. Da wurde es einigen Fahrgästen zu bunt, und sie ergriffen einhellig Partei gegen die beiden Frauen. Der „Sittenstrolch" von vorhin kam dem jungen Mann zu Hilfe. Die junge Frau, das „Opfer", stellte sich auf die Seite der beiden jungen Frauen, mit dem Argument, ihr hätte vorhin niemand geholfen, und wenn ein Mann unbehelligt eine Frau belästigen dürfe, dann hätten Frauen das gleiche Recht.

4. Zu dritt greifen die Frauen jetzt den „Sittenstrolch" an, der sich aus dem Staub macht. An der nächsten Station steigen sie aus. Die Schauspieler, die sich nicht an der Szene beteiligt haben, bleiben im Wagen, um die Meinung der Fahrgäste über den Vorfall zu hören und gegebenenfalls ein Gespräch über die Belästigung von Frauen in der Pariser Métro in Gang zu bringen. Um sicherzugehen, dass alle Fahrgäste den Vorfall mitbekommen haben, fragt die Mutter ihren kleinen Jungen, ob er bemerkt habe, was soeben geschehen sei. Der Junge leiert mit lauter Stimme den ganzen Vorfall herunter, damit jeder es hören kann.
   Jedes Mal, wenn wir solche Szenen spielten, kam es zu aufschlussreichen Auseinandersetzungen. Ein älterer Mann verteidigte mit Nachdruck das männliche Vorrecht: „Das ist nun mal ein Gesetz der Natur!" Für ihn war das Verhalten des Mannes Ausdruck eines „Naturgesetzes", das gleiche Verhalten bei einer Frau jedoch „abweichend", Eine ältere Dame bekundete Verständnis für die junge Frau: „Er ist wirklich sehr hübsch. Aber das geht zu weit." Ein Mann behauptete, wenn eine Frau belästigt werde, sei sie „selber daran schuld". Seine Frau saß neben ihm. Der „Tunesier" nutzte die Gelegenheit: „Meinen Sie das wirklich? Dass ein Mann das Recht hat, in der Métro eine fremde Frau anzufassen?" „Natürlich!" „Dann haben Sie wohl nichts dagegen, dass ich Ihre Frau anfasse?" Er machte Anstalten dazu. Fast wäre es zu einer Schlägerei gekommen. Der „Tunesier" musste sich entschuldigen. Er stieg noch vor der vereinbarten Haltestelle aus. Einmal löste unser Stück einen solchen Skandal aus, dass die Bahn nicht mehr weiterfahren konnte. Der Fahrer selbst war an der Haltestelle ausgestiegen, um nachzusehen, was vorgefallen war. Unsere Schauspieler hatten nicht mit dieser Situation gerechnet und improvisierten munter weiter.
   Eines hat diese Szene, so oft wir sie spielten, ganz bestimmt klargemacht: Kein Mensch hat das Recht, in die Freiheit eines anderen einzugreifen. Aber um wirklich etwas zu verändern, müsste diese Szene, wie eingangs gesagt, mehrere hundertmal gespielt werden. Dann würden die Zuschauer aus ihrer Passivität aufwachen und lernen, sich in ähnlichen Fällen richtig zu verhalten.

Spielregeln und Ziele:

a. Das Unsichtbare Theater will Unterdrückung sichtbar machen;
b. die Schauspieler dürfen sich niemals zu Gewalttätigkeiten gegen die Zuschauer hinreißen lassen oder sie bedrohen – sie müssen gewaltlos vorgehen, da es darum geht, die Gewalt innerhalb dieser Gesellschaft aufzudecken;
c. die Szene soll theatralisch, professionell im besten Sinne sein, das heißt, sie soll auch ohne Mitwirkung der Zuschauer sich entwickeln können;

d. die Schauspieler müssen den schriftlich fixierten Text des Stückes oder der Szene einstudieren, sie müssen aber gleichzeitig mögliche oder voraussehbare Stichworte der Zuschauer einbeziehen können;
e. eine Szene setzt stets die Mitwirkung mehrerer Schauspieler voraus, die sich nicht an der eigentlichen Handlung beteiligen. Ihre Aufgabe ist es, die Zuschauer „aufzuwärmen", indem sie Gespräche zum Thema der Szene in Gang bringen;
f. da jedes Land eigene Gesetze hat, müssen immer die entsprechenden Sicherheitsvorkehrungen getroffen werden;
g. niemals darf eine illegale Handlung stattfinden: Das Unsichtbare Theater setzt sich zum Ziel, Gesetze in Frage zu stellen, und nicht, Gesetze zu verletzen.

Theorie

Augusto Boal: Statuentheater

In der Praxis und zum Üben

Zunächst wählen die Spieler gemeinsam einige Themen bzw. „Unterdrückungsverhältnisse" aus, die für alle wichtig sind (etwa Mobbing, Diskriminierung, zu viel Arbeit, zu wenige Pausen etc.). Dann werden zwei bis drei Gruppen gebildet, die mittels „Statuentheater" jeweils zwei entsprechende Standbilder bauen – eines zum negativen Ausgangszustand und eines zum wünschenswerten Idealzustand.

Beispiel:

Standbild 1 zeigt, wie eine junge Frau gemobbt wird, Standbild 2 dagegen, wie alle Freunde sind.

In einem dritten Schritt sollen die Gruppen dann ein gemeinsames letztes Standbild entwickeln, das den Übergangszustand repräsentiert.

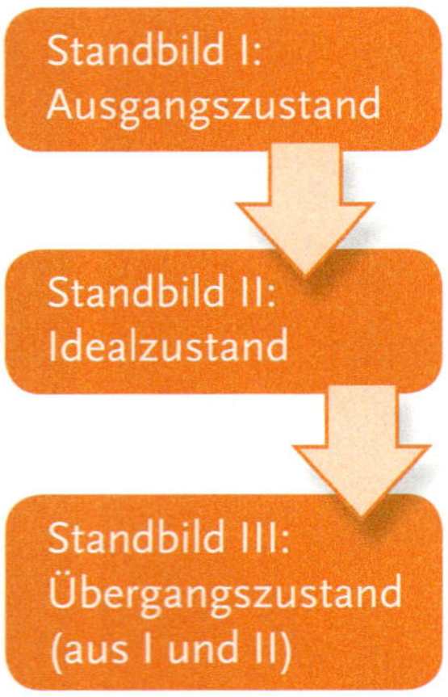

Augusto Boal: Statuentheater

Auf dieser zweiten Stufe greift der Zuschauer noch direkter ein, er bezieht Stellung zu einem ganz bestimmten Thema, einem abstrakten Begriff wie ‚Imperialismus'[1] oder einem konkreten Problem wie der unzureichenden Wasserversorgung. Die Teilnehmer sollen jedoch nicht sprechen, sondern ihre Auffassung des Themas durch Bilder ausdrücken. Jeder fügt die anderen zu einer Skulpturengruppe und bestimmt ihre Haltung bis hin zum Gesichtsausdruck. Die übrigen Teilnehmer werden gefragt, ob sie mit dem Bild einverstanden sind oder Veränderungen vornehmen wollen. Jeder darf den ersten Entwurf verändern. Wichtig ist, zu einem Bild zu gelangen, das als kollektive Vorstellung der Realität akzeptiert wird und nach Auffassung aller die plastische Umsetzung des Themas ist. Sind sich alle einig, wird das Thema erneut dargestellt, jetzt so, wie es in der Wunschvorstellung der Teilnehmer existiert. Mit anderen Worten: Die erste Gestaltung zeigt das Realbild, die zweite das Idealbild. Ausgehend von diesen beiden Bildern soll das Übergangsbild entstehen, d. h., die Teilnehmer sollen zeigen, wie sie vom realen zum idealen Bild gekommen sind. Wir haben eine Wirklichkeit vor uns, die wir verändern wollen. Wie können wir sie verändern?

[1] Streben von Großmächten nach Vorherrschaft

Figurensplitting

Technik

Das Gegenstück zu einer Doppelrolle (ein Darsteller spielt zwei verschiedene Rollen) ist das **Figurensplitting.** Diese Technik kommt vor allem im Regie-Theater des 20. Jahrhunderts zum Einsatz: Eine einzelne Rollenfigur wird in verschiedene Teile ihrer Persönlichkeit oder etwa nach Bedarf aufgespalten. Jeder Teil wird dann von einem anderen Darsteller gespielt. Der Einsatz dieser besonderen Technik bietet sich vor allem bei komplexen und vielschichtigen Figuren an oder kann dazu dienen, weitere Spieler zu beteiligen.

Wichtig: Wird eine Rollenfigur gesplittet, muss die Teilung technisch gut gespielt werden, damit nicht das Gefühl der Lächerlichkeit entsteht – fließende Wechsel zwischen den Schauspielern sind notwendig.

Die Aufteilung selbst ist darüber hinaus in erster Linie **zeitlich** möglich, beispielsweise indem die Figuren abwechselnd festgelegte Passagen sprechen. **Räumlich** verstärkt werden solche Wechsel, wenn die entsprechenden Darsteller zusätzlich die Bühne betreten bzw. verlassen.

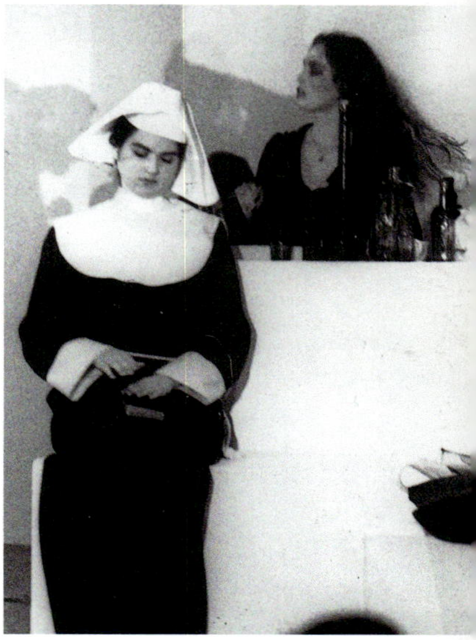

Ein andere Möglichkeit des Figurensplittings ist die Einführung einer neuen Figur, der ein Teil des Sprechtexts zugeordnet wird. Das Bild zeigt eine Nonne in „Der eingebildete Kranke" (Molière), deren Rolle eigens für diese Inszenierung geschaffen worden ist.

Eine literarische Gestalt, die hervorragend für ein solches Figurensplitting geeignet scheint, ist Goethes Faust – der sogar von sich selbst sagt:

„Zwei Seelen wohnen, ach! in meiner Brust,
Die eine will sich von der andern trennen;
Die eine hält, in derber Liebeslust,
Sich an die Welt mit klammernden Organen;
Die andre hebt gewaltsam sich vom Dust[1]
Zu den Gefilden hoher Ahnen."

In einer Inszenierung könnte also die Figur Heinrich Faust von zwei verschiedenen Darstellern gespielt werden, wobei der eine etwa die der „Liebeslust" zugewandte, emotionale Seite der Figur repräsentiert, während der andere das unsentimentale Streben nach höherer Erkenntnis darstellt.

Ein anderes Beispiel: Auch in Brechts „Herr Puntila und sein Knecht Matti"[2] könnte ein Figurensplitting passend eingesetzt werden, um für die Zuschauer die zwei Seiten des Gutsbesitzers Puntila deutlich zu trennen: Wenn er betrunken ist, wird er zum „guten Menschen" – ohne den Alkohol aber „mutiert" dieser zum erbarmungslosen Ausbeuter. Hier ließe sich also der Zwiespalt in der Seele des Protagonisten durch zwei Schauspieler – je einen für jede „Charakterseite" – mittels eines Figurensplittings klar hervorheben.

In der Praxis und zum Üben

Das folgende Gedicht „Schizophrenie"[3] soll in Gruppen von je zwei bis drei Spielern gemeinsam als kurze Spielszene mit einem Figurensplitting erarbeitet und anschließend präsentiert werden. Dafür muss der Text nicht wortwörtlich auf die Bühne gebracht werden – im Mittelpunkt sollte die effektvolle Nutzung des Figurensplittings stehen.

Hinweis:
Auch Simultantechnik und chorisches Sprechen können hier von Nutzen sein.

[1] Staub
[2] siehe das folgende Kapitel
[3] schwere psychische Störung mit verschiedenen Symptomen, u. a. Wahrnehmungsstörungen, Halluzinationen und Wahn; bedeutet im Griechischen wörtlich „gespaltener Verstand"

„Zwei Seelen wohnen, ach, in meiner Brust“

Mathias Zirkel
Schizophrenie

In Zwei gespalten das bin ich
Ein Teil von mir bringt helles Licht
Das zweite versteckt in Dunkelheit
Es neigt zur Gewalt
Hoffentlich verengt sich bald
der in meinem Bewusstsein
große Spalt

Ich lache vor Freude
Ich habe so viele Freunde
Ich umarme dich ganz zärtlich
Ich liebe das eine Ich

Ich schreie vor Zorn
Ich habe sie alle verloren
Ich schlage dir ins Gesicht
Ich mag das zweite nicht

In Zwei gespalten das bin ich
Viele sagen ich wäre nicht ganz dicht
Eines davon bringt helles Licht
Viele sehen nur das zweite Ich
Denn das zweite neigt zur Gewalt
Hoffentlich verengt sich bald
der in meinem
Bewusstsein große Spalt

Text

Bertolt Brecht: Herr Puntila und sein Knecht Matti

Die vorliegenden Textauszüge aus dem berühmten Brecht-Stück „Herr Puntila und sein Knecht Matti“ (1948) sind Paradebeispiele für treffend knappe Monologe, die auf der Bühne mit nur wenigen Zeilen eine starke Wirkung entfalten können.

Zum Inhalt:
Der Gutsbesitzer Puntila ist dem Alkohol sehr zugetan: Betrunken wird er zum „guten Menschen“ und hat Verständnis für die Lage seiner unterdrückten Arbeiter. Nüchtern ist er ein kalt berechnender Menschenschinder und Ausbeuter.
Seine Tochter Eva soll mit dem einfältigen angehenden Diplomaten Eino Silakka verheiratet werden – eigentlich gegen ihren „launischen“ Willen. Als sie ihrem Vater im Streit weiteren Alkohol verweigert, begibt dieser sich ins Dorf, um Schnaps zu besorgen. Dabei verlobt er sich – großzügig und spontan – mit vier Frauen: Apothekerfräulein, Kuhmädchen, Telefonistin und Schmuggler-Emma.
Um ihre eigene Verlobung zu vermeiden, bittet Eva inzwischen Puntilas Chauffeur Matti um Hilfe: Er soll mit ihr einen Seitensprung vortäuschen, um damit den zukünftigen Ehemann abzuschrecken. Als dieser jedoch Zeuge der pikanten Situation wird, reagiert er nicht wie erwartet und sieht mit Blick auf Evas finanziellen Wohlstand „diplomatisch“ über die Verfehlung hinweg.
Auf der Verlobungsfeier seiner Tochter erlangt Puntila wieder seinen Normalzustand – er gibt dem dümmlichen Eino den Laufpass und will seine Tochter nun mit Matti verloben. Diesem ist eine „feine Frau“ aber zu unpraktisch. Matti trennt

sich von ihr und bald darauf auch von seinem Herren Puntila – nach einem weiteren Alkoholexzess. Er verlässt das Gut und beschließt, sein eigener Herr zu werden.

In der Praxis und zum Üben

Zunächst sollen die drei vorliegenden Kurzmonologe der Frauen, denen Herr Puntila begegnet, durch sogenanntes **sinngestaltendes Lesen** vorgetragen werden: Hierbei verdeutlicht man beim Vorlesen die Eigenheiten der Figur, ihre Absichten und die Situation, in der sie spricht.

Anschließend verfasst jedes Gruppenmitglied selbst einen Monolog dieser Art. Thema ist, wie der jeweilige Spieler sein Leben in 20 Jahren sieht (Karriere, Beruf, Ehe, Familie, Glück, Wohlstand, Hoffnungen, Träume etc.). Der Text sollte – in Anlehnung an Brecht – mit „Ich werde so ein Leben haben“ beginnen.

Bertolt Brecht: Herr Puntila und sein Knecht Matti

Das Kuhmädchen

„Ich hab so ein Leben: Um halb vier muß ich aufstehen, den Kuhstall ausmisten und die Kuh bürsten. Dann kommt das Melken und dann wasch ich die Milcheimer, mit Soda und scharfem Zeug, das brennt auf der Hand. Dann mist ich wieder aus und dann trink ich den Kaffee, aber der stinkt, der ist billig. Ich eß mein Butterbrot und schlaf ein bissel. Am Nachmittag koch ich mir Kartoffeln und eß Sauce dazu, Fleisch seh ich nie, vielleicht, daß mir die Haushälterin einmal ein Ei schenkt oder ich find eins. Dann kommt wieder das Mistkehren, das Kuhbürsten, das Melken und das Milchkannenwaschen. Ich muß im Tag 120 Liter herausmelken. Auf die Nacht eß ich Brot und Milch, davon krieg ich zwei Liter im Tag, aber das andre, was ich mir koch, kauf ich auf 'm Gut. Frei hab ich jeden fünften Sonntag, aber abends geh ich manchmal zum Tanzen und wenn es schlimm geht, krieg ich ein Kind. Ich hab zwei Kleider, und ich hab auch ein Fahrrad.“

Das Apothekerfräulein:

„[...] Ich hab so ein Leben: Studiert hab ich vier Jahr, und jetzt zahlt mir der Apotheker weniger als der Köchin. Den halben Lohn schick ich meiner Mutter nach Tavasthus, denn sie hat ein schwaches Herz, ich hab's von ihr geerbt. Jede zweite Nacht wach ich. Die Apothekerin ist eifersüchtig, weil der Apotheker mich belästigt. Der Doktor hat eine schlechte Handschrift, einmal hab ich schon die Rezepte vertauscht, und mit den Medikamenten verbrenn ich mir immer das Kleid, dabei ist die Wäsch so teuer. Einen Freund find ich nicht, der Polizeimeister und der Direktor vom Konsumverein und der Buchhändler sind alle verheiratet. Ich glaub, ich hab ein trauriges Leben.“

Die Telefonistin:

„[...] Ich hab so ein Leben: Ich krieg 50 Mark, aber dafür darf ich nicht aus der Zentrale heraus seit 30 Jahren. Hinterm Haus hab ich ein bissel Kartoffelland und da krieg ich die Kartoffeln her, den Strömling[1] kauf ich mir dazu, aber der Kaffee wird immer teurer. Was es im Dorf gibt, und auch außerhalb, weiß ich alles. Sie würden sich wundern, was ich weiß. Ich bin nicht geheiratet worden deswegen. Ich bin die Sekretärin im Arbeiterklub, mein Vater ist Schuster gewesen. Telefonstecken, Kartoffelkuchen und Alleswissen, das ist mein Leben.“

[1] Heringsart

In Leipzig wurde an den Schlussproben von Brechts „Mutter“ gearbeitet. Der Meister selbst war mit seinen Jüngern extra aus Berlin gekommen, saß im Zuschauerraum – und qualmte seine geliebte Zigarre. Da kam der gewissenhafte Inspizient, stellte eben Brecht einen Eimer mit Sand hin, wegen der Brandgefahr. Brecht tobte: „Ich rauche! Das hat man mir nicht zu verbieten. Ich bin Brecht!“ Der Inspizient war nicht zu beeindrucken: „Guter Mann! Roochen is hier nu mal verboten. Das derfen Se nich, ooch, wenn Se der Gaiser von China sin.“ Die Probe lief ohne Brecht weiter. Er qualmte seine Zigarre auf der Straße zu Ende.

Projekt

Bertolt Brecht: Mutter Courage und ihre Kinder

„Mutter Courage und ihre Kinder – Eine Chronik aus dem Dreißigjährigen Krieg" ist Brechts vielleicht berühmtestes (Anti-Kriegs-)Stück, das 1939, also am Vorabend des Zweiten Weltkriegs, im Exil entsteht. Wie so oft, hat er sich dafür von einem bekannten Autor anregen lassen – in diesem Fall von Grimmelshausens Roman „Erzbetrügerin und Landstörzerin Courasche" (1670).

Szene aus „Mutter Courage", Berliner Ensemble, Helene Weigel in der Hauptrolle

Zum Inhalt:
Anna Fierling zieht als Marketenderin, also Händlerin, mit ihrem großen Planwagen und den beiden Söhnen Eilif und Schweizerkas sowie ihrer stummen Tochter Kattrin durch die Wirren des Dreißigjährigen Krieges.
In diesem großen Glaubenskonflikt folgt sie den protestantischen Truppen, die gegen die katholischen Soldaten des Kaisers kämpfen. Weil sie unerbittlich und beinahe fanatisch vom Krieg profitieren und Gewinn machen will, bekommt sie bald für ihren Mut den Beinamen „Mutter Courage" und wird aufgrund ihres starken händlerischen Instinkts „Hyäne des Schlachtfelds" genannt. Erst nachdem ihre Söhne sterben, ihre Tochter misshandelt und schließlich erschossen wird, beginnt „die Courage", den Feldzug nicht mehr nur positiv zu sehen. Trotzdem bleibt ihr Motto „Ich lasse mir den Krieg von euch nicht madig machen" erhalten und so lebt sie in der Illusion, dass der Kampf immer weiter geht und Menschen wie sie ernähren kann. Einsam und verlassen zieht sie am Ende hinter einem Regiment her.
Als Autor und Regisseur seines Werkes betont Brecht immer wieder die „Unbelehrbarkeit" der Mutter Courage. Was mit dem Stück vermittelt werden soll und warum es kein positives Ende nimmt, kommentiert er so: „Dem Stückschreiber obliegt es nicht, die Courage am Ende sehend zu machen [...] ihm kommt es darauf an, dass der Zuschauer sieht."
Später fasst Brecht die Geschichte der Mutter Courage in einem treffend knappen Gedicht zusammen:

Bertolt Brecht: Die Geschichte von der Mutter Courage

Es war einmal eine Mutter
War Mutter Courage genannt
Sie zog im Dreißigjährigen Krieg
Als Händlerin durch das Land.

Sie hatte keine Furcht vorm Kriege
Wollt machen ihren Schnitt[1]
Und nahm, daß sie auch was kriegten
Ihre drei Kinder mit;

Ihr Ältster fiel, weil er ein Held war
Der zweite, weil er zu brav
Die Tochter hatt' ein zu gutes Herz
Als sie die Kugel traf.

„Was gestrichen ist, kann nicht durchfallen."
altes Theater-Motto

[1] Gewinn

In der Praxis und zum Üben

Aufgabe soll es sein, in zwei verschiedenen Gruppen das erste Bild[1] der Handlung als Spielszene zu erarbeiten (max. 10 – 12 Minuten). Dabei sollte mit Elementen des epischen Theaters gearbeitet werden (Erzähler, Songs, Projektionen, Szenenüberschriften, Kommentare der Schauspieler etc.)[2].

Hinweis: Der Planwagen der Mutter Courage ist ein wichtiges Element im Stück und wird vielfältig eingesetzt – die Spieler benötigen hierfür einen guten Ersatz.

Wichtig: Um die Szene aufführen zu können, ist es erforderlich, den an dieser Stelle vollständig abgedruckten Text Brechts zunächst in der Gruppe zu kürzen. Verfahren wird, wie bei den Regisseuren des professionellen Theaterbetriebs, die oftmals Stücke zusammenstreichen, um etwa Überlänge oder zu komplizierte bzw. verstaubte Inhalte und Sprache zu vermeiden.

Bevor endgültig gekürzt wird, sollten die entsprechenden Passagen zunächst mit Bleistift markiert, gemeinsam überprüft und erst dann im wahrsten Sinne „gestrichen" werden[3]. Vor allem bei Dialogen tritt oftmals das Problem auf, dass diese ihre Wirkung verlieren, wenn zu starke Kürzungen vorgenommen werden.

Es ist möglich, entweder ganze Textteile, einzelne Abschnitte, Sätze oder Worte zu streichen. Folgende Aspekte können beim Kürzen nützlich sein und sollten beachtet werden:

- Unwesentliches von Wesentlichem trennen
- auf den Kern der Handlung konzentrieren
- Nebenhandlungen und Geschehnisse „am Rande" eventuell auslassen
- unverständliche Passagen streichen
- eventuell Figuren streichen oder splitten[4]

Für jede Bearbeitung in diesem Sinne gilt, dass sowohl der Umfang der vorgesehenen Reduzierungen überprüft wie auch deren Bedeutung im Kontext analysiert werden sollte, getreu der Leitfrage: Ist das, was wegfällt, wirklich für das Verständnis von Stück und Handlung verzichtbar und wird es später nicht mehr benötigt?

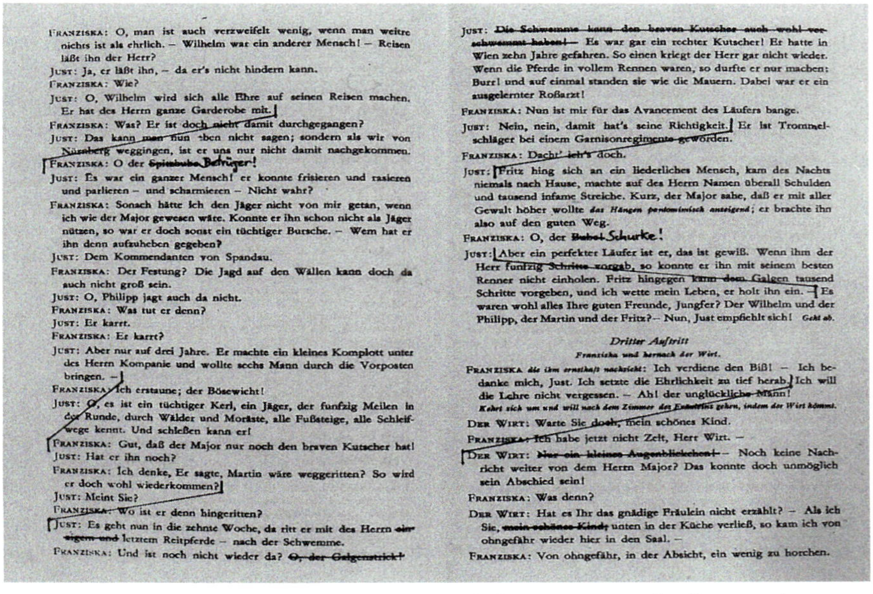

FRANZISKA: O, man ist auch verzweifelt wenig, wenn man weitre nichts ist als ehrlich. – Wilhelm war ein anderer Mensch! – Reisen läßt ihn der Herr?
JUST: Ja, er läßt ihn, – da er's nicht hindern kann.
FRANZISKA: Wie?
JUST: O, Wilhelm wird sich alle Ehre auf seinen Reisen machen. Er hat des Herrn ganze Garderobe mit.
FRANZISKA: Was? Er ist doch nicht damit durchgegangen?
JUST: Das kann man nun eben nicht sagen; sondern als wir von Nürnberg weggingen, ist er uns nur nicht damit nachgekommen.
FRANZISKA: O der ~~Spitzbube~~ Betrüger!
JUST: Es war ein ganzer Mensch! er konnte frisieren und rasieren und parlieren – und scharmieren – Nicht wahr?
FRANZISKA: Sonach hätte ich den Jäger nicht von mir getan, wenn ich wie der Major gewesen wäre. Konnte er ihn schon nicht als Jäger nützen, so war er doch sonst ein tüchtiger Bursche. – Wem hat er ihn denn aufzuheben gegeben?
JUST: Dem Kommendanten von Spandau.
FRANZISKA: Der Festung? Die Jagd auf den Wällen kann doch da auch nicht groß sein.
JUST: O, Philipp jagt auch da nicht.
FRANZISKA: Was tut er denn?
JUST: Er karrt.
FRANZISKA: Er karrt?
JUST: Aber nur auf drei Jahre. Er machte ein kleines Komplott unter des Herrn Kompanie und wollte sechs Mann durch die Vorposten bringen. –
FRANZISKA: Ich erstaune; der Bösewicht!
JUST: O, es ist ein tüchtiger Kerl, ein Jäger, der funfzig Meilen in der Runde, durch Wälder und Moräste, alle Fußsteige, alle Schleifwege kennt. Und schießen kann er!
FRANZISKA: Gut, daß der Major nur noch den braven Kutscher hat!
JUST: Hat er ihn noch?
FRANZISKA: Ich denke, Er sagte, Martin wäre weggeritten? So wird er doch wohl wiederkommen?
JUST: Meint Sie?
FRANZISKA: Wo ist er denn hingeritten?
JUST: Es geht nun in die zehnte Woche, da ritt er mit des Herrn ~~einzigem und~~ letztem Reitpferde – nach der Schwemme.
FRANZISKA: Und ist noch nicht wieder da? ~~O, der Galgenstrick!~~
JUST: ~~Die Schwemme kann den braven Kutscher auch wohl verschwemmt haben! –~~ Es war gar ein rechter Kutscher! Er hatte in Wien zehn Jahre gefahren. So einen kriegt der Herr gar nicht wieder. Wenn die Pferde in vollem Rennen waren, so durfte er nur machen: Burr! und auf einmal standen sie wie die Mauern. Dabei war er ein ausgelernter Roßarzt!
FRANZISKA: Nun ist mir für das Avancement des Läufers bange.
JUST: Nein, nein, damit hat's seine Richtigkeit. Er ist Trommelschläger bei einem Garnisonregimente geworden.
FRANZISKA: Dacht' ich's doch.
JUST: Fritz hing sich an ein liederliches Mensch, kam des Nachts niemals nach Hause, machte auf des Herrn Namen überall Schulden und tausend infame Streiche. Kurz, der Major sahe, daß er mit aller Gewalt höher wollte *das Hängen pantomimisch anzeigend*; er brachte ihn also auf den guten Weg.
FRANZISKA: O, der ~~Bube~~ Schurke!
JUST: Aber ein perfekter Läufer ist er, das ist gewiß. Wenn ihm der Herr funfzig Schritte vorgab, so konnte er ihn mit seinem besten Renner nicht einholen. Fritz hingegen kann dem Galgen tausend Schritte vorgeben, und ich wette mein Leben, er holt ihn ein. – Es waren wohl alles Ihre guten Freunde, Jungfer? Der Wilhelm und der Philipp, der Martin und der Fritz? – Nun, Just empfiehlt sich! *Geht ab.*

Dritter Auftritt
Franziska und hernach der Wirt.

FRANZISKA *die ihm ernsthaft nachsieht*: Ich verdiene den Biß! – Ich bedanke mich, Just. Ich setzte die Ehrlichkeit zu tief herab. Ich will die Lehre nicht vergessen. – Ah! der unglückliche Mann!
Kehrt sich um und will nach dem Zimmer des Fräuleins gehen, indem der Wirt kömmt.
DER WIRT: Warte Sie doch, mein schönes Kind.
FRANZISKA: Ich habe jetzt nicht Zeit, Herr Wirt. –
DER WIRT: ~~Nur ein kleines Augenblickchen!~~ – Noch keine Nachricht weiter von dem Herrn Major? Das konnte doch unmöglich sein Abschied sein!
FRANZISKA: Was denn?
DER WIRT: Hat es Ihr das gnädige Fräulein nicht erzählt? – Als ich Sie, ~~mein schönes Kind,~~ unten in der Küche verließ, so kam ich von ohngefähr wieder hier in den Saal. –
FRANZISKA: Von ohngefähr, in der Absicht, ein wenig zu horchen.

Strichfassung einer Passage aus „Minna von Barnhelm" von Lessing für die Inszenierung von H. Heyme, Stuttgart 1980

Übrigens…

Hätte sich der Regisseur Peter Stein das Prinzip der Textkürzung zunutze gemacht, dann wären die Zuschauer seiner Inszenierung von Goethes Faust I und II nicht in den Genuss einer 21-stündigen Originalfassung auf der Weltausstellung EXPO 2000 in Hannover gekommen.

[1] bei Brecht gleichbedeutend mit Szene
[2] s. Theorie: Bertolt Brecht, S. 224
[3] Gekürzte Passagen bezeichnet man als „Striche", das fertige Produkt ist die „Strichfassung".
[4] s. Technik: Figurensplitting, S. 251

Bertolt Brecht: Mutter Courage und ihre Kinder[1]

1. Bild:
Frühjahr 1624. Der Feldhauptmann Oxenstjerna wirbt in Dalarne Truppen für den Feldzug in Polen. Der Marketenderin Anna Fierling, bekannt unter dem Namen Mutter Courage, kommt ein Sohn abhanden.

Landstraße in Stadtnähe

Ein Feldwebel und ein Werber stehen frierend.

Der Werber: Wie soll man sich hier eine Mannschaft zusammenlesen? Feldwebel, ich denk schon mitunter an Selbstmord. Bis zum Zwölften soll ich dem Feldhauptmann vier Fähnlein hinstelln, und die Leut hier herum sind so voll Bosheit, daß ich keine Nacht mehr schlaf. Hab ich endlich einen aufgetrieben und schon durch die Finger gesehn und mich nix wissen gemacht, daß er eine Hühnerbrust hat und Krampfadern, ich hab ihn glücklich besoffen, er hat schon unterschrieben, ich zahl nur noch den Schnaps, er tritt aus, ich hinterher zur Tür, weil mir was schwant: Richtig, weg ist er, wie die Laus unterm Kratzen. Da gibts kein Manneswort, kein Treu und Glauben, kein Ehrgefühl. Ich hab hier mein Vertrauen in die Menschheit verloren, Feldwebel.

Der Feldwebel: Man merkts, hier ist zu lang kein Krieg gewesen. Wo soll da Moral herkommen, frag ich? Frieden, das ist nur Schlamperei, erst der Krieg schafft Ordnung. Die Menschheit schießt ins Kraut im Frieden. Mit Mensch und Vieh wird herumgesaut, als wärs gar nix. Jeder frißt, was er will, einen Ranken Käs aufs Weißbrot und dann noch eine Scheibe Speck auf den Käs. Wie viele junge Leut und gute Gäul diese Stadt da vorn hat, weiß kein Mensch, es ist niemals gezählt worden. Ich bin in Gegenden gekommen, wo kein Krieg war vielleicht siebzig Jahr, da hatten die Leut überhaupt noch keine Namen, die kannten sich selber nicht. Nur wo Krieg ist, gibts ordentliche Listen und Registraturen, kommt das Schuhzeug in Ballen und das Korn in Säck, wird Mensch und Vieh sauber gezählt und weggebracht, weil man eben weiß: Ohne Ordnung kein Krieg!

Der Werber: Wie richtig das ist!

Der Feldwebel: Wie alles Gute ist auch der Krieg am Anfang halt schwer zu machen. Wenn er dann erst floriert, ist er auch zäh; dann schrecken die Leut zurück vorm Frieden, wie die Würfler vorm Aufhören, weil dann müssens zählen, was sie verloren haben. Aber zuerst schreckens zurück vorm Krieg. Er ist ihnen was Neues.

Der Werber: Du, da kommt ein Planwagen. Zwei Weiber und zwei junge Burschen. Halt die Alte auf, Feldwebel. Wenn das wieder nix ist, stell ich mich nicht weiter in den Aprilwind hin, das sag ich dir.

Man hört eine Maultrommel. Von zwei jungen Burschen gezogen, rollt ein Planwagen heran. Auf ihm sitzen Mutter Courage und ihre stumme Tochter Kattrin.

Mutter Courage: Guten Morgen, Herr Feldwebel!

Der Feldwebel *(sich in den Weg stellend):* Guten Morgen, ihr Leut! Wer seid ihr?

Mutter Courage: Geschäftsleut.

[1] aus lizenzrechtlichen Gründen nicht in reformierter Schreibung

Singt:

Ihr Hauptleut, laßt die Trommel ruhen
Und laßt eur Fußvolk halten an:
Mutter Courage, die kommt mit Schuhen
In denens besser laufen kann.
Mit seinen Läusen und Getieren
Bagage, Kanone und Gespann –
Soll es euch in die Schlacht marschieren
So will es gute Schuhe han.

Das Frühjahr kommt. Wach auf, du Christ!
Der Schnee schmilzt weg. Die Toten ruhn.
Und was noch nicht gestorben ist
Das macht sich auf die Socken nun.

Ihr Hauptleut, eure Leut marschieren
Euch ohne Wurst nicht in den Tod.
Lasst die Courage sie erst kurieren
Mit Wein von Leibs- und Geistesnot.
Kanonen auf die leeren Mägen
Ihr Hauptleut, das ist nicht gesund.
Doch sind sie satt, habt meinen Segen
Und führt sie in den Höllenschlund.

Das Frühjahr kommt, Wach auf, du Christ!
Der Schnee schmilzt weg, Die Toten ruhn.
Und was noch nicht gestorben ist
Das macht sich auf die Socken nun.

Der Feldwebel: Halt, wohin gehört ihr, Bagage?

Der Ältere Sohn: Zweites Finnisches Regiment.

Der Feldwebel: Wo sind eure Papiere?

Mutter Courage: Papiere?

Der Jüngere Sohn: Das ist doch die Mutter Courage!

Der Feldwebel: Nie von gehört. Warum heißt sie Courage?

Mutter Courage: Courage heiß ich, weil ich den Ruin gefürchtet hab, Feldwebel, und bin durch das Geschützfeuer von Riga gefahrn mit fünfzig Brotlaib im Wagen. Sie waren schon angeschimmelt, es war höchste Zeit, ich hab keine Wahl gehabt.

Der Feldwebel: Keine Witze, du. Wo sind die Papiere!

Mutter Courage *(aus einer Zinnbüchse einen Haufen Papiere kramend und herunterkletternd):* Das sind alle meine Papiere, Feldwebel. Da ist ein ganzes Messbuch dabei, aus Altötting, zum Einschlagen von Gurken, und eine Landkarte von Mähren, weiß Gott, ob ich da je hinkomm, sonst ist sie für die Katz, und hier stehts besiegelt, daß mein Schimmel nicht die Maul- und Klauenseuch hat, leider ist er uns umgestanden, er hat fünfzehn Gulden gekostet, aber nicht mich, Gott sei Dank. Ist das genug Papier?

Der Feldwebel: Willst du mich auf den Arm nehmen? Ich werd dir deine Frechheit austreiben. Du weißt, daß du eine Lizenz haben mußt.

Mutter Courage: Reden Sie anständig mit mir und erzählen Sie nicht meinen halbwüchsigen Kindern, daß ich Sie auf den Arm nehmen will, das gehört sich nicht, ich hab nix mit Ihnen. Meine Lizenz beim Zweiten Regiment ist mein anständiges Gesicht, und wenn Sie es nicht lesen können, kann ich nicht helfen. Einen Stempel laß ich mir nicht drauf setzen.

Der Werber: Feldwebel, ich spür einen unbotmäßigen Geist heraus bei der Person. Im Lager da brauchen wir Zucht.

Mutter Courage: Ich dacht Würst.

Der Feldwebel: Name.

Mutter Courage: Anna Fierling.

Der Feldwebel: Also dann heißt ihr alle Fierling?

Mutter Courage: Wieso? Ich heiß Fierling. Die nicht.

Der Feldwebel: Ich denk, das sind alles Kinder von dir?

Mutter Courage: Sind auch, aber heißen sie deshalb alle gleich?
(Auf den älteren Sohn deutend): Der zum Beispiel heißt Eilif Nojocki, warum, sein Vater hat immer behauptet, er heißt Kojocki oder Mojocki. Der Junge hat ihn noch gut im Gedächtnis, nur, das war ein anderer, den er im Gedächtnis hat, ein Franzos mit einem Spitzbart. Aber sonst hat er vom Vater die Intelligenz geerbt; der konnt einem Bauern die Hos vom Hintern wegziehen, ohne daß der was gemerkt hat. Und so hat eben jedes von uns seinen Namen.

Der Feldwebel: Was, jedes einen anderen?

Mutter Courage: Sie tun grad, als ob Sie das nicht kennten.

Der Feldwebel: Dann ist der wohl ein Chineser? Auf den Jüngeren deutend.

Mutter Courage: Falsch geraten. Ein Schweizer.

Der Feldwebel: Nach dem Franzosen?

Mutter Courage: Nach was für einem Franzosen? Ich weiß von keinem Franzosen. Bringen Sies nicht durcheinander, sonst stehn wir am Abend noch da. Ein Schweizer, heißt aber Fejos, ein Name, der nix mit seinem Vater zu tun hat. Der hieß ganz anders und war Festungsbaumeister, nur versoffen.

Schweizerkas nickt strahlend, und auch die stumme Kattrin amüsiert sich.

Der Feldwebel: Wie kann er da Fejos heißen?

Mutter Courage: Ich will Sie nicht beleidigen, aber Phantasie haben Sie nicht viel. Er heißt natürlich Fejos, weil, als er kam, war ich mit einem Ungarn, dem wars gleich, er hatte schon den Nierenschwund, obwohl er nie einen Tropfen angerührt hat, ein sehr redlicher Mensch. Der Junge ist nach ihm geraten.

Der Feldwebel: Aber er war doch gar nicht der Vater?

Mutter Courage: Aber nach ihm ist er geraten. Ich heiß ihn Schweizerkas, warum, er ist gut im Wagenziehen.

Auf ihre Tochter deutend: Die heißt Kattrin Haupt, eine halbe Deutsche.

Der Feldwebel: Eine nette Familie, muß ich sagen.

Mutter Courage: Ja, ich bin durch die ganze Welt gekommen mit meinem Planwagen.

Der Feldwebel: Das wird alles aufgeschrieben. *(Er schreibt auf).* Du bist aus Bamberg in Bayern, wie kommst du hierher?

Mutter Courage: Ich kann nicht warten, bis der Krieg gefälligst nach Bamberg kommt.

Der Werber: Ihr solltet lieber Jakob Ochs und Esau Ochs heißen, weil ihr doch den Wagen zieht. Aus dem Gespann kommt ihr wohl nie heraus?

Eilif: Mutter, darf ich ihm aufs Maul hauen? Ich möcht gern.

Mutter Courage: Und ich untersags dir, du bleibst stehn. Und jetzt, meine Herren Offizier, brauchens nicht eine gute Pistolen oder eine Schnall, die Ihre ist schon abgewetzt, Herr Feldwebel.

Der Feldwebel: Ich brauch was andres. Ich seh, die Burschen sind wie die Birken gewachsen, runde Brustkästen, stämmige Haxen: warum drückt sich das vom Heeresdienst, möcht ich wissen?

Mutter Courage *(schnell):* Nicht zu machen, Feldwebel. Meine Kinder sind nicht für das Kriegshandwerk.

Der Werber: Aber warum nicht? Das bringt Gewinn und bringt Ruhm. Stiefelverramschen ist Weibersache. *(Zu Eilif):* Tritt einmal vor, laß dich anfühlen, ob du Muskeln hast oder ein Hühnchen bist.

Mutter Courage: Ein Hühnchen ist er. Wenn einer ihn streng anschaut, möcht er umfallen.

Der Werber: Und ein Kalb dabei erschlagen, wenn eins neben ihm stünd. *(Er will ihn wegführen.)*

Mutter Courage: Willst du ihn wohl in Ruhe lassen? Der ist nix für euch.

Der Werber: Er hat mich grob beleidigt und von meinem Mund als einem Maul geredet. Wir zwei gehen dort ins Feld und tragen die Sach aus unter uns Männern.

Eilif: Sei ruhig. Ich besorgs ihm, Mutter.

Mutter Courage: Stehen bleibst! Du Haderlump! Ich kenn dich, nix wie raufen. Ein Messer hat er im Stiefel, stechen tut er.

Der Werber: Ich ziehs ihm aus wie einen Milchzahn, komm, Bürschchen.

Mutter Courage: Herr Feldwebel, ich sags dem Obristen[1]. Der steckt euch ins Loch. Der Leutnant ist ein Freier meiner Tochter.

Der Feldwebel: Keine Gewalt, Bruder. *(Zu Mutter Courage):* Was hast du gegen den Heeresdienst? War sein Vater nicht Soldat? Und ist anständig gefallen? Das hast du selber gesagt.

Mutter Courage: Er ist ein ganzes Kind. Ihr wollt ihn mir zur Schlachtbank führen, ich kenn euch. Ihr kriegt fünf Gulden für ihn.

[1] veraltet für „Oberst“

Der Werber: Zunächst kriegt er eine schöne Kappe und Stulpenstiefel, nicht?

Eilif: Nicht von dir.

Mutter Courage: Komm, geh mit angeln, sagt der Fischer zum Wurm.
Zum Schweizerkas: Lauf weg und schrei, die wollen deinen Bruder stehlen. Sie zieht ein Messer. Probierts nur und stehlt ihn. Ich stech euch nieder, Lumpen. Ich werds euch geben, Krieg mit ihm führen! Wir verkaufen ehrlich Leinen und Schinken und sind friedliche Leut.

Der Feldwebel: Das sieht man an deinem Messer, wie friedlich ihr seid. Überhaupt sollst du dich schämen, gib das Messer weg, Vettel! Vorher hast du eingestanden, du lebst vom Krieg, denn wie willst du sonst leben, von was? Aber wie soll Krieg sein, wenn es keine Soldaten gibt?

Mutter Courage: Das müssen nicht meine sein.

Der Feldwebel: So, den Butzen[1] soll dein Krieg fressen, und die Birne soll er ausspucken! Deine Brut soll dir fett werden vom Krieg, und ihm gezinst wird nicht. Er kann schauen, wie er zu seine Sach kommt, wie? Heißt dich Courage, he? Und fürchtest den Krieg, deinen Brotgeber? Deine Söhn fürchten ihn nicht, das weiß ich von ihnen.

Eilif: Ich fürcht kein Krieg.

Der Feldwebel: Und warum auch? Schaut mich an: ist mir das Soldatenlos schlecht bekommen? Ich war mit siebzehn dabei.

Mutter Courage: Du bist noch nicht siebzig.

Der Feldwebel: Ich kanns erwarten.

Mutter Courage: Ja, unterm Boden vielleicht.

Der Feldwebel: Willst du mich beleidigen und sagst, ich sterb?

Mutter Courage: Und wenns die Wahrheit ist? Wenn ich seh, daß du gezeichnet bist? Wenn du dreinschaust wie eine Leich auf Urlaub, he?

Schweizerkas: Sie hat das Zweite Gesicht, das sagen alle. Sie sagt die Zukunft voraus.

Der Werber: Dann sag doch mal dem Herrn Feldwebel die Zukunft voraus, es möcht ihn amüsieren.

Der Feldwebel: Ich halt nix davon.

Mutter Courage: Gib den Helm. *(Er gibt ihn ihr.)*

Der Feldwebel: Das bedeutet nicht so viel wie ins Gras scheißen. Nur daß ich was zum Lachen hab.

Mutter Courage: *(nimmt einen Pergamentbogen und zerreißt ihn):* Eilif, Schweizerkas und Kattrin, so möchten wir alle zerrissen werden, wenn wir uns in'n Krieg zu tief einlassen täten.
(Zum Feldwebel): Ich werds Ihnen ausnahmsweis gratis machen. Ich mal ein schwarzes Kreuz auf den Zettel. Schwarz ist der Tod.

Schweizerkas: Und den anderen läßt sie leer, siehst du?

[1] Kerngehäuse, Hülle

Mutter Courage: Da falt ich sie zusammen, und jetzt schüttel ich sie durcheinander. Wie wir alle gemischt sind, von Mutterleib an, und jetzt ziehst du und weißt Bescheid.

Der Feldwebel zögert.

Der Werber *(zu Eilif):* Ich nehm nicht jeden, ich bin bekannt für wählerisch, aber du hast ein Feuer, das mich angenehm berührt.

Der Feldwebel *(im Helm fischend):* Blödheit! Nix als ein Augenauswischen.

Schweizerkas: Ein schwarzes Kreuz hat er gezogen. Hin geht er.

Der Werber: Laß du dich nicht ins Bockshorn jagen, für jeden ist keine Kugel gegossen.

Der Feldwebel *heiser:* Du hast mich beschissen.

Mutter Courage: Das hast du dich selber an dem Tag, wo du Soldat geworden bist. Und jetzt fahrn wir weiter, es ist nicht alle Tag Krieg, ich muß mich tummeln.

Der Feldwebel: Hölle und Teufel, ich laß mich von dir nicht anschmieren. Deinen Bankert nehmen wir mit, der wird uns Soldat.

Eilif: Ich möchts schon werden, Mutter.

Mutter Courage: Das Maul hältst du, du finnischer Teufel.

Eilif: Der Schweizerkas will jetzt auch Soldat werden.

Mutter Courage: Das ist mir was Neues. Ich werd euch auch das Los ziehen lassen müssen, euch alle drei. *(Sie läuft nach hinten, auf Zettel Kreuze zu malen.)*

Der Werber *(zu Eilif):* Es ist gegen uns gesagt worden, daß es fromm zugeht im schwedischen Lager, aber das ist üble Nachred, damit man uns schadet. Gesungen wird nur am Sonntag, eine Stroph! und nur, wenn einer eine Stimm hat.

Mutter Courage *(kommt zurück mit den Zetteln im Helm des Feldwebels):* Möchten ihrer Mutter weglaufen, die Teufel, und in den Krieg wie die Kälber zum Salz. Aber ich werd die Zettel befragen, und da werden sie schon sehen, daß die Welt kein Freudental ist, mit „Komm mit, Sohn, wir brauchen noch Feldhauptleut". Feldwebel, ich hab wegen ihnen die größten Befürchtungen, sie möchten mir nicht durch den Krieg kommen. Sie haben schreckliche Eigenschaften, alle drei. *(Sie streckt Eilif den Helm hin.)* Da fisch dir dein Los raus. *(Er fischt, faltet auf. Sie entreißt es ihm.)* Da hast dus, ein Kreuz! Oh, ich unglückliche Mutter, ich schmerzensreiche Gebärerin. Er stirbt? Im Lenz des Lebens muß er dahin. Wenn er ein Soldat wird, muß er ins Gras beißen, das ist klar. Er ist zu kühn, nach seinem Vater. Und wenn er nicht klug ist, geht er den Weg des Fleisches, der Zettel beweist es. *(Sie herrscht ihn an):* Wirst du klug sein?

Eilif: Warum nicht?

Mutter Courage: Klug ist, wenn du bei deiner Mutter bleibst, und wenn sie dich verhöhnen und ein Hühnchen schimpfen, lachst du nur.

Der Werber: Wenn du dir in die Hosen machst, werd ich mich an deinen Bruder halten.

Mutter Courage: Ich hab dir geheißen, du sollst lachen. Lach! Und jetzt fisch zu, Schweizerkas. Bei dir fürcht ich weniger, du bist redlich. *(Er fischt im Helm.)* Oh, warum schaust du so sonderlich auf den Zettel? Bestimmt ist er leer. Es kann nicht sein, dass da ein Kreuz drauf steht.
Dich soll ich doch nicht verlieren. *(Sie nimmt den Zettel.)* Ein Kreuz? Auch er! Sollte das etwa sein, weil er so einfältig ist? Oh, Schweizerkas, du sinkst auch dahin, wenn du nicht ganz und gar redlich bist allezeit, wie ichs dir gelehrt hab von Kindesbeinen an, und mir das Wechselgeld zurückbringst vom Brotkaufen. Nur dann kannst du dich retten. Schau her, Feldwebel, obs nicht ein schwarzes Kreuz ist?

Der Feldwebel: Ein Kreuz ists. Ich versteh nicht, daß ich eins gezogen hab. Ich halt mich immer hinten. *(Zum Werber):* Sie treibt keinen Schwindel. Es trifft ihre eigenen auch.

Schweizerkas: Mich triffts auch. Aber ich laß mirs gesagt sein.

Mutter Courage *(zu Kattrin):* Und jetzt bleibst mir nur noch du sicher, du bist selber ein Kreuz: du hast ein gutes Herz. *(Sie hält ihr den Helm zum Wagen hoch, nimmt aber selber den Zettel heraus.)* Ich möchte schier verzweifeln. Das kann nicht stimmen, vielleicht hab ich einen Fehler gemacht beim Mischen. Sei nicht zu gutmütig Kattrin, seis nie mehr, ein Kreuz steht auch über deinem Weg. Halt dich immer recht still, das kann nicht schwer sein, wo du doch stumm bist. So, jetzt wißt ihr. Seid alle vorsichtig, ihr habts nötig. Und jetzt steigen wir auf und fahren weiter.

Sie gibt dem Feldwebel seinen Helm zurück und besteigt den Wagen.

Der Werber *(zum Feldwebel):* Mach was!

Der Feldwebel: Ich fühl mich gar nicht wohl.

Der Werber: Vielleicht hast du dich schon verkühlt, wie du den Helm weggegeben hast im Wind. Verwickel sie in einen Handel. *(Laut):* Du kannst dir die Schnalle ja wenigstens anschauen, Feldwebel. Die guten Leut leben vom Geschäft nicht? He, ihr, der Feldwebel will die Schnalle kaufen!

Mutter Courage: Einen halben Gulden. Wert ist so eine Schnalle zwei Gulden.

Sie klettert wieder vom Wagen.

Der Feldwebel: Sie ist nicht neu. Da ist so ein Wind, ich muß sie in Ruh studieren. Er geht mit der Schnalle hinter den Wagen.

Mutter Courage: Ich finds nicht zugig.

Der Feldwebel: Vielleicht ist sie einen halben Gulden wert, es ist Silber.

Mutter Courage *(geht zu ihm hinter den Wagen):* Es sind solide sechs Unzen.

Der Werber *(zu Eilif):* Und dann heben wir einen unter Männern. Ich hab Handgeld bei mir, komm. *(Eilif steht unschlüssig.)*

Mutter Courage: Dann ein halber Gulden.

Der Feldwebel: Ich verstehs nicht. Immer halt ich mich dahint. Einen sichereren Platz, als wenn du Feldwebel bist, gibts nicht. Da kannst du die andern vorschicken, daß sie sich Ruhm erwerben. Mein ganzes Mittag ist mir versaut. Ich weiß genau, nix werd ich hinunterbringen.

Mutter Courage: So sollst du dirs nicht zu Herzen nehmen, daß du nicht mehr essen kannst. Halt dich nur dahint. Da, nimm einen Schluck Schnaps, Mann.

Sie gibt ihm zu trinken.

Der Werber *(hat Eilif untern Arm genommen und zieht ihn nach hinten mit sich fort):* Zehn Gulden auf die Hand, und ein mutiger Mensch bist du und kämpfst für den König, und die Weiber reißen sich um dich. Und mich darfst du in die Fresse hauen, weil ich dich beleidigt hab. *(Beide ab.)*

Die stumme Kattrin springt vom Wagen und stößt rauhe Laute aus.

Mutter Courage: Gleich, Kattrin, gleich. Der Herr Feldwebel zahlt noch. *(Beißt in den halben Gulden.)* Ich bin mißtrauisch gegen jedes Geld. Ich bin ein gebranntes Kind, Feldwebel. Aber die Münz ist gut. Und jetzt fahrn wir weiter. Wo ist der Eilif?

Schweizerkas: Der ist mitm Werber weg.

Mutter Courage *(steht ganz still, dann):* Du einfältiger Mensch. *(Zu Kattrin):* Ich weiß, du kannst nicht reden, du bist unschuldig.

Der Feldwebel: Kannst selber einen Schluck nehmen, Mutter. So geht es eben. Soldat ist nicht das Schlechteste. Du willst vom Krieg leben, aber dich und die Deinen willst du draußen halten, wie?

Mutter Courage: Jetzt mußt du mit deinem Bruder ziehn, Kattrin.

Die beiden, Bruder und Schwester, spannen sich vor den Wagen und ziehen an. Mutter Courage geht nebenher. Der Wagen rollt weiter.

Der Feldwebel *(nachblickend):*
Will vom Krieg leben
Wird ihm wohl müssen auch was geben.

Reliefbühne

Bühnenform

Die Entwicklung der **Reliefbühne** im Jahre 1908 geht auf den Architekten Max Littmann (1862 – 1931) und den Inhaber des Münchner Künstlertheaters Georg Fuchs (1868 – 1949) zurück. Letzterer formuliert in seiner Schrift „Die Schaubühne der Zukunft“ ein für damalige Zeiten neuartiges Konzept zur Überwindung der barocken Illusionsbühne[1].

Die neue, flache Bühnenform verfügt über **große Breite**, aber nur **wenig Tiefe.** Sie verzichtet auf eine perspektivische Tiefenwirkung. Dadurch soll das **Schauspiel als wesentliches Wirkungsmittel** hervorgehoben werden.

Das **Reliefprinzip** betont die Darsteller:

Die namensgebende Wirkung entsteht durch ein **Oberlicht.** Solche Reliefs (von lat. „levare“– sich erheben) kennt man vor allem aus der Bildhauerei, wobei das wohl populärste Beispiel der amerikanische Mount Rushmore ist, der die vier Porträts von George Washington, Thomas Jefferson, Theodore Roosevelt und Abraham Lincoln zeigt.

Mount Rushmore

[1] Guckkastenbühne; siehe Bühnenform: Die Guckkastenbühne und ihr Ursprung im Barock, S. 165

Übrigens …

Eine von Max Littmanns wichtigsten Leistungen mag zwar die Reform des Bühnenbaus gewesen sein, in den „populäreren“ Teil der Geschichte ist er aber mit seinem Münchner Hofbräuhaus eingegangen.

Das Konzept folgt der Erkenntnis, dass eine solche Bühne realistischer erscheint als der Versuch, eine Bühnenillusion zu erschaffen. Das Theater eifert damit nicht länger Film und Fernsehen nach. Zwangsläufig führt dies zu einem puristischen Theater „ohne alles“:

„Grundidee ist die Erhebung der bildenden Kunst zum entscheidenden gestalterischen Faktor des szenischen Eindrucks, die Verwendung von Licht, Farbe, plastischen Bildteilen nicht als illustrierende oder dekorative Elemente, sondern als visuelle Mittel, um die Arrangements, die Stellungen der Schauspieler und ihre Bewegungen zu einem übergreifenden Bildganzen zu vollenden. Die praktischen Versuche blieben in erster Linie auf das Münchner Künstlertheater beschränkt, das anlässlich der 1908 stattfindenden Kunstgewerbeausstellung in München errichtet wurde.“ (Sucher)

Schließlich wartet die Reliefbühne auch beim **Zuschauerraum** mit einer Neuerung auf: Das Publikum sitzt in Reihen vor dem Proszenium[1], allerdings wird – im Unterschied zur Barockbühne – auf eine Tiefenwirkung beim Bühneneinblick verzichtet. Die spezielle Sitzordnung ist nicht zuletzt dem modernen Demokratieprinzip geschuldet, das keine Abgrenzung in Stände durch eine Rängeordnung verwirklichen will.

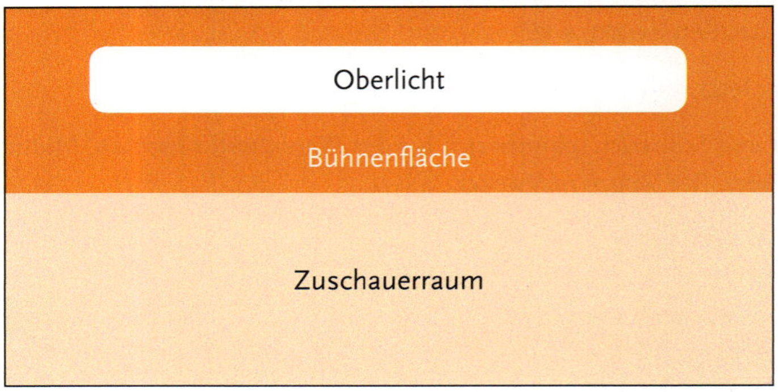

Skizze zur Reliefbühne

Text

Alfred Jarry: König Ubu

A. Jarry: Ubu roi. Lithografie von E. Heuzé

Das Stück „König Ubu“ von Alfred Jarry (1873 – 1907) wird bereits 1896 auf die Bühne gebracht und löst bei der Uraufführung einen Theaterskandal aus, wie ihn Frankreich bis dahin lange nicht erlebt hat. Die „dramatische Farce“[2] schreibt Jarry bereits im Alter von 15 Jahren – ursprünglich ist sie allerdings als Puppenspiel gedacht. Sensationscharakter hat das Stück schon deshalb, weil die ersten Sätze des Menschenverächters Ubu das Publikum schockieren:

„**Ubu:** Schoiße!
Mutter Ubu: Ach wie reizend, Vater Ubu; Ihr seid fürwahr ein rechter Lumpensack.
Vater Ubu: Dass ich Euch nicht mal erschlag, Mutter Ubu!
Mutter Ubu: Doch nicht mich, Vater Ubu, einen andern sollt Ihr totmachen.
Vater Ubu: Bei meiner grünen Rotze, das versteh ich nicht.“

---

[1] Vorbühne
[2] Farce: eigentlich „Füllsel“ (das, was eine Lücke füllen soll); derb-komische Einlage (eine Art Zwischenspiel); später selbstständiges Stück zur Verspottung menschlicher Schwächen

Die Surrealisten[1] sehen in dem französischen Autor mit seiner monströsen Komik ihren Vorläufer, er steht dem Dadaismus nahe. Auch Antonin Artaud und die „Anti-Stücke" des absurden Theaters, etwa bei Ionesco und Beckett, werden von Jarry in nicht zu unterschätzendem Maße beeinflusst. Später setzt der Autor die Geschichte des Königs Ubu und seiner Familie in weiteren Bühnenstücken fort.

König Ubu beim surrealistischen Maler Miró

Zum Inhalt:
Die Hauptfigur, König Ubu, ist ein vulgäres Monstrum – vielleicht auch das Ungeheuer, das in jedem Menschen steckt. Jarry zeichnet die Karikatur eines egozentrischen und grausamen Verbrechers. Das dramatische Geschehen ist dabei reichlich wirr und turbulent:
Angestachelt durch seine Frau, Mutter Ubu, gelangt der Tyrann Ubu mittels Mord und Verschwörung an die Macht und wird König von Polen. In seinem neuen Reich entsteht eine Schreckensherrschaft, die Adlige und Andersdenkende radikal beseitigt. Nach einer Schlacht gegen Russland und dem anschließenden wilden Gemetzel flieht Ubu schließlich nach Frankreich.

In der Praxis und zum Üben

Aufgabe soll es sein, die vorliegende 5. Szene des 1. Aufzugs aus „König Ubu" unter Verwendung der deutschen Übersetzung in kleinen Gruppen zu inszenieren und anschließend vor Publikum zu präsentieren.

Das erste und vielleicht wichtigste Wort im Stück ist im französischen Original „merdre" (eigentlich „merde"), was im Deutschen auf ähnlich verändert-beschönigende Weise mit „Schoiße" oder „Schreiße" übersetzt wird. Den Gruppen ist es für die Spielaufgabe freigestellt, eine eigene Übersetzung zu kreieren und zu verwenden.

> „Theater ist nur dann gut, wenn es uns nervös macht."
> George Tabori

Alfred Jarry: König Ubu

1. Aufzug, 5. Szene

Vater Ubu. Mutter Ubu. Ein Bote.

Vater Ubu. Mein Herr, was wollt Ihr? Verschwindet, Ihr regt mich auf.
Der Bote. Mein Herr, Ihr seid zum König befohlen. *(Ab.)*
Vater Ubu. O Schoiße, Himmelherrgottsakrament! Bei meiner grünen Rotze, ich bin entdeckt, ich werd enthauptet! Oje! Oje!
Mutter Ubu. Was für ein Waschlappen! Und dabei wird's höchste Zeit.
Vater Ubu. Oh, ich hab eine Idee: Ich sag einfach, Mutter Ubu und Bordure waren's.
Mutter Ubu. Untersteh dich, dicker V. U.!
Vater Ubu. Au ja! Am besten geh ich gleich hin. *(Ab.)*
Mutter Ubu *(rennt ihm hinterher)*. Ach Vater Ubu, Vater Ubu, warte doch, du kriegst auch deine Leberwurst! *(Ab.)*
Vater Ubu *(hinter der Bühne)*. Ach Schoiße, und du bist eine Laberwurst, aber was für eine!

[1] Kunst- u. Literaturrichtung, die das Traumhaft-Unbewusste künstlerisch darstellen will

Raumbühne & Co.

Zu Beginn des 20. Jahrhunderts entstehen viele neue Ideen zur Veränderung des Bühnenraumes, die sich mehr oder weniger genau unter dem Begriff **Raumbühne** zusammenfassen lassen.

Um sich endgültig von der illusionistischen Guckkastenbühne befreien zu können, wird die Idee entwickelt, den **Theaterraum** völlig neu zu organisieren. Auch im Hinblick auf die Antike und das Elisabethanische Theater kommt es so zur absoluten Vereinigung von Zuschauerraum und Bühne, weshalb die einfachste Form der Raumbühne in der Regel als dekorationsloser schwarzer Raum („**Black Box**") verstanden werden kann, den die Spieler je nach Bedarf bespielen und dabei von Publikum umringt sind (vergleichbar mit der antiken Orchestra). So kommt es zu einem direkten Kontakt von Darstellern und Zuschauern.

Diese Ideen beziehen sich nicht zuletzt auch auf Peter Brook und Jerzy Grotowski, die beide eine schmucklose einfache Bühne fordern, damit der Schauspieler zum wesentlichen Ausdrucksmittel werden kann.

Der Begriff der Raumbühne ist allerdings insofern ungenau, als er nicht nur die Art bezeichnet, wie Zuschauer und Schauspieler positioniert sind, sondern sich auch auf die Konstruktion ganzer **Theatergebäude** bezieht:

Andreas Weininger (1899 – 1986) macht beispielsweise den Vorschlag ein „**Kugeltheater**" zu bauen, und der berühmte Architekt Walter Gropius (1883 – 1969) entwirft ein sogenanntes „**Totaltheater**" – beide Entwürfe warten mit einer vollkommen neuen Raum- und Zuschauerverteilung auf.

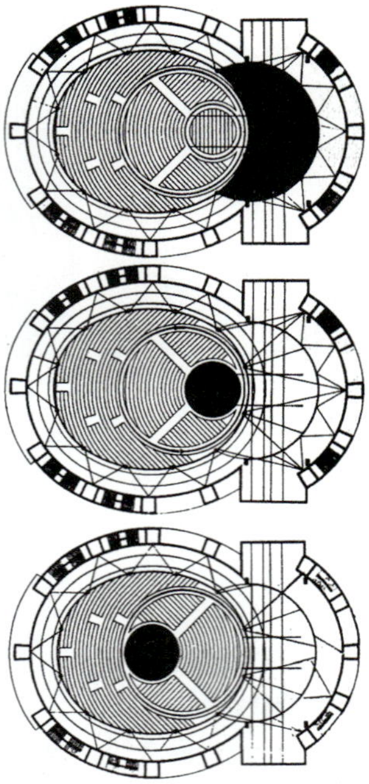

Entwürfe zum Totaltheater (Gropius)

In diesem Sinne kann der Begriff Raumbühne auch **Veränderungen des Bühnen- und Zuschauerraums** mit einschließen: In einigen Konzepten befinden sich die Zuschauer zum Beispiel auf drehbaren Tellern, die im Raum bewegt werden können, in anderen wird es möglich, den Bühnenraum durch ausfahrbare Säulen und Podeste einzuteilen oder immer wieder flexibel neu zu gestalten.

Solche Ideen für neuartige Theaterräume liefert bereits Antonin Artaud in seinen Schriften, wenn er eine neue Einteilung des Raums und die freie Positionierung des Publikums auf Drehstühlen fordert.

Vergleichbar mit den Bestrebungen, bei vielen Guckkastenbühnen durch eine Vorbühne die Illusion der „vierten Wand" zu durchbrechen, orientieren sich einige Raumbühnenkonzepte auch am japanischen Theater mit seinen Stegen, die mitten durch den Zuschauerraum führen.

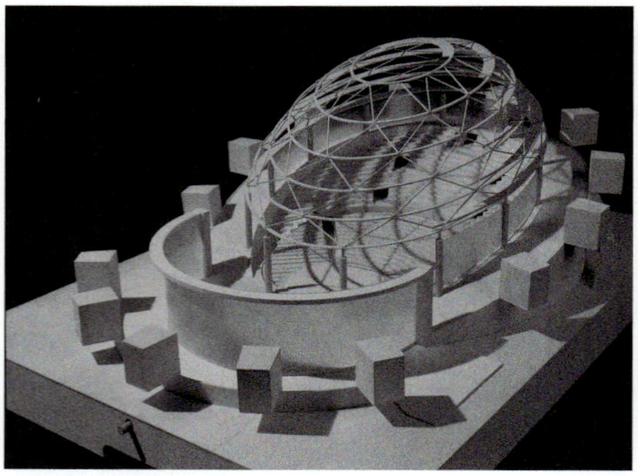

Modellnachbau des Totaltheaters

Kugeltheater

Wolfgang Borchert: Lesebuchgeschichte

Text

Wolfgang Borchert (1921 – 1947) ist ein früh verstorbener Vertreter der sogenannten „**Trümmerliteratur**", die sich mit den Folgen und Schrecken des Zweiten Weltkrieges, der Problematik der Kriegsheimkehrer und der Situation in Deutschland zu dieser Zeit auseinandersetzt. Borcherts Werk bietet Identifikationsansätze für eine ganze Nachkriegsgeneration, die sich als verloren begreift. Sein einziges Bühnenwerk **„Draußen vor der Tür"**[1] kann als Muster eines „Anti-Kriegsdramas" angesehen werden und gehört zu den zentralen Werken dieser Zeit. Es stellt das Schicksal eines Kriegsheimkehrers dar.

Wolfgang Borchert

Zum Inhalt:

Als Soldat Beckmann nach drei Jahren russischer Kriegsgefangenschaft nach Deutschland zurückkehrt, erkennt er seine Heimat nicht wieder: Alles ist zerstört und liegt in Trümmern, seine Frau ist mit einem anderen zusammen, sein Sohn tot und seine Eltern haben sich umgebracht. Er versucht, Selbstmord zu begehen, doch der Fluss, in den er springt, spült ihn wieder ans Land. Und während Beckmann weiter mit den psychologischen Traumata von Krieg und Heimkehr kämpft, bleibt er immer häufiger „draußen vor der Tür" und wird heimatlos. Borchert wählt den mehrdeutigen Untertitel:

„Ein Stück, das kein Theater spielen und kein Publikum sehen will."

[1] Ursprünglich wird es als Hörspiel konzipiert.

In der Praxis und zum Üben

In verschiedenen Gruppen soll zum nachfolgenden Text Borcherts jeweils eine kurze Szene erarbeitet werden, die – wie das „Anti-Kriegsstück" des Autors – eine Botschaft für den Frieden vermittelt. Die Umsetzung kann also unabhängig vom Wortlaut erfolgen, sollte aber die Aussageabsicht der Vorlage enthalten.

Wolfgang Borchert: Lesebuchgeschichte

Es waren mal zwei Menschen. Als sie zwei Jahre alt waren, da schlugen sie sich mit den Händen.
Als sie zwölf waren, schlugen sie sich mit Stöcken und warfen mit Steinen.
Als sie zweiundzwanzig waren, schossen sie mit Gewehren nach einander.
Als sie zweiundvierzig waren, warfen sie mit Bomben.
Als sie zweiundsechzig waren, nahmen sie Bakterien.
Als sie zweiundachtzig waren, da starben sie. Sie wurden nebeneinander begraben.
Als sich nach hundert Jahren ein Regenwurm durch ihre beiden Gräber fraß, merkte er gar nicht, dass hier zwei verschiedene Menschen begraben waren.
Es war dieselbe Erde. Alles dieselbe Erde.

Auf dem Magdeburger Theaterspielplan stand das Stück „Draußen vor der Tür" von Wolfgang Borchert. Plötzlich erkrankte der Schauspieler, der den „Tod" zu geben hatte. Die Theaterleitung suchte nach Ersatz. Am nächsten Morgen klingelte an der Wohnungstür von Hans-Hasso Steube ein völlig verdatterter Postbote und händigte dem Schauspieler ein Telegramm aus. Der Inhalt: „Heute Abend Tod draußen vor der Tür!"

Städtische Bühnen Hannover. Hannes Messemer als Beckmann

Peter Weiss und das dokumentarische Theater

„**Dokumentarisches Theater**“ nennt Erwin Piscator (1893 – 1966) – auf den auch die Grundidee des epischen Theaters zurückgeht – ein Konzept, das historische Quellen jeder Art nutzt, um ein Höchstmaß an Glaubwürdigkeit zu erreichen. Dokumentarisches Theater ist politisch und versucht, historische Ereignisse auf der Bühne darzustellen und das Publikum dadurch zu zwingen, sich mit dem Gesehenen auseinanderzusetzen.

Peter Weiss

Peter Weiss (1916-1982) ist einer der Autoren, die sich nach dem Krieg im neuen Deutschland mit den Schrecken des Nationalsozialismus beschäftigen und den Versuch einer Aufarbeitung wagen. Dafür scheint ihm die Form des dokumentarischen Theaters geeignet – er selbst schreibt hierzu:

„Das dokumentarische Theater ist ein Theater der Berichterstattung. Protokolle, Akten, Briefe, statistische Tabellen, Börsenmeldungen [...], Ansprachen, Interviews, Äußerungen bekannter Persönlichkeiten, Zeitungs- und Rundfunkreportagen, Fotos [...] und andere Zeugnisse der Gegenwart bilden die Grundlage der Aufführung. Das dokumentarische Theater enthält sich jeder Erfindung, es übernimmt authentisches Material und gibt dies, im Inhalt unverändert, in der Form bearbeitet, von der Bühne aus wieder. Im Unterschied zum ungeordneten Charakter des Nachrichtenmaterials, das täglich von allen Seiten auf uns eindringt, wird auf der Bühne eine Auswahl gezeigt, die sich auf ein bestimmtes, zumeist soziales oder politisches Thema konzentriert. [...] Die Stärke des dokumentarischen Theaters liegt darin, dass es aus den Fragmenten der Wirklichkeit ein verwendbares Muster, ein Modell der aktuellen Vorgänge zusammenzustellen vermag. Er befindet sich nicht im Zentrum des Ereignisses, sondern nimmt die Stellung des Beobachtenden und Analysierenden ein.“

Übrigens...

Peter Weiss orientiert sich bei Aufbau und Titel seines Werkes an Dante Alighieris „Divina Commedia“ (dt. „Göttliche Komödie“). In jeweils 33 Gesängen beschreibt Dante (1265-1321) seine Reise auf der Suche nach der geliebten Beatrice, die ihn von der Hölle über den Läuterungsberg ins himmlische Paradies führt.

Und obwohl dieses Theater auf Fakten basiert und es so kein Zuschauer als „nur ausgedacht“ verneinen kann, sollte dennoch nicht vergessen werden: „Das dokumentarische Theater ist parteilich“ und unterstützt folglich die Absichten des Dichters auf der Bühne.
Weiss' bekanntestes Theaterstück ist **„Die Ermittlung – Oratorium in 11 Gesängen“**, welches als Paradebeispiel für dokumentarisches Theater gelten kann und in vielen Ländern aufgeführt wird.
Das dokumentarische Theater ist auch deshalb gerade in den sechziger Jahren so wichtig, weil sich die Öffentlichkeit nur ungern mit den Schrecken des Nationalsozialismus auseinandersetzt. Erst Stücke wie „Die Ermittlung“ treten dem vielfach banalen Unterhaltungstheater dieser Zeit entgegen und machen mit ihrer Gesellschaftskritik auf die Vergangenheit aufmerksam.

Zum Inhalt:
Neun Personen stellen abwechselnd verschiedene anonyme Zeugen dar, die alle gemeinsam ehemalige Insassen des Konzentrationslagers Auschwitz sind. Diesen treten achtzehn namentlich genannte Angeklagte gegenüber, die sich in einem von Richter, Anklage und Verteidigung geführten Prozess für ihre Taten verantworten müssen.
Die Informationen für sein Stück entnimmt Weiss nicht nur Akten, Zeitungsberichten und anderen Materialquellen – er selbst ist auch Beobachter des ersten Frankfurter Auschwitz-Prozesses (1963 – 1965), in dem er Notizen zu den

Aussagen der Verantwortlichen anfertigt. In einer Anmerkung zu seinem Werk schreibt der Autor:

„Dieses Konzentrat soll nichts anderes enthalten als Fakten, wie sie bei der Gerichtsverhandlung zur Sprache kamen. Die persönlichen Erlebnisse und Konfrontationen müssen einer Anonymität weichen. Indem die Zeugen im Drama ihre Namen verlieren, werden sie zu bloßen Sprachrohren. Die 9 Zeugen referieren nur, was Hunderte ausdrückten."

Szenenbild aus der Rostocker Aufführung von „Die Ermittlung", 1965

Das wohl auffälligste inhaltliche Merkmal des Stücks ist das – auf realen Aussagen beruhende – fortwährende Abstreiten und Schuld-von-sich-Weisen der Angeklagten. Immer wieder weichen die ehemaligen Mitarbeiter des Konzentrationslagers aus und immer wieder stellen sie sich sogar selbst als Opfer dar. Dabei folgt die Handlung Schritt für Schritt den Stationen, welche die meisten Häftlinge im Lager durchlaufen haben. So befasst sich etwa der „Gesang von der Möglichkeit des Überlebens" mit den geringen Überlebenschancen der Lagerinsassen im Angesicht systematischer Menschenvernichtung, medizinischer Experimente, Folter und Erschießungen. Am Ende der Handlung stehen „Gesang vom Zyklon B"[1] und „Gesang von den Feueröfen". Hier werden die letzten beiden Stationen, Vergasung und Leichenverbrennung, in den Mittelpunkt der „Faktenbetrachtung" gerückt.
Die Berichte und Geschehnisse, die Weiss auf die Bühne bringt, sind entindividualisiert, das heißt nicht mehr an die Schicksale einzelner Personen gebunden. Vielmehr soll die Gesamtheit aller Fakten denjenigen, die nicht dabei gewesen sind, ein Bild von der tausendfachen kaltblütigen Misshandlung und Tötung von Menschen vermitteln.
Weiss sagt später, er habe versucht, mit seinem Stück das Phänomen Auschwitz wissenschaftlich zu behandeln und es als „Todesfabrik" darzustellen, die – unter entsprechenden Umständen – überall existieren könnte.
Bei dem nun folgenden Textauszug handelt es sich um den unmittelbaren Einstieg in das Stück, den „Gesang von der Rampe I". Der Begriff „Rampe" verweist hier auf die erste Station der Häftlinge im Konzentrationslager, nachdem sie mit dem Zug dorthin verschleppt worden sind.
Es wird vom Autor gezielt auf Satzzeichen oder Regieanweisungen verzichtet, was dem dokumentarischen Charakter geschuldet ist.
Nochmals sei angemerkt: Was die Figuren sagen, geht (nach Notizen des Autors) unmittelbar auf den Wortlaut zurück, mit dem sich die Angeklagten bei den Verhandlungen vor Gericht verteidigt haben.

Szene aus „Die Ermittlung", Freie Volksbühne Berlin, 1965

[1] Giftgas, ursprünglich als Schädlingsbekämpfungsmittel entwickelt

In der Praxis und zum Üben

Hintergrund-information:

Im Zuge von Hitlers Plan zur systematischen Vernichtung aller Juden werden diese seit Ende 1941 ins Konzentrationslager Auschwitz deportiert. Dort „sortiert" man sie nach Arbeitsfähigkeit: Wer alt, krank oder auf andere Art untauglich ist, wird meist sofort in den als Duschräume getarnten Gaskammern ermordet. Schließlich sterben dort täglich bis zu 12 000 Menschen. Die anderen Häftlinge müssen für diverse deutsche Firmen bis zur Erschöpfung arbeiten. Da es kaum sanitäre Einrichtungen, keinerlei medizinische Versorgung und nur wenig Nahrung für sie gibt, sterben die meisten von ihnen entweder an Hunger und Folter bzw. durch Misshandlungen oder werden von den grassierenden Seuchen dahingerafft. Letztlich ermorden die Nationalsozialisten in der „Todesfabrik" Auschwitz insgesamt schätzungsweise 1,5 Millionen Menschen.

Die schauspielerische Umsetzung eines solch schwierigen Stückes, das noch dazu ein so schreckliches Kapitel der Geschichte behandelt, ist keineswegs einfach. Deshalb soll an dieser Stelle nur der Vorschlag gemacht werden, die folgenden Textauszüge von verschiedenen Spielern auf der Bühne laut vorlesen zu lassen – ganz im Geiste des dokumentarischen Theaters.

Peter Weiss: Die Ermittlung

Richter: Herr Zeuge
Sie waren Vorstand des Bahnhofs
in dem die Transporte einliefen
Wie weit war der Bahnhof vom Lager entfernt

Zeuge 1: 2 Kilometer vom alten Kasernenlager
und etwa 5 Kilometer vom Hauptlager

Richter: Hatten Sie in den Lagern zu tun

Zeuge 1: Nein
Ich hatte nur dafür zu sorgen
dass die Betriebsstrecken in Ordnung waren
und dass die Züge fahrplanmäßig
ein- und ausliefen
[...]

Richter: War Ihnen der Zweck der Transporte bekannt

Zeuge 1: Ich war nicht in die Materie eingeweiht

Richter: Sie wussten
dass die Züge mit Menschen beladen waren

Zeuge 1: Wir erfuhren nur
dass es sich um Umsiedlertransporte handelte
die unter dem Schutz des Reichs standen

Richter: Über die vom Lager regelmäßig
zurückkehrenden Leerzüge
haben Sie sich keine Gedanken gemacht

Zeuge 1: Die beförderten Menschen
waren dort angesiedelt worden
[...]

Ankläger: Wie oft kamen diese Züge an

Zeuge 1: Das kann ich nicht sagen

Ankläger: Kamen sie häufig an

Zeuge 1: Ja sicher
Es war ein stark frequentierter Zielbahnhof

Ankläger: Ist Ihnen nicht aufgefallen
dass die Transporte
aus fast allen Ländern Europas kamen

Zeuge 1: Wir hatten so viel zu tun

dass wir uns um solche Dinge
nicht kümmern konnten

Ankläger: Fragten Sie sich nicht
was mit den umgesiedelten Menschen
geschehen sollte

Zeuge 1: Sie sollten zum Arbeitseinsatz
geschickt werden

Ankläger: Es waren aber doch nicht nur Arbeitsfähige
sondern ganze Familien
mit alten Leuten und Kindern

Zeuge 1: Ich hatte keine Zeit
mir den Inhalt der Züge anzusehn

Ungefähr nach dem ersten Drittel dieses fiktiven Prozesses muss sich der „Angeklagte 1" vor dem Gericht verantworten. Dieser „Gesang von der Möglichkeit des Überlebens I" befasst sich auch mit der gezielten Vernichtung der Lagerinsassen – es wird versucht, die Verantwortlichen zu finden.

Richter: Herr Zeuge
Erkennen Sie den Adjutanten des Lagers
zwischen den Angeklagten wieder

Zeuge 6: Dies ist Mulka.
[...]

Ankläger: Angeklagter Mulka
haben Sie den Galgen gesehen

Angeklagter 1: Wie bitte

Ankläger: Ob Sie den Galgen gesehen haben

Angeklagter 1: Nein
Ich habe meinen Fuß nie in das Lager gesetzt

Ankläger: Sie wollen behaupten
dass Sie als Adjutant des Kommandanten
nie im Lager gewesen sind

Angeklagter 1: Dies ist die Wahrheit
Meine Arbeit war ausschließlich
administrativer Art
Ich hielt mich nur in den Amtsräumen
der Verwaltung auf
[...]

Zeuge 6: Von allen rückwärtigen Fenstern
der Verwaltungsgebäude war das Lager einzusehen
[...]

Ankläger: Erfuhren Sie nichts davon
dass täglich 100 oder 200
Häftlinge starben

Aufführung in der Deutschen Akademie der Künste, Ostberlin 1965

Angeklagter 1: Ich kann mich nicht erinnern
fortlaufende Stärkemeldungen
gesehen zu haben
Am Tag gab es so 10 bis 15 Abgänge
aber Zahlen von der Größe
wie sie hier genannt werden
habe ich damals nicht gehört

Ankläger: Angeklagter Mulka
wussten Sie nicht von den Massentötungen
in den Gaskammern

Angeklagter 1: Davon war mir nichts bekannt

Ankläger: Ist Ihnen nicht der Rauch
aus den Schornsteinen der Krematorien
aufgefallen
der doch kilometerweit zu sehen war

Angeklagter 1: Es war ja ein großes Lager
mit einem natürlichen Abgang
Da wurden eben die Toten verbrannt

Ankläger: Ist Ihnen der Zustand der Häftlinge
nicht aufgefallen

Angeklagter 1: Es war ein Straflager
Da waren die Leute nicht zur Erholung

Ankläger: Hatten Sie als Adjutant des Lagerkommandanten
kein Interesse daran zu erfahren
wie die Häftlinge untergebracht waren

Angeklagter 1: Ich habe darüber keine Klagen gehört

Ankläger: Sprachen Sie mit dem Kommandanten
nie über die Vorkommnisse im Lager

Angeklagter 1: Nein
Es gab keine besonderen Vorkommnisse

Ankläger: Wozu diente Ihrer Ansicht nach das Lager

Angeklagter 1: In einem Schutzhaftlager
sollten Staatsfeinde
zu einer anderen Denkungsweise
erzogen werden
Es war nicht meine Aufgabe
dies in Frage zu stellen

Absurdes Theater bei Beckett, Ionesco und Bernhard

Geschichte

1950 – 1994

Nach dem Zweiten Weltkrieg entsteht in den Fünfziger- und Sechzigerjahren eine neue Strömung des europäischen Theaters. Diese wird wesentlich von nicht deutsch-sprachigen Autoren bestritten und ist von einem **pessimistischen Welt- und Menschenbild** geprägt.

Die Hauptrepräsentanten sind der Ire **Samuel Beckett**[1] (1906 – 1989), der in französischer, aber auch in englischer Sprache schreibt, und **Eugène Ionesco** (1912 – 1994), der als Exilrumäne in Paris lebt und seine Werke auf Französisch verfasst.

Der Begriff „**absurdes Theater**" soll vom Theaterkritiker Martin Esslin stammen, der 1961 mit dem Buch „Das Theater des Absurden" eine kleine Gruppe von Autoren vorstellt und so diesen Nachkriegsdramatikern den Namen gibt.

Man nimmt an, dass vor allem Beckett von der französischen **Existenzphilosophie** aus den Vierzigerjahren beeinflusst worden ist. Das heißt, er übernimmt die Vorstellung des Philosophen und Dichters Albert Camus, dass das Leben an sich sinnlos und absurd sei. Diese Betrachtung nutzt das antike Beispiel des **Sisyphus**[2], der von den Göttern – so die Mythologie – bestraft wird und bis in alle Ewigkeit einen schweren Felsbrocken einen Berg hochrollen muss: Dies gelingt aber niemals, da ihm der Brocken jedes Mal kurz vor der Vollendung entgleitet und den Hang wieder hinunterrollt. Hierauf geht auch die Redewendung von der „Sisyphusarbeit" zurück. Genauso sieht Camus den Menschen: Eigentlich ist seine Existenz sinnlos und ganz auf etwas ausgerichtet, das er sowieso nicht erreichen kann.

Auch als Konsequenz daraus formuliert der Schweizer Autor Friedrich Dürrenmatt, obwohl er selbst wohl nicht direkt als Autor des absurden Theaters bezeichnet werden kann: „Das Drama Schillers setzt eine sichtbare Welt voraus, die echte Staatsaktion, wie ja auch die griechische Tragödie. Sichtbar in der Kunst ist das Überschaubare. Der heutige Staat ist jedoch unüberschaubar, anonym, bürokratisch geworden. Uns kommt nur noch die Komödie bei. Unsere Welt hat ebenso zur Groteske geführt wie zur Atombombe."

Die Stücke der Vertreter des absurden Theaters sind eigentlich **Anti-Stücke**: „Anti-pièce" nennt Ionesco sein erstes Stück „Die kahle Sängerin" im Jahr 1950. Die neuen Bühnenwerke brechen radikal mit allem, was das Theater bislang ausgemacht hat – Sinnzusammenhänge werden aufgelöst und es gibt **keinen echten Dialog** mehr. So wird auch die Sprache zum Spielzeug: Die Figuren reden zwar miteinander, aber eigentlich findet keine Kommunikation und kein Gedankenaustausch zu einem konkreten Thema statt.

Hoffnungslos verlorene und scheiternde Figuren im Drama lassen sich auch bei **Thomas Bernhard** (1931 – 1989) finden, den viele als „österreichischen Beckett" bezeichnen. Seine düstere Weltanschauung teilt er also mit dem irischen Dichter, jedoch ist Beckett radikaler und konsequenter.

Bernhard dagegen glaubt noch an die Möglichkeit der Bühne, dramatische Handlung und szenische Dynamik seiner Ein-, Zwei- oder Dreipersonenstücke sind aber auf ein Minimum reduziert. Die isolierten tragikomischen Gestalten monologisieren endlos, übertreiben maßlos und wiederholen sich – Kritiker sprechen von „modernen Totentänzen". Mit dem Namen Bernhard lassen sich auch regelmäßige Eklats und Theaterskandale verbinden, denn dieser „Störenfried" – wie er sich selbst nennt – ist unbequem und kompromisslos.

Samuel Beckett

„Wenn ich Diktator wäre, würde ich nur Ionesco spielen lassen."
Max Frisch

Eugène Ionesco

[1] 1969 erhält er den Literaturnobelpreis
[2] griech. eigentlich „Sisyphos"

Die vielfach grotesken[1] Dramen der Autoren des absurden Theaters werden auch als Ausdruck der **Angst und Verzweiflung** des modernen Menschen in einer gottlosen und sinnleeren Welt gedeutet. Das wohl bekannteste Stück, das diese Thematik im Besonderen aufnimmt, ist Samuel Becketts **„Warten auf Godot“** (1952).

Thomas Bernhard

Zum Inhalt:
Die beiden Figuren Estragon und Wladimir, die wie Landstreicher wirken, warten an einer Straße auf GODOT. Der nicht näher bestimmte, undefinierbare „Typ“ hat sein Kommen ankündigen lassen, erscheint aber nicht. Dies ist die Grundsituation des Stückes, die sich auch im Verlauf der beiden Akte kaum verändert.
Ob Godot mit Gott (engl. „God“) in Verbindung zu bringen ist, lässt auch der Autor offen. Er verweist darauf, dass er es nicht wisse und sonst auch das Stück nicht geschrieben hätte.
Die eigentümliche Stimmung schwankt zwischen Komik (Entschlossenheit durchzuhalten) und Tragik (vergebliches Warten und Verzweifeln). Die Zeit des Ausharrens vertreiben sich die beiden Protagonisten mit clownesken Späßen, mit Pantomimen und Reden, mit Singen, Streiten und Versöhnungsspielen.

In der Praxis und zum Üben

Im zweiten Akt gibt es ein „Schimpfduell“ zwischen Wladimir und Estragon. Aufgabe soll es sein, im Stile des vorliegenden Szenenauszugs, mit einem Partner einen derartigen verbalen Schlagabtausch mit Beleidigungen und Ähnlichem selbst zu formulieren sowie diesen anschließend auf der Bühne zu präsentieren.
Hinweis: Estragons erster und letzter Satz sollte als Rahmen erhalten bleiben.

Samuel Beckett: Warten auf Godot

ESTRAGON Das ist es, wir wollen uns beschimpfen.

Sie gehen auseinander, drehen sich um und stehen sich mit Abstand gegenüber.

WLADIMIR Schurke!
ESTRAGON Würstchen!
WLADIMIR Saftsack!
ESTRAGON Giftzwerg!
WLADIMIR Rotzlöffel!
ESTRAGON Rindsknochen!
WLADIMIR Scheißkerl!
ESTRAGON Ober ... forstinspektor!
WLADIMIR *übertrieben:* Ohh!
ESTRAGON Wir wollen uns wieder vertragen!

[1] aus dem Französischen; dt.: wunderlich, unheimlich, verzerrt

Theater und Film

Theorie

Fragt man nach dem Unterschied zwischen Theater und Film, so bekommt man immer häufiger zu hören: „Der Film ist die Weiterentwicklung des Theaters". Doch das ist so nicht richtig – denn die beiden trennt mehr, als es auf den ersten Blick scheint.

„Fernsehen ist die Rache des Theaters an der Filmindustrie."
Sir Peter Ustinov

Theater:
Charakteristisch für das Theater ist, dass eine Aufführung stets „live" gespielt wird und damit **einmalig** bzw. unwiederholbar bleibt. Bis heute ist der Theaterbesuch ein **gesellschaftliches Erlebnis** von besonderer Bedeutung – Eintrittskarten werden meist Wochen vorher reserviert und am Abend erscheinen viele Menschen dort in festlicher Kleidung.
Wohl zu den wichtigsten Eigenheiten des Theaters gehört die **Kommunikation** zwischen Schauspielern und Publikum – sie findet immer statt. Darüber hinaus sprechen die Darsteller selbst eine **überdeutliche Sprache** und nutzen starke Gestik und Mimik. Nicht nur dieser Aspekt lässt deutlich werden, dass das Theater **nicht wirklichkeitsabbildend** sein kann bzw. soll – es bietet außerdem nur geringe Effektmöglichkeiten wie beispielsweise Geräusche, Lichttechnik oder Nebelmaschinen. Eine zweckmäßige **Bühne** reicht deshalb meist für eine Aufführung aus. Hinzu kommt, dass die Zuschauer über eine **freie Wahl der Perspektive** verfügen – ihr Blick ist veränderbar.
Im Theater sind **Doppel- und Dreifachbesetzungen** üblich. Wenn während der Aufführung **Fehler** passieren, versucht man diese zu kaschieren, bzw. über sie hinweg zu improvisieren.
Theaterstücke sind veränderbar: Es ist möglich, ein 300 Jahre altes Drama mit neuen Requisiten oder anderen Rollentexten den Zeitumständen anzupassen. Dabei bleiben sie aber immer tendenziell **regional** bzw. national – vereinfacht ausgedrückt: In Deutschland spielt man häufig Goethe und in Großbritannien Shakespeare. Aus diesem Grund eröffnet sich immer auch ein großer **Interpretationsspielraum**, der nicht zuletzt vom jeweiligen sozio-kulturellen Hintergrund bestimmt wird.
Die Handlung der Stücke ist in Akte unterteilt. Im **Regiebuch** finden sich beispielsweise diese Einteilungen und Angaben zu: Rollen, Auf- und Abtritte, Figuren, Requisiten, Beleuchtungseinstellungen, Musik, Dramentext.
Darüber hinaus hat das Theater in der Regel gleichermaßen das Ziel, die Zuschauer zu **unterhalten** wie auch stellenweise seinem **Bildungsauftrag** nachzukommen.

In einem starken Gegensatz dazu steht der **Film:**
Er ist in jedem Fall „**aufgezeichnet**" und damit beliebig oft exakt gleich wiederholbar. Ins Kino zu gehen oder sich im Fernsehen bzw. auf DVD einen Film anzuschauen, ist für uns heute meist **kein gesellschaftliches Ereignis** mehr und gehört zum Alltag.
Eine **Kommunikation** zwischen Schauspielern und Publikum findet nicht statt. Die **Perspektive** der Zuschauer ist starr – obwohl diverse Kameraeinstellungen selbst Multiperspektivität beeindruckend „vortäuschen" können.
Durch eine alltägliche Sprache, Einfachbesetzung, viele Effekte, die heute weitgehend computergestützt sind, besondere Drehorte und nahtlos ineinanderfließende Szenenübergänge versucht der Film vor allem **wirklichkeitsabbildend** zu sein: Es gibt meist nur wenige, sogenannte „**Filmfehler**"[1], sie können allerdings nicht „vertuscht" werden – ein Film ist in seiner endgültigen Fassung **unveränderbar.**

[1] engl. „goof" oder „blooper"

Der wohl häufigste Filmfehler: Gegenstände tauchen auf, die nicht in die historische Handlung passen (im Beispiel eine Zigarette).

Er verfügt damit nur über einen geringen Interpretationsspielraum und ist weniger vom sozio-kulturellen Hintergrund der Zuschauer beeinflussbar – auch wenn heute Filme **weltweit** beworben und, durch **Synchronisation** übersetzt, in den meisten Ländern parallel ausgestrahlt werden.

Damit das fertige Produkt einen so hohen Grad an Realitätsnähe erreicht, muss die **Planung** von Anfang an sehr detailliert sein. Dazu werden im **Drehbuch** Schauspieler, Rollen, Handlung, Requisiten, Kameraeinstellungen bzw. Perspektiven, Schnitte, Szenen, Effekte, Licht und Beleuchtung, Musik, Geräusche, Kulissen bzw. Drehorte, Szenenbild, Masken und Kostüme, Stunts und mehr schriftlich fixiert.

Hinzu kommt, dass Filmproduktionen **extrem teuer** und damit weitaus kostspieliger als Theaterproduktionen sind – obgleich eine Eintrittskarte für das Kino aufgrund der weltweiten Ausstrahlung entsprechend günstiger als im Theater ist.

Anmerkung:
Besonders aufgrund der vielen Unterschiede zwischen Theater und Film entstehen umso mehr Probleme, wenn Theateraufführung einfach abgefilmt werden. Das erklärt, wieso echte „Kenner" verärgert reagieren, wenn man ihnen vorschlägt, sich ein Theaterstück einfach auf DVD oder Blu-Ray-Disk anzusehen. Die Differenz zwischen den beiden Kunstformen ist in diesem Spezialfall wohl so groß wie zwischen Schallplatte und Besuch eines Konzerts.

In der Praxis und zum Üben

Aufgabe soll es hier sein, die Unterschiede zwischen Theater und Film noch einmal tabellarisch herauszuarbeiten. Als Erweiterung kann im Anschluss daran diskutiert werden, welche Vor- und Nachteile es haben kann, eine aufgezeichnete Theaterinszenierung zum Beispiel auf DVD anzuschauen.

Projekt

Den eigenen Film drehen

Der Regisseur zum Schauspieler: „Geh auf die Brücke und spring ins Wasser!" – „Aber ich kann nicht schwimmen!" „Das macht nichts, es ist ja eh die letzte Szene."

Viele Theaterschauspieler versuchen sich auch am Medium Film. Dass zwischen beiden Kunstformen durchaus große Unterschiede bestehen, ist bereits im vorherigen Kapitel beleuchtet worden. Dennoch hat auch das „bewegte Bild" seinen ganz besonderen Reiz: Deshalb soll an dieser Stelle der Vorschlag gemacht werden, ein eigenes Filmprojekt zu verwirklichen.

Da es gerade im Rahmen einer kleinen Gruppe in der Regel weder teure Ausstattung, geschweige denn genug Probezeit gibt, bieten sich für die Umsetzung Themen und Ideen an, die mit wenig Aufwand schnell filmisch fixiert werden können. Unbedingt erforderlich ist natürlich eine Videokamera bzw. ein Camcorder mit ausreichender Tonaufnahmefunktion.

Auch eine zeitliche Begrenzung für das Projekt sollte unbedingt von Anfang an gesetzt werden. Ziel kann es nicht sein, einen Kinofilm zu produzieren oder dem Anspruch nach Perfektion zu genügen, denn einer der Vorzüge (in diesem Fall jedoch ein Nachteil) des Films ist die Möglichkeit, Szenen immer wieder neu zu drehen, bis alle zufrieden sind. Ein ungefährer Zeitrahmen, um solchen „Oskar-Ambitionen" zuvorzukommen, sind zwei bis vier Wochen.

Thematisch empfiehlt sich vor allem Humorvolles – das lässt sich leichter ohne Wirkungsverlust schneiden und erlaubt teilweise auch die Integration von „Outtakes"[1].

Für die Planung sollte am besten parallel zur Entstehung ein detailliertes Drehbuch geführt werden, zumindest aber ein kurzes, stichwortartiges Skript mit Informationen zu: Kamera/Technik/Darsteller/Rollen/Kulissen/Requisiten/Materialien/Drehorten/Licht/Ton/Musik/Organisation/Projektleitung/Regie/Kostümen.

Was im fertigen Film zu sehen sein soll, erarbeitet man am besten zuerst in verschiedenen Gruppen und diskutiert anschließend in der großen Runde darüber. Dann wird abgestimmt und ein gemeinsames Thema ausgewählt.

Einstellungsgrößen:

1. Weit

2. Totale

3. Halbtotale

4. Halbnah

5. Nah

6. Groß

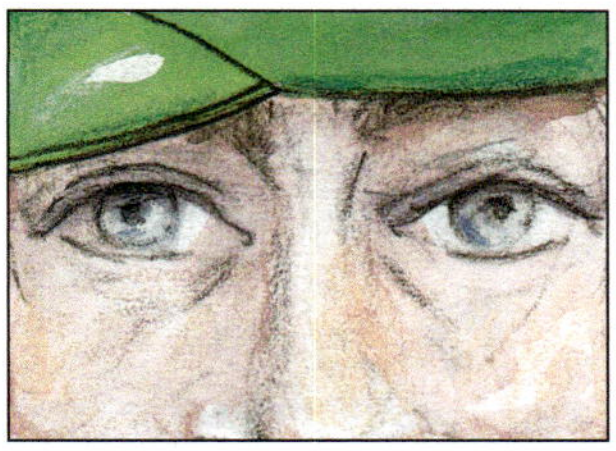

7. Detail

Mögliche Ideen:

- Werbespots
- Nachrichtensendung (mit Interviews, Regionalteil, Sport, Wetter etc.)
- Talentshow
- Sketche
- Kurzfilm
- Investigationssendung (Reporter decken Missstände etc. auf)

Wenn ein gemeinsames Thema gefunden ist, sollten die unterschiedlichen Aufgaben verteilt werden (Regie, Kamera, Schauspieler, Statisten, Suche nach Drehorten etc.). Auch an dieser Stelle bietet sich an, in verschiedenen Gruppen zu arbeiten und dabei etwa Teilstationen des Films zu entwickeln.

Beispiel: Eine Gruppe erarbeitet die erste Szene, eine andere den Schluss und so weiter. Das Filmprojekt sollte dabei aus leicht produzierbaren Einzelszenen bzw. -sequenzen bestehen und im ganzen Handlungsverlauf über Einleitung, Hauptteil mit Höhepunkt und Schluss verfügen.

Weitere Hinweise:

Ausreichende Beleuchtung ist zwingend erforderlich – je weniger Licht, desto dunkler und „verrauschter" wird der fertige Film. Es empfehlen sich Drehorte mit Tageslicht – ansonsten können helle Taschenlampen als mobile „Spots" sehr hilfreich sein.

Auch mit den Kameraeinstellungen kann und sollte experimentiert werden, das bezieht sich vor allem auf **Perspektive** (Froschperspektive, Vogelperspektive, Obersicht, von vorne, von hinten etc.), **Einstellungsgrößen** (Panorama, Totale, Halbtotale, Nah,

[1] herausgeschnittene Szenen, unbenötigtes Material

Filmteam vor einem Bluescreen

Groß, Detail etc.) und **Kamerabewegung** (Kamerafahrten, Schwenks, Zoom etc.). Wenn vorhanden, hilft ein Kamerastativ dabei, ruhige Bilder einzufangen, während die Verwendung hektisch mit der Hand gefilmter Bilder natürlich ebenso ausprobiert werden kann.

Das Filmmaterial muss regelmäßig auf entsprechende Qualität überprüft und in Form von Kopien gesichert werden.

Blue- oder Green-Screentechnik[1] ist in der Praxis selten hilfreich bzw. zu aufwendig. Wenn allerdings zum Beispiel verschiedene Hintergrundbilder für ein Nachrichtenstudio gebraucht werden, empfiehlt es sich, die Schauspieler vor einer herkömmlichen Leinwand zu platzieren und darauf mit einem Beamer von hinten oder schräg von oben zu projizieren.

Auch die abschließende Bearbeitung der aufgenommenen Videos am Computer mit speziellen Programmen erfordert viel Zeit, bietet aber auch zusätzlich Möglichkeiten wie Bildübergänge, (Text-)Einblendungen und vor allem die Verwendung von Toneffekten und Musikstücken:

Eine passende musikalische Untermalung kann vielen Szenen den letzten „Schliff" geben, aber auch spezifische Wirkungen erzielen: Wenn etwa ein romantischer Walzer einer Umarmung oder ein Kinderlied einem ernsten Moment unterlegt wird, erhält die entsprechende Szene dadurch eine vollkommen neue Bedeutung.

Der fertige Film sollte auch über einen Vor- und Abspann verfügen, der die Namen der Beteiligten nennt und ggf. Dankesworte enthält. Die abschließende Vorführung kann als „offizielle Premiere" durch Werbeplakate angekündigt werden.

Wenn alles überstanden ist und jeder Mitwirkende seine eigene DVD mit nach Hause nimmt, bietet sich eine Gesprächsrunde an, die Kritik am Projekt und seinem Verlauf ermöglicht sowie jedem die Chance gibt, auf das Erlebte zurückzublicken.

Technik

Montage

Die Montage scheint zunächste eine komplizierte und zugleich sehr eindrucksvolle Technik zu sein – eigentlich geht sie sogar darüber hinaus, da das fertige szenische Produkt eine im Grunde selbstständige, von Szene oder Textvorlage losgelöste Darstellungsform ist.

Diese Technik wird vor allem in den ersten Jahrzehnten des 20. Jahrhunderts in der Auseinandersetzung mit dem neuen Medium Film entwickelt. Der Begriff selbst stammt aus dem Französischen (**„Zusammensetzung"**) und lässt sich wohl am besten mit der Collage[2] aus der bildenden Kunst vergleichen: Dort werden beispielsweise Bilder und Zeitungsartikel ausgeschnitten und zu einem neuen Kunstwerk zusammengesetzt.

Ganz ähnlich wird im Theater mit der Montage gearbeitet: Durch eine – teilweise gleichwertige – Aneinanderreihung und **Kombination verschiedener Elemente** wie

„Langeweile ist doch das Letzte, was man im Theater empfinden darf."
Alban Berg

[1] Die Darsteller spielen vor einem speziellen Hintergrund, der nachträglich in den Filmaufnahmen mittels Computer ersetzt bzw. ergänzt werden kann – etwa durch Landschaften, Weltraumschlachten, Spezialeffekte und mehr.

[2] eigentlich „Klebebilder", von frz. „la colle" (Leim, Kleber)

Sprache, Musik, Film, Schauspiel, Geräusche und mehr unter einem Überthema, entsteht im Theater eine **szenische Collage,** die beim Zuschauer Assoziationen weckt und ihn herausfordert. Doch bevor etwas montiert werden kann, geht ein Prozess des Zerschneidens und Zerlegens voraus, denn die einzelnen Elemente sollen nicht nur eine bloße Aneinanderreihung darstellen, sondern gezielt, dem Thema entsprechend, verknappt und kombiniert werden.
Dabei bleibt es freigestellt, ob die Montage ein **eigenständiges szenisches Element oder Teil eines Schauspiels** ist – zum Beispiel als Darstellung einer Traumszene. Auch gibt es immer die Möglichkeit, durch erklärende oder weiterführende Kommentare den Zuschauern einen erweiterten Zugang zum Gesehenen zu ermöglichen.

Collage unterschiedlicher Materialien

Grundlegende Bedingungen für die Montage:
Für die unterschiedlichen Materialien, die zum Einsatz kommen (Textauszüge, Bilder, Musikstücke, Projektionen etc.), gilt, dass sie nur als **Fragmente** verwendet werden sollen und damit nichts im herkömmlichen Sinne „erzählt" wird: Es gibt **keine gespielte Handlung,** die Sprache soll aufgebrochen und unvollständig sein (Wortfetzen, kurze Sinnsprüche, Stammeln etc.).
Trotzdem sollte eine Montage dabei aber immer eine **dramatische Gestaltung** mit Anfang, Steigerung, Höhepunkt und Schluss aufweisen. Ob dabei chronologisch verfahren wird oder nicht, bleibt offen. Wichtiges Kriterium für die Umsetzung ist die Gleichzeitigkeit, das heißt die **Simultaneität:** Vor allem Geräusche, Klänge, Sprache und Bildimpulse sollen und müssen sich überlagern, um die Montage zu vervollständigen. Zur Erzeugung der spezifischen Wirkung dienen auch **Rhythmus- und Fokuswechsel:** Die Verwendung einer Zeitlupe, die in den Zeitraffer übergeht, könnte man beispielsweise als Rhythmuswechsel bezeichnen, während sich ein Fokuswechsel dann abzeichnet, wenn das Geschehen zunächst auf der Bühne und danach im Zuschauerraum stattfindet.
Zusätzlich verstärkt die Einbettung **choreografischer Elemente** oder anderer **Techniken** (zum Beispiel Domino-Effekt, „Wörterkneten", Verfremdungseffekt) bzw. **Wiederholungen** und **Variationen** die Wirkung der Montage.

Beispiel:
Eine Montage, die unter dem Oberbegriff „Ausländerfeindlichkeit" steht, könnte folgende Elemente miteinander kombinieren:
- verschiedene Bilder von Menschen unterschiedlicher Hautfarbe
- deutsche Nationalhymne (Musikstück)
- berühmte Zitate zu diesem Thema in Form eines „Wörterknetens"
- Vortrag einer kurzen Zeitungsmeldung
- Ton einer „Fliegeralarm-Sirene" des Zweiten Weltkriegs
- verschiedene Gesten zum Thema „Hass"
- Plakat der Deutschen Nationalmannschaft
- Projektion des Schriftzuges „Liebe deinen Nächsten wie dich selbst."
- ...

Um selbst einen praktischen Versuch auf dem Gebiet der Montage wagen zu können, folgt im nächsten Kapitel ein Spielprojekt.

Projekt

Spiegelbild-Montage

Eins der folgenden Titelbilder des Nachrichtenmagazins „Der Spiegel“ soll für jeweils eine Gruppe Ausgangspunkt und inhaltliche Leitidee für die Entwicklung und anschließende Präsentation einer Montage sein.
Jede Gruppe setzt sich dafür zunächst mit ihrem Cover auseinander und formuliert zu Bild und Thema spontan fünf Sätze schriftlich, etwa zum Cover „Macht der Angst“ passend „Angst blockiert den Menschen“ etc. Abschließend wird an sechster Stelle gemeinsam eine Kernaussage zum jeweiligen Bild festgehalten.
In der später entwickelten Montage soll(en) als Sprechtext entweder jeweils ein Wort der fünf Sätze oder wahlweise die vollständigen Sätze eingebaut werden – für das Beispiel bedeutet dies, dass das Wort „blockiert“ in die Montage aufgenommen wird, aber ein Schauspieler zum Beispiel auch am Schluss mit „Angst blockiert den Menschen“ vor das Publikum treten könnte.

Weitere Kriterien für die Montage:

- Montieren, nicht erzählen (Fragment, nicht Handlung)
- Montage als eigenständige „Aufführung“ konzipieren
- Botschaft soll vermittelt werden (z. B. Angst kann überwunden werden)
- Verschiedene Techniken einsetzen (z. B. Zeitraffer, Zeitlupe, „Wörterkneten“, Domino-Effekt, Figurensplitting, Choreografie)
- Raum nutzen (Bühnenraum, aber auch Zuschauerraum)
- Verschiedene Medien einsetzen (z. B. Projektionen, Film-Materiel, Bilder, Zeitungsartikel, Radiobericht)
- Sprache und Sprechweise variieren (z. B. Stimme aus dem Hintergrund, bruchstückhafte Sprache, unterschiedliche Sprechweise, Stottern, Schreien, Flüstern, Publikumsansprache)
- Sprechtext (mindestens ein Wort aus jedem Satz oder der ganze Satz, der in der Vorbesprechung festgehalten worden ist)
- Requisiten, Kostüme und Kulissen dem Bedarf anpassen
- Gestik, Mimik, Proxemik nicht vernachlässigen
- dramatische Gestaltung mit Anfang, Höhepunkt und Schluss
- Simultaneität (z. B. im Publikum und auf der Bühne mit mehreren Spielern gleichzeitig spielen)
- Rhythmus- und Fokuswechsel
- wenn möglich: Musikstücke einsetzen, Licht und Geräusche gezielt nutzen
- Kreativität: Alles ist erlaubt, solange montiert wird (z. B. Flugblätter, Publikum als Schauspieler einbeziehen).

Aufmerksamkeit steuern und fokussieren

Exkurs

Im Gegensatz zum Film sind die Möglichkeiten des Theaters, Aufmerksamkeit zu lenken, dadurch eingegrenzt, dass der Zuschauer selbst seinen Blick auf das richtet, was er sehen möchte.
Die einfachste Form der Betonung eines Spielers ist sicherlich die Verwendung eines hellen oder farbigen **Scheinwerfers,** der dem Publikum zeigt, wo es hinschauen soll. Auch die **Positionierung** eines Darstellers im Raum ist nicht zu unterschätzen: Steht eine Person im wörtlichen Sinne „am Rande des Geschehens", ist es weniger wahrscheinlich, dass das Publikum sie beachtet.
Natürlich kann eine entsprechende Mimik, Proxemik und vor allem **Gestik** dazu führen, die Aufmerksamkeit der Zuschauer zu lenken – etwa wenn verschiedene Spieler mit ausgestrecktem Zeigefinger auf jemanden deuten und ihn mit weit aufgerissenen Augen anschauen.
Ebenso ist der **Freeze** eine gute Möglichkeit, bestimmte Figuren in der Szene weiter zurücktreten zu lassen und damit die Darsteller, die gerade sprechen, zu betonen.
Auch können **Geräusche** oder andere akustische Signale einen einzelnen Spieler „markieren" – genau wie eine entsprechende Maskierung und Kostümierung. Vor allem hier spielen Signalfarben eine wichtige Rolle.
In gleicher Weise wirken auffällige **Requisiten:** Wenn beispielsweise immer der Spieler, der gerade spricht, einen großen roten Würfel sichtbar in der Hand hält, wird das Publikum seinen Blick mit großer Wahrscheinlichkeit auf den Gegenstand und damit auch auf den Spieler richten – es sollte allerdings darauf geachtet werden, dass das Requisit nicht zu auffällig ist und sich damit selbst in den Vordergrund stellt.
Weitere Techniken zur Fokussierung sind zum Beispiel **Zeitlupe, Zeitraffer** oder eine spezielle **Choreografie.**

„Das Publikum beklatscht ein Feuerwerk, aber keinen Sonnenaufgang."
Friedrich Hebbel

Hinweis: Wenn mit der Idee der Simultaneität gearbeitet wird, ist die Steuerung von Aufmerksamkeit von besonderer Bedeutung, da es – obwohl mehrere Vorgänge gleichzeitig ablaufen – in der Regel immer einen gibt, der Vorrang hat.

Rezeption

Methode

Der vielfach diskutierte Begriff der Rezeption leitet sich vom lateinischen „receptio" (Aufnahme) ab und meint – in Bezug auf Malerei, Literatur, Musik und Theater – die **kommunikative Aneignung von Kunst.**
Für das Theater lassen sich grundsätzlich mindestens fünf verschiedene Arten der Rezeption unterscheiden:
Die einfachste dieser Formen findet **gedanklich** statt: Indem man über ein Theaterstück oder eine Aufführung nachdenkt, setzt man sich damit mehr oder weniger detailliert auseinander.
Sprachlich erfolgt die Rezeption dann, wenn das Gesehene kommuniziert wird – wie beispielsweise bei der **Anschlusskommunikation:** Verschiedenste Aspekte und Feststellungen treten im Gespräch mehrerer Personen zutage. Man bildet sich eine Meinung und beurteilt einige Dinge als gelungen bzw. weniger gelungen.
Ohne es zu merken, bedienen sich die meisten Theaterbesucher der beiden zuerst genannten Rezeptionsformen. Denn jeder, der sich eine Aufführung ansieht, denkt

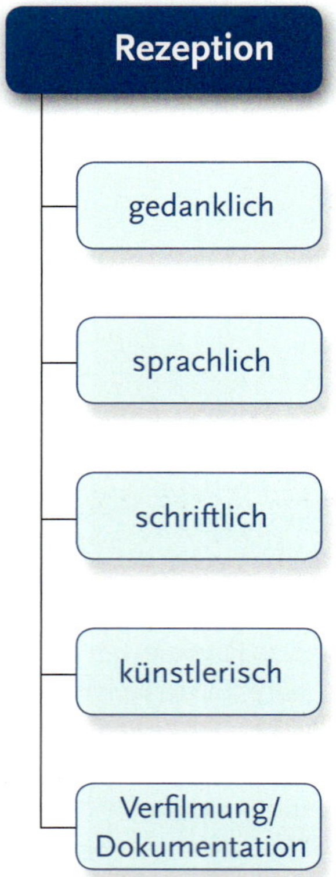

zwangsläufig darüber nach, was „gut" oder „schlecht" gewesen ist. Den entstandenen persönlichen Eindruck kommunizieren die Zuschauer dann im Foyer: Mit anderen wird über die eigene Sichtweise gesprochen. Selbst ein Ausruf wie: „Der Hauptdarsteller spielt miserabel!" kann Teil der Rezeption sein und Anstoß zur Diskussion geben.

Berichtet ein Kritiker am nächsten Tag in der Zeitung über die Leistungen des Schauspielensembles und das Theaterstück im Allgemeinen, so geschieht die Rezeption **schriftlich,** zum Beispiel in Form einer Rezension[1].

Künstlerisch ist die Rezeption immer dann, wenn man sich beispielsweise in Form eines Gedichts oder eines eigenen Musikstückes mit einer Aufführung auseinandersetzt. Am nächsten liegt im Bereich des Theaters natürlich die Form des Schauspiels: So können beispielsweise die sogenannten „**magic moments**"[2], das heißt Momente, die sich besonders gut eingeprägt haben (ein Kuss oder vielleicht ein Bühnenkampf), nachgespielt werden. Hier kommt es nicht darauf an, ganze Szenen vollständig wiederzugeben, sondern sich nur ausschnittweise mit der eigenen Erinnerung an das Gesehene auseinanderzusetzen.

Einen einfachen Grundsatz gilt es dabei allerdings zu beachten: „**Nachspielen gleich Veränderung**". Wann immer etwas nachgespielt wird, verändert man es schon durch die eigene Persönlichkeit und Spielweise, die eben nicht der des Schauspielers entspricht, den man bei der Vorstellung beobachtet hat. Außerdem ist das Theater am Abend eine Live-Vorstellung und damit nicht am nächsten Tag exakt gleich wiederholbar.

Der zweite Grundsatz lautet hier „**Nachspielen gleich Interpretation**". Denn jeder Mensch hat eine eigene Meinung und folglich bringt er seine eigene Perspektive mit. So kann dem Einen beispielsweise die Aussprache eines Satzes besonders wichtig sein, dem Anderen die Mimik des Schauspielers. Dementsprechend zeigen sich verschiedene Interpretationen von Theater. Das Problem dabei ist, dass durch Nachspielen bestimmte Interpretationsmöglichkeiten verloren gehen: Bei der abendlichen Bühnenvorstellung kann sich jeder Zuschauer das heraussuchen, was ihm am besten gefällt – wer aber am nächsten Tag die nachgespielte Szene sieht, nimmt nur noch die Aspekte wahr, die in konzentrierter Form dargeboten werden.

Eine Sonderform der Rezeption ist die **Verfilmung** bzw. das Erarbeiten einer **Dokumentation** zur Theateraufführung. Wie stark allein schon das Abfilmen das Theater verändert, zeigt das Kapitel „Theorie: Theater und Film".

Übung

Magic Moments in der Rezeption

Jeder kennt und liebt sie, die „magischen Momente" eines Films: Eine bewegende Todesszene, ein unvergesslicher Kuss, zwei alte Soldaten, die sich im „Showdown" gegenüberstehen – das sind die Bilder, die im Gedächtnis bleiben.

In der folgenden Übung soll deswegen versucht werden, eine persönliche „Lieblingsszene" mit einfachen Mitteln des Theaters einzufangen und nachzuspielen.

In kleinen Gruppen wird dabei jeweils ein Ausschnitt eines Films szenisch erarbeitet und anschließend den anderen Gruppen vorgespielt – dann muss erraten werden, aus welchem Film der Ausschnitt stammt.

---

[1] siehe Methode: Rezension und Aufführungsbeobachtung, S. 283

[2] siehe das folgende Kapitel

Anregungen zu Filmen/Filmreihen:
- Forrest Gump
- Star Wars
- Das Leben des Brian
- Der Herr der Ringe
- Titanic
- Der Pate
- Matrix
- Casablanca
- Harry Potter
- James Bond

Rezension und Aufführungsbeobachtung

Methode

Im Allgemeinen versteht man unter dem Begriff Rezension (lat. „recensere"; sorgfältig prüfen, kritisch besprechen) einen **Text mit informierender und wertender Funktion** – eine kritische Besprechung und Würdigung literarischer oder wissenschaftlicher Neuerscheinungen, aber auch kultureller Ereignisse wie Theateraufführungen, Konzerte und Filme.
Die Aufgabe des Rezensenten oder Kritikers ist es, zwischen der Kunst und dem Publikum zu vermitteln – im Theater also zwischen Bühnenstück und Zuschauer. Seine schriftliche Bewertung wird im Feuilleton (Kulturteil) von Tages- oder Wochenzeitungen veröffentlicht, wo sie vor allem als Orientierungshilfe für Interessierte dient. Eine jede Rezension ist dabei immer **subjektiv** und in hohem Maße von Weltanschauung, gesellschaftlichem Hintergrund, Kompetenz, Vorlieben und Position des Bewertenden abhängig. Und obwohl dieser in seinem Text einen Mittelweg zwischen sachlicher Betrachtung und persönlichem Urteil finden sollte, ist dies in der Praxis nicht immer der Fall: Meinungsverschiedenheiten, Streit, Hass oder gar Todfeindschaft zwischen Künstlern und Rezensenten sind in der Kunst- und Literaturgeschichte keine Seltenheit. Selbst Goethe schreibt in einem berühmt-berüchtigten Vers 1772: *„Schlagt ihn tot, den Hund! Er ist ein Rezensent."*

Der Kritiker Alfred Kerr kam eines Abends zu spät ins Theater. Pflichteifrig geleitete ihn der Logenschließer auf Zehenspitzen bis an die Tür zum Zuschauerraum. Ehe er öffnete, legte er mahnend den Zeigefinger an den Mund, Kerr möge mit geziemender Lautlosigkeit seinen Platz einnehmen. Kerr fragte grinsend: „Schlafen denn schon alle?"

Eine spezielle Form der Rezension stellt die **Theaterkritik** dar – meist bei besonderen Anlässen wie etwa Premieren, Spielzeiteröffnungen und Sondervorstellungen. Gerade hier können Besucherzahl und Erfolg einer Inszenierung in hohem Maße von dem abhängen, was der Rezensent schreibt. Nicht selten hat ein „Verriss" eines Stückes durch einen bekannten Theaterkritiker zu dessen Misserfolg auf der Bühne geführt – manchmal aber auch zu überschwänglichem Interesse.
Außerdem neigen einige Rezensenten dazu, eine Aufführung mit vollkommen utopischen Erwartungen, über die Köpfe des Publikums hinweg, zu betrachten und dabei das Wesentliche aus den Augen zu verlieren: **Die Rezension darf nicht wichtiger sein als das zu besprechende Werk.**

„Die Theaterkritik soll gerecht sein, sie soll nicht verletzend sein, sie darf sich vor allem nicht wichtiger nehmen als die Sache selbst. Solche Verbote tragen natürlich den Keim der Langeweile in sich. Aber es ist nicht zu ändern: Theaterkritik darf sich nicht spreizen und sagen: Schaut, wie schön meine Wortkleider sind, schaut wie witzig und elegant ich mit der Sprache umgehen kann." (Michalzik)

Alfred Kerr. Gemälde von Corinth Kerr, 1948

Ein „Starkritiker“ der Vergangenheit ist **Alfred Kerr** (1867-1948) aus Berlin. Seine prägnant und scharf formulierten Theaterkritiken sind legendär, aber nicht weniger subjektiv und eigenwillig. Für Kerr ist diese Art der Rezension eine eigene Kunstform und so hält er den wahren Kritiker für einen Gestalter, sogar für einen Dichter.

Die Form der schriftlichen Rezension ist in der Regel nicht genau bestimmt – sie darf und soll deshalb gerne frei und kreativ gestaltet sein. Um inhaltliche Vollständigkeit zu sichern, empfiehlt sich allerdings ein **grobes Gerüst:**
Erstes Kriterium einer jeden Rezension ist eine Überschrift, welche die Leser neugierig macht. Dann sollten einige grundlegende Informationen folgen, vor allem zu Ort, Zeit und Regisseur der Aufführung sowie Autor, Titel und Entstehungszeit des Stücks. Daran schließt sich in der Regel eine kurze Inhaltsangabe zur Handlung an, bei der auch einige Hintergründe zu Verfasser und Entstehungsgeschichte nützlich sein können. Diesen ersten Teil der Rezension runden oftmals Zitate oder Informationen aus dem Programmheft ab.
Im folgenden Mittelteil werden die wichtigsten Mitwirkenden wie Schauspieler, Requisiteure, Bühnenbildner, Techniker, Lichtregie-Verantwortliche etc. namentlich genannt, um danach auf die unten stehenden Beobachtungsaspekte einzugehen und diese kritisch zu untersuchen. Diese sind dabei wie Bausteine zu sehen, von denen jeder zu beachten ist, aber im endgültigen Text nicht immer Verwendung finden muss.
Der Schlussteil beinhaltet neben einer persönlichen Wertung, die im weitesten Sinne objektiv ist, auch eine Empfehlung für die Leser: Sollte man sich das Stück ansehen? Wenn ja, wieso? Wenn nein – warum nicht trotzdem?

Mögliche Besprechungspunkte und Bausteine:

Inszenierung:
- Inszenierungsidee (etwa: eine Komödie von Shakespeare wird zum Anti-Kriegsstück)
- Inszenierungsart („klassisch“, „modern“ etc.)
- Kernthema und Leitmotive
- Botschaft/Lehre für die Zuschauer
- Interpretationsmöglichkeiten
- Dauer
- Klischees (klischeeartige Figuren, Motive etc.)
- Dynamik: Rhythmus, Zeitwahrnehmung, Geschwindigkeit
- spezifische Wirkung: kritisch, unterhaltend, ironisch etc.
- Gesamtwirkung
- besondere Elemente, Kreativität (Chor; Videoprojektionen, V-Effekte etc.)
- alternative Ideen
- Vergleich mit anderen Inszenierungen desselben Regisseurs oder Stücks

Text:
- Nähe zum Original (sehr frei? etc.)
- Kürzungen
- Umsetzung und Veränderung
- Unterschiede zwischen Bühnenstück und Textvorlage (ist das Ende so wie beim Autor? Gibt es Änderungen?)
- Sind die Figuren so umgesetzt, wie im Original angelegt?

Handlung:
- Inhalt
- Gibt es einen roten Faden?
- Verständnis, Nachvollziehbarkeit
- Handlungsbogen (geschlossen, offen etc.)
- dramatische Struktur (Anfang, Höhepunkt, Schluss)
- Motivationen der Figuren
- Verhältnis Szene – Stück (Gibt es viele Einzelszenen?)
- Wie sieht das Ende aus?

Schauspieler:
- Qualität der Darstellung/schauspielerische Leistung
- Stimme und Sprache, Körperausdruck (Gestik, Mimik, Proxemik etc.)
- Kostüme
- Wirkung, Sympathie
- Rollenkonturierung (scharf, unscharf etc.)
- Schauspieler-Rolle-Verhältnis
- Wer hat in welcher Rolle beeindruckt?
- Präsenz (zum Beispiel bei stummen Figuren)
- Verhältnis von Haupt- und Nebenrollen
- Spieltechniken (Choreografie, Freeze, Tableau etc.)
- Versprecher und Fehler

Bühne, Kulisse und Ausstattung:
- Struktur, Form und Aufbau der Bühne
- Raumwirkung (realistisch, idealisiert, angedeutet etc.)
- Requisiten (Einsatz, Funktion und Bedeutung; Gibt es ein „Hauptrequisit"?)
- Raumnutzung, Perspektiven
- Verhältnis Zuschauerraum – Spielraum
- Leuchtmittel und Beleuchtung (Scheinwerfer, Farben etc.)
- Dekor und Bühnenbild
- Stimmung und Atmosphäre

Musik, Klang und Geräusche:
- Musik und Klang
- Wird die Musik „live" gespielt oder von CD?
- Musiker
- Geräusche
- Akustik des Raumes

Publikum:
- Interaktion der Schauspieler mit den Zuschauern
- Anzahl der Zuschauer
- Reaktionen des Publikums (Lachen, Rufen, Pfeifen etc.)
- Bewertungen in der Pause
- Applaus am Ende

Zusätzlich (zum Beispiel bei einer DVD-Fassung):
- Kameraperspektiven
- Bildwirkung
- Kameraführung

In der Praxis und zum Üben

Die folgende Rezension „Zwischen Polterei und leisen Tönen" von Frank Benner dient als Beispiel für eine sehr gelungene Theaterkritik. Aufgabe kann es sein, nach einer ersten Lektüre im Text zu untersuchen, welche der aufgelisteten Beobachtungspunkte berücksichtigt worden sind.

Szene aus „Cyrano de Bergerac", inszeniert am Schauspielhaus Bochum

Frank Benner: Zwischen Polterei und leisen Tönen

Edmond Rostands „Cyrano de Bergerac" im Schauspielhaus Bochum

Den Dichter Cyrano de Bergerac mit der unansehnlichen Nase und dem poetischen Naturell hat es tatsächlich gegeben. Er lebte von 1619 bis 1655, erlangte seine größte Popularität allerdings erst ab Ende des 19. Jahrhunderts, als sein Leben in einem romantischen Versdrama mit komischen Elementen von Edmond Rostand auf die Bühnen dieser Welt gebracht wurde. Auch hundert Jahre später erfreut sich das Stück, das im Laufe der Zeit auch erfolgreich als Vorlage für Filmversionen mit José Ferrer, Gérard Depardieu und sogar Steve Martin diente, nach wie vor großer Popularität. Nun hat es die beliebte Schauspielerin und Regisseurin Katharina Thalbach mit Armin Rohde in der Titelrolle für das Schauspielhaus Bochum neu inszeniert.

Und in der Tat strotzt ihre Version des Klassikers von unzähligen Einfällen, die aktuelle Bezüge herstellen, viel Kurzweil bieten und dennoch die gereimten Dialoge (in der Übersetzung von Ludwig Fulda) nicht zu kurz kommen lassen. Die Handlung setzt im Paris des Jahres 1640 ein, die Bühne wird dominiert von einer gewaltigen, frei stehenden Treppe. Durch die ersten Reihen des Publikums zieht sich ein Laufsteg, der in einen roten Teppich übergeht und bis auf die Bühne führt. Über diesen Weg paradieren[1] nach und nach die Protagonisten des Stücks, angekündigt von einer ständig plappernden Moderatorin mit Mikrofon (Friederike Becht) und dem Blitzlichtgewitter eines Paparazzo (Johannes Kienast) ausgeliefert. Jene Klatschjournalatmosphäre führt den Zuschauer direkt ein in die eher polternden Momente der Inszenierung, die auf das Leben im 21. Jahrhundert verweisen. In ihnen hat sich Katharina Thalbach viele Freiheiten gegenüber Rostands Stück genommen.

Rasant geht es alsbald weiter mit einem Degenduell zwischen Cyrano de Bergerac (Armin Rohde) und dem vorlauten Vicomte Valvert (Ronny Miersch), der sich über das herausragende Riechorgan des Dichters lustig gemacht hatte. Diese Fechteinlage ist auch am Premierenabend sehr beeindruckend geraten, obwohl sie, wie von Intendant Anselm Weber zuvor erläutert, lediglich in abgemilderter Form präsentiert wurde. Denn Darsteller Ronny Miersch hatte sich am Vorabend bei der Generalprobe eine Knieverletzung zugezogen und spielte seine Rolle nun mit einem geschienten Bein und erhöhtem Schuh – welch bemerkenswerter Einsatz! Auch in diesen Actioneinlagen greift Thalbach tief in die Effektkiste, lässt einen Massenfechtkampf zu Stroboskoplicht und verlangsamter Musik ausführen, um

[1] vorüberziehen (wie in einer Militärparade)

einen Zeitlupeneffekt zu erzeugen. Munter treibt sie zudem die Handlung voran, in der schnell die Schwärmerei Cyranos für seine Cousine Roxane (Nadja Robiné) deutlich wird. Der Literat hat jedoch Skrupel, seine Zuneigung mündlich zu gestehen. Viel wohler fühlt er sich mit Papier und Federkiel. Roxane indes hat sich in den Kadetten Christian de Neuvillette (Nicola Mastroberardino) verliebt, vielmehr in sein blendendes Aussehen, denn gesprochen hat sie den jungen Mann noch nicht. Dieser ist allerdings recht einfältig gestrickt, weswegen ihm Cyrano seine Hilfe anbietet, um das Herz der Angebeteten zu erobern. Cyrano legt Christian seine poetischen Liebesschwüre in den Mund, die das Herz Roxanes im Handumdrehen erweichen.

Katharina Thalbach findet in ihrer rund dreistündigen Inszenierung immer wieder die Zeit, die Handlung durch einige ungewöhnliche Showeinlagen zu unterbrechen und aufzulockern. In der ersten Hälfte wird das Bild zeitweise durch eine ausklappbare Bühne auf der Bühne erweitert, in der sich eine Küche mit gezeichneter Einrichtung im Stil der Jules-Verne-Illustrationen befindet, wie man sie auch aus den Verfilmungen eines Karel Zeman kennt. Dort legt Koch Ragueneau (Roland Riebeling) mit seinen Küchenhilfen zum Vollplayback den Rap „Wir kriegen's schon noch gebacken" hin und untermalt das Ganze mit eigenwilligen Breakdance-Einlagen. Selbst während der Dialog zwischen ihm und Cyrano dann schließlich weitergeht, vollführen die Küchenhilfen im Hintergrund noch eine absurde, stumme Küchenschlacht in Pseudo-Zeitlupe. Etwas später wird es dann eine gelungene Tanzchoreografie (von Danny Costello) der Kadetten auf der imposanten Treppe zu Piratenklängen sowie den „Police"-Song „Roxanne" mit Nicola Mastroberardino am Schlagzeug und Armin Rohde in tanzenden Verrenkungen zu sehen geben.

Die relativ schlicht gestaltete Bühne (Ezio Toffolutti) wird dabei stets vorteilhaft ausgenutzt, sowohl durch Projektionen auf den Bühnenhintergrund als auch durch die oftmals stummen Auftritte einiger Ensemblemitglieder, die slapstickhafte Kapriolen vollführen, während die Protagonisten ihre Dialoge rezitieren. Manch einem wird das vielleicht zu viel des Guten sein, zumal die Bandbreite von subtil bis polternd reicht, das Bochumer Premierenpublikum war vom grenzenlosen Ideenreichtum jedenfalls restlos begeistert, was sich in minutenlangem Applaus und Standing Ovations für Regisseurin Thalbach niederschlug. Im zweiten Teil nach der Pause hatte sie nämlich durchaus auch Geschick beim Inszenieren der leisen Töne bewiesen, wenn die Komik der Vorlage zusehends den dramatischen Elementen Platz macht. Die Handlung ist hier auf das Schlachtfeld verlagert, wo sich die Kadetten in Gräben im Bühnenboden verschanzen und der Übermacht der Spanier trotzen. Christian wird im Kugelhagel ums Leben kommen, und nach einem Zeitsprung ins Jahr 1655 wird schließlich der Epilog eingeläutet. Der fällt etwas sentimentaler aus, wenn er von vertanen Chancen erzählt und einer großen Liebe, die niemals ihre Erfüllung fand. Aber durch das einfühlsame Spiel von Armin Rohde und Nadja Robiné geraten auch jene Momente zu großer Schauspielkunst.

Szene aus „Cyrano de Bergerac", Bochum

Exkurs

Ein Verriss

Für alle Interessierten und diejenigen, die schon immer einmal einen wahrhaft überzeugenden „Verriss" einer Inszenierung durch einen Rezensenten lesen wollten, soll an dieser Stelle Norbert Mayer mit seiner Theaterkritik „Die Pest im Burgtheater" zu Wort kommen. Vorsicht, bissig!

In der Praxis und zum Üben

Diskutiert werden soll anschließend, welche Auswirkungen die Veröffentlichung einer solchen Theaterkritik für alle Beteiligten hat.

Norbert Mayer: Die Pest im Burgtheater

Regisseur Sebastian Hartmann versucht sich am Stoff von „Romeo und Julia" und entwickelt dazu seltsame Bilder. Er hätte es lieber bleiben lassen sollen.

Sebastian Hartmann hat ein Kunststück vollbracht; es ist ihm gelungen, ein Team renommierter Schauspieler zwei Etagen unter Niveau spielen zu lassen. Teilte man aus wie Frank Castorf oder ein anderer unerbittlicher Prinz des Zeitgeistes, müsste man nach der Premiere von „Romeo und Julia" am Donnerstag schreiben: „Ein mitteldeutscher Spießer, ein schnöder Knecht der Mode und des Systems, hat mehr als zwei Stunden lang halb gare Ideen aus seinem Schädel gerotzt. Schuld daran ist wie immer das Publikum, denn warum lässt es sich diese Instant-Soße überhaupt vorsetzen?"
Präziser ausgedrückt: Hartmanns Interpretation war der bisherige Tiefpunkt des Shakespeare-Zyklus im Burgtheater. Dabei hat er doch so viel gewollt! Beginnen wir mit den Bildern: Bühne (Jürgen Bäckmann) und Kostüme (Moritz Müller) sind ein kunsthistorischer Zitatenschatz, der vom Trecento[1] bis zu Caspar David Friedrich[2] reicht. Am Anfang herzt sich ein Paar in einer spätromantischen Hütte, es dämmert der Kitsch. Die Montagues und Capulets mit ihren lächerlichen Schaukämpfen haben sich ihre Kleider aus dem Fundus italienischer Meister ausgeborgt, es dämmert die Renaissance. Sie wird zur Charade, ein Flascherl Botticelli[3], ein Schnitzerl Zeffirelli[4], ganz à la carte, Scherzchen ohne Ironie und tiefere Bedeutung. In der Gruft der Capulets regnet es schließlich Leichenteile, sie bedecken die Bühne – es dämmert der Schrecken des Krieges, Goya[5] feiert Auferstehung im Set eines Zombie-Films.

Ein verhuschter Geist

Ach ja, im Programmheft lässt uns der Regisseur wissen, wo er den Stoff „verortet"; in der Zeit der großen Pest. Potztausend, wenn das Shakespeare gewusst hätte! Er hätte prompt das Theater sperren lassen. Die Pest im Burgtheater! Vielleicht hätte er dazu noch das eine oder andere Sonett gedichtet.
Aber Shakespeare ist nicht Hartmann, und deshalb können die beiden auch nicht zueinander finden. Was mangelt also dieser Inszenierung? Es fehlt ganz einfach der Respekt vor dem Text, der unter einem Wust seltsamer Bilder und hysterischer Aktionen verschwindet. „Romeo und Julia" muss nicht gewaltsam vom Kitsch entkleidet werden, das besorgt Shakespeare selbst. Sein Drama ist an sich ein raffiniertes Gewebe, aus vulgärer wie auch aus edler Sprache gemacht. In den wildesten seiner Komödien gibt es nicht derart viele sexuelle Anspielungen wie in diesem Stück. Das angeblich Romantische, die ersten Liebesschwüre sind starre elisabethanische Tradition, hohle Formen, die erst im Verlauf der Handlung von subtiler Dichtung abgelöst werden.

> Zornig kam einst ein junger Autor zu Alfred Kerr. „Was gibt Ihnen eigentlich das Recht", donnerte er los, „mein Stück derart zu verreißen. Sie selbst können ja nicht einmal den einfachsten Einakter schreiben!" Kerr lächelte kühl. „Ich kann auch keine Eier legen", erklärte er, „aber trotzdem weiß ich, ob ein Ei gut oder schlecht ist."

[1] italienischer Kunststil des 14. Jahrhunderts
[2] deutscher Maler
[3] italienischer Maler
[4] italienischer Regisseur; große Bekanntheit erlangt er mit einer Verfilmung von „Romeo und Julia" (1968)
[5] spanischer Maler

Diese Entwicklung aber unterschlägt die Inszenierung. Sie wird zum Ego-Trip eines Interpreten, der sich mit der Keule durch die Kulturgeschichte schlägt. Was wurde zum Beispiel bloß aus der Titelrolle? Julia Hartmann kann sich nicht entscheiden, ob sie ein abgebrühtes Girlie oder ein hysterisches Mäderl geben soll. Also spielt sie vorsichtshalber die Schauspiel-Schülerin, die nach dem Vorsprechen eben nicht genommen wird. Sie ist überfordert, und das möchte man ihr gar nicht übelnehmen. Denn auch die sonst so glänzende Mareike Sedl, für die man die Rolle eines Geistes erfunden hat, macht einen völlig verhuschten Eindruck. Am Ende wird sie gezwungen, mit riesigen Engelsflügeln zu entschweben, auf die Liebespaare projiziert werden. (Fast wäre die Hoffnung in Erfüllung gegangen, dass ausnahmsweise zumindest das Video-Element ausbliebe).

„Warum hast du so große Hände?"

Martin Schwab wirkt lustlos in der Darstellung des völlig vertrottelten Clan-Führers Capulet, und niemand Geringerer als Kirsten Dene muss eine beinahe humorlose Amme geben. Myriam Schröder (Lady Capulet) werden Sätze untergeschoben wie „Warum hast du so große Hände?" Kein Wunder, dass die Frauen schubweise in Hysterie verfallen – vielleicht war das gar nicht so vorgesehen, sondern eine natürliche Reaktion auf allzu viel Regie. Bruder Lorenzo (Thomas Lawinky) entwickelt andere Überlebensstrategien. Er säuft den Trank, den er auch Julia verabreicht, im Akkord. Müsste man wählen, wer die dankbarste Rolle spielt, Lawinky wäre der erste Kandidat.

Und nun zu den Nackten: Romeo (Sven Dolinski) darf ihn herzeigen, Mercutio (Markus Meyer) auch, und der muss sogar ein bisschen ins Publikum springen und die Bürger an-agitieren[1]. Die Buben zucken und brüllen wie bei einer mittelalterlichen Geißler-Show[2], sie sind, soweit man das aus dem Parkett „verorten" konnte, anständig bestückt. Burgtheater-Durchschnitt, fast schon Josefstadt[3], konnte man in der Pause Größenvergleiche aufschnappen. Benvolio (David Oberkogler) und Tybalt (Patrick O. Beck) bleiben ziemlich sittsam, sind aber auch bald tot. (Sie wissen, die Pest...)

Und noch ein paar Restbilder

Merke: Frauen oder Waschlappen sind Hysteriker, Lover und Fighter frönen dem Veitstanz[4], besonders in Zeiten radikaler Veränderung. Und wenn einen das Ende der radikalen Umbrüche nicht interessiert, wie es offenbar bei diesem Regisseur der Fall ist, dann macht man nach der Pause binnen 25 Minuten den Sack zu und schert sich nicht mehr um den fünften Akt, sondern arbeitet die Bilder ab, die nicht in die ersten vier Akte gepasst haben. Romeo sticht eine Melone auf und frisst sie, der Todesengel singt, Julia wird wieder einmal hysterisch. Es darf gebrüllt werden: „Es war die Nachtigall und nicht die Lerche!" Der Geist (Schwester Tod? Die Pest? Ein verirrter Flugsaurier?) spreizt die Riesen-Flügel, weint. Jetzt kommen wahrscheinlich alle in den Himmel. Weil sie so post-romantisch waren.

„Gewisse moderne Autoren machen Toilette vor dem Publikum und bilden sich ein, diese große Unverschämtheit sei eine große Tat."
Friedrich Hebbel

[1] hier: beeinflussen, politisch aktivieren
[2] Geißeln: Selbstverletzung zum Sündenerlass (man glaubt damals, die Pest sei die Strafe Gottes für Sünden)
[3] ältestes Theater Wiens
[4] hier: Bezug zur „Tanzwut" des Mittelalters – ein Phänomen, bei dem Menschen in merkwürdige Bewegungen verfallen und bis zur Erschöpfung „tanzen" (die Ursache bleibt bis heute ungeklärt).

„Faust I" bei Goethe und Gründgens

Text

An dieser Stelle soll darauf verzichtet werden, das wohl berühmteste Werk der deutschen Literaturgeschichte, Goethes komplexes Drama **„Faust. Eine Tragödie"** (auch: „Faust I") ausführlich vorzustellen. Deshalb orientiert sich das Kapitel an der szenisch-filmischen Umsetzung des Stoffs durch Gustaf Gründgens:
Eine politisch schillernde und vielseitige Persönlichkeit des Theaters vor, während

Will Quadflieg und Gustaf Gründgens in „Faust", Hamburg 1957

und nach dem Zweiten Weltkrieg in Deutschland ist **Gustaf Gründgens** (1899-1963). Zwar auch als Regisseur und Theaterleiter gefeiert, gilt er vor allem als berühmter, populärer Charakterdarsteller klassischer und moderner Rollen in Theater und Film. Die Stationen seines Wirkens sind seit 1928 vor allem die Kulturstätten von Berlin und Düsseldorf; seine berühmteste Inszenierung zu Goethes „Faust I" entsteht 1957 in Hamburg.

Goethes Werk erschließt der Regisseur Gründgens, der selbst als Schauspieler die Rolle des teuflischen „Mephisto" brillant verkörpert, sodass die abgefilmte Version von 1960 zum Publikumsrenner wird und sogar im Ausland große Bewunderung erfährt. Seit seinem zwanzigsten Lebensjahr verkörpert Gründgens immer wieder die dankbare Rolle des Mephisto – wahrscheinlich mehrere hundert Male.

Goethes monumentales Drama stellt immer eine Herausforderung für Regisseure dar und bringt stets neue Deutungsversuche hervor. Gründgens gilt als einer der letzten Vertreter der Ära werktreuer Regisseure: Eingriffe, Kürzungen und Veränderungen versucht er auf ein Minimum zu beschränken und in erster Linie dem Werk des Dichters zu dienen.

In der Praxis und zum Üben

„Man muss das Publikum zu sich heraufholen; man darf nicht zu ihm hinuntersteigen."
Gustaf Gründgens

Ein Schriftsteller fragte Gustaf Gründgens: „Glauben Sie, dass mein neues Lustspiel Erfolg haben wird?" Da meinte Gründgens: „Wenn Sie bei der Uraufführung im Parkett so viele Bekannte finden wie ich in ihrem Manuskript, dann ja."

Aufgabe soll es sein, in der Gruppe zunächst gemeinsam die „Gründgens-Inszenierung" von „Faust I" aus dem Jahre 1960 auf DVD[1] anzuschauen. Nachfolgend fertigt jeder Spieler eine ausführliche schriftliche Rezension zu dieser Aufführung an, die den Hinweisen zur Theaterkritik im Kapitel „Methode: Rezension und Aufführungsbeobachtung" folgt.

Zum Inhalt:

Den alternden Gelehrten Doktor Heinrich Faust beschäftigt auch nach dem Studium aller Wissenschaften immer noch die Sehnsucht, tiefe Welterkenntnis zu erlangen. Um dies zu erreichen, ergibt er sich schließlich sogar der Magie. Dazu wird er durch den Teufel höchstpersönlich, Mephistopheles, verleitet, mit dem er eine verhängnisvolle Wette abschließt: Wenn Fausts Wissensdurst gestillt und er zufrieden ist, soll seine Seele auf ewig dem Satan gehören. Nach einer Verjüngungskur trifft Faust auf das unschuldige und einfache Bürgermädchen Gretchen. Die sogenannte „Gretchentragödie" bahnt sich an: Nach der ersten Begegnung der beiden entsteht wachsende Zuneigung, doch ihre Liebe ist zum Scheitern verurteilt. Gretchen verliert erst ihre Mutter und Faust bringt ihren Bruder im Zweikampf um. In wahnhafter Verzweiflung tötet sie das neugeborene Kind, auch aus Angst und Ekel vor dem „Erzeuger" Faust sowie der sittenstrengen Gesellschaft.

Gretchen und Mephisto („Mephistos Botschaft")

[1] zum Beispiel in der ARTHAUS-Edition von 1999 oder 2008

Kurze Geschichte der Regie

Exkurs

Regisseur

Das Berufsbild des Regisseurs lässt sich etwa wie folgt umreißen: Ihm obliegt die organisatorische und künstlerische Leitung einer Inszenierung und er gestaltet einen vom Autor vorgegebenen Text zu einem eigenständigen Kunstwerk, das in Theater, Film, Fernsehen oder Rundfunk zur Aufführung gelangt. Dieses Berufsbild hat sich in den vergangenen Jahrhunderten allerdings stark gewandelt: Was wir uns heute unter dem Begriff vorstellen, hat nur wenig mit Organisation und künstlerischer Gestaltung des Theaters früherer Zeiten zu tun. Die wesentlichen Stationen der Entwicklungsgeschichte des Regisseurberufs sollen im Folgenden kurz angeschnitten werden:

Im antiken Griechenland ist der Autor selbst Schauspieler, Regisseur sowie Choreograf und damit weitgehend alleine dafür verantwortlich, was auf die Bühne kommt und wie gespielt wird. Nur in dem Fall, dass ein Künstler alleine diese Aufgaben nicht mehr bewältigen kann, wird ein sogenannter „**Chorodidaskalos**“[1] eingesetzt, eine Art „tänzerischer Leiter“, der die Regie der Choreografie und Tanzeinlagen übernimmt.

Vor allem bei den spätmittelalterlichen **Passions- und Mysterienspielen,** an denen teilweise mehrere hundert Spieler, Künstler und Handwerker beteiligt sind, bekommt der sogenannte **Spielordner** deshalb große Bedeutung. Dieser Spielleiter – wie man ihn auch nennt – sorgt für den reibungslosen Szenenablauf und beeinflusst in geringem Maße auch die künstlerische Gestaltung (Sprache, Effekte etc.). Kurzum: Er sorgt dafür, dass jeder Spieler zur richtigen Zeit am richtigen Platz ist.

Ganz ähnlich wird auch die Aufgabe der **Künstler und Architekten im Barocktheater** verstanden: Sie sorgen – im technischen Sinne – als „Eventplaner“ dafür, dass alles ohne Komplikationen abläuft und die komplexen Effektmaschinerien fehlerlos arbeiten, damit die Aufführung zur perfekten Illusion wird.

Gleichzeitig etabliert sich bei den umherziehenden Schauspieltruppen, vor allem denen der Commedia dell'Arte, die neue Position des **Prinzipals der Wanderbühne.** Dieser Leiter, der oftmals auch erster Schauspieler ist, verfügt nicht nur über die Autorität, zu entscheiden, welche Stücke gespielt werden, und neue Schauspieler anzuwerben, in der Regel gehören ihm auch die Kostüme und Stücktexte. Die bis heute wohl bekannteste und einflussreichste Prinzipalin ist Caroline Neuber („**Die Neuberin**).“[2]

Erst im 18./19. Jahrhundert etabliert sich im deutschen Sprachraum der Begriff „**Regisseur**“ in Ableitung des aus dem französischen Finanzwesen stammenden Wortes „régir“ (leiten, verwalten). Einer dieser ersten „Theaterleiter“, die zumeist selbst Autoren sind, ist **Johann Wolfgang von Goethe,** der seine eigenen Werke, aber auch die anderer Dichter, am Weimarer Hoftheater inszeniert.

Es folgen zwei wesentliche Entwicklungen: Entgegen der bis dahin allgemeinen Sicht „Autor gleich Regisseur“, etabliert sich der neue Berufsstand immer mehr und zusätzlich kommt es zur folgenreichen **Theaterreform der Meininger**[3]**:**

Mit **Herzog Georg II.** von Sachsen-Meiningen wird das heutige Verständnis von Regie geprägt: Zum ersten Mal leitet eine Person, die nicht Autor oder Darsteller sein muss, ein Schauspielerensemble an und gestaltet jeden Schritt der Produktion maßgeblich mit. Der „Theaterherzog“ – wie man ihn nennt – behält sich in diesem Sinne das letzte Wort bei jeder Entscheidung vor.

„Es spielt keine Rolle, ob die Künstler wollen oder nicht wollen, dass ihre Werke interpretiert werden.“
Susan Sontag

Caroline Neuber

„Das Theater ist eine der wenigen Institutionen, in denen sich Theorie und Praxis, Ideelles und Materielles, jeden Tag treffen.“
Gustaf Gründgens

[1] Über Aufgaben und Mitwirkung des Chorodidaskalos weiß man heute nur sehr wenig.
[2] siehe Geschichte: Commedia dell'Arte, S. 139
[3] siehe Geschichte: Meiningen – Wiege des modernen Regietheaters, S. 189

Bühnenbildentwurf von E. G. Craig

Diese Reform beeinflusst dann auch die Theatertheoretiker und Regisseure der Moderne, allen voran **Konstantin Stanislawski**[1], der sich vom Meininger-Regiestil inspirieren lässt und selbst als Regisseur sein Ensemble am Moskauer Künstlertheater leitet.

Zu den wichtigsten Regie-Begründern des vergangenen Jahrhunderts gehört **Edward Gordon Craig** (1872 – 1966), der selbst als Schauspieler, Regisseur, Bühnenbildner und Theatertheoretiker arbeitet. Er gibt wesentliche Anstöße für moderne Theaterkonzepte. Sein Verhältnis zur Textvorlage des Dramas ist völlig frei, der Schauspieler selbst soll in seinem utopischen „Theater der Zukunft" abgeschafft bzw. ersetzt werden. In der Regiearbeit nutzt Craig vor allem die Einflüsse der bildenden Kunst zur Ablösung des herkömmlichen Bühnenbildes. So hat man ihn auch den Schöpfer eines „Theaters der Bilder" genannt.

Max Reinhardt

Als Begründer des modernen Ensemble- und Regietheaters kann man den österreichischen Regisseur **Max Reinhardt** (1873 – 1943) ansehen – sein oft zitiertes Ziel ist es, das Wort aus dem „Grab des Buches" herauszuholen. Dafür nutzt er die zu seiner Zeit fortschrittlichste Bühnentechnik (Drehbühne, Beleuchtung etc.) und beschreitet neue Wege, bei denen der Dramentext – vergleichbar mit Craigs Ideen – nur noch ein Element unter vielen ist. In diesem Konzept dient Theater vor allem zur bloßen Unterhaltung des Publikums, es wird zum großen Fest an neuen Spielorten wie Kathedralen, Stadien, Gärten, Zirkuszelten und Schlössern. Erklärtes Ziel der Inszenierungen Reinhardts ist die Unterhaltung aller Menschen verschiedener sozialer Schichten in gleichem Maße. Von sich selbst sagt der Vordenker, der für die endgültige Durchsetzung des Regietheaters sorgt, bescheiden: „Ich bin nichts als ein Theatermann."

Erwin Piscator

Im Gegensatz dazu fordert **Erwin Piscator** (1893 – 1966), einer der bekanntesten deutschen Regisseure, ein radikal-politisches Theater. Pazifismus[2] und Sozialismus[3] prägen seine Arbeit. Dem dokumentarischen Theater der Sechzigerjahre (Weiss, Hochhuth, Kipphardt) verhilft er – gegen Widerstand und Anfeindung – zum Durchbruch: Nach Piscators Ansicht soll die jüngste Geschichte, vor allem der Nationalsozialismus, auf der Bühne behandelt werden. Unter seiner Regie werden die Methoden des schließlich von Brecht theoretisch und praktisch untermauerten epischen Theaters entwickelt. Aufwendige technische Mittel (Filmeinlagen, Projektionen etc.) unterstützen Piscators Inszenierungen.

---

[1] siehe Theorie: Konstantin S. Stanislawski, S. 214
[2] Weltanschauung, die den Krieg ablehnt
[3] politische Theorie, die u. a. eine gerechte Verteilung der Güter fordert

„The Miracle“ – ein von Max Reinhardt inszeniertes Massenspektakel in London, 1911

Diskussionen um das Regietheater

Exkurs

„Wenn jemand öffentlich gegen das ‚Regietheater' wettert, ist ihm immer und gratis Zustimmung gewiss. Das hat mit der Unschärfe des Begriffs zu tun. Keiner weiß, was damit gemeint sein soll, also kann man alles hineinprojizieren, was einen gerade so stört.“ (Stemann)

Diese Sätze finden sich in einem Artikel, den der deutsche Regisseur Nicolas Stemann angesichts einer viel beachteten Rede des Romanautors Daniel Kehlmann schreibt. Kehlmann entfacht eine alte Diskussion bei den Salzburger Festspielen 2009 neu, indem er das Regietheater angreift und kritisiert. Dabei geht er von seinen ganz persönlichen Erfahrungen aus: Sein Vater, der Regisseur Michael Kehlmann, verliert seine Arbeit, weil er sich „altmodisch“ als „Diener der Bühnenautoren“ versteht und in Verweigerung des Regietheaters nicht „modern“ sein will.
Doch genau hier stellt sich die berechtigte Frage, die nicht nur Nicolas Stemann beschäftigt:

Was ist eigentlich „Regietheater“?
Grundsätzlich lässt sich festhalten, dass der zumeist unklar definierte und teilweise als abwertende Bezeichnung gebrauchte Begriff in erster Linie die **künstlerisch-kreative Bearbeitung einer Textvorlage durch einen Regisseur** im Theater meint. Damit wird auch verstanden, dass die Umsetzung von dessen Ideen wichtiger ist als eine dem Autor verpflichtete, werktreue Inszenierungsweise.
Einfach formuliert: Der Regisseur nimmt einen klassischen Text und schafft etwas völlig Neues, das unter Umständen nicht mehr viel mit dem Werk des ursprünglichen Verfassers gemeinsam hat.

„Jede Epoche, jede Generation muss den großen Menschheitsstoffen ihren eigenen theatralischen Atem mit ihren ästhetischen Mitteln einhauchen.“
Friedrich Schirmer

„Die Orestie“ von Aischylos. Salzburger Festspiele, 2009

Im abwertenden Sinne wird mit „Regietheater“ vor allem kritisiert, wenn zum Beispiel Darsteller auf der Bühne nackt auftreten, um Schamlosigkeit als „rücksichtslose Ehrlichkeit“ zu nutzen, oder wenn so radikale Textkürzungen vorgenommen werden, dass das eigentliche Stück gar nicht mehr zu erkennen ist. Oftmals bemängeln Kritiker in diesem Sinne auch die Verlegung der Handlung in eine andere Zeit oder an einen anderen Ort sowie die Zurschaustellung von extremer Brutalität auf der Bühne.
Gleichermaßen stimmt aber, dass dramatische Texte jeder Art im Theater inszeniert werden wollen – für die Aufführung und Bühnengestaltung sind Regisseure also zwingend notwendig. Eine geschickte Neuinszenierung, die einen historischen Stoff aktualisiert, kann publikumsnah dafür sorgen, dass die Menschen sich für ein Stück interessieren. Wenn so zum Beispiel Schillers „Räuber“ als Bandenkrieger in Lederkluft auf der Bühne gezeigt werden, dann ist das unter Umständen näher am Alltag der Zuschauer als eine historisch „korrekte“ Inszenierung.
Und da die Regisseure für das moderne Theater notwendig sind, brauchen sie auch künstlerische Freiheit, um ein Bühnenstück mit Fantasie bzw. Ideenreichtum zu „entstauben“ und für das Publikum mit Kürzungen, Ergänzungen, Krassheiten und selbst Provokationen „attraktiv“ zu machen. Nicht umsonst hängt es maßgeblich von der Regie ab, wie viele Besucher in einer Spielzeit ins Theater „gelockt“ werden können.

> „Theater […] – ein Freiraum für Leidenschaft, Exzesse, Verrücktheiten, Wut und Freude – Gefühle, die im Alltag in der Grauheit unserer Zeit nur noch verdünnt wie Schleimsuppe ihren Platz haben.“
> Peter Zadek

Unter einer bedenklichen Form von Regietheater versteht man deshalb wohl erst die willkürliche, entstellende Veränderung von Dramentexten, sodass das ursprüngliche Werk nicht mehr zu erkennen ist und „modischen Regieeinfällen“ geopfert wird.

Eine der wesentlichen Grundlagen für die Entstehung und Erscheinung des „Regietheaters“ ist die **Emanzipation der Bühne vom Drama.** Spätestens seit der Moderne (um 1900) lässt sich das Theater nicht mehr der Dichtung unterordnen – es kommt zur Loslösung von der Vorherrschaft des (Dichter-)Wortes im Schauspiel. In diesem Sinne wird die Textvorlage des Dramas nur noch als eine Komponente unter vielen angesehen.
Ist der Regisseur früher noch vom Autor abhängig oder tritt der Autor selbst als Regisseur in Erscheinung, ändert sich dies später ebenfalls: Der Rang des Regisseurs

Schiller: Die Räuber. Inszeniert von Peter Zadeck, Bremen 1966

erfährt eine Aufwertung – er wird zur Schlüsselfigur und seine Inszenierungen erscheinen vielfach interessanter als die ursprüngliche Textvorlage. So kann der Regisseur sogar zum Konkurrenten des Autors werden.
Am Anfang dieser Entwicklung steht jedoch vor allem der Slogan vom „**Lob der Werktreue**" – man will, nach konservativem Verständnis, der Textvorlage gerecht werden. Der wohl berühmteste Vertreter dieser Denkweise im letzten Jahrhundert ist der Regisseur und Schauspieler Gustaf Gründgens. Er soll bei seiner Arbeit fanatisch gewesen sein, da für ihn nur der Text, also der Wortlaut, die Spielweise vorgibt: Außerdem will er immer nur „den Dichter gespielt sehen" – und nichts anderes.

Szene aus Roland Schimmelpfennig: Auf der Greifswalder Straße, Deutsches Theater Berlin, 2006

Vor allem in der Gegenwart gibt es viele Regisseure, die sich nicht mehr einseitig der Werktreue verpflichtet fühlen und lieber eigene Wege gehen wollen. Ergänzend sollen deshalb an dieser Stelle noch einige „aktuelle" Regisseure kurz porträtiert werden:
Frank Castorf von der Berliner Volksbühne gilt vielen Kritikern und dem Publikum als „Stücke-Zertrümmerer", wenn er eigenwillig und immer mit einem „Schuss Anarchie", wie er selbst sagt, inszeniert. Castorf liebt es in jüngster Zeit, Romane der Weltliteratur, zum Beispiel von Dostojewski, für die Bühne zu bearbeiten.
Castorfs exzentrischer Weggefährte ist der Schauspieler und Regisseur **Herbert Fritsch.** Peter Kümmel nennt ihn im Wochenmagazin „DIE ZEIT" einen „rauschhaften Exhibitionisten" und bezieht sich damit auf dessen Vorliebe für Nacktheit auf der Bühne. Der Regisseur selbst hingegen hält die traditionelle Schauspielausbildung für heuchlerisch.
Ein anderer populärer und umstrittener Regisseur ist der Schweizer **Christoph Marthaler.** Seit 2000 hat er eine Vorliebe zur Musik entwickelt, besonders zum Kunstlied – man spricht sogar von Liedtheater, was zunächst mit Empörung aufgenommen wird und in Salzburg zum Eklat geführt hat: Er schafft gewagte Kompositionen aus sehr viel Musik, Sprache und Bewegung – so inszeniert er auch Shakespeare.
Volker Lösch dagegen bevorzugt die radikale Politisierung – für ihn kann Theater die Politik enorm beeinflussen. Als skandalös empfindet man zum Beispiel, dass er in einer Inszenierung von Hauptmanns „Die Weber" einen „Chor der Arbeitslosen", bestehend aus Dresdener Bürgern, auf die Bühne geholt hat.

„Zur Aktualisierung gehören so die Zerstörung eines vergoldeten Mercedes-Benz, statt der Plünderung der Gutsherren-Villa – und Textveränderungen, in denen der Stein des Anstoßes liegt. Der neue Text des Chores besteht aus den spontanen Antworten auf Fragen, die der Regisseur bei der Erarbeitung des Stückes von seinen ‚Choristen' bekam. In der Inszenierung überschreiten sie das, was wohl gemeinhin als ‚guter Geschmack' gilt: Auf die Frage, wer denn die Schuld an der Misere trage, antwortet der Chor der Arbeitslosen dann sehr konkret, wobei der sächsische Ministerpräsident als ‚blöde Sau' beschimpft wird, Bundeskanzler Gerhard Schröder als ‚Verräterschwein'." (Einecke)

„Sie können mich ja für blöde halten. Aber ich glaube an das Theater als moralische Anstalt. Ich glaube an die Erziehbarkeit des Menschen durch Kunst, weil sich Kunst, wenn sie gut ist, mit dem Auffinden der Wahrheit beschäftigt, und zwar auf durchaus vergnügliche Weise. Das Theater ist dazu da, Feste hervorzubringen, damit das Gute, Wahre und Schöne gefeiert werde."
Claus Peymann

In der Praxis und zum Üben

Verschiedene Gruppen recherchieren im Internet sowie in anderen Medien zum Begriff „Regietheater" und aktuellen Entwicklungen bzw. Skandalen. Dann stellen sie sich die Ergebnisse gegenseitig vor.

Projekt

Jugend und Schule: Ein fächerübergreifendes Projekt

Ein abschließendes Projekt soll es ermöglichen, die gemachten Erfahrungen und das erlernte Fachwissen miteinander zu verbinden und vor einer breiteren Öffentlichkeit zu präsentieren.

„Der Weg ins Leben." Karikatur von Fritz Wolf

In diesem Kapitel wird deshalb der Vorschlag gemacht, einen gemeinsamen Abend zum Thema „Jugend und Schule" zu gestalten, bei dem nicht nur die Spieler der Gruppe, sondern auch alle anderen Interessierten mitwirken können. Ziel ist ein Programm, das nicht nur mit kurzen Spielszenen zum Thema aufwartet, sondern sich auch auf vorgetragene deutsch- und fremdsprachige Texte sowie bildende Kunst und Musik stützt.
Die Ideen, die an dieser Stelle vorgestellt werden, lassen sich in verschiedene Aufgabenbereiche gliedern:

Organisation und Projektleitung
Zunächst sollten in der Gruppe gemeinsam Ideen zur Gestaltung des Programms ausgearbeitet sowie eine Projektleitung ernannt bzw. gewählt werden, deren Aufgabe es ist, den Überblick zu behalten, Entscheidungen in Absprache mit dem Spielleiter zu treffen und später den Ablauf zu planen. Danach finden sich verschiedene Arbeitsgruppen zu den unterschiedlichen Themenbereichen zusammen. Bereits an dieser Stelle sollte auch ein Termin für die Präsentation festgesetzt werden. Darüber hinaus ist es hilfreich, in Erfahrung zu bringen, welche Personen außerhalb der Spielgruppe – zum Beispiel von anderen Fachbereichen – einen Beitrag zum Projekt leisten möchten.

Gestaltungsfragen bei der Themenfindung können sein:
- Was ist Jugend?
- „Ticken" Jugendliche anders als Erwachsene?
- Wie unterscheidet sich „Jugend" früher und heute?
- Bedeutet Jugend – wie manch einer behauptet – „unerfahren und ahnungslos" zu sein?
- Auf welche Weise beeinflusst die Schule das Leben?
- Was ist gut und was schlecht an der Schule?
- Was gibt es nur in der Schule und nirgendwo anders?

Theater und szenisches Spiel
In diesem Buch finden sich einige Texte, die wahrscheinlich bereits im Zuge einer früheren Bearbeitung schauspielerisch umgesetzt worden sind, wie zum Beispiel das „Aufklärungsgespräch" aus „Frühlings Erwachen" von Frank Wedekind, der Dialog zwischen Finea und dem Schulmeister aus „Die kluge Närrin" von Lope de Vega oder die Unterhaltung zwischen Einsiedler und Simplicius in „Der abenteuerliche Simplicissimus Teutsch" von H. J. C. von Grimmelshausen. Diese humorvollen Szenen eignen sich sehr gut dazu, am Präsentationsabend mit nur geringem zusätzlichem Aufwand aufgeführt zu werden.
Ergänzend findet sich am Ende dieses Kapitels eine Sammlung unterschiedlicher, vor allem humorvoller Texte, die nicht nur als Vortrag erarbeitet werden können – auch eine szenische Umsetzung mit verschiedenen Darstellern oder etwa eine

Kombination aus Erzähler und Schauspielern ist nur eine der Ideen zur effektvollen Präsentation auf der Bühne. In diesem Sinne kann beispielsweise auch mit verschiedenen Techniken (Freeze, Tableau, Zeitlupe etc.) experimentiert werden – der Kreativität sind keine Grenzen gesetzt. Die Spieler können zwar darüber hinaus nach weiterem Material suchen, sollten sich aber zunächst nach den Texten der angefügten Sammlung richten und diese erschöpfend nutzen.

Gedichte, Geschichten und andere deutschsprachige Texte
Die Aufmerksamkeit des Publikums wird vor allem durch Abwechslung erhalten, und so empfiehlt es sich, nicht alle der ausgewählten Texte szenisch umzusetzen, sondern einen Teil gezielt vorzulesen oder als gestalteten Sprechvortrag zu präsentieren. Gerade für diesen Aufgabenbereich können auch Interessierte anderer Gruppen eingeplant werden.

„Abgestempelt". Karikatur von Marie Marcks

Musikalische Untermalung
Nichts ist langweiliger als eine schier endlose Rezitation literarischer Texte, deshalb sollte frühzeitig für verschiedene musikalische Zwischenspiele gesorgt werden: Von Live-Musik einer Band oder eines Solo-Instrumentalisten bis hin zu Titeln von CD oder anderen Wiedergabegeräten können alle Arten von Musikstücken Verwendung finden, die zum Thema passen. Bei ihrer Auswahl soll nur beachtet werden, dass weder Werke gespielt werden, die das Publikum langweilen, noch solche, die es erschrecken oder gar beleidigen.

Gestaltung von Bühne und Bühnenbild
Für diesen Aufgabenbereich empfiehlt es sich, entsprechenden „künstlerischen Sachverstand" anderer Kurse heranzuziehen bzw. die vollständige Gestaltung des Bühnenbildes (zum Beispiel auf Leinwand oder als Projektion) in fähige Hände zu legen.

Zwischenspiel in anderen Sprachen
Reizvoll kann es auch sein, einige fremdsprachige Inhalte zu ergänzen, so zum Beispiel Lieder oder Texte, die gegebenenfalls durch eine Übersetzung erweitert werden.

Werbung, Plakate und Programmhefte/Flyer
Damit der gemeinsame Projektabend viel Publikum anlockt, ist es unbedingt erforderlich, dafür Werbung zu machen, zum Beispiel im örtlichen Wochenblatt, vor allem aber über Plakate, welche die Abendveranstaltung einige Wochen vorher ankündigen.

Räumlichkeiten, Getränke und Finanzierung
Für die abschließende Präsentation muss ein Raum gefunden werden, der entsprechend viele Besucher fasst. Es sollte vorher überlegt werden, wie viele Zuschauer kommen könnten, und verschiedene Räumlichkeiten sollten dahingehend geprüft werden. Da die Abendveranstaltung auch mindestens eine Pause braucht, sollte frühzeitig entschieden werden, ob man diese Zeit nutzt, um den Besuchern Getränke, vielleicht sogar einige Snacks zu verkaufen. Allerdings muss hier vorher genau durchgerechnet werden, wie groß der Bedarf ist – es empfiehlt sich außerdem, mit einem örtlichen Getränkehändler auszuhandeln, dass ungeöffnete Flaschen („auf Kommission") wieder zurückgegeben werden können.

Materialsammlung Jugend und Schule

Lyrische Texte

Bertolt Brecht:
Was ein Kind gesagt bekommt
Der liebe Gott sieht alles.
Man spart für den Fall des Falles.
Die werden nichts, die nichts taugen.
Schmökern ist schlecht für die Augen.
Kohlentragen stärkt die Glieder.
Die schöne Kinderzeit, die kommt nicht wieder.
Man lacht nicht über ein Gebrechen.
Du sollst Erwachsenen nicht widersprechen.
Man greift nicht zuerst in die Schüssel bei Tisch.
Sonntagsspaziergang macht frisch.
Zum Alter ist man ehrerbötig.
Süßigkeiten sind für den Körper nicht nötig.
Kartoffeln sind gesund.
Ein Kind hält den Mund.

Manfred Weiß:
Protokoll einer Unterrichtsstunde
Die Stunde begann pünktlich
die Stunde endete pünktlich
die Schüler waren anwesend
der Lehrer war anwesend
der Lehrplan wurde eingehalten
die Klingel klingelte rechtzeitig.

Gerhard C. Krischker:
mein Vater
weil er immer nur
mein bestes im auge hat

sieht er nicht
meine probleme

Fitzgerald Kusz:
Meinungssache
Ich habe dich nach deiner Meinung gefragt,
eigentlich solltest du froh sein,
dass man dich nach deiner Meinung fragt:
deine Meinung zählt nämlich nicht.

Manfred Bosch:
Großes Latinum
Neun Jahre Latein
und dann
mit dem Latein
am Ende

Gert Heidenreich:
Guter Rat
Bienenfleiß
fordert einer
von dir –

geh ins
Kämmerlein und
prüfe gewissenhaft
deinen Stachel.

Bernhard Laux:
generationsproblem
viele söhne können
schon von natur aus
nicht in die fußstapfen
ihrer väter
treten
sie haben
bereits als jugendliche
zu große füße

Ernst Jandl:
my own song

ich will nicht sein
so wie ihr mich wollt
ich will nicht ihr sein
so wie ihr mich wollt
ich will nicht sein wie ihr
so wie ihr mich wollt
ich will nicht sein wie ihr seid
so wie ihr mich wollt
ich will nicht sein wie ihr sein wollt
so wie ihr mich wollt

nicht wie ihr mich wollt
wie ich sein will will ich sein
nicht wie ihr mich wollt
wie ich bin will ich sein
nicht wie ihr mich wollt
wie ich will ich sein
nicht wie ihr mich wollt
ich will ich sein
nicht wie ihr mich wollt will ich sein
ich will sein

Helmut Lamprecht:
Deutschstunden

Was
will der Dichter
damit sagen?
pflegte
unser Studienrat
zu fragen.

Meist war er
mit unseren Antworten
so unzufrieden
dass wir uns fragten
warum denn die Dichter
nicht gleich das sagten
was sie gar nicht
sagen wollten.

Arnfrid Astel:
Das Letzte

Hinter dem Klassenlehrer
stand nur noch,
wer nicht von ihm
gesehen werden wollte.

Richard Limpert:
Meine Zeit (Tochterrebellion)

Vater sagt, zu unsrer Zeit
gab es keine Faxen.
Jetzt schon tanzen gehn zu zweit,
werd' mal erst erwachsen.

Mutter sagt, du bleibst zu Haus,
denk an die Gefahren.
Wenns passiert dann ist es aus,
Mit Beruf und sparen.

Vater warnte mich vor Kurt,
der kommt niemals weiter.
Doch als ich geboren wurd',
war Vater Hilfsarbeiter.

Mutter warnte mich vor Kurt,
ich soll lieber weg sehn.
Als sie Vaters Perle wurd',
war sie selbst erst sechzehn.

Vater sagt, wir waren klug,
Mutter musste warten.
Doch im Stamm-Familienbuch,
stehen andere Daten.

Neulich hab ich mal gesagt:
„Bin ich denn von gestern?"
Vater hat erstaunt gefragt:
„Tochter, willst du lästern?"

Trotzdem, hätte ich die Wahl,
niemals würd' ich tauschen.
Doch sie sollen endlich mal
richtig mit mir plauschen.

Wolfgang Bittner:
Lernziele

In neun Schuljahren
lernten die Kinder
L E S E N
zum Entziffern der Werbeanzeigen
S C H R E I B E N
zum Bestellen von Waren
R E C H N E N
zum Kalkulieren der Ratenzahlungen
Lesen Schreiben Rechnen
für andere Dinge war keine Zeit

Heinrich Heine:
Fragen

Am Meer, am wüsten nächtlichen Meer
Steht ein Jüngling-Mann,
Die Brust voll Wehmut, das Haupt voll Zweifel,
Und mit düstern Lippen fragt er die Wogen:

„O löst mir das Rätsel des Lebens,
Das qualvoll uralte Rätsel
Worüber schon manche Häupter gegrübelt,
Häupter in Hieroglyphenmützen,
Häupter in Turban und schwarzem Barett,
Perückenhäupter und tausend andre
Arme, schwitzende Menschenhäupter –
Sagt mir, was bedeutet der Mensch?
Woher ist er kommen? Wo geht er hin?
Wer wohnt dort oben auf goldenen Sternen?“

Es murmeln die Wogen ihr ew'ges Gemurmel,
Es wehet der Wind, es fliehen die Wolken,
Es blinken die Sterne, gleichgültig und kalt,
Und ein Narr wartet auf Antwort.

Heinz Erhardt:
Schule

Die Schule ist, das weiß man ja,
in erster Linie dazu da,
den Guten wie den Bösewichtern
den Lehrstoff quasi einzutrichtern;
allein – so ist's nun mal hienieden:
die Geistesgaben sind verschieden.

Mit Löffeln, ja, sogar mit Gabeln
frisst Kai die englischen Vokabeln;
Karl-Heinz hat aber erst nach Stunden
die Wurzel aus der Vier gefunden.

Und doch! Karl-Heinz, als dumm verschrien,
wird Chef – und man bewundert ihn,
und Kai, in Uniform gezwängt,
steht an der Drehtür und empfängt
und braucht in Englisch höchstens dies:
„Good morning, Sir!“ und manchmal: „Please!“
Hieraus ersieht der Dümmste klar,
dass der, der „dümmer“, klüger war!

Weitere Texte

Helmut Creutz: Nothelfer Schulpsychologen

Nach einer Zeitungsnotiz haben 80 Prozent aller Eltern Schulsorgen. Nicht zuletzt wegen der nervlichen Überbelastung ihrer Kinder. Psychosen und Neurosen nehmen ständig zu. Und zur Problemlösung werden Eltern und Kinder zu Lernberatern geschickt. Zu Schulpsychologen und Psychoanalytikern. Aber Termine sind dort kaum zu haben. Meist erst nach Wochen oder Monaten. Und die Berater sind oft selbst schon gestresst. Brauchen im Grunde selbst schon wieder Beratung und Behandlung. Und obwohl die Zahl der Psychologen und Beratungsstellen zunimmt: Die Störungen und Probleme wachsen noch schneller. Und der Ruf nach noch mehr Helfern und Heilern ebenfalls.
Die Einstellung von mehr Schulpsychologen ist ein oft gefordertes Reformziel. Bald werden wir an jeder Schule einen haben. Und vielleicht brauchen wir bald einen Psychologen pro Klasse. Neben jedem Lehrer einen. Der eine muss dann immer das heilen, was der andere kaputtmacht. Aber die Heiler dürfen natürlich wie üblich nur an den Symptomen herumkurieren. Werden nur geschädigte Kinder und kaputte Schüler behandeln. Vielleicht demnächst auch neurotisierte Lehrer. Oder gestresste Eltern. Und vielleicht wird man eines Tages „Quadratpsychologen“ einstellen, die dann wieder die Psychologen betreuen. Nur eins wird man gewiss nicht tun: die krankmachende Schule einmal untersuchen. Sie kommt nicht auf die Psychiatercouch. Und noch weniger auf den Operationstisch. Obwohl sie allein dort hingehört. Wie schrieb mir damals noch die Direktorin? – Wir brauchen keine neue Schule. Wir brauchen einen neuen Menschen! – Wie recht hatte sie! Wir brauchen tatsächlich einen neuen Menschen. Einen, der unsere Schule aushält, ohne krank zu werden. Einer, der unsere Welt aushält, ohne rebellisch zu werden. Und das müssen wir uns eben etwas kosten lassen. Selbst wenn wir eines Tages für jeden Schüler einen Psychiater brauchen: Eine andere Schule brauchen wir nicht.

Fritz Müller-Partenkirchen: Nur ein Buchstabe

Professor Schulze tat sich auf sein zuverlässiges Gedächtnis viel zugute. „Nur zweimal brauche ich die neuen Schüler nach der Namensliste aufzurufen, werfe einen Blick in ihr Gesicht, und schon sitzt bei mir sein Name, nie mehr werd’ ich ihn vergessen“, sagte er. Und nach einer selbstbewussten Pause setzte er hinzu: „Ja, so bin ich. Möglich, dass von euch der eine oder andere es auch einmal so weit bringt – mach’ kein so dummes Gesicht, Kneifel!“
„Verzeihung, Herr Professor, ich heiße nicht Kneifel, ich heiße Keifel!“
„Ist gut – übrigens, auf ein kleines ‚n‘ mehr oder weniger kommt es nicht so sehr an – du kannst dich wieder setzen, Kneifel.“
„Ich heiße Keifel, Herr Professor Schulze.“
„Und ich verbitte mir jede Widerrede – wir beginnen – an die Tafel, Kneifel.“
Da gab es der Keifel fürs Erste auf. Gegen ein „gutes“ Gedächtnis kommt man nur allmählich auf, wird er gedacht haben. Professor Schulze also blieb bei „Kneifel“. Wenn ein Name richtig sitzt, ist Aussicht, dass es dabei bleibt. Wenn ein Name falsch sitzt, ist es – ebenso. Keifel schrieb sich auf, wie oft Professor Schulze Kneifel anstatt Keifel sagte. Als es das neunundneunzigste Mal gewesen war, sagte er:
„Darf ich die Wandtafel abwischen, Herr Professor Schnulze?“
„Was sagst du da?“

„Ob ich die Wandtafel abwischen darf, Herr Professor Schnulze."
„Ich heiße Schulze, nicht Schnulze – merk dir das, Kneifel!"
„Sehr wohl, Herr Professor Schnulze."
„Hörst du nicht! Schulze heiße ich, nicht Schnulze!!!"
„Auf ein kleines ‚n' mehr oder weniger kommt es nicht so sehr an, Herr Professor Schnulze."
„Ich frage dich jetzt ernstlich, Kneifel: Wer hat dich zur Verblödung meines Namens angestiftet, he?!"
„Sie selbst – und ich, weil – weil ich mir nicht gern etwas – etwas Überflüssiges schenken lasse, Herr Professor Schnulze."

Ernst Eggimann: Landschaft des Schülers

Der Schüler ist ein Kind, das zur Schule geht. Die Schule ist modern. Die Schule ist teuer. Die Schule ist eine gute Schule. Die Schule ist immer moderner geworden, immer besser geworden. Der Schüler lernt immer mehr. Er lernt nach Noten. Jeder Schüler in seinem Pult lernt gegen jeden Schüler der Klasse nach Noten. In der guten Schule gibt es gute und schlechte Schüler. Der gute Schüler passt gut auf. Er merkt gut auf. Der gute Schüler gibt gute Antworten. Dann ist er vielleicht sogar ein sehr guter Schüler. Der schlechte Schüler passt schlecht auf. Er macht viele Fehler. Wer viele Fehler macht, ist ein schlechter Schüler. Entweder ist die Lösung richtig, oder sie ist falsch. Eine falsche Lösung heißt Fehler. Das Leben des Schülers ist in richtige Lösungen und in Fehler eingeteilt. Die Fehler zählt man zusammen. Jeder Schüler bekommt eine Note. Es gibt gute Noten und schlechte Noten. An der guten Note erkennt man den guten Schüler, an der schlechten den schlechten. Der Schüler ist ein Kind, das gute oder schlechte Noten macht. Es gibt Kinder, die fast nur gute Noten machen, und solche, die in der ganzen Schulzeit fast nur schlechte Noten erhalten. Dreierkinder und Sechserkinder, ist das nicht lustig?

Peter Weiss: Abschied von den Eltern (Auszug)

Ich kam mit dem Schulzeugnis nach Hause, in dem ein schrecklicher Satz zu lesen war, ein Satz, vor dem mein ganzes Dasein zerbrechen wollte. Ich ging mit diesem Satz große Umwege, wagte mich nicht mit ihm nach Hause, sah immer wieder nach, ob er nicht plötzlich verschwunden war, doch er stand immer da, klar und deutlich. Als ich schließlich doch nach Hause kam, weil ich nicht die Kühnheit hatte, mich als Schiffsjunge nach Amerika anheuern zu lassen, saß bei meinen Eltern Fritz W. Was machst du denn für ein betrübtes Gesicht, rief er mir zu. Ist es ein schlechtes Zeugnis, fragte meine Mutter besorgt, und mein Vater blickte mich an, als sehe er alles Unheil der Welt hinter mir aufgetürmt. Ich reichte das Zeugnis meiner Mutter hin, aber Fritz riss es mir aus der Hand und las es schon und brach in schallendes Gelächter aus. Nicht versetzt, rief er und schlug sich mit seiner kräftigen Hand auf die Schenkel. Nicht versetzt, rief er noch einmal, während meine Eltern abwechselnd ihn und mich verstört anstarrten, und zog mich zu sich heran und schlug mir auf die Schulter. Nicht versetzt, genau wie ich, rief er, ich bin viermal sitzen geblieben, alle begabten Männer sind in der Schule sitzen geblieben. Damit war die Todesangst zerstäubt, alle Gefahr war vergangen. Aus den verwirrten Gesichtern meiner Eltern konnte sich keine Wut mehr hervorarbeiten, sie konnten mir nichts vorwerfen, da ja Fritz W., dieser tüchtige und erfolgreiche Mann, alle Schuld von mir genommen hatte und mich dazu noch besonderer Ehrung für würdig hielt.

Fritz Müller-Partenkirchen: D' Sau

In Mitterdinghausen ist Anschauungsunterricht. Laut Lehrplan ist auch das Schwein vorzuführen. Im Bilde. Dass es praktisch dieser Klasse mehr vertraut ist als dem Unterrichtsminister selber, befreit den Lehrer nicht von seiner Vorführpflicht. Sein Zeigestecken klopft aufs Glanzbild: „Also, Kinder, hier haben wir –"

„ – a Sau!", schreit die Klasse.

Der Lehrer überhört es. Ernst sagt er: „Dies hier, Kinder, ist ein Schwein."

Die Klasse schaut ungläubig. Der Schnalzeralois ist der Mutigste. Er hebt den Finger. „Aber bei uns z'Haus, Herr Lehrer – "

„Was bei euch zu Haus ist, ist nicht in der Schule. Was ist das also, Alois?" – „A Sau." – „Es heißt nicht Sau, es heißt Schwein." – Das ist dem Schnalzeralois doch zu viel. „Herr Lehrer", fährt er in die Höhe, „i wer s' do kenna, dass s' a Sau is, wo mir selber fünfe z'Haus hamm!"

„Ihr mögt Säue haben, in der Schule hat man Schweine – was ist das also, Kinder?"

„A Sau." – Nun ist's der Lehrer, dem's zu viel wird: „Wenn ich euch sage, das da ist ein Schwein, dann ist's ein Schwein – verstanden."

Aus den Bänken nickt's. Sie kennen diesen Ton. Der Stecken steckt dahinter oder eine Stunde Dableib'n. „Also noch mal, Schnalzeralois, was ist das?"

„A-a-S-Schwein."

„Na, siehst du, aber sprich im ganzen Satz."

„Dö – dö –"

„Schriftdeutsch, bitte ich mir aus: Dies – ?

„Dies – diese Sau ist ein Schwein."

Dem Lehrer reißt die Geduld. Mit dem Zeigestab fuchtelt er: „Das ist ja doch eine – eine –". Er schwankt zwischen Sauerei und Schweinerei.

Aber da geht die Tür auf. Der alte vergnügte Schulinspektor kommt herein: „Nix für ungut, Herr Kollega, i muss wieder nachschaun – Vorschrift halt – a Hitz hat's heut, a Hitz", er fährt sich mit dem Taschentuch übers runde Landgesicht, „a Sauhitz!"

Die Klasse spitzt die Ohren.

Der Inspektor blinzelt lustig auf die Tafel: „Also, was nehmen's heut durch, Herr Kollega! – Aha, d' Sau." „Herr Inspektor, wenn ich bitten dürfte, laut Lehrplan – "

„ – sollten S' heut den' Löw'n durchnehmen, gell, oder den Ameisenbär oder den Kasuar – ?"

„Doch nicht, Herr Inspektor, heute ist das Schwein hier fällig." Er klopft bei dem betonten Schwein vernehmlich auf das Tafelbild.

Der Inspektor putzt die Brille, beäugt das dicke Tier und sagt anerkennend: „A schöne Sau – na, Kinder, g'fällt s' euch, die – die – "

„Sau!", brüllt die Klasse fröhlich.

„Herr Inspektor, nehmen Sie's nicht übel, eben habe ich mit Müh und Not der Klasse hochdeutsch eingebläut, das da sei ein Schwein – "

„Ah so, ah so – no ja, Kinder, der Herr Lehrer hat ganz recht, diese Sau ist eigentlich ein Schwein – na, was willst denn, Kleiner?" – „I – i hab nur fragen wolln, warum dass d' Sau zwei Namen hat?"

„Hm, wie heißt du denn?" – „Alois." – „Und noch?" – „Schnalzer."

„Siehst es, du hast auch zwei Namen." – „Aber, aber – "

„Und a Sau bist auch! Sonst hänget dir net so a Glock'n an der Nasen; glei putzt dir's ab, du Wildsau!" – Die Klasse ist befriedigt. Der Inspektor ist befriedigt. Nur dem Lehrer bleibt ein ungelöster Rest. „Herr Inspektor – ich finde – da ist doch ein Unterschied."

„Finden? – Unterschied? – Also, Kinder, der Unterschied ist einfach der: Eine Sau ist ein Schwein für jene Leut', die was dabei finden. Und ein Schwein ist eine Sau für jene Leut', die nix dabei finden. Ich find nix dabei – und jetzt, Kinder, geht's schön heim, weil ich und der Herr Lehrer... "
Er und der Lehrer sind allein. – Lachend schlägt der Herr Inspektor dem andern auf die Schulter: „Na, Herr Kollega, machen S'kein so z'widers Gesicht.
Dass S' mich als Inspektor hamm, ist ja – ist ja – ".
„ – ein Sauglück, Herr Inspektor, ein Sauglück."

Aphorismen, Sprüche und andere kurze Texte

Manfred Bosch
Wenn Probealarm den Unterricht
unterbricht
herrscht unter den Schülern
Bombenstimmung

Kommentar des Schülers Ulf Egler (18 Jahre)
Die Schule sollte uns Kinder etwas lehren.
Jetzt bin ich leer.
Die Schule sollte uns charakterlich formen.
Jetzt habe ich einen Haltungsschaden.
Die Schule sollte uns aufs Leben vorbereiten.
Die Zukunft bereitet mir Sorgen.
Die Schule sollte uns zur Kritik erziehen.
Wir lernten, vielseitig über andere herzuziehen.

„Kinder und Uhren dürfen nicht beständig aufgezogen werden, man muss sie auch gehen lassen."
Jean Paul

„Der größte Fehler, den man bei der Erziehung zu begehen pflegt, ist dieser, dass man die Jugend nicht zum eigenen Nachdenken gewöhnet..."
Gotthold Ephraim Lessing

„Was ist denn eigentlich die Jugend? Doch im Grunde nichts anderes, als das noch gesunde und unzerknitterte, vom kleinlichen Treiben der Welt noch unberührte Gefühl der ursprünglichen Freiheit."
Joseph von Eichendorff

„Die Schulen sind auch nicht mehr das, was sie einmal waren und nie gewesen sind."
William Penn Adair

„Nichts ist schrecklicher als ein Lehrer, der nicht mehr weiß als das, was die Schüler wissen sollen."
Johann Wolfgang von Goethe

Empfehlenswerte Literatur

Abels, Norbert. 2008. 50 Klassiker – Theater. 3. Aufl. Hildesheim: Gerstenberg Verlag.

Batz, Michael und Schroth, Horst. 1985. Theater grenzenlos – Handbuch für Spiele und Programme. Reinbek bei Hamburg: Rowohlt Verlag.

Berthold, Margot. 1968. Weltgeschichte des Theaters. Stuttgart: Kröner Verlag.

Braun, Karl-Heinz (Hrsg.). 2007. MiniDramen. 7. Aufl. Frankfurt am Main: Verlag der Autoren.

Brauneck, Manfred. 1991. Theater im 20. Jahrhundert. Rowohlt Taschenbuch Verlag: Reinbek bei Hamburg.

—. 2007. Theaterlexikon 1. Hrsg. von Gérard Schneilin. 5. Aufl. Reinbek bei Hamburg: Rowohlt Taschenbuch Verlag.

—. 2007. Theaterlexikon 2. Hrsg. von Gérard Schneilin. Reinbek bei Hamburg: Rowohlt Verlag.

—. 2012. Europas Theater: 2500 Jahre Geschichte – eine Einführung. Reinbek bei Hamburg: Rowohlt Verlag.

Budenz, Toni und Lutz, Edmund Johannes. 1968. Das Fünfzehnminutentheater. München: Don Bosco Verlag.

Doll, Hans Peter und Erken, Günther. 1985. Theater – Eine illustrierte Geschichte des Schauspiels. Stuttgart und Zürich: Belser Verlag.

Gascoigne, Bamber. 1968. Illustrierte Weltgeschichte des Theaters. München: Georg Müller Verlag.

Graham, Rob. 1999. Theater. München, London, New York: Prestel Verlag.

Gronemeyer, Andrea. 2002. Schnellkurs Theater. Köln: DuMont Verlag.

Hartnoll, Phyllis. 1968. Das Theater. Wien, München, Zürich: Verlag Fritz Molden.

Hensel, Georg. 1992. Spielplan I. München: Paul List Verlag.

—. 1992. Spielplan II. München: Paul List Verlag.

Hornschuh, Hermann Dietrich. 1986. Humor rund um die Schule. München: Manz-Verlag.

Jenisch, Jakob. 2005. Handbuch Amateurtheater. Berlin: Henschel Verlag.

—. 2007. Szenische Spielfindung. 5. Aufl. Köln: Maternus Verlag.

Johnstone, Keith. 2011. Theaterspiele. 8. Aufl. Berlin: Alexander Verlag.

Lamping, Dieter und Frieling, Simone (Hrsg.). 2006. Allgemeinbildung (Das musst du wissen) – Werke der Weltliteratur. Würzburg: Arena-Verlag.

Loriot. 1981. Loriots dramatische Werke. Zürich: Diogenes.

Michalzik, Peter. 2009. Die sind ja nackt! Gebrauchsanweisung für das Theater. 2. Aufl. Köln: DuMont Verlag.

Müller, Barbara und Schafhausen, Helmut. 2009. Spiel- und Arbeitsbuch Theater. Hrsg. von Johannes Diekhans. Paderborn: Schöningh Verlag.

Pädagogisches Zentrum Rheinland-Pfalz (PZ). 2004. Wir fangen an – Darstellendes Spiel unterrichten I. Bad Kreuznach: PZ RLP.

Rischbieter, Henning. 1983. Theater-Lexikon. Zürich und Schwäbisch Hall: Orell Füssli Verlag.

Rischbieter, Henning und Berg, Jan. 1985. Welttheater – Theatergeschichte, Autoren, Stücke, Inszenierungen. 3. Aufl. Braunschweig: Westermann Verlag.

Schwab, Lothar und Weber, Richard. 1992. Theater-Lexikon. 2. Aufl. Frankfurt am Main: Cornelsen Verlag.

Seidel, Klaus Jürgen. 1996. dtv junior Schauspielführer. 3. Aufl. München: DTV.

Shakespeare, William. 2010. Romeo und Julia. Übers. von Frank Günther. München: Deutscher Taschenbuch Verlag.

Siems, Marion (Hrsg.). 2005. Reclams neuer Schauspielführer. Stuttgart: Philipp Reclam jun.

Simhandl, Peter 2007. Theatergeschichte in einem Band. 3. Aufl. Berlin: Henschel Verlag.

Sucher, C. Bernd (Hrsg.). 2004. dtv-Lexikon Theater. [CD-ROM] Berlin: Directmedia, 2004. Digitale Bibliothek Band 64.

Thiesen, Peter. 1994. Drauflosspieltheater. 5. Aufl., 2010. Weinheim und Basel: Beltz Verlag.

Trilse, Christoph; Hammer, Klaus und Kabel, Rolf. 1977. Theaterlexikon. 1. Aufl. Berlin: Henschel Verlag.

von Wilpert, Gero. 1969. Sachwörterbuch der Literatur. 5. Aufl. Stuttgart: Alfred Kröner Verlag.

Textquellen

19 (Grafik) **Vgl. Iaconis,** Ute-Ena, et al. 2008. Lehrplan Darstellendes Spiel – Grundfach. Rheinland-Pfalz: Ministerium für Bildung, Wissenschaft, Jugend und Kultur, S. 24.

20 **Spohn, Jürgen:** Getuschel. In: Ders. 1981. Drunter und Drüber. Gütersloh: Bertelsmann.

22 f. **Zitat aus: Schwab, Lothar und Weber, Richard.** 1992. Theater-Lexikon. Frankfurt am Main: Cornelsen Verlag, S. 138 f.

27 **Deichsel, Wolfgang:** Fernseher. In: Ders. 1972. Frankenstein. Aus dem Leben der Angestellten. Berlin: Wagenbach.

27 **Zitat von Alfred Polgar.** In: Skupy, Hans-Horst. 1993. Das große Handbuch der Zitate. 25 000 treffende Aussprüche und Stichwörter von A-Z. Von der Antike bis zur Gegenwart. Sonderlizenz für: Faktum Lexikon Institut/Bassermann. Gütersloh/München: Bertelsmann Lexikon Verlag, S. 923.

28 **Zitat: „Nach der Uraufführung ..."** In: Genter, Hermann. 2012. Tagesblock II. Heilbronn: Baier und Schneider, o.S.

28 **Zitat: „Minidramen sind Kürzeststücke..."** In: Braun, Karl-Heinz (Hrsg.). 2007. MiniDramen. Frankfurt am Main: Verlag der Autoren, S. 9.

28 **Heiner Müller:** Herzstücke. In: Braun, Karl-Heinz (Hrsg.). 2007. MiniDramen. Frankfurt am Main: Verlag der Autoren, S. 144.

30 **Franz Mon:** Zilinski ist tot. In: Braun, Karl-Heinz, (Hrsg.). 2007. MiniDramen. Frankfurt am Main: Verlag der Autoren, S. 56.

31 **Zitat von Curt Goetz.** In: Goetz, Curt und Martens, Valérie von: Wir wandern, wir wandern ... - Der Memoiren 3. Teil. 1963. München: Deutsche Verlags-Anstalt, S. 27.

35 **Zitat von Alfred Polgar.** In: Ders. 1990. Kleine Schriften, Band 3: Irrlicht. Reinbek bei Hamburg: Rowohlt.

37 **Zitat von Jean Giraudoux.** In: Jooß, Erich und Pulitz, Joachim (Hrsg.). 1978. Rampenscheinwelt. Athen: Notos-Verlag.

40 **Kästner, Erich:** Sachliche Romanze. In: Ders. 1988. Doktor Erich Kästners lyrische Hausapotheke. Hamburg, Zürich: Atrium.

41 **Zitat von Egon Friedell.** In: Ders. 2007. Kulturgeschichte der Neuzeit. München: C. H. Beck.

43 **Zitat von George Tabori.** In: Ohngemach, Gundula. 1989. George Tabori – Regie im Theater. Frankfurt am Main: Fischer Taschenbuch Verlag.

46 **Zitat: „Dem Zuge der Zeit folgend...".** In: Schwarze, Hans Dieter. 1961. Der Stiefel ist vergiftet – Theateranekdoten. München: Piper Verlag, S. 30f.

47 **Zitat von Peter Ustinov.** In: Ders. 2001. Geflügelte Worte. Berlin: List Taschenbuch.

48 **Jandl, Ernst:** ottos mops. In: Ders. 1997. Poetische Werke in 10 Bänden, Band IV. München: Luchterhand Verlag.

48 **Jandl, Ernst:** fünfter sein. In: Ders. 1997. Poetische Werke in 10 Bänden, Band IV. München: Luchterhand Verlag.

48 **Jandl, Ernst**: schtzngrmm. In: Ders. 1997. Poetische Werke in 10 Bänden, Band IV. München: Luchterhand Verlag.

51 **Zitat von Eugène Ionesco:** „In jeder Gesellschaft gibt es ..." In: Skupy, Hans-Horst. 1993. Das große Handbuch der Zitate. 25 000 treffende Aussprüche und Stichwörter von A-Z. Von der Antike bis zur Gegenwart. Sonderlizenz für: Faktum Lexikon Institut/Bassermann. Gütersloh/München: Bertelsmann Lexikon Verlag, S. 924.

51 **Zitat: „Ich habe ihm das Genick gebrochen..."** In: Gascoigne, Bamber. 1968. Illustrierte Weltgeschichte des Theaters. München: Georg Müller Verlag, S. 18.

54 **Jandl, Ernst:** eulen. In: Ders. 1966. Laut und Luise. Freiburg im Breisgau: Walter Verlag, S. 66.

55 **Zitat: „Während die Schminkmaske..."** In: Schwab, Lothar und Weber, Richard. 1992. Theater-Lexikon. Frankfurt am Main: Cornelsen Verlag, S. 185.

59 **Zitat: „Satyrn..."** In: Graham, Rob. 1999. Theater. München, London, New York: Prestel Verlag, S. 17.

64 **Zitat: „Nie darf gegen Gottesgebot man freveln..."** In: Sophokles. 2010. Antigone. Paderborn: Schöningh Verlag, S. 54 (Übersetzung: Heinrich Weinstock).

65 **Auszug aus: Sophokles.** 1995. Antigone. Stuttgart: Reclam, S. 22 ff. (Übersetzung: Wilhelm Kuchenmüller).

67 **Zitat von George Bernard Shaw:** „Schnarchen..." In: Skupy, Hans-Horst. 1993. Das große Handbuch der Zitate. 25 000 treffende Aussprüche und Stichwörter von A-Z. Von der Antike bis zur Gegenwart. Sonderlizenz für: Faktum Lexikon Institut/Bassermann. Gütersloh/München: Bertelsmann Lexikon Verlag, S. 923.

67 **Zitat: „Auf die Bühne bezogen ..."** In: Brauneck, Manfred (Hrsg.). 2007. Theaterlexikon 1. Reinbek bei Hamburg: Rowohlt, S. 264.

68 **Dialogzeilen aus „Das Leben des Brian".** In: Jones, Terry: Das Leben des Brian (Monthy Python's Life of Brian). Sony Pictures Home Entertainment, 1979.

68 **Auszug aus: Sophokles.** 2007. König Ödipus. Husum: Hamburger Lesehefte Verlag, S. 46 (Übersetzung: Johann Jacob).

69 **Zitat: „Das also..."** In: Goethe, Johann Wolfgang von. 1999. Der Tragödie erster Teil. Paderborn: Schöningh, V. 1323.

70 **Zitat von Gottscheld:** „Die Tragödie ist nichts anderes..." In: Müller, Udo (Hrsg.). 1975. Textbücher Deutsch – Dramentheorie. 2. Freiburg im Breisgau: Herder, S. 18.

70 **Zitat von Aristoteles:** „Die Tragödie ist die Nachahmung..." In: Gigon, Olof (Hrsg.). 1961. Aristoteles Poetik. Stuttgart: Reclam Verlag, S. 33.

70 **Zitat von Gottsched:** „Die Tragödie ist von der Komödie..." In: Müller, Udo (Hrsg.). 1975. Textbücher Deutsch – Dramentheorie. 2. Freiburg im Breisgau: Herder Verlag, S. 16.

71 **Zitat von Peter Ustinov.** In: Ders. 2001. Geflügelte Worte. Berlin: List Taschenbuch.

71 **Zitat: „Die Teile der Handlung..."** In: Müller, Udo (Hrsg.). 1975. Textbücher Deutsch – Dramentheorie. 2. Freiburg im Breisgau: Herder Verlag, S. 11.

71 **Zitat: „Die Peripetie ist der Umschlag der Handlung ..."** In: Müller, Udo (Hrsg.). 1975. Textbücher Deutsch – Dramentheorie. 2. Freiburg im Breisgau: Herder Verlag, S. 13.

72 **Zitat von Johann Wolfgang von Goethe:** „Es schien mir die Einheit des Ortes..." In: Gigon, Olof (Hrsg.). 1961. Aristoteles Poetik. Stuttgart: Reclam Verlag, S. 35.

73 **Zitat: „Hofburgschauspieler Otto Treßler..."** In: Genter, Hermann. 2012. Tagesblock II. Heilbronn: Baier und Schneider, o.S.

74 **Zitat von Peter Handke:** „Theaterstücke haben einen zeitlich begrenzten Nutzen..." In: Ders. 1985. Die Arbeit am Stück (hrsg von G. Melzer und J. Tükel). Königsstein: Athenäum-Verlag.

74 **Zitat von Gustav Freytag:** „Durch die beiden Hälften der Handlung..." In: Ders. 2003. Die Technik des Dramas. Berlin: Autorenhaus Verlag, S. 94.

75 **Thurber, James:** Der propre Ganter. In: Ders. 1995. 75 Fabeln für Zeitgenossen. Reinbek bei Hamburg: Rowohlt Verlag, S.15f.

76 **Thurber, James:** Die ziemlich intelligente Fliege. In: Ders. 1995. 75 Fabeln für Zeitgenossen. Reinbek bei Hamburg: Rowohlt Verlag, S.8.

76 **Thurber, James:** Der Wolf an der Haustür. In: Ders. 1995. 75 Fabeln für Zeitgenossen. Reinbek bei Hamburg: Rowohlt Verlag, S. 158.

80 **Zitat: „Handlung und Charaktere ordneten sich ..."** In: Gronemeyer, Andrea. 2002. Schnellkurs Theater. Köln: DuMont Verlag, S. 25.

81 **Zitat: „Jede der sieben Symbolfarben..."** In: Simhandl, Peter. 2007. Theatergeschichte in einem Band. 3. Berlin: Henschel Verlag, S. 46f.

82 **Zitat: „Ein prächtig gekleideter Schauspieler..."** In: Müller et al. 2009. Spiel- und Arbeitsbuch Theater. Paderborn: Schöningh, S. 95.

85 **Eichendorff, Joseph von:** Mondnacht. In: Conrady, Karl Otto. 1991. Das große deutsche Gedichtbuch. München und Zürich: Artemis und Winkler Verlag, S. 261.

85 **Morgenstern, Christian:** Das Licht. In: Ders. 1906. Melancholie. Neue Gedichte. Bruno Cassirer, Berlin.

85 **Ringelnatz, Joachim:** Nach dem Gewitter. In: Ders. 1995. Joachim Ringelnatz – Gedichte-Gedichte. Berlin: Henssel Füssli Verlag, S. 52.

85 **Grillparzer, Franz:** Licht und Schatten. In: Ders. 1960-1965. Sämtliche Werke. Band 1. München, S. 92-93.

88 **Zitat „Die Erarbeitung der Rolle..."** In: Brauneck, Manfred. 2007. Theaterlexikon. Reinbek bei Hamburg: Rowohlt, S. 864f.

88 **Anekdote über T.S. Eliot.** In: Genter, Hermann. 2012. Tagesblock II. Heilbronn: Baier und Schneider, o.S.

88 **Zitat: „Diese Rollenmuster..."** In: Michalzik, Peter. 2009. Die sind ja nackt! Gebrauchsanweisung für das Theater. 2. Köln: DuMont Verlag, S. 34.

89 **Anekdote über Ernst von Possart.** In: Schwarze, Hans Dieter. 1961. Der Stiefel ist vergiftet – Theateranekdoten. München: Piper Verlag, S. 55f.

89 **Zitat: „... eine vom Schauspieler dargestellte fiktive Person..."** In: Schwab, Lothar und Weber, Richard. 1992. Theater-Lexikon. 2. Frankfurt am Main: Cornelsen Verlag, S. 127.

90 **Anekdote über den Komiker Alexander Giradi.** In: Genter, Hermann. 2012. Tagesblock II. Heilbronn: Baier und Schneider, o.S.

92 **Zitat Bertolt Brecht:** „Theater ist einfältig ..." In: Bertolt Brecht. 1998. Lektüre für Minuten (Gedanken aus seinen Büchern und Journalen). Frankfurt am Main: Suhrkamp Verlag.

93 **Zitat: „Bühne, der für das Auftreten..."** In: Wilpert, Gero von. 1969. Sachwörterbuch der Literatur. Stuttgart: Alfred Kröner Verlag.

96 **Zitat von Hans Horst Skupy.** In: Skupy, Hans-Horst. 1983. Das große Handbuch der Zitate. 25 000 treffende Aussprüche und Stichwörter von A-Z. Von der Antike bis zur Gegenwart. Sonderlizenz für: Faktum Lexikon Institut/Bassermann. Gütersloh/München: Bertelsmann Lexikon Verlag, S. 924.

96 **Zitat: „Unter Bühnenbild versteht man..."** In: Schwab, Lothar und Weber, Richard. 1992. Theater-Lexikon. Frankfurt am Main: Cornelsen Verlag, S.60.

101 **Brecht, Bertolt:** Lied von der Unzulänglichkeit menschlichen Strebens. In: Ders. 1973. Bertolt Brechts Dreigroschenbuch. Frankfurt am Main: Suhrkamp, S 71ff.

102 **Zitat: „Im Sommer 1901..."** In: Genter, Hermann. 2012. Tagesblock II. Heilbronn: Baier und Schneider, o.S.

104 **Zitat von Bertolt Brecht.** In: Ders. 1998. Lektüre für Minuten (Gedanken aus seinen Büchern und Journalen). Frankfurt am Main: Suhrkamp.

111 **Zitat von Tertullian:** „Die römischen Theater..." In: Hensel, Georg. 1992. Spielplan 2. München: Paul List Verlag, S. 277.

112 **Zitat: „Da erscheint er ..."** In: Geisenheyner, Max und Jung, Kurt M. 1967. Das Drama – Kulturgeschichte des Theaters. Berlin: Safari-Verlag, S. 52.

113 **Plautus, Titus Maccius:** Aulularia, Auszug. In: Hofmann, Walter, Schottlaender, Rudolf und Seeger, Ludwig. (Hrsg.) 1987. Antike Komödien. Berlin, Weimar: Aufbau-Verlag, S. 486.

114 **Zitat von Heiner Müller.** In: Skupy, Hans-Horst. 1993. Das große Handbuch der Zitate. 25 000 treffende Aussprüche und Stichwörter von A-Z. Von der Antike bis zur Gegenwart. Sonderlizenz für: Faktum Lexikon Institut/Bassermann. Gütersloh/München: Bertelsmann Lexikon Verlag, S. 924.

115 **Kafka, Franz:** Kleine Fabel. In: Braun, Peter. 2008. Von Taugenichts bis Steppenwolf. Berlin: Berlin Verlag, S. 144.

119ff. **Böll, Heinrich:** Die Waage der Baleks. In: Ders. 1961. Erzählungen, Hörspiele, Aufsätze. Köln, Berlin: Kipenheuer und Witsch.

127 **Zitat: „Nach Lessings Tode…“** In: Genter, Hermann. 2012. Tagesblock II. Heilbronn: Baier und Schneider, o.S.

127 **Lessing, Gotthold Ephraim:** Ausschnitt aus Emilia Galotti. In: Ders. 2004. Emilia Galotti. Paderborn: Schöningh, S. 22.

128 **Zitat: „Als Domino-Effekt bezeichnet man…“** Aus: Wikipedia. Link: http://de.wikipedia.org/wiki/Domino-Effekt (26.4.2012).

129 ff. **Aichinger, Ilse:** Das Fenster-Theater. In: Dies. 1953. Der Gefesselte. Erzählungen. Frankfurt: Fischer.

129 **Zitat von Curt Goetz:** „Wenn ich ins Theater gehe…“ In: Ders. 1969. Dreimal täglich (Rezepte von Curt Goetz). Stuttgart: Deutsche Verlags-Anstalt.

132 **Zitat: „Der Teufel…“** In: Graham, Rob. 1999. Theater. München, London, New York: Prestel Verlag.

132 **Zitat: „Peter, lieber Geselle mein…“** In: Geisenheyner, Max und Jung, Kurt. 1967. Das Drama – Kulturgeschichte des Theaters. Berlin: Safari-Verlag, S. 73.

133 **Lukas-Evangelium** Lk 10, 25-37, © Katholische Bibelanstalt GmbH.

134 **Zitat: „Im 20 Jahrhundert…“** In: Pollok, Gerhard. 2008. Simultanbühne. (DVD) s.l. Microsoft Corporation, Microsoft® Encarta® 2009.

135 **Zitat von Thomas Bernhard**: „Das Theater ist keine Gefälligkeit…“ In: Ders. 1993. Ein Lesebuch. Frankfurt am Main: Suhrkamp.

136 **Ausländer, Rose:** Doppelt. In: Dies. 1993. Wir pflanzen Zedern. Gedichte. Frankfurt am Main: Fischer Taschenbuch Verlag, S. 156.

136 **Spohn, Jürgen:** Ich. In: Ders. 1981. Drunter und Drüber. Gütersloh: Bertelsmann.

138 **Zitat von Ephraim Kishon:** „Es gibt keine unbedeutenden Rollen…“ In: Skupy, Hans-Horst. 1993. Das große Handbuch der Zitate. 25 000 treffende Aussprüche und Stichwörter von A-Z. Von der Antike bis zur Gegenwart. Sonderlizenz für: Faktum Lexikon Institut/Bassermann. Gütersloh/München: Bertelsmann Lexikon Verlag, S. 924.

139 **Zitat: „Es gibt keine individuellen Gestalten…“** In: Batz, Michael und Schroth, Horst. 1985. Theater grenzenlos - Handbuch für Spiele und Programme. Reinbek bei Hamburg: Rowohlt Verlag.

143 **Zitat: „Brighella:** ‚Ich, ein Dieb?…‘“ In: Hensel, Georg. 1992. Spielplan I. München : Paul List Verlag, S. 293.

143 **Zitat: „Die Typen der Commedia dell'Arte…“** In: Bairlein, Josef (Hrsg.). 2008. 55 komische Monologe. Berlin: Henschel-Verlag, S. 11.

144 **Übrigens: „Als eine Standesperson…“** In: Günther, Johannes. 1940. Der Bühnen-Spiegel. Leipzig, Berlin: Verlag Otto Beyer, S. 173.

147 **Götz, Curt:** Ingeborg (Auszug). In: Ders. 1984. Sämtliche Bühnenwerke I. Stuttgart: Heyne-Verlag, S 270 ff.

147 **Anekdote über Curt Götz.** In: Böttcher, Gerda. 1987. Theater…Theater… – Anekdoten, Episoden und Kuriosa gesammelt von Gerda Böttcher. Berlin: Henschel Verlag, S. 228.

150 **de Vega, Lope:** Die kluge Närrin, Auszug. In: Ders. 1985. Die kluge Närrin: Lustspiel in 3 Aufzügen. Übersetzt von Hans Schlegel. Stuttgart: Reclam.

154 **Anekdote über Shakespeare:** „Die erste schriftliche Erwähnung von Shakespeares Theaterarbeit…“ In: Hartnoll, Phyllis. 1968. Das Theater. Wien, München, Zürich: Verlag Fritz Molden, S.82.

155 **William Shakespeare:** Auszug aus „Macbeth“. In: Ders. 2011. Macbeth. Übersetzt von Frank Günther. München: Deutscher Taschenbuch Verlag, S. 65 ff.

158 **William Shakespeare, Zitat aus „Romeo und Julia“.** In: Ders. 2009. Romeo und Julia. Übersetzt von Herbert Geisen. Stuttgart: Reclam Verlag, S. 19.

158 **William Shakespeare in seinem Vorwort zu „König Heinrich V.“** In: Ders. 1979. König Heinrich V. Übersetzt von August Wilhelm von Schlegel. Zürich: Diogenes Verlag, S. 1 ff.

159 **William Shakespeare, Zitat aus „Romeo und Julia“:** „Kein Leidensweg...“ In: Ders. 2010. Romeo und Julia. Übersetzt von Frank Günther. München: Deutscher Taschenbuch Verlag, S. 243.

159 f. **William Shakespeare:** Auszüge aus „Romeo und Julia“. In: Ders. 2009. Romeo und Julia. Übersetzt von Herbert Geisen. Stuttgart: Reclam Verlag, S.71 f.

161 f. **Keller, Gottfried:** Romeo und Julia auf dem Dorfe, Ausschnitt. In: Ders. 2009. Romeo und Julia auf dem Dorfe. Paderborn: Schöningh, S. 90.

164 **Anekdote: „Im Weimarer Nationaltheater...“** In: Böttcher, Gerda. 1987. Theater...Theater... – Anekdoten, Episoden und Kuriosa gesammelt von Gerda Böttcher. Berlin: Henschel Verlag, S. 140.

164 f. **Grimmelshausen, Hans Jacob Christoffel von:** Der Abenteuerliche Simplicissimus Teutsch, Auszug. In: Ders. 2011. Der Abenteuerliche Simplicissimus. Husum: Hamburger Lesehefte Verlag, S. 19 f.

166 **Zitat von Sigmund von Birken:** „Die Welt ist eine Spielbühne...“ In: Meid, Volker, 2007. Das Reclam Buch der Deutschen Literatur. Stuttgart: Reclam Verlag.

166 **Ankedote: „Als der große Devrient...“** In: Böttcher, Gerda. 1987. Theater...Theater... – Anekdoten, Episoden und Kuriosa gesammelt von Gerda Böttcher. Berlin: Henschel Verlag, S. 140.

170 **Anekdote: „Kaum waren die ‚Misérables' erschienen ...“** In: Genter, Hermann. 2012. Tagesblock II. Heilbronn: Baier und Schneider, o.S.

171 **Molière:** Der Menschenfeind, Auszug. In: Ders. 1993. Der Menschenfeind. Übersetzt von Monika Fahrenbach-Wachendorff. Stuttgart: Reclam Verlag.

171 **Molière:** Der Menschenfeind, Auszug. In: Molière. 1979. Der Menschenfeind. Übersetzt von Hans Magnus Enzensberger. Frankfurt: Insel Verlag, S. 35 f.

173 **Zitat: „Die Namen von Fürsten und Helden...“** In: Lessing, Gotthold Ephraim. 1776. In: Hamburgische Dramaturgie. Vierzehntes Stück. Den 16ten Junius 1776, S. 294.

173 **Zitat: „ Das Wort, welches Aristoteles braucht...“** In: Lessing, Gotthold Ephraim. 1768. Hamburgische Dramaturgie. Vier- und Siebzigstes Stück. Den 15ten Januar 1768, S. 575.

173 **Zitat: „Auf gleiche Weise verfahre ich...“** In: Lessing, Gotthold Ephraim und Mendelsson, Friedrich Nicolai. (1756/57) 1972. Briefwechsel über das Trauerspiel. Hrsg. von Jochen Schulte-Sasse. München, S. 55.

176 **Johann Nepomuk Nestroy:** Nagerl und Handschuh oder Die Schicksale der Familie Maxenpfutsch, Auszug. In: Bairlein, Josef (Hrsg.). 2008. 55 komische Monologe. Berlin: Henschel-Verlag, S. 53 f.

180 **Anekdote: „In einer Universitätsstadt...“** In: Tudyka, Klaus. 1956. Theater-Anekdoten. Berlin: Henschel, S. 108 f.

180 **Zitat von Schiller:** „Die Schaubühne ist die Stiftung...“ In: Schiller, Friedrich. 1879. Schillers sämtliche Werke (Band 4). Stuttgart: J. G. Cotta'sche Buchhandlung, S. 39 ff.

181 **Goethe, Johann Wolfgang von:** „Regeln für Schauspieler“, Auszug. In: Ders. 1833. Goethes nachgelassene Werke. Vierter Band. Stuttgart und Tübingen: Cotta'sche Buchhandlung, S. 286 ff.

182 **Anekdote: „Noch vor zwei Jahrhunderten...“** In: Böttcher, Gerda. 1987. Theater, Theater... – Anekdoten, Episoden und Kuriosa gesammelt von Gerda Böttcher. Berlin: Henschel Verlag, S. 54.

183 **Zitat von Marcel Reich-Ranicki:** „Solange politische Attentate verübt werden...“ In: Ewald-Spiller, Uwe et al. 2005. Deutsch ideen 8 – Lese- und Sprachbuch. Hrsg. von Günther Graf und Hans Stammel. Braunschweig: Schroedel, S. 148.

183 **Schiller, Friedrich:** Wilhelm Tell, Auszug. In: Ders. 2011. Wilhelm Tell. Paderborn: Schöningh, S. 91 ff.

186 **Zitat: „Hauptmann: Es wird mir ganz Angst um die Welt...“** In: Büchner, Georg. 1999. Woyzeck. Studienausgabe. Stuttgart: Reclam Verlag, S. 17.

186 **Büchner, Georg:** Woyzeck, Ausschnitt. In: Ders. 1999. Woyzeck. Studienausgabe. Stuttgart: Reclam Verlag.

187 **Anekdote: „Zu Ludwig Tieck..."** In: Genter, Hermann. 2012. Tagesblock II. Heilbronn: Baier und Schneider, o.S.

190 **Zitat von Ludwig Seidel:** „lächerliche Emanzipation der Massen". Zit. nach: Gronemeyer, Andrea. 2002. Schnellkurs Theater, Köln: Du Mont, S. 117.

191 **Zitat von Hans Herrig.** In: Ders. 1879. Die Meininger: Ihre Gastspiele und deren Bedeutung für das deutsche Theater. Dresden: Hof-Verlagsbuchhandlung.

192 **Zitat von Curt Goetz:** Es ist genauso schwer..." In: Ders. 1996. Dreimal täglich (Rezepte von Curt Goetz). Stuttgart: Deutsche Verlags-Anstalt.

192 **Loriot:** Die Bundestagsrede. In: Loriot. 1981. Loriots dramatische Werke. Zürich: Diogenes, S. 171f.

194f. **Schlaf, Johannes und Holz, Arno:** Die Familie Selicke, Auszug. In: Dies. 1995. Die Familie Selicke. Stuttgart: Reclam.

196 **Rotkäppchen auf Berlinerisch.** In: Stahl, Marvin. 2012. Homepage. URL: http://home.snafu.de/mcs/rot/rotk06.htm (Originalquelle), 22.04.2012. (InterNet Germany GmbH Snafu)

197ff. **Meyer, Conrad Ferdinand:** Die Füße im Feuer. In: Ders. 1966. Sämtliche Werke - Band I. Bern: Benteli-Verlag, S. 382.

200 **Zitat von Curt Goetz.** In: Ders. 1969. Dreimal täglich (Rezepte von Curt Goetz). Stuttgart: Deutsche Verlags-Anstalt.

201f. **Frank Wedekind:** Frühlings Erwachen (Auszug). In: Ders. 2010. Frühlings Erwachen. Paderborn: Schöningh, S. 30ff.

202 **Zitat von Stanislaw Jerzy Lec.** In: Ders. 1996. Sämtliche unfrisierte Gedanken. Dazu Prosa und Gedichte. München: Hanser.

202 **Zitat: „Als der Hofprediger Dryander..."** In: Brauneck, Manfred. 2007. Theaterlexikon 1. Reinbek bei Hamburg: Rowohlt Taschenbuch Verlag, S. 287.

203 **Ball, Hugo:** Seepferdchen und Flugfische. In: Nothardt, Fritz et. al. 1969. schwarz auf weiß – Gedichte. Hannover: Hermann Schroedel Verlag, S. 135.

203 **Ball, Hugo:** Karawane. In: Nothardt, Fritz et. al. 1969. schwarz auf weiß – Gedichte. Hannover: Hermann Schroedel Verlag, S. 134.

204ff. **Horváth, Ödön von:** Kasimir und Karoline, Auszug. In: Ders. 2001. Kasimir und Karoline. Klett Editionen. Stuttgart: Ernst Klett Verlag, S. 5ff.

207 **Zitat von Dieter Dorn.** In: DER SPIEGEL 8/1999, S. 207.

208 **Zitat: von Thomas Bernhard.** In: Ders. 1993. Ein Lesebuch. Frankfurt am Main: Suhrkamp Verlag.

208 **Zitat: „Die Theaterkonzepte der Moderne werden häufig..."** In: Schwab, Lothar und Weber, Richard. 1992. Theater-Lexikon. Frankfurt am Main: Cornelsen Verlag, S. 313.

210f. **Bäßler, Rüdiger:** Mal so richtig gepflegt grillen. In: ZEIT-ONLINE, 12.03.2009.

212f. **Gaserow, Vera:** Und dann hängten sie den Victor auf. In: Die Zeit Nr. 08 vom 19.02.1993.

214 **Zitat „Das berühmte Ensemble [...] stellte erstmals eine neue Art von Inszenierung vor..."** In: Simhandl, Peter. 2007. Theatergeschichte in einem Band. 3. Berlin: Henschel Verlag, S. 205.

215 **Zitat „Die detailgetreue, konsequent illusionistische Reproduktion..."** In: Brauneck, Manfred. 1991. Theater im 20. Jahrhundert. Reinbek bei Hamburg: Rowohlt Taschenbuch Verlag, S. 383.

215f. **Zitat Konstantin S. Stanislawski:** „Der Darsteller..." Zit. nach: Brauneck, Manfred. 1991. Theater im 20. Jahrhundert. Reinbek bei Hamburg: Rowohlt Taschenbuch Verlag, S. 385.

216 **Anekdote: „Nach dem Kriege ..."** In: Günther, Johannes. 1940. Der Bühnen-Spiegel. Leipzig, Berlin: Otto Beyer, S. 143.

216 **Zitat Konstantin S. Stanislawski: „Meine Methode..."** In: Ders. 1955. Die Arbeit des Schauspielers an der Rolle. Fragment eines Buches. Berlin: Henschel.

217 **Zitat von Konstantin S. Stanislawski:** „Wir streben danach, das erste vernunftvolle, sittliche, allen zugängliche Theater zu schaffen." In: Ders. 1955. Die Arbeit des Schauspielers an der Rolle. Fragment eines Buches. Berlin: Henschel.

217 ff. **Stanislawski, Konstantin S.:** Die Arbeit des Schauspielers an der Rolle, Ausschnitt. In: Ders. 1955. Die Arbeit des Schauspielers an der Rolle. Fragment eines Buches. Berlin: Henschel.

219 **Zitat Antonin Artaud:** „Wenn ich lebe..." In: Simhandl, Peter. 2007. Theatergeschichte in einem Band. Berlin: Henschel, S. 423.

221 **Zitat von Fritz Kortner.** In: Wüst, Hans Werner (Hrsg). 2005. ...wenn wir nur alle gesund sind... Köln: Classic Concerts Verlag, S. 260.

221 ff. **Antonin Artaud:** Textauszüge aus: „Das Theater der Grausamkeit" und „Schluss mit den Meisterwerken". In: Ders. 1969. Das Theater und sein Double. Übersetzt von Gerd Henniger. Frankfurt am Main: S. Fischer.

224 **Zitat von Bertolt Brecht:** „Er hat Vorschläge gemacht...." In: Ders. 1981. Die Gedichte von Bertolt Brecht in einem Band. Frankfurt am Main: Suhrkamp, S. 1029.

224 **Zitat von Bertolt Brecht:** „Es gilt zwei Dinge zu entwickeln..." In: Ders. 1998. Lektüre für Minuten (Gedanken aus seinen Büchern und Journalen). Frankfurt am Main: Suhrkamp.

225 **Anekdote: „Unerbittlich war Brecht ..."** In: Böttcher, Gerda. 1987. Theater...Theater... – Anekdoten, Episoden und Kuriosa gesammelt von Gerda Böttcher. Berlin: Henschel Verlag, S. 223.

226 **Zitat von Brecht:** „Das Theater bleibt Theater..." In: Brecht Bertolt. 1998. Lektüre für Minuten (Gedanken aus seinen Büchern und Journalen). Frankfurt am Main: Suhrkamp Verlag.

226 **Zitat von Bertolt Brecht:** „Das Lehrstück lehrt dadurch...". In: Ders. 1967. Zur Theorie des Lehrstücks. In: Ders.: Schriften zum Theater 3 (Redaktion: Werner Hecht). Frankfurt am Main: Suhrkamp (Gesammelte Werke 17).

227 ff. **Brecht, Bertolt:** Die Straßenszene als Grundmodell für episches Theater. In: Ders. 1967. Gesammelte Werke, Band 16. Frankfurt am Main: Suhrkamp. (Die Zwischenüberschriften stammen von Thomas A. Herrig.)

231 **Zitat von Bertolt Brecht:** „Das Theater darf nicht..." In: Ders. 1998. Lektüre für Minuten (Gedanken aus seinen Büchern und Journalen). Frankfurt am Main: Suhrkamp Verlag.

231 f. **Goethe, J.W. von. 1999.** Faust. Der Tragödie erster Teil. Erarbeitet und mit Anmerkungen versehen von Franz Waldherr. Hrsg. von Johannes Diekhans. Paderborn: Schöningh, S. 105 f.

234 **Brecht-Zitat zu „Faust. Der Tragödie erster Teil".** In: Kessler, Annette. 2010. Vom Small Talk zur Konversation. Offenbach: GABAL Verlag, S. 10.

234 **Zitat von Bertolt Brecht:** „Von einer Person anderen Geschlechts..." Zit. in: Portele, Gerhard et al. 1976. Brechts Verfremdungseffekt und soziales Lernen. In: Gruppendynamik – Forschung und Praxis. Heft 6, 7. Jahrg. Stuttgart: Ernst Klett Verlag, S. 9.

234 **Zitat von Bertolt Brecht:** „...die Welt so zeigen..." Zit. in: Portele, Gerhard et al. 1976. Brechts Verfremdungseffekt und soziales Lernen. In: Gruppendynamik – Forschung und Praxis. Heft 6, 7. Jahrg. © Suhrkamp Verlag

235 **Zitat von Bertolt Brecht:** „Wir stehen selbst enttäuscht..." In: Der gute Mensch von Sezuan, Epilog (Der Spieler). In: Ders. 1997. Ausgewählte Werke in sechs Bänden. Zweiter Band: Stücke 2. Frankfurt am Main: Suhrkamp Verlag, S. 294.

236 **Zitat von Jerzy Grotowski:** „Ernst, Ehrlichkeit, Hingabe und totale Selbstoffenbarung" Zit. in: Gronemeyer, Andrea. 2002. Schnellkurs Theater. Köln: Du Mont, S. 165.

237 **Zitat von Peter Brook:** „Grotowski ist einzigartig. Warum?..." Zit. in: Brauneck, Manfred. 2007. Theaterlexikon 1. Reinbek bei Hamburg: Rowohlt Taschenbuch Verlag, S. 267.

238 ff. **Grotowski, Jerzy:** Für ein armes Theater. In: Ders. 1970. Das arme Theater. Mit einem Vorwort von Peter Brook. Übersetzt von Gerburg Dieter. Velber bei Hannover: Friedrich. (Die Zwischenüberschriften stammen von Thomas A. Herrig.)

341 **Zitat von Peter Brook:** „Ich kann jeden leeren Raum nehmen..." In: Ders. 1969. Der leere Raum. Übersetzt von Walter Hasenclever. Hamburg: Hoffmann u. Campe.

241 **Zitat: „Orghast' nannten sie diese Sprache..."** In: Brauneck, Manfred. 1991. Theater im 20. Jahrhundert. Reinbek bei Hamburg: Rowohlt Taschenbuch Verlag, S. 480.

242 **Zitat Curt Goetz:** „In modernen Theaterstücken kann man die Schönheit..." In: Skupy, Hans-Horst. 1993. Das große Handbuch der Zitate. 25 000 treffende Aussprüche und Stichwörter von A-Z. Von der Antike bis zur Gegenwart. Sonderlizenz für: Faktum Lexikon Institut/Bassermann. Gütersloh/München: Bertelsmann Lexikon Verlag, S. 924.

242 **Zitat Peter Brook:** „Wir müssen einen Weg..." Zit. in: Simhandl, Peter. 2007. Theatergeschichte in einem Band. Berlin: Henschel, S. 444.

243 ff. **Brook, Peter:** Der leere Raum, Ausschnitt. In: Ders. 1969. Der leere Raum. Übersetzt von Walter Hasenclever. Hamburg: Hoffmann u. Campe. (Die Zwischenüberschriften stammen von Thomas A. Herrig.)

245 **Zitat von Augusto Boal:** „Das Theater der Unterdrückten und seine Formen...". In: Boal, Augusto. 1989. Theater der Unterdrückten. Frankfurt am Main: Suhrkamp.

245 **Zitat von Augusto Boal:** „Einem Komponisten wurden..." In: Boal, Augusto. 1989. Theater der Unterdrückten. Frankfurt am Main: Suhrkamp.

246 **Zitat von Augusto Boal:** „Volkstheater erfasst die Themen stets ...." In: Boal, Augusto 1989. Theater der Unterdrückten. Frankfurt am Main: Suhrkamp, S. 25.

246 **Zitat von Augusto Boal:** „Die Unterdrückten müssen zu Wort kommen..." In: Boal, Augusto. 1989. Theater der Unterdrückten, Frankfurt am Main: Suhrkamp, S. 68 f.

247 **Zitat von Bertolt Brecht.** In: Ders. 1998. Lektüre für Minuten (Gedanken aus seinen Büchern und Journalen). Frankfurt am Main: Suhrkamp.

248 **Boal, Augusto:** Unsichtbares Theater. In: Ders. 1998. Theater der Unterdrückten. Frankfurt am Main: Suhrkamp, S. 34 ff.

248 f. **Boal, Augusto:** Unsittliche Annäherung. In: Ders. 1998. Theater der Unterdrückten. Frankfurt am Main: Suhrkamp, S. 74 ff.

249 **Boal, Augusto:** Spielregeln und Ziele. In: Ders. 1989. Theater der Unterdrückten. Frankfurt am Main: Suhrkamp, S. 99 f.

250 **Boal, Augusto:** Statuentheater. In: Ders. 1998. Theater der Unterdrückten. Frankfurt am Main: Suhrkamp, S. 53 ff.

251 **Zitat aus Goethes Faust:** „Zwei Seelen wohnen, ach! in meiner Brust..." In: Goethe, Johann Wolfgang von. 1999. Faust. Der Tragödie erster Teil. Paderborn: Schöningh, S. 39.

252 **Zirkel, Matthias:** Schizophrenie. http://www.e-stories.de/gedichte-lesen.phtml?73012 (Originalquelle), 15.11.2011.

253 **Anekdote: „In Leipzig wurde an den Schlussproben von Brechts ‚Mutter' gearbeitet..."** In: Böttcher, Gerda. 1987. Theater...Theater... – Anekdoten, Episoden und Kuriosa gesammelt von Gerda Böttcher. Berlin: Henschel Verlag, S. 226.

253 **Brecht, Bertolt:** Das Kuhmädchen. In: Ders. 1996. Herr Puntila und sein Knecht Matti. Berlin: Suhrkamp, S. 32.

253 **Brecht, Bertolt:** Das Apothekerfräulein. In: Ders. 1996. Herr Puntila und sein Knecht Matti. Berlin: Suhrkamp, S. 32.

253 **Brecht, Bertolt:** Die Telefonistin. In: Ders. 1996. Herr Puntila und sein Knecht Matti. Berlin: Suhrkamp, S. 33.

254 **Zitat Bertolt Brecht:** „Dem Stückschreiber obliegt es nicht, die Courage am Ende sehend zu machen..." Zit. in: Hensel, Georg. 1992. Spielplan 1. München: Paul List, S. 1024.

254 **Brecht, Bertolt:** Die Geschichte von der Mutter Courage. In: Ders. 1981. Die Gedichte von Bertolt Brecht in einem Band. Frankfurt am Main: Suhrkamp, S. 970.

256 ff. **Brecht, Bertolt:** Mutter Courage und ihre Kinder, Auszug. In: Ders. 1970. Mutter Courage und ihre Kinder. Frankfurt am Main: Suhrkamp.

264 **Zitat: „Grundidee ist die Erhebung..."** In: Sucher, C . Bernd (Hrsg.). 2004. dtv-Lexikon Theater (CD ROM) Berlin: Directmedia. Digitale Bibliothek Band 64, S. 5641 ff.

264 **Jarry, Alfred:** König Ubu, Auszug. In: Ders. 1996. König Ubu. Stuttgart: Philipp Reclam jun., S. 5.

265 **Jarry, Alfred:** König Ubu (1. Aufzug, 5. Szene). In: Ders. 1996. König Ubu. Stuttgart: Philipp Reclam jun., S. 11.

265 **Zitat von George Tabori.** In: Ohngemach, Gundula. 1989. George Tabori – Regie im Theater. Frankfurt am Main: Fischer Taschenbuch Verlag.

267 **Anekdote: „Auf dem Magdeburger Theaterspielplan stand das Stück ‚Draußen vor der Tür' von Wolfgang Borchert ..."** In: Böttcher, Gerda. 1987. Theater...Theater... – Anekdoten, Episoden und Kuriosa gesammelt von Gerda Böttcher. Berlin: Henschel Verlag, S. 125.

267 **Borchert, Wolfgang:** Lesebuchgeschichte. In: Ders. 1970. Borchert. Das Gesamtwerk. Reinbek bei Hamburg: Rowohlt.

268 **Zitat von Peter Weiss:** „Das dokumentarische Theater ist ein Theater der Berichterstattung..." In: Ders. 1971. Rapporte. Frankfurt am Main: Suhrkamp.

268 **Zitat von Peter Weiss:** „Das dokumentarische Theater..." In: Ders. 1971. Rapporte. Frankfurt am Main: Suhrkamp.

269 **Zitat von Peter Weiss:** „Dieses Konzentrat..." In: Ders. 1987. Die Ermittlung – Oratorium in 11 Gesängen. Reinbek bei Hamburg: Rowohlt, S. 9.

270 ff. **Weiss, Peter.** 1987. Die Ermittlung, Auszug. In: Ders.: Die Ermittlung. Frankfurt am Main: Suhrkamp, S. 9 ff.

273 **Zitat von Friedrich Dürrenmatt:** „Das Drama Schillers...". Zit. in: Hermes, Eberhard. 1989. Abiturwissen Drama. Stuttgart: Klett, S. 150.

273 **Zitat von Max Frisch:** „Wenn ich Diktator wäre..." In: Bahners, Klaus. 1998. Erläuterungen zu Eugène Ionesco. Königserläuterungen, Band 392. Hollfeld: C. Bange Verlag.

274 **Beckett, Samuel:** Warten auf Godot, Auszug. In: Ders. 1971. Warten auf Godot. Frankfurt am Main: Suhrkamp, S. 187.

275 **Zitat von Sir Peter Ustinov:** „Fernsehen..." In: Ders. 2001 Geflügelte Worte. Berlin: List Taschenbuch.

283 **Zitat: „Der Kritiker Alfred Kerr..."** In: Böttcher, Gerda. 1987. Theater...Theater... – Anekdoten, Episoden und Kuriosa gesammelt von Gerda Böttcher. Berlin: Henschel Verlag, S. 216.

283 **Zitat von J.W. von Goethe:** „Schlagt ihn tot, den Hund! Er ist ein Rezensent" In: Goethe, Johann Wolfgang von. 1957. Werke in 2 Bänden, Bd. 1, S. 167.

283 f. **Zitat: „Die Theaterkritik soll gerecht sein, sie soll nicht verletzend sein, sie darf sich vor allem nicht wichtiger nehmen als die Sache selbst. Solche ..."** In: Michalzik, Peter. 2009. Die sind ja nackt! Gebrauchsanweisung für das Theater. 2. Köln: DuMont Verlag, S. 84.

286 f. **Brenner, Frank.** Rezension „Zwischen Polterei und leisen Tönen". http://mehrtheater.de/?m=1&film_id=197&m_id=1 (Originalquelle), 22.04.2012.

288 **Anekdote: „Zornig kam einst...".** In: Böttcher, Gerda. 1987. Theater...Theater... – Anekdoten, Episoden und Kuriosa gesammelt von Gerda Böttcher. Berlin: Henschel Verlag, S. 228.

288 f. **Mayer, Norbert.** 2007. Rezension: Die Pest im Burgtheater. In: "Die Presse", Print-Ausgabe, 22.09.2007.

290 **Zitat von Gustaf Gründgens.** In: Goertz, Heinrich. 1986. Gustaf Gründgens (Rowohlt Bildmonografien). Reinbek bei Hamburg: Rowohlt Verlag.

290 **Anekdote: „Ein Schriftsteller fragte Gustaf Gründgens..."** In: Genter, Hermann. 2012. Tagesblock II. Heilbronn: Baier und Schneider, o.S.

291 **Zitat von Susan Sontag.** In: Tepe, Peter (Hrsg.). 2007. Kognitive Hermeneutik. Würzburg: Verlag Königshausen & Neumann, S. 340.

291 **Zitat von Gustaf Gründgens.** In: Goertz: Heinrich. 1986. Gustaf Gründgens (Rowohlt Bildmonografien). Reinbek bei Hamburg: Rowohlt Verlag.

293 **Zitat: „Wenn jemand öffentlich gegen das ‚Regietheater' wettert".** In: Stemann, Nicolas-2009. Wo gibt's hier Spaghetti? Daniel Kehlmann und das „Regietheater". Südddeutsche Online: http://sueddeutsche.de/kultur/daniel-kehlmann-und-das-regietheater-wo-gibts-hier-spaghetti-1.172450 (Originalquelle), 22.4.2012.

293 **Zitat von Friedrich Schirmer:** „Jede Epoche..." In: Iden, Peter (Hrsg.). 1995. Warum wir das Theater brauchen. Frankfurt am Main: Suhrkamp Verlag.

294 **Zitat von Peter Zadek:** „Theater...". In: DIE ZEIT vom 4.5.1979.

295 **Zitat von Peter Kümmel.** In: Ders. 2011. Ich seh da was! Hamburg: Zeitverlag Gerd Bucerius.

295 **Zitat: „Zur Aktualisierung gehören so die Zerstörung eines vergoldeten Mercedes-Benz..."** Aus: MDR Kultur. 11.01.2005: http://www.mdr.de/kultur/musik_buehne/1671267.html (Originalquelle)

295 **Zitat von Claus Peymann:** „Sie können mich ja für blöde halten..." In: Ich bin ein Sonntagskind. Andre Müller spricht mit Burgtheaterdirektor Claus Peymann. In: Die Zeit Nr. 22 vom 27.5 1988.

298 **Brecht, Bertolt:** Was ein Kind gesagt bekommt. In: Ders. 1981. Die Gedichte von Bertolt Brecht in einem Band. Frankfurt am Main: Suhrkamp.

298 **Weiß, Manfred:** Protokoll einer Unterrichtsstunde, in: Fuhrmann, Joachim (Hrsg.). 1976. Tagtäglich – Gedichte. (Weckbuch 3). Reinbek bei Hamburg: Rowohlt, S. 36.

298 **Kusz, Fitzgerald:** Meinungssache. In: Fuhrmann, Joachim (Hrsg.). 1976. Tagtäglich – Gedichte. (Weckbuch 3). Reinbek bei Hamburg: Rowohlt, S. 132.

298 **Heidenreich, Gert:** Guter Rat. In: Fuhrmann, Joachim (Hrsg.). 1976. Tagtäglich – Gedichte. (Weckbuch 3). Reinbek bei Hamburg: Rowohlt, S. 130.

298 **Krischker, Gerhard C.:** Mein Vater. In: Fuhrmann, Joachim (Hrsg.): 1976. Tagtäglich – Gedichte. (Weckbuch 3). Reinbek bei Hamburg: Rowohlt, S. 22.

298 **Bosch, Manfred:** Großes Latinum. In: Fuhrmann, Joachim (Hrsg.). 1976. Tagtäglich – Gedichte. (Weckbuch 3). Reinbek bei Hamburg: Rowohlt.

298 **Laux, Bernhard:** generationsproblem. In: Fuhrmann, Joachim (Hrsg.). 1976. Tagtäglich – Gedichte. (Weckbuch 3). Reinbek bei Hamburg: Rowohlt, S. 38.

299 **Jandl, Ernst:** my own song. In: Fuhrmann, Joachim (Hrsg.). 1976. Tagtäglich – Gedichte. (Weckbuch 3). Reinbek bei Hamburg: Rowohlt, S. 34.

299 **Lamprecht, Helmut:** Deutschstunden. In: Fuhrmann, Joachim (Hrsg.). 1976. Tagtäglich – Gedichte. (Weckbuch 3). Reinbek bei Hamburg: Rowohlt, S. 38.

299 **Astel, Arnfrid:** Das Letzte. In: Fuhrmann, Joachim (Hrsg.). 1976. Tagtäglich – Gedichte. (Weckbuch 3). Reinbek bei Hamburg: Rowohlt, S. 56. Auch: www.zikaden.de

299 **Limpert, Richard:** Meine Zeit (Tochterrebellion). In: Fuhrmann, Joachim (Hrsg.). 1976. Tagtäglich – Gedichte. (Weckbuch 3). Reinbek bei Hamburg: Rowohlt, S. 29.

299 **Bittner, Wolfgang:** Lernziele. In: Fuhrmann, Joachim (Hrsg.). 1976. Tagtäglich – Gedichte. (Weckbuch 3). Reinbek bei Hamburg: Rowohlt. S. 53.

300 **Heine, Heinrich:** Fragen. In: Ders. 1887. Heinrich Heines sämtliche Werke. Hrsg. von Otto F. Lachmann. Leipzig: Reclam, S. 199f.

300 **Erhardt, Heinz:** Schule. In: Ders. 1970. Das große Heinz Erhardt Buch. Köln-Rodenkirchen: Fackelträger.

301 **Creutz, Helmut:** Nothelfer Schulpsychologen. In: Ders. 1983. Haken krümmt man beizeiten. Schultagebuch. München: dtv.

301 **Müller-Partenkirchen, Fritz:** Nur ein Buchstabe. In: Hornschuh, Hermann Dietrich. 1986. Humor rund um die Schule. München: Manz, S. 172.

302 **Eggimann, Ernst:** Landschaft des Schülers. In: Ders. 1980. Landschaft des Schülers. Zürich: Arche.

302 **Weiss, Peter:** Abschied von den Eltern, Auszug. In: Ders. 2003. Abschied von den Eltern. Frankfurt am Main: Suhrkamp, S. 49f.

303 f. **Müller-Partenkirchen, Fritz:** D' Sau. In: Hornschuh, Hermann Dietrich. 1986. Humor rund um die Schule. München: Manz-Verlag, S. 124f.

304 **Bosch, Manfred:** Wenn Probealarm den Unterricht ... In: Fuhrmann, Joachim (Hrsg.). 1976. Tagtäglich – Gedichte. („Weckbuch 3"). Reinbek bei Hamburg: Rowohlt, S. 38.

304 **Egler, Ulf:** Kommentar des Schülers Ulf Egler. In: Eggers, Theodor. 1979. Schulhaus-Geruch. München: Kösel, S. 73.

Die folgenden Übungen orientieren sich an den entsprechenden Quellen – sie sind verändert und erweitert worden:

- Übung: **Trinken, Essen, Greifen** (Thiesen, Peter. 2010. Drauflosspieltheater. 5. Aufl. Weinheim, Basel: Beltz, S. 43)
- Übung: **Geschichtenwerfen** (Schuler, Margarete et al. 2011. Grundlagen der Spielkunst. Berlin: Henschel, S. 72)
- Übung: **Emotional Replay** (Johnstone, Keith. 2011. Theaterspiele. 8. Aufl. Berlin: Alexander, S. 316)
- Übung: **Szenenkarten-Spiel** (Pädagogisches Zentrum Rheinland-Pfalz. 2004. Wir fangen an – Darstellendes Spiel unterrichten I. Bad Kreuznach: PZ RLP, S. 16)
- Übung: **Von Foto bis Film** (Thiesen, a. a. O., S. 32)
- Übung: **Zwei-Wort-Spiele** – 1: (Johnstone, a. a. O., S. 324) 2: (Johnstone, a. a. O., S. 530)
- Übung: **Perspektive des Objekts** (Pädagogisches Zentrum Rheinland-Pfalz, a. a. O., S. 27)
- Übung: **Objekt verwandeln** (Ebert, Gerhard. 2004. ABC des Schauspielens. Berlin: Henschel, S. 55)
- Übung: **Eine Haltung kopieren** (Ebert, a. a. O., S. 47)
- Übung: **Raumwahrnehmung** (Schuler, a. a. O., S. 63)
- Übung: **Drei Partnerübungen** – 1: (Ebert, a. a. O., S. 61) 2: (Ebert, a. a. O., S. 61) 3: (Boal, Augusto. 1989. Theater der Unterdrückten. Frankfurt a. M.: Suhrkamp, S. 203)
- Übung: **Zetteltheater** (Batz, Michael et al. 1985. Theater grenzenlos – Handbuch für Spiele und Programme. Reinbek bei Hamburg: Rowohlt, S. 57)
- Übung: **Sein oder Nichtsein, das ist hier die Frage** Die Übung geht auf ein Beispiel aus Peter Brooks „Der leere Raum" (1983. Berlin: Alexander) zurück.
- Übung: **Ein Wort auf einmal** (Johnstone, a. a. O., S. 211)

Hinweis zu S. 177:
Der besagte Schriftsteller erschießt sich 1811 in Berlin. In seinem wohl berühmtesten Lustspiel übernimmt ein Requisit die Hauptrolle. Das Stück, von dem hier die Rede ist, handelt nicht von Hamburg, der Titel klingt aber ähnlich.

Bildquellen

© Akademie der Künste, Berlin, Peter-Weiss-Archiv, Nr. 2787-20: 271; akg-images/akg-images GmbH: 14, 81 u., 152 u., 185 o.189 o., 196, 206, 227, 231, 233 u.; akg-images/Cameraphoto: 138; akg-images/Nimatallah: 56; akg-images/Werner Forman: 50; akg-images/Herbert Kraft: 37; Album/Oronoz/AKG: 149 (beide); Foto: Emmanuel Ammon, Luzern: 183; © Archiv für Kunst und Geschichte: 100 o., 102., 152 o., 161, 165, 168, 172, 179, 180, 193 o., 200 o., 203 M; Archiv für Kunst und Geschichte/Viola Roehr-v. Alvensleben: 224; © Archiv Siegfried Hörner: 39, 147, 235 o.; © ARTOTHEK: 64 o.; Badische Landesbibliothek Karslruhe: 134 o.; Foto: Hermann J. Baus: 57 o.; Hans Bernhard/Wikimedia Commons: 233 o.; © Thilo Beu: 170; Bibi Saint-Pol/wikimedia commons: 59 o.; Bibliothèque Nationale, Paris: 134 u.; Horst Binder, Berlin: 93 o.; Joachim Blaüel, München: 96; entn. aus: Brauneck, Manfred: Theater im 20. Jahrhundert: Reinbek bei Hamburg: Rowohlt 1986:157 o., 225, 237, 241 u., 269 o.; © bpk: 274; bpk - Bildagentur für Kunst, Kultur und Geschichte: 115; Foto: Christian Brachwitz: 159; © Gudrun Bramsiepe: 61; Bridgeman Art Library Ltd. Berlin: 64u., 153 o.; © Bridgemanart.com: 36, 133; Peter Bucker, Kamen : 43; Centro de teatro do oprimido, Brasilien: 245; © ddp images/dapd/Jens Schlüter: 101; ddp-images/dapd: 211; Foto: Arno Declair: 286, 287; © Deutsches Filminstitut: 186; Deutsches Historisches Museum, Berlin: 195 u.; Deutsches Theatermuseum/Archiv Heinz Köster: 269 u.; Disney/Cinetext: 278; © ecole-du-regard/Leemage: 58; Lionello Fabbri, Rom: 236; Fitzwilliam Museum, Cambridge: 156; J. Freeman: 160; Iko Freese/DRAMA: 126; Giraudon, Paris: 110 u.; Goethe-Nationalmuseum, Weimar: 181; © Götz Gumpert/Archiv Siegfried Hörner: 23, 18, 22, 251; © Henry Guttmann/Getty Images: 220 o.; Madeleine Hardie: 38; entn. aus: Hartnoll, Phyllis: Das Theater. Verlag Fritz Molden, S. 136: 167 o.; © K.H. Herrig: Umschlag vorne und hinten, 10, 55, 91 o., 130, 290 u.; © Thomas A. Herrig: 34, 77, 92, 148 o., 178, 226; © 'Wilfried Hösl: 84 o.; IAM/akg: 148 u.; Foto: martinkaufhold.de: 67, 205; Klett Verlag: 105; Kodansha, Tokyo: 292 o., © kreativfabrik - Fotolia.com: 135; Kunsthistorisches Museum: 70 o.; Laurette45/wikimedia commons: 279; Fotografie Totaltheater/Copyright: Lehrstuhl für Raumkunst und Lichtgestaltung,TUM/Bearbeiter: Kathrin Draeger, Stefan von Schickfus/Foto: Franz Wimmer: 266 u.l.; Fotografie Totaltheater/Copyright Lehrstuhl für Raumkunst und Lichtgestaltung,TUM/Bearbeiter:Christian Uez, Martin Vache/Foto: Franz Wimmer.: 266 u.r.; Grafik Totaltheater/Copyright Lehrstuhl für Raumkunst und Lichtgestaltung,TUM/Grafik: Uli und Sinus Bohnhoff: 266 o.; Foto: Reinhold Lessmann, Hannover: 267 u.; © Lipnitzki/Roger Viollet/Getty Images: 273 u.; © Anja Lorenz, anja.zippel@web.de. Die Bildrechte liegen bei der Künstlerin. Jegliche Veröffentlichung, Vervielfältigung aller Art, kommerzielle Verwendung und/oder Weiterverarbeitung der Abbildung nur auf Anfrage und ausdrückliche Genehmigung der Künstlerin: 40; © Marie Marcks: 297; © matzat designbüro: 28; mediacolors Bildagentur & -Produktion: 62, 220 u.; Federico Arborio Mella, Mailand: 111; Monumenti Musei e Gallerie Pontificie/Vatikan-Museum: 66; Museo del Prado: 143, 151; Ugo Mulas, Mailand: 254; Museo Nazionale, Neapel: 110 o.; Foto: Bettina Müller: 234; Foto: Lena Obst: 85; © picture alliance: 63 u., 241 o., 276; © picture-alliance/akg-images: 74, 103, 166, 173, 176, 264, 284, 291, 292 u.; © picture-alliance/All Canada Photos: 263; © picture-alliance/dieKLEINERT.de/ Werner Opitz: 273 o.; © picture-alliance/dpa: 82, 87 o., 91 u., 93 u., 98, 195 o., 235 u., 294 o.; © picture-alliance/Everett Collection: 75; © picture-alliance GmbH: 25, 119, 157 u., 268; © Picture-Alliance GmbH/Foto: Katja Lenz: 48; © picture-alliance/Imagno: 292 M.; © picture-alliance/IMAGNO/Austrian Archives: 214; © picture-alliance/landov: 86 u.; © picture-alliance/Mary Evans Picture Library: 78; © picture-alliance/maxppp: 99; © picture-alliance/Mecklenburgisches Staatstheater: 167 u.; © picture-alliance/PhotoAlto: 120; © picture-alliance/POP-EYE/sinissey: 94; © picture-alliance/Robin Laurance/Impact Photos: 80 o.; © picture-alliance/United Archives/DEA: 175; © picture-alliance/ZB: 57 u., 86 o., 95, 191, 193 u., 295 o.; © Martina Pipprich: 41 u.; Photo: Andreas Praefcke/wikimedia commons: 84 u.; Realité Paris: 81 o., 81 M.; entn. aus: Riha, Karl: Commedia dell'Arte, Frankfurt a. M.: Insel Bücherei 1980: 141 (alle), 142 (alle); Rosemarie Clausen, Künstlerischer Nachlass, Hamburg: 290 o.; Scala Archives/Foto: bpk: 72; Scala, Florenz: 41 o.; Foto Bernd Schoppmann: 252; Quelle: "Schweizerland", vol. 5 Nr. 9/10, 1919: 162; Shakespeare Birthplace Trust, Stratford-upon-Avon: 153 u.; SPIEGEL : 280 u. (17/2010), 280 l. M. (29/2010), 280 o. M. l. (4/2011), 280 o. l. (41/2010), 280 o. M. r. (42/2011), 280 o. r. (52/2009); Oda Sternberg: 217; © Successió Miró/VG Bild-Kunst, Bonn 2012: 265; Teatermuseum Drottningsholm: 140; Theatermuseum der Universität zu Köln: 255, 294 u.; Illustration von Jens Thiele, 2010. www.jensthiele.de: 198, 199 (alle); James Thurber: 76; © ullstein bild: 189 u., 177; © ullstein bild - Roger-Viollet/Henri Martinie: 219; © ullstein bild / Jürgen Ritter: 192; Verlagsarchiv Schöningh/G. Straeter: 47; Verlagsarchiv Schöningh/Reinhild Kassing: 45, 51 (alle), 63 o., 80 u., 112, 125, 128, 277 (alle); © VG Bild-Kunst, Bonn 2012: 203 o.; Victoria und Albert Museum, London: 190; Victoria und Albert Museum, London, Sammlung Gabrielle Enthoven: 293; © Vollrath-Pressebild/Hans-Jürgen Vollrath: 113; © Angela Weiss/WireImage/Getty Images: 242; entn. aus: Wedekind, Frank: Frühlings Erwachen. dtv Bibliothek der Erstausgaben. Hrg. von Joseph Kiermeier-Debre. München, dtv 1997.: 200 u.; Wikimedia commons: 185 u., 216; wikimedia commons/mistermundo: 146; wikimedia/Thehero: 248; wikipedia/H.-P. Haack: 117; Zeichnung: Fritz Wolf: 296; Wolfgang Borchert Archiv, Hamburg: 267 o.; weitere: Verlagsarchiv Schöningh

Sollte trotz aller Bemühungen um korrekte Urheberangaben ein Irrtum unterlaufen sein, bitten wir darum, sich mit dem Verlag in Verbindung zu setzen, damit wir eventuell notwendige Korrekturen vornehmen können.

Inhalt nach Kategorien

Kategorie „Übung"

Vorstellungsrunde **14**
Theatergrundwissen – szenisch dargestellt **14**
Partnerpräsentation **17**
Klare Ansagen **17**
Erzählpantomime **26**
Trinken, Essen, Greifen **26**
Geschichtenwerfen **29**
Emotional Replay **33**
Szenenkarten-Spiel **33**
Mit Gangarten experimentieren **36**
Schnellstandbilder **42**
Blickkontakt **43**
Von Foto bis Film **45**
Powerkreis **46**
Zwei-Wort-Spiele **49**
Gromolo **49**
Ich grüße Sie! **53**
Nonsens-Präsentation **53**
Das also war des Pudels Kern **69**
Multifunktionale Requisiten **78**
Perspektive des Objekts **78**
Objekt verwandeln **79**
Eine Haltung kopieren **90**
Raumwahrnehmung **94**
Drei Musikübungen **99**
Sommernachtstraumklang & Musikgeschichte erzählen **104**
Drei Partnerübungen **109**
Ja und Nein **127**
Zwischen Liebe und Hass **127**
Im Spiegelbild **136**
Zetteltheater **139**
Imaginäres Tauziehen **148**
Sein oder Nichtsein, das ist hier die Frage **163**
Szenenrekonstruktion **168**
Ein Wort auf einmal – Ein Erzählspiel **174**
Dramenrekonstruktion **177**
Verkaufsvortrag **188**
Magic Moments in der Rezeption **282**

Kategorie „Grundbegriff"

Ausdrucksträger **18**
Gestik **22**
Mimik **24**
Proxemik **34**
Klischee **45**
Stimme und Sprache **46**
Kommunikation und Körpersprache **52**
Maske und Kostüm **55**
Requisit **77**
Licht **83**
Rolle **88**
Figur **89**
Raum und Bühne **90**
Bühnenbild und Kulisse **94**
Musik, Klang und Geräusche **97**

Kategorie „Methode"

Ein Protokoll schreiben **21**
Anschlusskommunikation: Bewertung einer Spielszene **31**
Eine Spielvorlage schreiben **104**
Rollenbiografie und Rolleneinfühlung **116**
Szenisches Interview **124**
Subtext **125**
Rezeption **281**
Rezension und Aufführungsbeobachtung **283**

Kategorie „Technik"

Freeze **38**
Standbild **41**
Tableau **43**
Choreografie und chorisches Sprechen **67**
Wörterkneten **114**
Domino-Effekt **128**
Zeitlupe und Zeitraffer **135**
Figurensplitting **251**
Montage **278**

Kategorie „Text"

Jürgen Spohn: Getuschel **20**
Wolfgang Deichsel: Fernseher **27**
Franz Mon: Zilinski ist tot **29**
Erich Kästner: Sachliche Romanze **40**
Ernst Jandl: eulen **54**
Sophokles: Antigone **64**
James Thurber: Drei Fabeln **75**
Henrik Ibsen, Edvard Grieg und „Peer Gynt" **102**
Titus Maccius Plautus: Aulularia **112**
Ilse Aichinger: Das Fenstertheater **129**
Spiegellyrik **136**
Zwei Lazzi der Commedia dell'Arte **145**
Curt Goetz: Ingeborg **146**
William Shakespeare: Romeo und Julia **158**
Gottfried Keller: Romeo und Julia auf dem Dorfe **161**
Grimmelshausen: Der Abenteuerliche Simplicissimus Teutsch **163**
Molière: Der Menschenfeind **170**
Friedrich Schiller: Wilhelm Tell **182**
Loriot: Die Bundestagsrede **192**
Conrad Ferdinand Meyer: Die Füße im Feuer **196**
Frank Wedekind: Frühlings Erwachen **200**
Ödön von Horváth: Kasimir und Karoline **204**
Bertolt Brecht: Herr Puntila und sein Knecht Matti **252**
Alfred Jarry: König Ubu **264**
Wolfgang Borchert: Lesebuchgeschichte **267**
„Faust I" bei Goethe und Gründgens **289**